EU・欧州統合研究

[改訂版]

"Brexit"以後の欧州ガバナンス

福田耕治 編著

成 文 堂

改訂版へのはしがき

　EUは現在，ユーロ危機，移民・難民危機，頻発するテロの脅威など多様かつ深刻なリスクに直面している。国民投票の結果，イギリスはEU脱退を選択したが，他のEU諸国で欧州懐疑派を勢いづかせ，極右政党の伸張によってEU脱退の「ドミノ倒し」が懸念されている。このようにEUの社会連帯やデモクラシーが現在のような危機的な状況に陥った背景には何があり，どこに原因があったのであろうか。

　本書の初版を脱稿したのは，2009年6月であった。その半年後の12月，現行のEU条約であるリスボン条約が発効した。本書の初版を執筆し，脱稿した2008年秋当時の時点では，米国でリーマン・ショックが起こったばかりであり，これが欧州に飛び火して2009年以後のギリシャ危機，ユーロ危機へと繋がり，金融危機と財政危機が重なってユーロ圏が混乱に至ることなど予想すらできなかった。その後，2011年欧州委員会は半期ごとに各国の次年度予算・財政計画を検討し，勧告を行うヨーロピアン・セメスターの制度化を行い，2012年欧州安定メカニズム（ESM）を創設し，恒久的な支援制度を整えた。さらに欧州中央銀行（ECB）がユーロ圏内の銀行を直接監督する「銀行同盟」の仕組みも作られ，破綻処理を効率化し，あるいは財政危機を未然に防止する制度など，ユーロの制度改革と「経済ガバナンス」の構築・強化が行われた。トロイカは，債務危機国に対する財政支援と引き換えに厳しい緊縮財政と構造改革を課したが，期待されたほどの効果は上がらなかった。失業率の高止まりのなかで社会保護が弱体化するにつれ，政治的に不安定となり，欧州懐疑派，反EUやEU脱退を叫ぶポピュリズム政党への支持が各国で増大している。このような2010年代以降の欧州の政治・経済・社会の大きな変化，すなわちユーロ制度の進化の過程と，独り勝ちのドイツと緊縮財政を課せられたPIIGS諸国との対立，域内の南北格差問題をも含め，本改訂版では関連する章を全面的に書き替えている。

　さらに2014年夏以降，シリアや中東における戦闘の激化を背景として，北

アフリカや中東から大量の難民がドイツをはじめとする欧州諸国へ押し寄せている。ギリシャやトルコを経て欧州諸国へ流入するこのような「難民危機」も EU にとって大きな懸案事項となっている。域内における国境検査を廃止して人の自由移動を確保する「シェンゲン・システム」の下で，大量の難民・移民がシェンゲン圏内に入り込もうとするなか，EU 共通移民・難民政策の在り方も大きく変容しつつある。難民受け入れに伴う「負担の分担」についても各国で立場は異なり，ハンガリーをはじめとする中東欧諸国 6 カ国では，難民の受け入れやその経費の分担自体にも反対を表明している。改訂版ではこれら人の越境移動をめぐる近年の変化を踏まえて，加筆や補正を加えている。

　本書の改訂版原稿が 2016 年春に脱稿し，再校も終わった 6 月下旬，イギリスの「EU 離脱の衝撃」が EU 諸国のみならず世界の政治経済を震撼させることになった。今回の国民投票で浮かび上がったことは，多くの欧州諸国においても同様であり，経済格差の拡大や貧困と社会的排除，労働市場の分断が起こり，社会的亀裂が深刻化しつつある現実である。イギリスの国民投票をめぐる争点は，「移民問題」と「国家主権の回復」であった。EU 残留派の多くは，大学卒以上の高学歴でグローバル化した世界経済と EU 市場統合から得られるイギリスの利益をある程度的確に捉えていた。また，欧州大陸諸国で就労機会を得ることを望む多くの若者は EU 統合支持の立場を取った。逆に EU 脱退を求めた人々の多くは学歴や所得が低く，その不満や雇用不安，疎外感を感じ，グローバル化の恩恵を受けることなく，社会的に排除されている現実があった。社会的・経済的にも脆弱な層が，極右政党の言説に同調して，自己の就労を脅かす存在として移民・難民を捉え，憎悪の念を強め，排外主義的ナショナリズムを支持することになった。つまり EU 残留派と離脱派との間の分断は，他の欧州諸国も共通する問題，若者層と高齢者層の世代間，富裕層と貧困層の社会階層間，都市部と地方との地域間，高学歴エリート支配に対する庶民の反発として社会的亀裂が表面化されたものである。

　経済・金融危機，地域間の不均衡，産業間や企業間，賃金・資産格差に対する不満が蔓延するなかでグローバリゼーションの恩恵には浴していないと感じている大多数の庶民の不満が噴出し，欧州諸国で暴動やテロが頻発し，

EUに対する反感や失望感が漂っている。イギリスのEU離脱は，アメリカ大統領選における移民排斥など極端な自国中心主義を標榜する候補者に大衆の支持が集まる「トランプ現象」と同根の現体制への拒絶であり，新自由主義のグローバル化の帰結としての行き過ぎた市場原理主義や株主至上主義への抗議と捉えることもできる。

　本書『EU・欧州統合研究』の改訂版では，サブタイトルを「Brexit（Britain＋Exit）以後の欧州ガバナンス」（初版は「リスボン条約以後の欧州ガバナンス」）と改め，EUの加盟国であることのメリットのみならず，EUが抱える問題点や加盟国であることの義務やリスクについても言及した。またイギリスの国民投票に至る背景とその結果の分析，イギリス国内の政治経済への影響やEU統合への影響，デモクラシーやグローバル・ガバナンスへの影響まで，予想される世界への影響についても若干の加筆をしている。これとの関連で改訂版では，最終章として新たに「EUの外交・安全保障・防衛政策」の章を置き，共通の外交・安全保障・防衛政策の沿革から最近の動向までを跡付け，「安全保障アクター（security actor）」としてのEUがどのような対外行動をとることができるのかを論じている。本書の構成は，基本的には初版を踏襲しているが，初版の刊行から8年の歳月を経るなかでEU統合の在り方も大きく変化してきた。本改訂版では，この欧州統合の変容過程を的確に捉え，初学者には分かり易く，欧州統合の全体像が鳥瞰できるように配慮した。さらに本書は，欧州ビジネスや政策実務に携わる人々，修士論文や博士論文を執筆中の読者をも想定し，やや専門的な視点からも理論的かつ実証的に欧州統合の現状を把握して将来を展望するための一助となることを願っている。

　初版以来，成文堂編集部の皆様には大変お世話になっているが，今回の改訂版の刊行に際し，篠崎雄彦氏，小林等氏には，多くの寄稿者からの原稿を忍耐強くお待ちいただき，ご配慮を賜ったことにこの場をかりて心から感謝申し上げたい。

　2016年7月

編著者　福田耕治

初版はしがき

　本書は，EU・欧州統合の過去，現在，未来を考え，EU 研究の重要な手がかりとなることを意図している。欧州統合とは何か，なぜ欧州諸国家は，地域統合を続けてきたのであろうか。EU は，その前身となる欧州石炭鉄鋼共同体（ECSC）の発足以来，55 年の歴史を刻み，欧州地域統合の壮大な歴史的実験を重ねている。EU・欧州統合の対象範囲は，いまや経済・通貨統合の側面からだけではなく，外交・安全保障や地球環境保護，国際社会保障，国際人権保障，国際文化・教育政策さらには自然科学，科学技術政策といった分野にまで及んでおり，領域横断的に新しい政策領域へと漸次拡大しつつあると考えられる。その背景には人，モノ，資本，サービスの国境を越える移動の促進といった政策展開に伴って，国民国家の枠組みを超えて生じてくるさまざまな問題への対応が必要不可欠となってきたことがあるといえよう。
　本書によってこれらの諸問題の原因や歴史的背景を学ぶことができるばかりではない。現在，地球規模で起きている喫緊の諸問題の解決策を考える上でも，本書に示された EU・欧州統合の歴史的実験，欧州の諸政策や歴史的教訓から，われわれは非常に多くの有益な視点や重要な示唆を得ることが期待できる。このような現実の政治・経済・法・社会・文化的統合の進展に伴い，EU 研究の対象となる学問分野もまたその範囲を広げ，政治学，行政学，経済学，法学，国際関係論，社会学，歴史学，教育学などの社会科学，人文科学の分野から，最近では自然科学の各分野まで包摂される。
　しかし，残念ながら現在までのところ EU・欧州統合研究の知見もわが国の政策的対応には必ずしも生かされていないという恨みがある。本書は，このような問題意識から着想にいたったという経緯がある。
　EU は加盟国とどのように合意を形成してきたのか，また今後いかにして EU は加盟国間の調整を図り，その役割を果たそうとしているのか，EU は欧州市民の意思を反映する国際制度として機能することが可能なのであろうか。本書は，EU の機構やその役割，ガバナンスの仕組みなどを理解する助

けとなるばかりでなく，新たな EU・欧州統合研究の先端を切り開いていこうとする著者たちの熱い思いや意気込みに溢れた書となっている。

　本書は以下の 5 部から構成される。第 1 部　EU・欧州統合研究の基礎，第 2 部　EU 機構と政策過程，第 3 部　EU のリスク管理，第 4 部　EU の域内政策の形成と展開，第 5 部　EU の対外政策と課題，である。経済統合から始まった EU が他の政策領域にまでなぜ発展してきたのか，また欧州地域統合には今後，どのような問題が生じるのかが本書によって明らかになるであろう。さらに EU 規制の基準や政策展開がどのようにして域外の他地域に影響を及ぼしていくのかについても垣間見ることができよう。

　本書は，早稲田大学オープン教育センターに設置されている「EU・欧州統合研究テーマカレッジ」の講座を担当する教員が中心となり，執筆している。また，本書の執筆者たちには，EU 研究をライフワークとして 30 年以上の研究暦を有する者から，早稲田大学政治経済学部，大学院等で EU について学び，欧州の著名大学で博士学位を取得し，帰国したばかりの 30 歳代前半の新進気鋭の EU 研究者たちまで含まれている。いずれの論稿もわが国や海外における EU 研究の蓄積を踏まえており，各研究領域へと丁寧に誘う欧州統合の基礎的部分を丹念に捉える論稿から，わが国における EU 研究の水準を示す先端的研究のエッセンスを凝縮するような論稿まで包摂されている。EU 研究の入門者から，修士，博士論文の執筆過程にある若手研究者，そしてすでに多くの EU 研究に関して卓越した業績をあげている EU 研究者にとっても役立つような新たな知見や分析の視点を提示しようとする野心的な試みも随所に見られる。

　国境を越える諸問題はもはや単一の学問領域を専門的に学ぶだけでは理解できない部分も少なくない。EU 研究を志す者は，その機構や政策決定の仕組みについての基礎を押さえた上で，複数専門領域を包括的に学ぶ必要がある。EU に関する学際的共同研究や人的交流によって，EU にとっての日本，日本にとっての EU の意味，それぞれの重要性を認識し，新たな分野での日欧共同研究の可能性を発見できる。さらに日本と EU の協力によるグローバルガバナンスへの貢献も期待できるであろう。本書は，EU 研究を志す多くの学生諸君や若手研究者，国際ビジネスに関わる人々，国際機関，NGO 等で

国際協力の業務に携わる人々にとっても有益な情報源となるよう配慮した。国際制度としてのEUの特殊性と他の国際機関の今後を考える上でも本書は大いに役立つであろう。

　本書の刊行においては早稲田大学内では学部・大学院の垣根を越えて執筆にご協力くださった本学EU研究所所属の先生方，またご多忙にもかかわらずご寄稿くださった他大学の先生方にも厚くお礼を申し上げたい。本書が，EU・欧州統合の教育・研究に寄与することができれば望外の喜びである。

　最後に，本書の刊行を快くお引き受けくださった株式会社・成文堂，とくに校正および索引等の細かい作業にご尽力くださった編集部の相馬隆夫氏に心から感謝申し上げたい。

　　　2009年6月　大隈講堂を臨む研究室にて
　　　　　　　　　　編者
　　　　　　　　　　　早稲田大学EU研究所所長・EUIJ早稲田代表
　　　　　　　　　　　　EUテーマカレッジ長
　　　　　　　　　　　　　　　　　福　田　耕　治

目　次

改訂版へのはしがき……………………………………………福田耕治… i

第1部　EU/欧州統合研究の基礎

第1章　ヨーロッパとは何か
　　　　　―欧州統合の理念と歴史―………………森原　隆… 2

はじめに―「ヨーロッパ」とは何か……………………………………… 2
第1節　「ヨーロッパ」の起源とギリシア・ローマ世界の
　　　　「ヨーロッパ」……………………………………………………… 3
第2節　聖書・初期キリスト教の「ヨーロッパ」……………………… 6
第3節　中世「キリスト教世界」の精神的統合と
　　　　近世「ヨーロッパ」の分化……………………………… 10
第4節　近世ヨーロッパの勢力均衡，統合・平和思想………… 13
第5節　近代ヨーロッパの国民・文明・文化統合の動き……… 16
第6節　20世紀「ヨーロッパ連合・EU」前史…………………… 18
おわりに…………………………………………………………… 20

第2章　EU・欧州統合過程と欧州統合理論……福田耕治… 23

はじめに……………………………………………………………… 23
第1節　欧州統合の起源とクーデンホーフ・カレルギー……… 24
第2節　欧州統合の目的と制度設計……………………………… 26
第3節　欧州地域統合の歴史的発展……………………………… 28
第4節　EU条約―マーストリヒト条約から
　　　　リスボン条約までの変遷………………………………… 30
第5節　欧州統合理論アプローチ………………………………… 34
おわりに―欧州ガバナンス論アプローチ……………………… 43

第3章　EU経済通貨統合と2010年代の金融・経済危機
　　　　　　　　　　　　　　　　　　　　　　田中素香‥48

　はじめに………………………………………………………… 48
　第1節　EC/EUの経済統合の進展 ………………………… 48
　第2節　EUの拡大 …………………………………………… 56
　第3節　ユーロ誕生までの通貨統合の歴史………………… 60
　第4節　ユーロ危機と南欧諸国の苦境……………………… 65
　第5節　経済・通貨統合の展望……………………………… 74
　おわりに………………………………………………………… 78

第2部　EU機構と政策過程

第4章　EUと加盟国の国家主権
　　　　　―EUへの主権の移譲とリスボン条約― ……… 須網隆夫‥82

　はじめに―加盟国主権の移譲の意味 ……………………… 82
　第1節　EU法秩序の基礎―主権の分割可能性と主権の移譲……… 83
　第2節　「多義的な主権概念」と「主権の分割可能性」 ……… 84
　第3節　国家主権とEU権限―加盟国主権の移譲・制限……… 89
　第4節　統治権限の移譲の意味
　　　　　　　―「具体的な統治権限を欠く主権」論の考察 ………… 93
　第5節　リスボン条約の構造とEU法 ……………………… 97
　おわりに……………………………………………………… 101

第5章　EU・欧州ガバナンスと政策過程の民主化
　　　　　―リスボン条約の下でのデモクラシーのジレンマ―
　　　　　　　　　　　　　　　　　　　　　　福田耕治… 106

　はじめに……………………………………………………… 106
　第1節　EUにおける法制化と民主的ガバナンス………… 107
　第2節　欧州ガバナンス―法制化とデモクラシー……… 109

第3節　EU政策過程と欧州ガバナンスの類型………………… 115
　第4節　EU・リスボン条約による法制化と民主的ガバナンス
　　　　　　…………………………………………………………… 119
　第5節　加盟国における国民投票とデモクラシーのジレンマ
　　　　　　…………………………………………………………… 125
　おわりに………………………………………………………………… 132

第6章　欧州議会の機能と構造
　　　―立法・選挙・政党―………………… 日 野 愛 郎… 137

　はじめに………………………………………………………………… 137
　第1節　欧州議会の立法権………………………………………… 137
　第2節　欧州議会の選挙制度……………………………………… 142
　第3節　欧州議会の政党システム………………………………… 148
　おわりに………………………………………………………………… 150

第3部　EUの持続可能なガバナンスとリスク管理

第7章　EU高齢社会政策とリスクガバナンス
　　　―貧困・社会的排除との闘い―……………… 福 田 耕 治… 154

　はじめに………………………………………………………………… 154
　第1節　EUの持続可能な社会構築とリスクガバナンス……… 155
　第2節　EU高齢社会政策と各加盟国の年金制度改革
　　　　　―開放型年金整合化方式（OMC）による調整………… 159
　第3節　EUの高齢者雇用・社会的排除のリスク制御と
　　　　　連帯による貧困リスクガバナンス………………………… 163
　おわりに………………………………………………………………… 166

第8章　EU対テロ規制と法政策……………… 須 網 隆 夫… 170

　はじめに………………………………………………………………… 170
　第1節　EUにおける国際テロリズム規制……………………… 171

第2節　国際テロリズム規制と基本的人権の保障……………………178
おわりに……………………………………………………………………185

第9章　EU不正防止政策と欧州不正防止局
………………………………………………山本　直…190

はじめに……………………………………………………………………190
第1節　EU不正防止政策の始動……………………………………190
第2節　欧州不正防止局の設置と捜査活動…………………………193
第3節　EU政治システムにおける欧州不正防止局………………198
おわりに──EU不正防止政策の確立に向けて…………………………199

第10章　EUタバコ規制政策と健康リスク管理
………………………………………………福田八寿絵…202

はじめに……………………………………………………………………202
第1節　喫煙と健康リスク……………………………………………203
第2節　EUのタバコ規制政策の形成………………………………203
第3節　各加盟国のタバコ規制の取り組み…………………………206
第4節　タバコ規制に係わるステークホルダー……………………211
第5節　タバコ製品指令の改正とタバコ企業，政策決定
　　　　におけるインパクトアセスメントの課題……………………214
おわりに……………………………………………………………………217

第4部　EUの域内政策の展開と課題

第11章　EU共通農業政策と東方拡大………弦間正彦…224

はじめに……………………………………………………………………224
第1節　共通農業政策と改革…………………………………………225
第2節　東方拡大とCAP………………………………………………231
おわりに──CAPの今後…………………………………………………235

第12章　EU社会政策の多次元的展開と均等待遇保障
―人の多様性を活かし連帯する社会に向けて―
……………………………………………………引馬知子…239

はじめに―人の多様性と社会政策……………………………………239
第1節　EU社会政策と均等待遇保障………………………………240
第2節　EU均等法―「均等2指令」と「新指令2案」，
　　　　「市民の発議」……………………………………………243
第3節　雇用均等枠組指令とEU全加盟国での置換……………246
第4節　加盟国間の履行上の相違と収斂―多次元的な社会
　　　　政策が進む「障害」の事由を焦点に………………………248
第5節　EUによる均等施策……………………………………………257
第6節　EU均等法施策における「福祉アプローチ」と
　　　　「市民権アプローチ」の共存………………………………258
おわりに―"多様性のなかの統合"を目指す欧州社会モデル………259

第13章　EU科学技術イノベーションとジェンダー
………………………………………………………福田八寿絵…264

はじめに………………………………………………………………264
第1節　EU科学技術政策の形成と発展……………………………265
第2節　EUにおける研究イノベーションとジェンダー……………268
第3節　生命医科学研究におけるジェンダー配慮の必要性……273
おわりに………………………………………………………………278

第5部　EUの対外政策と課題

第14章　EU共通通商政策とWTO…………須網隆夫…284

はじめに………………………………………………………………284
第1節　共通通商政策に係る権限の性質……………………………285
第2節　共通通商政策の範囲―WTO協定の文脈において………287

第 3 節　WTO 法の裁判規範性……………………………………… 293
おわりに……………………………………………………………… 299

第 15 章　EU と外交・安全保障・防衛政策
―国際アクター論の観点から― ………… **中 村 英 俊** … 303

はじめに……………………………………………………………… 303
第 1 節　前史―ヨーロッパの外交・安全保障・防衛 ……………… 304
第 2 節　CFSP/CSDP の「制度化」と条約改正(「法制化」) …… 307
第 3 節　軍事能力―ESDP/CSDP ミッションの展開 …………… 310
第 4 節　国際アクター論―「能力と期待のギャップ」…………… 313
おわりに―「安全保障アクター」概念の精緻化へ向けて ……………… 322

資料・年表　331
　資料 1　EU の機構図　333
　資料 2　EU の政策決定過程　334
　資料 3　EU 加盟国　335
　年　表　EU 統合の歴史　336
英 文 要 旨　338
索　　　引　339

第 1 部　EU/欧州統合研究の基礎

第1章

ヨーロッパとは何か
―欧州統合の理念と歴史―

森 原　　隆

はじめに―「ヨーロッパ」とは何か

　ヨーロッパもしくは欧州統合を論じようとするとき，まず「ヨーロッパ」Europe という理念・概念の定義が前提になる。ところが，「ヨーロッパとは何か」,「ヨーロッパ人とは誰か」,「ヨーロッパの地理的境界はどこか」, これらの素朴な問いかけに対して明快に答えるのは必ずしも容易ではない。「ヨーロッパ」は，遡れば古代ギリシア時代以前から今日にいたるまでの長い歴史を有し，時代や地域により，また状況や条件によって，多種多様な意味や概念を付与され，使用されてきたからである。「ヨーロッパ」は多義性・多様性をもつ理念である。ヨーロッパを地理的な領域としてみるか，文化的統一体としてみるか，政治的集合体としてみるか，さらには宗教的・民族学的観点からみるかにしたがって，歴史上さまざまなヨーロッパ像が展開されてきた。

　かつて,「ヨーロッパ」を論ずることがタブー視された時代もあった。第二次世界大戦終戦直後のことである。20世紀を代表するフランスの歴史家で，戦後のフランス歴史学界をリードすることになる「アナール」学派の父フェーヴル（L. Febvre 1912-1956）が，コレージュ・ド・フランスの連続講演において「ヨーロッパとは何か」を論じようとしたとき，フランスの多くの聴衆にやきついていた「ヨーロッパ」とは，戦時中の占領軍ナチスと妥協するためヴィシー政権首相ラヴァル（P. Laval）が提唱した「新しいヨーロッパ」構想であった[1]。ユダヤ人を排斥し中東欧のアーリア化に基づく「生存圏」を構築しようとするナチスの提唱は，偏狭な民族主義に由来するとはいえ，ヨーロッパ

政治・経済の強制的な再編を伴う当時の「新ヨーロッパ」Neuropa 構想としてフランスではプロパガンダされており，この記憶がまだ色濃く残っていたのである[2]。戦後，ラヴァルは対独協力者として銃殺刑に処せられたが，この忌まわしい「ヨーロッパ」と訣別するため，フェーヴルはつぎのように「ヨーロッパ」を定義する。「私がヨーロッパと呼ぶのは，このような政治形成体ではない。私は単に，一定の時代に，それも最近築かれた，異論の余地も，否定のしようもないひとつの歴史的統一体をヨーロッパと呼ぶ。」「われわれがヨーロッパ世界と呼ぶひとつの世界の座であるヨーロッパ。諸々の国と社会と文明と，それぞれの国に住み，それぞれの社会を構成し，それぞれの文明を担う人々の総体としてのヨーロッパ。」

　本章では，フェーヴルが示すこのような定義的観点から，歴史的・文化的統一体としてのヨーロッパに焦点をあて，また政治的潮流，経済的潮流，知的・科学的・芸術的潮流，精神的・宗教的潮流という「昔からそこを貫き続けている大きな潮流によって内側から規定されるもの」に留意しながら，「ヨーロッパ」をめぐるさまざまな歴史的営為のパノラマを簡潔に提示してゆきたい[3]。

第1節　「ヨーロッパ」の起源とギリシア・ローマ世界の「ヨーロッパ」

　「ヨーロッパ」という名称の起源はどこにあるのだろうか。また，歴史上いつ頃出現したものなのだろうか。通説的な，ヨーロッパ理念のルーツはおよそ2とおりである。1つは，ギリシア神話の「エウロペ伝説」にまつわるもので，エウロペは古代フェニキアの王フェニクスの娘として登場する。ある時，海岸で遊んでいるエウロペの美しさに惹かれたギリシア神話の主神ゼウスは，牡牛に変身して海からエウロペに近づき，警戒心のとれたエウロペを背に乗せて，海の彼方に連れ去ってしまう。エウロペはクレタ島に到着し，そこでゼウスの子供（クレタ王ミノス）を生み育てることになる。エウロペが連れ去られた方角の地方を，いつしか中近東から見て，エウロペ地方と呼ぶようになった。エウロペの兄弟が探索の旅に出たときに，フェニキアのアル

ファベット文字も西方に伝えられたという[4]。この主題は古来さまざまな芸術作品のモチーフとしてとりあげられ，もっとも人口に膾炙されたヨーロッパイメージである（16世紀イタリア・ヴェネツィアの画家ティツィアーノの「エウロペの略奪」など）。

　もう1つは，メソポタミアのアッカド語に由来する語源的な説である。アッカド語 asu/acu は（日が）昇るを意味し，erib/erebu は（日が）沈むを意味し，かくして前者は日の出（オリエント），後者は日没（オクシデント）をそれぞれ示すようになった。この定義によれば，ヨーロッパ（エリブ・エレブ）は日の沈む土地となる[5]。

　地名としてのヨーロッパ，さらには大陸名としてのヨーロッパがいつ頃から定着したかについては，現在も謎のままである。前8世紀末，古代ギリシアの叙事詩人ヘシオドスの時代に地理的な表記としての「ヨーロッパ」の初出例が指摘され，その場合は大陸としてのギリシア北方（マケドニア・トラキアなど）を意味し，少なくとも当初はギリシア（ペロポネソス半島・島々）を含まない概念であった。前6世紀の地理学者ヘカタイオスの『世界周記』は，エウロペ（ヨーロッパ）とアジアの2部構成で，ヨーロッパは大まかに地中海の北・北東に位置する領域を指し，西端はヘラクレスの柱（ジブラルタル），東は黒海の北東までその地理的範囲が拡大した。前5世紀の歴史家ヘロドトス（前484頃-30頃）は，『歴史』（ヒストリアイ）（巻4）（前420）のなかで自らの広大な実地見聞にもとづいて，リビア（アフリカ）・アジア・ヨーロッパという世界の三分割の考え方を随所に提示し，ヨーロッパはテュロスの女エウロペ，リビアはその地方の土着の女リビュア，アジアはプロメテウスの妻の名に由来するという説を紹介した。実際には一つの大陸でありながら三人の女性名があてられ，またヨーロッパは他の二つの大陸を合わせた長さに及び，ナイル川，コルキスのパシス川もしくはタナイス川（ドン川）が境界線とされた[6]。ヘロドトスによれば，世界をいくつかの大陸に分けるのは非常に古い時代から，たとえば世界の三分割は古代エジプトのなかにも存在していたという。

　ところで，ヘロドトスが『歴史』の主題にしたのは，東西両大国の衝突としての前5世紀のペルシア戦争（前492-79）であったが，それまでの地理的・中立的表現としての「ヨーロッパ」が特別な意味をもつようになったのはこ

のころからといわれる。ギリシア人が前8世紀頃から大規模な植民活動を行い，小アジアの西沿岸や，黒海沿岸などに定住すると，自分たち「ヘレネス」Helleness と，そうではない人たちとの民族・言語・文化の差を意識するようになった。後者の話すことばが理解できないことから，「バルバロイ」barbaroi（わけのわからない言葉を話すもの）という名称がうまれた[7]。しかし，この名称には元来必ずしも否定的な意味はなかった。「野蛮人」という侮蔑的な意味が明白に付与されるようになったのは，とくにペルシアとの対立によってヨーロッパとアジアとの文化的・政治的差異の認識が拡大し，差別意識へと転化したことによる。ヘロドトスの『歴史』には，すでにヘラスの民（ギリシア人）と野蛮人（ペルシア人）との明確な区別が見られた。こうして芽生えた「ヨーロッパ」の意識の根底には，政治的に「我/他者」Us/Others を峻別する二分法 dichotomy，あるいは二項対立的な発想がある。この発想は同胞として包含・受容する意識と，その裏返しとして他者を区別もしくは差別・排除する意識を併存しながら，アンビヴァレントな意味において，現代にいたるさまざまな「ヨーロッパ」理念の底流を形成することになった[8]。

この対抗図式は，前4世紀初めヒポクラテス（前460-370）の医書においても明白にあらわれ，ヨーロッパはギリシアのポリスに見られる民主的な自由の地でアテネがその象徴であるのに対して，アジアは神も法も尊重しない専制君主の広大な帝国でペルシアが代表である。前4世紀のアリストテレス（前384-22）はこの議論を受け継ぎ，『政治学』第7巻ではつぎのように説く。

「寒冷地に住む民族，そのなかでもとくにヨーロッパ地方の民族は，気概に富んでいるが，知能と技術には欠けるところがある。それゆえにかれらは，かなりよく自由独立の地位を保持しつづけているが，国家を組織することができず，また近隣の民族を支配することができないでいる。その反対にアジアの民族は，知能をはたらかせ技術を工夫する精神をもっているが，気概に欠けているから，そのためにかれらはたえず専制君主に支配され，隷属の状態にある[9]。」

アリストテレスでとくに注目されるのは，ギリシア民族はいずれの地方にも属さず，地理的には両者の中間に位置し，気質において両方を合わせ持つとしたところである。したがって，ヨーロッパ―ギリシア―アジアという分

割にたち,「ギリシア民族が,自由独立を保持しつづけ,民族全体がまとまって政治上の統一を達成したら,全世界を支配する力がある」とギリシアを賛美した。ここには,北方(ヨーロッパ)のマケドニアのアレクサンダーに支配されながらも,本来のギリシア民族がアジア,ヨーロッパ統合の要になるという,強い優越感にもとづいた自己中心意識をみいだすことができる。ギリシアが文明の中心という意識は,のちのヨーロッパ文明中心意識に受け継がれており,デイヴィス(N. Davies)は大著『ヨーロッパ』(1996年)において,ヨーロッパに与えたギリシアの遺産の重要性をつぎのように指摘した。「古代ギリシアには,他の追随を許さない卓越した特性がある。(中略)ギリシアは,人類の発展に適した環境という点で,外的な活動と内的な生活の双方に好都合だったように思われる[10]。」

さらにアレクサンダーの遠征後,東方のヘレニズム化がすすみ,ヨーロッパというギリシア起源の地理的概念と名称は,ギリシアを含む形でそのまま踏襲されていったと考えられる。前3世紀の地理学者エラトステネス(前275-194頃)は,『地理学書』で地球球体説に立ち,ヨーロッパの形状を正確に測量した。また世紀前後1世紀の地理学者ストラボン(前64-後21以後)は,エラトステネスの地理的知識を鋭く批判しつつ,ヨーロッパの北部・西部に関する詳細な地理情報を提供した。後1世紀の政治家プリニウス(大)(23-79)の『博物誌』は,ヨーロッパに関する知識や情報を集大成し,ヨーロッパは世界の半分を占める大陸として過大評価的に描写した。ただローマ時代には,一般的には,都市国家ローマの発展やローマ帝国の地理的拡大を,ヨーロッパのそれと同一視する発想や表現はほとんど見られない。ローマ帝国をヨーロッパ統合の萌芽と見るような発想は後世のものであって,ローマ時代には領土的拡張に伴い,むしろ「西方」Occidentという意識が獲得され,のちに「西洋文明」という理念に結節点を見いだすことになる[11]。

第2節　聖書・初期キリスト教の「ヨーロッパ」

紀元後,ローマ帝国によりヨーロッパの地理的拡大・支配が貫徹されたいわゆるパクス・ロマーナの時代において,もう一つ別の重要な「ヨーロッパ」

像が出現した。それはキリスト教・聖書世界から提示された新しいヨーロッパ解釈である。「ヨーロッパ」という語や考え方は，聖書や使徒の事績記述のなかにはほとんど存在しないが，ヨーロッパは地理的な概念さらに精神的・宗教的な理念として，キリスト教的な属性を併せ持つようになった。

　まず地理的な観点からみて，ギリシア的な世界の3分割の発想と類似した捉え方は，聖書のなかにも見うけられた。『旧約聖書』の「創世記」(9-18)ノアの洪水後の有名な記述である。「箱船から出たノアの子らはセム，ハム，ヤペテであった。ハムはカナンの父である。この3人はノアの子らで，全治の民は彼らから出て，広がったのである。」すなわち，聖書の世界でも，3人の子孫が3地域に分かれ住むということが明確に述べられている。1世紀のユダヤ戦争でエルサレム陥落を目撃したユダヤ人軍人・著述家フラウィウス・ヨセフス（37-100頃）は，『ユダヤ古代誌』（95年）のなかで，ノアの子孫が世界に満ちていった地理的な経路を克明に辿った[12]。ヨセフスによれば，ヤペテの子孫は小アジアに定住しつつ北にはドン川に達し，また西にはヨーロッパのカディスまで拡大した。セムの子孫はユーフラテスからインド洋に達するアジアに住み，ハムはのちにアフリカと呼ばれる地に住むとされた。つまりヨセフスの解釈によれば，ヨーロッパはヤペテ，アジアはセム，アフリカはハムの子孫の住む地となり，ギリシアの地理的世界3分割に基づいた「ヨーロッパ」理念は，『旧約聖書』のユダヤ教的な民族3分割理念と結びつけられることで，なおいっそう正当性を帯びたのである[13]。

　この解釈をキリスト教へと継承した4世紀-5世紀の聖ヒエロニムス（346頃-420）は，「創世記」(9-27)の「ヤペテはセムの天幕に住むように」という一節を，セムから発したユダヤ人が，ヤペテの子孫であるキリスト教徒によって追い出されると理解した[14]。また同時期に，キリスト教教義の確立に努めた聖アウグスチヌス（354-430）は，ノアの息子たちの名前の予言的な意味解釈をすすめ，予言の能力を与えられたノアはハム（熱い・異端）の子孫を呪い，長子セム（名付けられたもの）の子孫からはユダヤ人のイエス・キリストが生まれ，phtah（広がる）に由来するヤペテJaphethはセムの領域にまで発展する，と解釈した（『神国論』16：1-2）。この世界の3分割地のひとつとしてのヨーロッパの位置づけは，弟子オロシウスの『異教徒に反論する歴史』（416

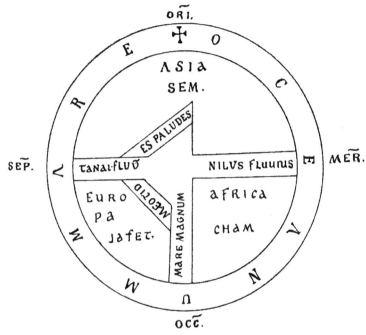

図 1　イシドルスの世界図
（出典：Wilson & Dussen, *op. cit.*, p. 24）

年）のなかでいっそう詳細なものとなった[15]。

　この時代の典型的な世界認識は，現存する最古の世界地図のひとつとされる7世紀初期のセヴィリアの司教イシドルス（560-636）作の手稿本に収められた地図のなかにあらわれている（図1参照）。イシドルスの『年代記』によれば，これは円形世界図 Terrarum Orbis で，上半分がアジア，下半分が左のヨーロッパと右のアフリカに二分された。ヨーロッパとアフリカは「大きな海」mare magnum（地中海），アフリカとアジアはナイル川，ヨーロッパとアジアは「タナイス川」（ドン川）や「メオティデス・パルデス」（アゾフ海）によって分けられ，円形陸地は海に囲まれている。この世界図は，やがて水系がTとOに収束された「T-O 世界図」として9世紀以降の中世ヨーロッパ世界に広く普及し，15世紀にプトレマイオス図が復元されるまで，支配的な世界認

識を与えた。

　ローマ帝国の崩壊後，つぎのヨーロッパ地域の実質上の支配者になったのはゲルマン民族とりわけフランク王国であったが，この支配においても，当初はヨーロッパ理念が引き合いに出されることはほとんどなかった。ところが，古代と同様に，ヨーロッパとは異なる文明との接触が「ヨーロッパ」意識をふたたび喚起させた。7世紀以降のイスラーム民族の進出である。地中海の統一性が崩れ，732年にはトゥール・ポワチエ間の戦いに代表されるイスラーム軍とフランク軍による東西文明の激突が起った。この対立には，イスラーム教対キリスト教という新しい精神的・宗教的な対立要素が持ち込まれた。同時代の年代記『イシドルス・パケンシス』は，フランク軍を率いた宮宰カール・マルテルを「アウストラシア」のコンスル，各地から集められたフランク連合軍を「エウロペエンセス」europeenses という表現で示した。「ヨーロッパ人たちはアラブ軍の整然たる天幕を遠望した」という一節が，「ヨーロッパ人」という表現の初出であるとされている[16]。

　さらにこのあと，周知のように，カロリング王朝のカール大帝（シャルルマーニュ）が800年のクリスマスの夜に，教皇レオ3世からローマで，「ローマ皇帝」の冠を受けるという，歴史的な事件が起った。カールの戴冠儀式は，歴史上初めて達成された「キリスト教的ヨーロッパ統合」を象徴的に示す事件として，かつ現代のヨーロッパ統合のモデルとして解釈され，さまざまな機会で言及されることも多い。フランク王は西ローマ帝国の後継者とみなされ，「ローマ帝国」imperium romanum が名目上復活した。当時の詩人たちは，カールを「ヨーロッパの王，父」rex, pater Europae と称え，「ヨーロッパの尊厳なる王冠」Europae veneranda apex と賞賛した[17]。しかし，フランク国家とローマ・キリスト教会の連携は，現実には東ローマ（ビザンツ帝国）・ギリシア正教会との対抗意識によるもので，大帝の最大版図もドナウ川以西からピレネーを越えたエブロ川までの西ヨーロッパに限定された。また，「ヨーロッパ」という名称が必ずしも広範囲で使用されたわけではなく，当時は修辞的・儀式的な意味合いが強かったことを考慮すれば，当然，ヨーロッパ統合の象徴的意味は薄らいだものになる。

第3節　中世「キリスト教世界」の精神的統合と近世「ヨーロッパ」の分化

　中世世界においても「ヨーロッパ」がふたたび地理的，学問的言及を超えて，引合いに出されるには，異質かつ外的な脅威を必要とした。10世紀，オットー大帝がレーヒヴェルトの戦いでマジャール人を撃破したことで「ヨーロッパの解放者」と称えられたあと，11世紀にはまた新たな脅威が出現した。セルジュク朝トルコ人のヨーロッパ進出である。窮状に陥ったビザンツ皇帝は，1095年，コンスタンチノープルの危機を訴えてローマ教皇に軍事要請を行った。このとき派遣されたいわゆる十字軍に関して，教皇ウルバヌス2世の説教を直接記したものは残されていないが，同時代のイギリスの歴史家ウィリアム・オブ・マームズベリ（1095-1143）の語るところによれば，教皇は古典的な世界の3分割にもとづき，「ヨーロッパ」の受ける脅威を強調したという[18]。ただ，ヨーロッパに地理的アイデンティティが一部感じられたにせよ，十字軍は基本的にはキリスト教の防衛であった。教皇は一般的には「キリスト教世界」Christendom の指導者・防衛者にすぎず，「ヨーロッパ」は「キリスト教世界」という理念に埋没する傾向が強かった。

　この政治・軍事面の不安にもかかわらず，ヨーロッパは「ラテン・キリスト教世界の，宗教・社会・文化面での異論の余地のない統一」の時代を迎えた。ポーランドの歴史家ポミアン（K. Pomian）が，『ヨーロッパとは何か』（1990年）のなかで「最初のヨーロッパ統合」と規定するのは，他でもないこの時期であり，キリスト教を支柱にした精神・文化統合が広く達成されたと認識することは可能であろう[19]。いわゆる「12世紀ルネサンス」説で強調される「信仰と教会制度，典礼，教会暦の統一や，社会の身分構造の統一であり」，知識人が用いる言語や文字，教育と世俗知識，建築と造形美術にも統一性が見られた[20]。十字軍に代表されるヨーロッパ世界拡張によって，ギリシア・イスラームの哲学・科学との遭遇などがひきおこした社会・文化変容であった。ローマを宗教的な中心地とし，大学や学校，修道会を拠点とした知的エリートの文化的統一は，16世紀まで継続したとされる。ところが，この統合

は「キリスト教世界」の統合ではあっても,「ヨーロッパ」理念にもとづく統合ではない。12世紀の歴史家オットー・フォン・フライジング（1114-58）の叙述やクレティアン・ド・トロワの騎士道物語では,「ヨーロッパ対オリエント」よりも「西方（オクシデント）対東方（オリエント）」の二分法で述べられているだけで, ヨーロッパに対するアイデンティティは概して低かった[21]。また, 統合といっても知的エリートや都市住民の統合にとどまり, 農民や一般民衆レベルに下降するものではなかった。

　さて, 15世紀頃から, ふたたび「ヨーロッパ」という語が多くの文献の中に登場し, しばしば「キリスト教世界」と同一視して語られるようになった。歴史上「ヨーロッパ」理念が浮上するときは, 政治的な意味や意義を含むことが多く, 15世紀の契機になったのも外的の脅威, とくにオスマン帝国の侵攻であった。1453年5月, コンスタンチノープルがメフメト2世の軍隊によって陥落し, 東方のギリシア正教会は決定的な最後を迎えた。キリスト教会全体の危機のなか, ローマ教皇ピウス3世は, このトルコの脅威に対して「キリスト教共和国」（レスプブリカ・クリスティアーナ）の守護を主張し,「ヨーロッパ」を同義語として使用した。教皇はまたラテン語の名詞「エウロパ」に由来する「エウロペウス」という形容詞を初めて用いたといわれ,「ヨーロッパの」および「ヨーロッパ人」という意味で各国語に翻訳されていった[22]。

　一方, ルネサンスの勃興によって,「ヨーロッパ」という名辞は, ギリシアに代表される古典古代の文学的・修辞的な色彩を帯びて, ふたたび頻繁に用いられるようになった。たとえば, ダンテ（1265-1321）はさまざまな叙述で「ヨーロッパ」を論じ, ユスチニアヌス帝に触れながらコンスタンチノープルを「ヨーロッパの果て」とした（『神曲』天国編第6歌）[23]。ダンテのヨーロッパは, 中・西部に偏っているものの, イタリアを最も高貴な地方,「帝国の庭」として賛美する文脈において触れられ, またペトラルカ（1304-74）も「ヨーロッパ」に多く言及した。加えて, 人文主義「フマニタス」humanitas,「人文主義的研究」studia humanitatis の勃興によって, キリスト教と並んで古典研究に基づく「フマニタス」がヨーロッパの知的エリートを結ぶ共通の絆となった。この結果,「キリスト教共和国」（レスプブリカ・クリスティアーナ）の同義語として「文芸共和国」（レスプブリカ・リテラーリア）という表現も使用され

始めた。「レスプブリカ・リテラーリア」の初出は1417年，ヴェネツィアの人文主義者フランチェスコ・バルバロの書簡にあるといわれ，15世紀末から頻繁に文献に登場するようになった。人文学者エラスムス（1466-1536）がこの文芸共和国の指導者で，「文芸」（ボナエ・リテラエ）に対する崇拝で結ばれた文人・知識人の統合が精神・理念上に形成された[24]。

ところが，16世紀，宗教改革による宗派分裂によって，カトリックに根ざした「キリスト教世界」という統合理念は大きく崩壊していった。フェーヴルによれば，「ヨーロッパ意識」の本格的なスタートはこれ以降のことである。しかし，ヨーロッパは現実には分化の様相を呈していった。

近世初期，とくに「1400年代」（クァトロチェント）のイタリアは，ヨーロッパのなかで分裂の最も進んだ政治状況にあった。ローマ教皇庁のほか，ミラノ，フィレンツェ，ヴェネツィア，ナポリなどの有力都市国家が君主政，共和政などの政治体制をとって対立しあい，政治的な危機には，イタリア戦争（1494-1554年）のように，名目上の支配を主張する神聖ローマ帝国ハプスブルク家やフランス王朝がたびたび介入し，混乱状態となった。政治思想的な側面からいえば，フィレンツェのマキァヴェッリ（1469-1527）は1532年の『君主論』で，国家レベルでの政治的利害がすべてに優越されるべきとするいわゆる「マキァヴェベリズム」を説いたが，ここにおいては，もはや従来の中世的な「キリスト教世界」が主張する摂理や神意は意味を持たない。マキァヴェッリは「ヨーロッパ」という理念や用語をほとんど用いてはいないが，ギリシア以来の論法に則り，君主政のあり方をトルコ的な専制国家とフランス的な社団国家を比較することで論じながら，世俗的・現実的なヨーロッパの政治理論を展開した[25]。

またフランスでは，宗教対立に端を発したユグノー戦争による惨禍のなかから，ボダン（1530-96）の『国家論6編』（1576年）に代表される「主権論」が提唱された。これは「主権」majestasを有する君主への権力集中によって，国内の政治的安寧を図りながらも，ヨーロッパ全体では「主権国家」群が分裂し，互いに対立しあう「主権国家体制」への移行を促す理論となった。とくに三十年戦争では，主権国家の政治的・宗教的対立にもとづく本格的な国際戦争へと発展した[26]。

第4節　近世ヨーロッパの勢力均衡，統合・平和思想

　近世ヨーロッパでは，国家間の対立・抗争が激化した一方で，統合や同盟に向けた動きや思想も活発になった。たとえば，初期のイタリア戦争期に勢力拡張をつづけていたヴェネツィアに対抗すべく，フィレンツェ，ミラノ，ナポリなどが教皇庁やヨーロッパ諸国をまきこんで，1508年にカンブレー同盟を結成し，ヴェネツィアの支配を海上に限定させた。イタリアの各都市国家や教皇庁は，神聖ローマ帝国，フランスさらにはオスマン帝国の権力伸張を睨んで，対立や合従連衡をめまぐるしく展開した。16世紀のフィレンツェの政治家・歴史家グイッチャルディーニ（1483-1540）は，フィレンツェの都市貴族層の側に立ち，メディチ家支配の共和政から君主政へと生き抜き，教皇庁の行政官としても政治的混乱の収拾を図った。マキァヴェッリの友人でもあったグイッチャルディーニの政略や外交交渉には，著書『リコルディ』や『イタリア史』のように「勢力均衡」の考えかたが見られるが，これは近世ヨーロッパの国際外交における「勢力均衡」balance-of-power 政策の理論の系譜へとつながるものであった。

　また，フィレンツェ共和国の政治・社会体制は，この時代の人文主義者たちによって共和政の理想的モデルとされた。14世紀以降サルターティやブルーニなどによりアリストテレスの『政治学』などがあらたに翻訳・紹介され，「レス・ププリカ」res publica というアリストテレス的な「公共の福利，共和政」にもとづく政体や政治理論を最良のものとする考え方が人文主義者に広まった[27]。この15世紀にフィレンツェでうまれた人文主義を，1966年にバロン（H. Baron）は「市民的人文主義」と呼んだ。これをうけ，1975年，ポーコック（J. Pocock）が発表した『マキァヴェリアン・モーメント』は，マキァヴェッリやグイッチャルディーニらの「市民的人文主義」に見られるフィレンツェ共和政理念がヨーロッパ中に流布し，とくにイングランドに影響を与え，アメリカ合衆国の独立理念，共和主義に流れこんだと説いて，大きな反響を呼んだ[28]。このレス・ププリカや共和政（リパブリック）理念，さらには近年ドイツの研究者ブリックレ（P. Blickle）が指摘した，中・近世ヨーロッ

パのアーバン・ベルト地帯（とくにスイスや西南ドイツ）における「共同体主義」Kommunalismus のロジックなども水平レベルでの連携や融合・連合を志向するものであり，ヨーロッパ的規模で勢力均衡や連合・同盟・共同体の動きが活発になった[29]。

　前述の三十年戦争は，1648年のウェストファリア条約で集結した。この和平会議の参加国はこの当時の全ヨーロッパを含む66カ国にのぼり，ラテン語だけではなく各国語も使用された。この結果，多数の正義・自由や政治秩序の併存を認め，「勢力均衡」理論に根ざした，一般的に「ウェストファリア・システム」と呼ばれる近代的な政治体系が成立したとされる[30]。キリスト教を中心に精神的統合体であった中世的・普遍的なヨーロッパが崩壊し，「主権国家」が分裂する個別的・政治的な近世・近代ヨーロッパの到来である。このシステムを現代の「ヨーロッパ連合」のモデルと捉える考え方もあるが，この平和は永続せず，主権国家をベースに近代戦争を繰り返したことに留意すべきであろう。

　しかしながら，戦争・対立を回避するため，のちの近・現代ヨーロッパの平和構想につながる理念や思想も個々の思想家や政治家によって提唱された。平和論の系譜としては，14世紀のフィリップ4世治世下，デュボワの宗教的理念にもとづく「キリスト教共和国」，16世紀エラスムスの人文主義的な『平和の訴え』（1517年）などがある。主権国家的対立を念頭においたものとしては，クリュッセ『新キネアス論』（1623年），グロチウス『戦争と平和の法』（1625年），シュリー『大計画』（1640年），W・ペン『ヨーロッパの現在の平和についてのエッセイ』（1693年），J・クルック『永続的平和への道』（1697年）などが提唱された。たとえば，シュリー（1559-1641）の「大計画」Le Grand Dessein は，フランス国王アンリ4世治世下で，宗教戦争で混乱したカトリック・ルター・カルヴァン3派の調和を図り，ヨーロッパに平和的統合をもたらす構想であった。国際協調の基礎として，(1)15の主権国家，すなわち6の世襲王国（イギリス，デンマーク，フランス，スェーデン，フランス，スペイン，新イタリア王国），5の選挙王国（教皇領，ドイツ，ポーランド，ボヘミア，ハンガリー），4の共和国（スイス，オランダ，ヴェネツィア，北イタリア）に分け，勢力均衡を図ったうえで，これらが「キリスト教連邦」を形成する。(2)

全ヨーロッパのキリスト教国から代表（任期3年，定員66名）が集まる「ヨーロッパ評議会」で紛争を処理し，国際軍隊を設置する，というのが主旨である。ロシアとトルコは異教徒，遠隔を理由に除外されていたこと，とくにフランスブルボン家の仇敵であったハプスブルグ家の勢力への抑圧を念頭においていたことなど制約も多いが，シュリーの構想は，のちの主な「ヨーロッパ平和，共同体」構想に大きな影響を与えた[31]。

　17・18世紀の啓蒙時代に入ると，近代的な合理主義に根ざした新たな平和・統合構想が提唱された。18世紀初頭の1713年，スペイン継承戦争のユトレヒト講和条約に出席した聖職者サン・ピエール（1658-1743）は，同年の『ヨーロッパ永久平和論』において，ヨーロッパ諸国の平和連盟構想を提唱した。それによれば，(1)ユトレヒトに加盟国の代表らからなる常設の平和評議会を置き，国際紛争の法的解決を図る，(2)連盟国はいずれも6000人以上の常備軍をおいてはならない，(3)一切の領土の変更，侵略，譲渡の禁止，(4)連盟内の規約不履行の場合，連盟国が協力して武力制裁を加える，などが規定された。この論はヴォルテールなどによって理想的ではありつつも実現不可能とされ，ルソーもまた1761年に批判しながら（「サン・ピエール氏の永久平和論抜粋」），独自の平和理論を展開した。ルソー（1712-78）によると，ヨーロッパの市民生活が社会契約にもとづいているのに対して，ヨーロッパ全体はそれぞれ統合組織であるにもかかわらず，社会契約にもとづく国際契約をもっていない。国際契約をむすび国家連合を樹立する必要があるものの，この国家は主権委譲のためには君主政ではなく，人民主権国家が前提となる。人民主権の共和政国家をめざすルソーのヨーロッパ連合構想は，当時の「勢力均衡」の原則ではなく，主権委譲と国際契約にもとづく連合を志向した点が注目されるが，ルソー自身は，大連合のもつ危険性をも認識していた[32]。

　また，カント（1724-1804）は平和論の議論を継承し，1795年の『永久平和のために』において，国際平和のための6予備条項と3確定条項を提唱した。ここでは常備軍の廃止，武力干渉の禁止など具体案とともに，「共和政体制」を前提にした自由な国家連合が主張された。カントの平和構想は，国家間の対立を終息させ，永遠平和を達成する「一つの世界共和国」eine Weltrepublik，「世界市民」を理想的に追求した。よって，この実現は極めて困難であると判

断したうえでの「国家の平和連合」提言は，「消極的な代替物」にすぎない。しかし，カントの構想は「ヨーロッパ連合」の枠を超えて世界平和を目指したことで，のちの「国際連盟」「国際連合」構想へとつながる将来的な可能性を示唆するものであった[33]。

第5節　近代ヨーロッパの国民・文明・文化統合の動き

19世紀，ナポレオンの軍事的「ヨーロッパ統合」の崩壊後，ヨーロッパにふたたび勢力均衡にもとづく平和維持体制，主権国家に立脚する「ヨーロッパ連合」理念が復活した。4国同盟，神聖同盟を含めたいわゆる「ウィーン体制」である。ウィーン体制は，正統主義，復古主義を重視する保守的なシステムであった反面，「会議」という形式を制度化し，かつ多国間の協調によって平和維持を図る試みは，ヨーロッパ連合の理念にも通じるものがあった[34]。

とはいえ，「ナショナリズム」の進展や革命運動によって，この連合は永続性をもたず，19世紀ヨーロッパは諸産業・交通手段の発達で政治的・経済的・文化的な一体性を強めながらも，さまざまな分化・分裂要因をもあらたに抱え込んだ。たとえば，「国民（ネイション）」「文明」「文化」などの考え方が浮上し，近代的な国民国家（ネイション・ステイト）形成の精神的理念となった。「ネイション」nation は，本来，ラテン語 natio「同じ生まれのもの」に由来し，中世の大学では「同郷の学生団体」を意味したが，18世紀後半頃から「国民」という意味で使用され，各国の国民国家形成のユニットとして，ヨーロッパ全体の統合的発想を突き崩していった。「ネイション」にもとづくナショナリティやナショナリズムを「想像の共同体」としたのは，近年のアンダーソン（B. Anderson）の議論であるが，ナショナル・アイデンティティを希求する文化的統合や「国民」単位の国家形成が至上の命題となっては，「ヨーロッパ」という統合思想はほとんど意味を持たなくなる[35]。

他方，「文明」civilisation ということばを初めて用いたのは，1750年代の重農主義者ミラボー（1715-89）の著作『人民の友』といわれている。ルソー，ヴォルテールは「礼儀作法」civilité を用いてもこの新語には触れなかったが，「文明」は「進歩」progress の観念と結びつき，ヨーロッパ「キリスト教世界」

の代名詞，あるいはその世俗概念としてもてはやされるようになった。加えて「ヨーロッパ文明」という表現が初めて使用されたのは，1766年に，フランスの重農主義者アベ・ボドー（1730-92）が北アメリカのフランス植民地を論じたときといわれ，以来，「ヨーロッパ＝文明」という考え方がしだいに普及し定着するようになった[36]。これと対蹠的な位置におかれたのが，研究者サイード（E. Said）が鋭く指摘した「近代的オリエンタリズム orientalism」という理念である[37]。これは「野蛮なオリエント」を含意し，ここには古代のギリシア以来の，文明対野蛮の対抗図式，あるいはギリシア文明中心主義に類似したヨーロッパ文明中心主義の影響をみることができる。19世紀以降は「文明」がヨーロッパの同義語あるいは統合理念として用いられ，とくにフランスではいわゆる「文明化の使命」という，植民地主義を正当化しかねない理念に転化していった。また「文化」culture は，耕作や家畜の世話という意味で本来用いられたが，18世紀後半のフランスで現在の「文化」の意味に変化し，他の諸国に伝えられた。「文化」はドイツ人にとってフランスから輸入された外来語であり，最初 Cultur と表記された。しかし，ドイツの知識人達は「文明」というフランス流宮廷・貴族主義を批判し，「文化」をKultur と変更したうえで，これを核にした新しいドイツ流の国民国家形成を目指した[38]。

　ナショナリズムの台頭期であっても，ヨーロッパ連合を目指す思想は提唱された。ヴィクトール・ユーゴー（1802-85）が1849年に，万国平和会議において主張した「ヨーロッパ合衆国構想」やマッツィーニ（1805-72）の「人民のヨーロッパ」である。19世紀は，アメリカ合衆国型の「連邦主義」（フェデラリズム）構想やハミルトン（1757-1804）らによる『ザ・フェデラリスト』の議論が，ヨーロッパに大きなインパクトを与え，新しい統合ヨーロッパの重要な理念のひとつとなった[39]。ドイツのフランツやフレーベルらが提唱した「中欧 Mitteleuropa」構想は，国民国家ではなく，ハプスブルク君主国内の民族連邦国家をベースに中欧を一つの政治体にまとめるもので，ヨーロッパ連合論をも視野に入れていた。また社会主義者プルードン（1809-65）の提唱した「統合的連邦主義」は，主権を解体し連合協定にもとづいた「ヨーロッパ連邦」を目指したものの，現実の大きな潮流にはならなかった。さらに19

世紀のドイツの「関税同盟」(1833年)から政治統一へという国民国家形成の歩みは,「関税同盟構想」を軸にしたのちの「ヨーロッパ連合」構想につながるものとはいえ,ヨーロッパ全体にまで波及することはなかった。

第6節　20世紀「ヨーロッパ連合・EU」前史

　20世紀に,「ヨーロッパ連合」の具体的なプラン作りが開始されたのは,「ヨーロッパ文明の没落」を意識せざるをえなくなった第一次世界大戦後のことである。19世紀のナショナリズムは帝国主義をうみだし,植民地獲得や利権対立,民族や宗教問題をめぐってヨーロッパ列強間に紛争が頻発し,ついには,第一次世界大戦という未曾有のヨーロッパの危機に発展した。

　この結果,ヨーロッパにあったドイツ,オーストリア＝ハンガリー帝国,ロシア,オスマン帝国という4つの帝国が滅び,社会主義の伸張によるロシア革命でソヴィエト連邦が成立するなど,ヨーロッパは重要な再編期を迎えた。戦後の「ヴェルサイユ体制」はかつての「勢力均衡」を軸にしており,「国際連盟」の成立は19世紀的な「ヨーロッパ連合」思想を背景とした「国際平和機構」であったが,いずれもヨーロッパの大きな再編を伴うものであった。

　この時期に,のちのヨーロッパ連合に直接つながる統合計画や構想が数多く提出された。たとえば,レーニン,トロツキーなどの「ヨーロッパ合衆国論」,ナウマンの「中欧論」,クーデンホーフ・カレルギーの「汎・ヨーロッパ論」,ブリアンの「ヨーロッパ連邦構想」などである。

　ナウマン(1860-1919)の『中欧論』は,大戦初期の1915年に公刊されたもので,ドイツとオーストリア＝ハンガリー帝国が中核となって共同体を形成し,周辺の小国を含む「中欧」に歴史的・文化的一体性を求めた。これは,西の英仏,東のロシアに対抗するドイツ中心の共同体構想として,のちのナチス的ヨーロッパ構想の先駆と見る向きもあるが,ユダヤ人の役割が強調されている点が大きく異なる[40]。また,オーストリアのクーデンホーフ＝カレルギー伯(1894-1972)は,1922年にパン・ヨーロッパ構想を発表し,翌23年に出版した『パン・ヨーロッパ』は,ヨーロッパでベストセラーになった[41]。

第 1 章 ヨーロッパとは何か 19

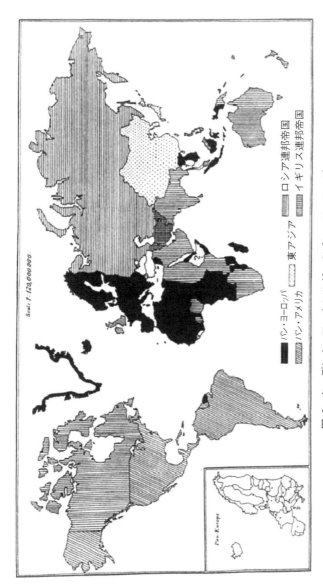

図 2 クーデンホーフ・カレルギーのパン・ヨーロッパ

(出典：Wilson & Dussen, *op. cit.*, p. 100)

パン・ヨーロッパは，イギリスとロシアを独立したブロック，それ以外のヨーロッパ・ブロック，さらに東アジア，パン・アメリカを含めた5大ブロックに分け，ブロック間の競争や調停をへて世界規模の連合を目指した（図2参照）。この構想は独仏間の融和を説き，1926年には第1回パン・ヨーロッパ会議が開催されたものの，貴族主義的・復古的なヨーロッパ理念への回顧という側面をもっていた。フランス首相ブリアンはこの運動を受け継ぎ，1930年には「ヨーロッパ連邦設立に関する覚え書き」を国際連盟に提案した。これは「ヨーロッパ連合」に向けた具体的提案だったが，フランスの地位を保全するという意図があったために多くの賛同を得ることはできなかった。その後，パン・ヨーロッパ運動は，台頭したファシズムやナチズムとの関係で迷走しつづけ，カレルギー伯もアメリカに亡命を余儀なくされたが，第2次世界大戦後，チャーチルが1946年に行った「ヨーロッパ合衆国」演説に大きな影響を残した。

　1922年にイタリアでファシスト政権が，さらに1933年にドイツでヒトラーのナチス政権が成立し，それぞれ「ヨーロッパ連合」構想には大きな脅威となった。とくに，ナチスの「新秩序」は，カレルギー伯の「パン・ヨーロッパ」構想を否定し，「ゲルマン民族」という観点から中東欧の再統合をめざした。しかし前述のように，ナチスには外相リッベントロップ，蔵相フンクなどヨーロッパ政治・経済の強制的な再編を伴う「新ヨーロッパ」構想を唱えるヨーロッパ論者がおり，これが国外にプロパガンダされて，フランス首相ラヴァルのような同調者を族生させていったのである[42]。

おわりに

　フェーヴルは，古代から19世紀まで，ヨーロッパの歴史を27回にわたる講演で通観したあと，最後の講演の冒頭で，つぎのようなことばを残している。

　「ヨーロッパを実現しよう。ヨーロッパ共和国を創造しよう。ヨーロッパ国家を形成しよう。現在の国家がせいぜい地方をなすにすぎなくなるようなヨーロッパ国家を形成しよう。ヨーロッパ国家を創造しよう。理にかなって

おり，自然の流れだから。カロリング帝国がヨーロッパの最初のかたちのようなものを予示した時代から，つまり1000年以上も前から，ヨーロッパ諸国はずっと統一を目指してきた。この長い歩みの必然的な到達点がヨーロッパである[43]。」

　第一次・第二次世界大戦の惨禍をへて，ようやくこのフェーヴルの希求する「ヨーロッパ」実現に向けた歩みが開始された。戦後の「欧州統合」設立の動きは，ヨーロッパの歴史的・文化的統一体としての歴史を背景としながら，永年の悲願を達成する壮大な試みとなったのである。

（1）　リュシアン・フェーヴル（長谷川輝夫訳）『"ヨーロッパ"とは何か?』（刀水書房，2008）。
（2）　Kevin Wilson & Jan van der Dussen, *The History of the Idea of Europe*,（Routledge, 1993），p. 107.
（3）　参照。紀平英作編『ヨーロッパ統合の理念と軌跡』（京都大学出版会，2004）。谷川稔編『歴史としてのヨーロッパ・アイデンティティ』（山川出版社，2003）。遠藤乾編『ヨーロッパ統合史』（名古屋大学出版会，2008）。
（4）　藤縄謙三『ギリシャ神話の世界観』（新潮社，1971），158頁。
（5）　Roberta Guerrina, *Europe: History, Ideas and Ideologies*,（Oxford University Press, 2002），p. 2. 参照。フェーヴル，前掲書，56頁。
（6）　ヘロドトス（松平千秋訳）『歴史』（筑摩書房，1967），188頁。
（7）　Heikki Mikkeli, *Europe as an Idea and an Identity*,（Macmillan Press Ltd, 1998），p. 7.
（8）　Guerrina, *op. cit.*, p. 13.
（9）　アリストテレス（田中美知太郎他訳）『政治学』（中央公論社，1972），260頁。
（10）　ノーマン・デイヴィス（別宮貞徳訳）『ヨーロッパ』Ⅰ古代（共同通信社，2000），191頁。
（11）　Guerrina, *op. cit.*, p. 65.
（12）　フラウィウス・ヨセフス（秦剛平訳）『ユダヤ古代誌1』（筑摩書房，1999），60頁。
（13）　Mikkeli. *op. cit.*, p. 16.
（14）　Wilson & Dussen, *op. cit.*, p. 20.
（15）　*Ibid.*, p. 22.
（16）　フェデリコ・シャボー（清水純一訳）『ヨーロッパとは何か』（サイマル出版会，1977），32頁。
（17）　Wilson & Dussen, *op. cit.*, p. 26.
（18）　*Ibid.*, p. 28.
（19）　クシシトフ・ポミアン（松村剛訳）『ヨーロッパとは何か』（平凡社，1993），61頁。

(20) ジャック・ヴェルジェ（野口洋二訳）『入門十二世紀ルネサンス』（創文社，2001）。
(21) Wilson & Dussen, *op. cit.*, p. 29.
(22) *Ibid.*, p. 35.
(23) ダンテ（平川祐弘訳）『神曲』（河出書房新社，1992），267 頁。
(24) ポミアン，前掲書，108 頁。なお，ポミアンは 17・18 世紀のフランス語・文化中心の「文芸共和国」（レピュブリック・デ・レトル）を第 2 のヨーロッパの統合とした。拙稿「フランスの「レピュブリック」理念」小倉欣一編『近世ヨーロッパの東と西——共和政の理念と現実』（山川出版社，2004 年），217-240 頁。
(25) マキァヴェッリ（池田廉訳）『君主論』（中央公論社，1966）。
(26) 清末尊大『ジャン・ボダンと危機の時代のフランス』（木鐸社，1990）。
(27) 小倉欣一編，前掲書。
(28) J・G・A・ポーコック（田中他訳）『マキァヴェリアン・モーメント』（名古屋大学出版会，2008）。
(29) ペーター・ブリックレ（服部良久訳）『ドイツの臣民』（ミネルヴァ書房，1990）。
(30) Mikkeli. *op. cit.*, p. 42.
(31) *Ibid.*, p. 48. 前川貞次郎『ヨーロッパ史序説』（ミネルヴァ書房，1978），195 頁。
(32) Gerard Delanty, *Inventing Europe*,（Macmillan Press Ltd, 1995），p. 71.
(33) 宇都宮芳明『カントの啓蒙精神』（岩波書店，2006），218 頁。
(34) Mikkeli. *op. cit.*, p. 67.
(35) ベネディクト・アンダーソン（白石さや訳）『想像の共同体』（NTT 出版，1997）。
(36) Wilson & Dussen, *op. cit.*, p. 64.
(37) エドワード・サイード（板垣雄三訳）『オリエンタリズム』（平凡社，1993）。
(38) Wilson & Dussen, *op. cit.*, p. 62,
(39) 遠藤乾編，前掲書，43 頁。
(40) Wilson & Dussen, *op. cit.*, p. 90.
(41) *Ibid.*, p. 96.
(42) *Ibid.*, p. 107.
(43) フェーヴル，前掲書，316 頁。

参考文献

リュシアン・フェーヴル（長谷川輝夫訳）『"ヨーロッパ"とは何か？』（刀水書房，2008）。
フェデリコ・シャボー（清水純一訳）『ヨーロッパとは何か』（サイマル出版会，1968）。
クシシトフ・ポミアン（松村剛訳）『ヨーロッパとは何か』（平凡社，1993）。
ノーマン・デイヴィス（別宮貞徳訳）『ヨーロッパ』（共同通信社，2000）。
谷川稔編『歴史としてのヨーロッパ・アイデンティティ』（山川出版社，2003）。
遠藤乾編『ヨーロッパ統合史』（名古屋大学出版会，2008）。
Kevin Wilson & Jan van der Dussen, *The History of the Idea of Europe*,（Routledge, 1993）.
Roberta Guerrina, *Europe：History, Ideas and Ideologies*,（Oxford University Press, 2002）.
Heikki Mikkeli, *Europe as an Idea and an Identity*,（Macmillan Press Ltd, 1998）.

第2章
EU・欧州統合過程と欧州統合理論

福 田 耕 治

はじめに

　第2次世界大戦後，半世紀以上にわたる欧州統合のプロセスは，壮大な歴史的実験の連続であった。前章で見たように「ヨーロッパ」という概念は，地理的な概念から，文化・社会的概念，歴史的概念さらに法的・政治経済的概念へとその包摂する範囲を広げ発展してきた。その政治経済的な側面，ガバナンス構造について見ると，ヨーロッパでは，多様なシステムが形成され，発展を遂げてきた。たとえば，都市国家，四半世紀に及ぶローマ帝国の支配を経て，1648年のウェストファリア条約以来，主権国家という仕組みが約300年前に形成された。絶対主義の時代から，約200年前フランス革命を経て「国民国家」と呼ばれる政治経済的枠組みへと発展してきた。これは西ヨーロッパ型の国民国家システムであり，第一次世界大戦後，ヨーロッパから徐々に世界規模のシステムへと波及していった。イギリスを始めとする欧州諸国の帝国主義の時代を経て，第一次世界大戦，第二次世界大戦の塗炭の苦しみの後，平和的国際秩序の構築を目指して，連邦主義的な統治構造，超国家的機構の創設へと欧州統合への関心が次第に高まっていった。

　本章では，第1に，現在のEU・欧州統合に直接つながる現実の政治過程を跡付ける。第2にEU・欧州統合の目的とその制度設計の背景，法秩序・機構制度の特色を明らかにする。これらを踏まえて，第3に，現実のEU・欧州統合ガバナンスの発展状況とそれを理論化する統合理論について検討することにしたい。

第1節　欧州統合の起源とクーデンホーフ・カレルギー

　欧州統合に，日本も無関係ではない。明治時代，オーストリアの外交官が馬に乗って東京の街を闊歩していたところ，落馬し骨折するという事故にあった。これを見かけた骨董屋の娘，青山光子[1]はこの青年外交官を自宅に招き入れ，彼の骨折が完治するまで介抱した。これを契機に二人は恋に落ち，国際結婚するに至った。青山光子はオーストリアに渡り，ハプスブルク家の末裔クーデンホーフ伯爵家に嫁いだ。光子は，5人の子供を生み，日本から取り寄せた『桃太郎』などの絵本を子供たちに読み聞かせ，育児に専念した。東洋の文化と西洋の文化の融合する家庭環境のなかで育てられた次男リヒャルト・クーデンホーフ・カレルギー（日本名：英次郎）は，後に熱烈な欧州統合運動家として歴史に名を留めることになった。

　リヒャルト・カレルギーは，欧州統合運動のきっかけとなる『パン・ヨーロッパ[2]』と題する書物を1923年に出版した。彼は，第一次世界大戦のような悲惨な戦争を二度と欧州で繰り返したくない，世界を平和にしたい，そのためにどうしたらよいのか，という強い問題意識を持っていた。そこでリヒャルトは，世界平和に至る方法として，ヨーロッパ共同体，北米共同体，南米共同体，ユーラシア共同体，アフリカ共同体を創り，5つの共同体から成る世界連邦国家を創れば，戦争を起こす必要が無くなるのではないか，という世界連邦構想を抱き，真剣に考えた。彼は自著『パン・ヨーロッパ』において，欧州統合の必要性を説き，自分の住むヨーロッパから，近代諸国家の統合運動を開始した。1920年代半ばから30年代にかけて欧州の連邦秩序樹立を考えていたブリアン・フランス外相とシュトレーゼマン・ドイツ外相が，リヒャルトのこの構想に着目し，連邦的な「欧州合衆国」の可能性を見出そうとしたことにより，現実政治に影響を与える糸口となった[3]。

　しかし1930年頃からヒトラーのナチズム，ムッソリーニのファシズムが影響力を持ちはじめ，欧州各国のナショナリズムが高まるなかで，リヒャルトが考えたヨーロッパ統合運動は，現実的には力量不足であった。フランスの知識人たちはパリでヒトラーに対する抵抗（レジスタンス）運動を行ってい

たが，ヒトラーの親衛隊に発見されないよう，地下にこもって反戦運動を続けていた。しかし，欧州統合運動は，欧州諸国の第 2 次世界大戦への突入によってリヒャルトの願いもむなしく，掻き消されてしまった。

　第 2 次世界大戦後，今度こそ「第 3 次世界大戦を起こしてはならない」という思いを抱く人々のなかから，欧州諸国家の連邦主義的統合への試みが生まれてきた。そのきっかけを与えたのは，1946 年 9 月スイスのチューリッヒ大学でイギリスのチャーチルが行った，「欧州合衆国」(United States of Europe) の建設を呼びかける講演であった。また，彼が率いる欧州統一委員会がロンドンで設立された。そこには「ヤルタ・ポツダム体制」をつくったフランスのド・ゴールやイギリスのチャーチルが参画したのみならず，フランス社会党のレオン・ブレム，イタリアの首相であったキリスト教民主党のガスペリ，ベルギーのアンリ・スパークらが名誉議長となっていた[4]。これをきっかけとして，戦時中に平和運動を続けてきた人々，反戦運動，平和運動，連邦主義的な欧州統合運動を展開してきた 150 以上もの民間団体が 1948 年 5 月ハーグに結集し，リヒャルトが構想していた「欧州統合」を実現しようと「欧州大会」(Congress of Europe) を開催した。民間レベルで「戦後ヨーロッパを平和裏に構築するため」の目標を実現すべく話し合いが持たれた。その成果として緩やかな政府間協力機構としての「欧州評議会」(Council of Europe) という国際機関が西欧 10 カ国間で 1949 年 5 月に設立された。この機関では，「欧州の文化的アイデンティティと多様性の促進を目指す」ことが決められた。しかし，それにはとどまらず「平和的なシステムは国家を超えた超国家的な組織でなければ機能しない」という考え方をもつ人々も多数存在していた[5]。アメリカのマーシャル国務長官は，西欧諸国を西側陣営の衛星国として位置づけるため，1947 年 6 月「マーシャル・プラン」(Marshall Plan) を発表し，戦後欧州諸国の復興を支援した。1948 年 4 月西欧 16 カ国は，アメリカの意向に従いその財政援助受け入れ機関として欧州経済協力機構 (OEEC) を創設した。この機構は 1961 年 9 月にアメリカ，カナダも加わり日本も 1964 年加盟して，現在の経済協力開発機構 (OECD) へと発展した。

第2節　欧州統合の目的と制度設計

1　「不戦共同体」としてのECSC（欧州石炭鉄鋼共同体）の創設

　欧州統合の構想と礎石は，ジャン・モネ（Jean Monnet）によって据えられた。フランスの貿易商であり，すぐれた政治家・行政実務家でもあったジャン・モネは，次のように考えた。ヨーロッパの過去100年間を振り返ってみると戦争の歴史であった。その最大の原因は独仏間の国境付近アルザス・ロレーヌ地域に存在する石炭と鉄鋼の地下資源の争奪戦であった。この地下資源が存在する限りドイツもフランスも戦争による領土の争奪を続けることとなり，これがヨーロッパ内に戦争を拡げる原因となってきた。戦争を無くすためには戦争原因そのものを無くす必要がある。そこで，「不戦共同体」を創設するというユニークなアイデアを持つに至った。

　この不戦共同体の構想は，「石炭と鉄鋼の地下資源はドイツのものでもフランスのものでもない，イタリアやベルギー，ルクセンブルグ，オランダの6カ国の共有物として国際共同管理の下に置こう」というものである。これにより西欧における戦争原因を永久に無くし，戦争をする必要性がない「不戦共同体」を構築しようとした。モネは，当時のフランス外務大臣ロベール・シューマン（Robert Shuman）にそのアイデアを伝えた。シューマンは自分の名前を付けて「シューマン宣言」としてドイツに呼びかけた。モネのこの提案はドイツの首相であったアデナウアー（Konrad Adenauer）に歓迎され，イタリアのガスペリも，ベルギーのアンリ・スパーク，オランダのヒルシュらも賛同した。このようにして，ECSCに西ドイツ，フランス，イタリア，ベルギー，オランダ，ルクセンブルクの6カ国が加盟することになった。アメリカのアチソンやトルーマンらも，共産主義拡大に対する「封じ込め政策」の観点から，欧州統合を支持した。ドイツはナチズム時代の負い目もあり，国際社会に復帰するきっかけを掴みたいと考えていた時期でもあった。こうして1951年4月パリで「欧州石炭・鉄鋼共同体」（European Coal and Steel Community：ECSC）条約が署名され，1952年7月に発足した。これは「不戦共同体」という国家を超えたレベルで，かつ国家の主権に関して影響力を行使で

きる超国家的な性格を持った独自の機関である最高機関（High Authority）―後の欧州委員会へと発展する―行政府を創設したのである。

2　EEC，EAEC創設と欧州経済の復興

　ECSCは，1958年1月に発足した「欧州経済共同体」（European Economic Community：EEC），及び「欧州原子力共同体」（European Atomic Energy Community：EAEC）の前身となった。当時のフランスは農業国で農産物の自給率が100％を越えており，他の5カ国への農産物の輸出を望んでいた。同様にドイツは，工業製品を他の5カ国に輸出できると考えたのであった。これは独仏両国にとって利得も期待できるため，当時「農業と工業」の結婚と呼ばれた。

　こうしてECSC，EEC，EAECという3共同体の超国家的な機構と加盟国の統治機構の混成システムが構築された。つまり共同体は，超国家的な機構だけで動くのではなく，手足は加盟国の統治機構を使って目的を達成していく仕組みとしたのである。つまり，欧州ガバナンスは，EUレベルで多くの政策決定を行う超国家的な政策決定機構と，実施機関としては加盟国の官僚機構や地方行政機関を使う加盟国統治機構との混成組織として制度設計された融合形態の政体を特徴としている。

　国連総会において多くの決議がなされるが，国連政策の履行については，必ずしも実効性が担保できないのが伝統的な政府間国際機構の限界であった。この限界を乗り越える試みが，超国家的な国際機構を創るという考え方であった。原子力は戦争に関係するため，その平和利用の観点から，欧州原子力共同体を創設し，国際共同管理の下に置いた。それ以外に経済，特に当時は農業が欧州諸国最大の基幹産業であり，就業人口の約4分の1近くが農業従事者であったことから，農業を共通化し農業についての政策決定権限を加盟6カ国からEECという国際機構レベルへと主権の譲渡，農業政策決定権の移譲を行った。

第3節　欧州地域統合の歴史的発展

1　地域統合の発展

　現在日本では二国間または複数国間で FTA（自由貿易協定）を結び，物品の関税やサービス貿易の障壁等を削減・撤廃しようとする動きがある。基本的価値を共有する EU と日本は，SPA（戦略的パートナーシップ協定）や EPA（経済連携協定）を通じて投資規制の撤廃，知的財産制度等の経済制度の調和，人的交流の拡大などの交渉を行っている。これは，欧州統合の半世紀にわたる歴史的発展段階と比較すると，ベラ・バラッサ（Béla Balassa）の経済統合の諸段階では，①自由貿易地域，②関税同盟，③共同市場，④経済同盟，⑤経済統合完成のうちの①，表1のように地域統合の第1段階から徐々に政策協力を目指す努力であることがわかる。

　EU では60年の歳月をかけて現時点では，ユーロ加盟国は5段階まで統合が進んでいる。1968年に第2段階の「関税同盟」を実現し，6カ国の間ではモノを自由に移動でき，農産物の売買も課徴金がかからないというような自由貿易領域をつくり，域外諸国であるアメリカやニュージランドから工業製品や農産物を輸入する場合には共通対外関税や課徴金をかけた。その後，第3段階の単一市場，第4段階の共同市場がつくられ，現在のグローバリゼーションを歴史的に先取する形でモノ，資本，労働力（人），サービスの自由移動が実現した。

　さらに1999年に国家を超えた国際共通通貨ユーロが銀行の計算単位として導入され，2002年からコイン・紙幣の形で一般の人々にもユーロが使われるようになり，第5段階の通貨同盟が実現できたのである。2016年現在19カ国がユーロに加盟しているが，世界金融危機の後も，ユーロ参加の準備をしている国もあり，今後さらにユーロ圏が拡大する方向にある。

　最後に第6段階の経済同盟ができると，28加盟国で個々に行われている経済政策の決定が EU レベルに上げられ，欧州合衆国というアメリカ並みの超大国が完成することになる。しかし，EU は超国家的な国際機構と加盟国統治機構から成る連邦制的な連携によって動くのであって，超大国に成ること

表 1　地域統合の歴史的発展段階

1	自由貿易領域：加盟国家間に通商上の制限がない領域	
	↓	
2	関税同盟：自由貿易領域＋共通対外関税	
	↓	
3	単一市場：関税同盟＋モノの自由移動	
	↓	
4	共同市場：単一市場＋資本・労働・サービスの自由移動	
	↓	
5	通貨同盟：共同市場＋共通通貨	
	↓	
6	経済同盟：通貨同盟＋共通経済政策	

（出典）Simon Bromley, *Governing the EU*, 2001, p. 28. また，ベラ・バラッサ（中島正信訳）『経済統合の理論』ダイヤモンド社，1963 年参照。

を目指さないという考え方，第 5 段階が既に完成形だとする考え方もある。

2　EU（European Union）の形成に向かって

1970 年代に人々の意識を EU 統合へ向けて高めていくためにどうすべきか，さまざまな試みがなされた。「ユーロ・バロメータ」というヨーロッパレベルの世論調査制度が 1973 年に作られ，欧州委員会は毎年定期的に世論動向を知るため，調査を実施している。これは，EU のアカウンタビリティの確保，民意の政策への反映を目的とする。統計資料として例えば，ヨーロッパ統合への各加盟国別の賛成者は何％存在し，どの政策を EU が実施すべきか，環境政策か外交政策か，地域政策か，といった形で欧州市民が EU に実施してほしいと望む政策は一体何かということを継続的に調査している。

こうした欧州統合への人々の意識の高揚をめざす EU の戦略が，文化政策として具体化するのは 1980 年代以降である。1985 年フランスのドロール欧州委員会委員長が就任し，域内市場の統合計画書を発表した。これは，3 共同体から成る体制を，1992 年末までに「EU」（European Union）というシステムに改革し，単一の域内市場を 1992 年末までに創出するという計画である。主権国家システムが形成されてから 300 年後，国民国家システムが形成されてから 200 年後が 1992 年末に当たる。欧州委員会の域内市場統合計画が発

表されると中・東欧諸国にも大きな影響を与え,「EUができる前にEU加盟国に参加しておきたい」と考える人々が増えるなかで,いわゆる「東欧革命」が起こった。こうして域内市場統合以降,新自由主義的な統合へとEUは大きく舵を切った。

3 冷戦構造の崩壊とEU

EU域内市場統合計画は,冷戦構造の崩壊にも大きな影響を与えた。1985年ゴルバチョフソ連邦の共産党書記長（1990年に大統領就任）が政権に就き,「ペレストロイカ」の名の下,自由化を進める時期と重なっていたことがその背景にはあった。東側陣営で衛星国として存在していた中・東欧諸国が徐々に西側に近づいていった。衛星放送が西側の繁栄した姿,豊かな食生活と自由な生活を放映するのを観て,中東欧諸国民は「EU加盟国の一員になりたい」という思いが次第に強くなっていき,ソ連・ロシアの支配下に置かれていた中東欧諸国は自由化の方向へと大きく動き始めた。それが歴史を大きく動かすことになり,1989年ベルリンの壁崩壊,ヤルタ・ポツダム体制の崩壊,1990年10月東西両ドイツの統一という形で冷戦が終焉した。

1990年代以降はソ連邦体制の崩壊によって強力な支配のタガが緩むという歴史の流れの中で,バルカン半島では民族紛争が勃発したのであった。これにEUはどのように対処するのか,多くの難民・移民が西欧諸国へと入ってきては困るという危機感もあり,安全保障上の問題もあった。EUは1990年から1992年にかけて急いで共通外交安全保障政策,将来の防衛政策も含めEUレベルで安全保障の問題を扱うということを決めた。

第4節　EU条約―マーストリヒト条約からリスボン条約までの変遷

1 EU条約の形成

基本条約の改正についての議論が始まったのは,1984年2月,直接選挙権により選出された欧州議会においてであった。スピネッリ（Altiero Spinelli）議員がリーダーシップをとって提案した「EU条約草案」（"Draft Treaty on European Union"）が皮切りとなった。それ以来，共同体諸条約は，立憲化へと向かっての長い道のりを徐々に歩み始めた。

その第1は，ドーグ委員会によって起草された1985年7月の「単一欧州議定書」(Single European Act) の署名であり，前述のように1992年末までにEU域内市場を完成することを目指して1987年7月に同議定書は発効した。

第2に，1992年2月，マーストリヒトで署名された「EU条約」(Treaty on European Union) では，第1の柱である共同体の柱に加えて，湾岸戦争を契機に，欧州安全保障問題が議論されるなかで交渉されたこともあり，第2の柱として，「共通外交安全保障政策」をEUの新政策分野として取り込んだ。しかし，この第2の柱は，超国家性を特徴とする第1の柱とは性格が異なり，あくまで政府間協力の分野として位置づけられた。さらにEU条約では第3の柱として，「自由・安全・正義」に関わる司法・内務 (Justice and Home Affairs) 分野についても規定されたが，第2の柱と同様の加盟国政府間協力の枠組みとして構築された。

EU（マーストリヒト）条約による改革では，経済・通貨統合への向けての制度設計を行い，EU 12加盟国の範囲内ではあるが1999年からはユーロを銀行計算単位として導入し，2002年から欧州共通通貨であるユーロ紙幣やコインを発行した。また，マーストリヒト条約（1992年2月署名，1993年11月発効）に修正を加えた，アムステルダム条約（1997年10月署名，1999年5月発効），ニース条約（2001年2月署名，2003年2月発効）では，EU東方拡大を前提に，特に基本的人権に関する「欧州基本権憲章」を採択し，「自由，安全および正義」に関する共通政策の根拠を置いた。さらにそれは，欧州議会の役割を強化する目的で，EUの機構改革への道を開いた。

2　EU条約の構造

EU（マーストリヒト）条約以降，EUとは，第1の柱である欧州共同体 (European Communities：EC) と第2の柱の共通外交・安全保障政策 (CFSP) および第3の柱の警察・刑事司法協力 (PJCC) から成る3本柱の総称である。欧州共同体の柱は，欧州共同体 (European Community：EC) と欧州原子力共同体 (EAEC) から構成されている。欧州石炭鉄鋼共同体条約は50年間の時限

立法であり 2002 年 7 月に ECSC は姿を消し，EC に吸収された。EC, EAEC は国際法人格を持ち，国際社会において条約を締結する権限が与えられていた。

　第 2 の柱である共通外交・安全保障政策は，各国の主権の下に留まっており将来共通化を目指しているもので，未だ主権が EU 側に移っておらず，現在は政府間の緩やかな協力という段階にある。

　EU の第 3 の柱は，刑事・警察に関わる司法・内務協力の分野である。28 加盟国の警察は，国家主権の範囲内に留まっており，犯人が国境を越えて逃亡した場合に各国間の協力が必要となった。なぜなら EU 刑法は未だ存在せず，28 加盟国それぞれに個別の国内刑法が存在しているからである。例えば，オランダで犯罪をおかした者がドイツで逮捕された場合，オランダの刑法で裁くのか，ドイツの刑法で裁くのかが問題となる。そこで司法協力が必要となり，犯罪者引き渡しの議論がなされてきた。EU 加盟国の政府間協力に留まっている第 2，第 3 の柱に対して，EU/EC が加盟国を直接コントロールできる領域が第 1 の柱であり，国家を超えた権能を持っている。EC 法が定める法秩序の最大の特徴は加盟国の国内法よりも上位にある EC 法の優越性にある。EU 司法裁判所の判決は 28 加盟国の最高裁判所よりもさらに上位にあり，常に加盟国の国内法は地方の法令のような立場となる。EC 法は，加盟国政府，法人，自然人に対して「直接拘束力」があり，EU は 28 加盟国の政府，企業，一般市民を拘束することができる法規範を定立することが可能である。この仕組みにより国境を越えた統一的な EU/EC 法秩序が敷かれることになる。

3　「ラーケン宣言」による欧州憲法条約の起草と挫折

　ニース条約は，8 つの条約および 50 を越える議定書および付属文書から構成され，非常に複雑であり，一般の欧州市民にとって理解することは困難であった。

　EU 東方拡大が既定路線となったにもかかわらず，ニース条約では，拡大に備えた機構改革には失敗した。そこで，2001 年 12 月のラーケン欧州理事会では，「ラーケン（Laeken）宣言」により EU の制度改革と欧州憲法制定のための準備を行うために，「コンベンション（欧州諮問協議会）」の設置を決定し

た。加盟国政府首脳，欧州議会，加盟国議会および欧州委員会の代表で構成されるこのコンベンションは，ジスカール・デスタン（Valéry Giscard d'Estaing・元仏大統領）が議長となり，アマート（Giuliano Amato・イタリア元首相），デハーネ（Jean-Luc Dehaene・ベルギー元首相）がそれぞれ副議長となり，105名から構成され，2002年2月28日から，2003年7月までの間に討議し，EUをより透明化し，多くの欧州市民に理解可能とするための諸改革を提案した。2003年10月および2004年6月に政府間会議（IGC）が開催され，コンベンションの草案を検討した。IGCは，特定多数決による議決の対象範囲を狭める若干の修正を加えたが，ほぼ全面的に同草案を受け入れ，「欧州のための憲法（A Constitution for Europe）を制定する条約」として合意に達した。同条約の署名は，2004年10月29日にローマにおいて行われ，EU統合史上に残る一里塚となった。

　ところが，欧州憲法条約は，2005年5月のフランス，6月のオランダでの批准を問う国民投票であいついで否決された。この事実は重く，その後の欧州統合の行方に大きな影響を与え，EU改革条約の制定へと向かった。欧州憲法条約起草への道を開いた「ラーケン宣言」は，EU東方拡大に伴って生じる諸問題に対処するため，欧州憲法制定により，民主的かつ効率的な「欧州ガバナンス」（European Governance）を実現し，EUを市民に開かれた身近な存在にすることを企図していた。なぜなら，欧州統合の進展に伴いEU諸制度が複雑化するにつれ，一般市民はEUに対して疎外感を抱き，またブリュッセルの一部のエリートがEUの政策決定を牛耳っているという批判があったからである。欧州憲法条約が提起した問題は，EUの機構や政策過程における「民主主義の不足（赤字）」（democratic deficit）問題として従来から議論されてきた問題でもあり，そのいくつかはEU改革の課題として残されている。

4　リスボン条約とEU統合

　2007年12月13日にリスボンで署名された欧州憲法条約は，挫折した。そこで2005年から2年間の冷却期間をおく熟慮を経て，欧州憲法条約をリスボンで第4次修正バージョンとして「EU改革条約」を採択することとした。憲法という言葉を外し，「名を捨てて実を採った」形でEU加盟国首脳は「リ

スボン条約」に署名をした。正式名称は「EU条約およびEC設立条約を修正する条約」であるが，通常は署名がなされた地名が付けられる慣行から「リスボン条約」と呼ばれる。当初は2009年1月1日から発効する予定であった。しかし，アイルランドにおいては条約を批准する場合に国民投票の実施を憲法が義務づけているため，国民投票を行った。2008年6月リスボン条約の批准をめぐる国民投票では，アイルランドは否決の意思を表明した。リスボン条約の発効の条件は加盟国全ての批准が必要であるため，リスボン条約もまた頓挫するに至ったのである。しかし，世界経済危機に伴い，大きな打撃を受けたアイルランドは，EUへの依存を強めざるを得ず，状況は変化し，再国民投票を経て可決に至り，リスボン条約は2009年12月発効にこぎつけた。しかし，リスボン条約第50条により，加盟国にEUからの脱退を認める条項を新たに付加したことによって，2016年6月実施されたイギリスの国民投票の結果，EUからのイギリス離脱を招くことになった。

第5節　欧州統合理論アプローチ

1　欧州統合理論の形成と発展

　以上のようなEU・欧州統合現象の現実を理論的にはどのように捉えたらよいのであろうか。統合理論の分析アプローチと欧州統合の現実はいかなる関係や理論的位置にあり，またどのような特質と問題点があるのかを検討してみよう。ラウァーセン（Finn Laursen）によれば，伝統的な欧州統合理論は，政治経済学理論の一種であるという[6]。欧州石炭鉄鋼共同体（ECSC）や欧州経済共同体（EEC）の動きを背景として，1950年代から60年代にかけて，アメリカにおいて「地域統合理論」もしくは「国際統合理論」として形成された。

　EUの起源であるECSCは，前述のように独仏間の戦争原因となってきた両国の国境付近にある石炭鉄鋼資源の管理を，超国家的機関に委ねることによって戦争原因を永久に取り除き，これらの地下資源を戦後の経済復興のために利用しようという画期的な提案であった[7]。これらを捉える統合理論は，平和的手段によって近代諸国家が何らかの統合体，国家結合にいたる過

程や現象を解明し，説明しようとするものであった。欧州統合理論の系譜において最も注目され，また批判されてきたのは，イギリスの政治学者ミトラニー（David Mitrany）の「機能主義」(functionalism)アプローチの影響を受けて形成されたE・ハース（Ernst Haas）の「新機能主義」(neo-functionalism)アプローチである。

E・ハースは，ミトラニーと同様，国際社会に平和をもたらすために，いかにしてアナーキーな状態から抜け出し，国際社会に秩序を構築するのか，という問題意識から出発したが，ミトラニーとは異なり，国家主権の制約について論じ，経済分野での国家間協力は次第に政治・外交分野での国際協力へと波及効果を伴い発展するという仮説を提示した。彼は，欧州石炭鉄鋼共同体（ECSC）を事例研究の対象とした著書『欧州の統一[8]』（1958年）を発表し，諸国家間の合意や各政策領域別に，欧州レベルでの国家間の機能的な国際協力や国際共同管理に焦点を当てた地域統合理論を提起した。

E・ハースは，近代諸国家の統合を「忠誠や期待，さらには政治行動を，既存の国家の管轄権を越えて新しい制度的中枢へと移行させることを認める過程である[9]」と捉える。新機能主義の独自性は，①自動的スピルオーバー（波及）仮説，②政治化仮説，③外部化仮説にあるとされ，超国家的アクターの自律性を強調する点に特徴があるとされる[10]。スピルオーバー仮説とは，国家間の機能的協力関係は，ある領域で統合が起こると，他の領域へと自動的に波及していくダイナミズムを内在化させているとする理論仮説であり，加盟国家間協力の誘因を機能的な国際制度と結び付けて説明するものであった。この新機能主義アプローチは，欧州連邦を目指しつつもECSCという個別部門における機能的統合からはじめたジャン・モネの欧州統合の戦略とも相通じるところがあったため，多くの研究者の注目を集めた。

しかし現実主義の立場からスタンレイ・ホフマン（Stanley Hoffmann）は，このような新機能主義の統合理論に懐疑的であった。ホフマンは，社会・経済分野などの「低次元の政治」(low politics)においては統合が進むが，外交，軍事・安全保障のような，国家主権の中核にかかわるような「高次元の政治」(high politics)領域では統合は起こらないと主張して，新機能主義を批判した[11]。またこの新機能主義理論仮説に懐疑的な欧州の研究者も少なくなく，

クームズ（D. Coomes）は、「波及理論は、一見もっともらしく見えるが疑わしい」と指摘した。石油危機以降、欧州統合の停滞状況が深刻化するなかで、E・ハース自身が、1975年の「地域統合理論の衰退[12]」と題する論稿を発表して、自らのスピルオーバー仮説の限界と問題点を認めるにいたって、理論的に破綻したと看做された。

EC域内市場統合の実現が目前となった1990年代初頭、グリエコ（Grieco）やモラブシック（Andrew Moravsik）に代表される欧州統合における国家の役割を強調する「新現実主義」（neo-realism）の統合理論アプローチが新機能主義に変わる理論仮説として提起された。

EUのような国際制度はなぜ形成され、いかに変容してきたのか、EU加盟国やその国民にとってどのような意味があるのだろうか。国際社会において国家の代理人ともいえるEUという国際制度は、利益や規範、アイデアによる分析を通じて、EUが域内においてどのような機能を果たし、また国家から独立したアクターとして、自律的な役割を演じることができるのであろうか。このような問題意識に立つ「新制度論」的統合理論が、1990年代から発展を見せた。

プリンシパル・エージェント理論と取引コスト理論は、類似点をもつが、前者が「エージェントの選択と誘因」に注目するのに対し、後者は多様な種類の「取引に最適な形態」に焦点を当て、情報の不完全性や非対称性から生じる「行動の不確実性」、「限られた合理性」のもとでの事前と事後のコストを問題にする[13]。新しい政治経済学アプローチは、このような新制度派経済学を理論的根拠として発展し、EU・欧州統合研究の文脈では、現実主義（Realist）の立場を取るウォルツ（Waltz）、ギルピン（Gilpin）、グリエコ（Grieco）、新現実主義（neo-realist）のホフマン（Stanley Hoffmann）、モラブシック（Andrew Moravcsk）、また自由主義制度論（Liberal institutionalists）では、コヘイン（Keohane）、さらに規範やアイデアを重視するコンストラクティビズムでは、ヨルゲンセン（Kund Erick Jorgensen）とウイナー（Antje Wiener）らの研究を挙げることができる[14]。さらに国際関係理論・国際政治経済学の諸理論では、EU・欧州統合過程におけるガバナンスの形態や政策決定過程に焦点を当てるが、国家の役割と非国家的行為主体の役割の比重のかけ方において違いが

あり，存在論と認識論の立場でも異なる。

2　合理的選択制度論：現実主義，新現実主義，新自由主義制度論─リベラル政府間主義アプローチ，

　現実主義的立場をとるグリエコ（Grieco）は，「なぜ，EU 加盟国は欧州統合を推進しようと考え，行動するにいたったのか」，「なぜ，フランスやイタリアがドイツと協力して国際制度を構築し，これを強化しつつあるのか」，といった問題関心から出発した[15]。彼は，国家は自己の生存を確保することに最大の関心があり，他国との協力の結果「利得（絶対利得）」が得られるとしても，相手国が自国よりも多くの利得を得れば，将来的には自国の生存が脅かされるかもしれないと考え，国家間協力はできなくなると主張して[16]，自由主義・新自由主義制度論を批判した。

　しかし，EU のように多数の国家が参加する場合には相対利得の測定自体が困難であるとして，新自由主義制度論の立場からの反論が行われた[17]。つまり，現実の欧州統合過程では，EU の超国家的制度が，加盟国の行動や利益そのものを変容させたり，あるいは積極的に加盟国が協力するよう仕向けたりする側面があり，大国といえども加盟国が単独で結果を自由にコントロールできない状況も少なくない。さらに加盟国が自国の国益を増大させるために，むしろ自発的に欧州統合を促進させるような制度変更を求める場合さえある，と新自由主義制度論の立場から反論がなされた[18]。

　自由主義の理論仮説では，国家が単一の中心的なアクターであるとは考えず，安全保障問題よりは，経済・社会問題に強い関心を持ち，国際機構や非国家的アクターの役割も重要であると考える。この自由主義は，1980 年代以降，国際制度による国際協力を通じて国際社会の無秩序な状態を回避できるとして，ナイ（J. S. Nye）とコヘイン（R. O. Keohane）らは，現実主義・新現実主義と自由主義との間の論争を経て，これらを折衷する考え方にたつ「新自由主義制度論」（neo-liberal institutionalism）へと発展させていった[19]。

　新自由主義制度論の立場からは，モラブシックの「リベラル政府間主義」（liberal intergovernmentalism）と名づけられるアプローチが 1990 年代初頭に注目された。このアプローチは，パットナム（Robert. D. Putnam）の「二層レベル

欧州統合に関する理論的アプローチの類型と特徴

	現実主義	リベラル政府間主義	超国家的制度主義	コンストラクティビズム
申請国/加盟国の政治	EUにおける国家の自律性，安全保障，相対的影響力の予測効果	国内経済構造に依拠した国家の福祉への影響の予測効果	EUの集合的利益，個々の機関の権能と予算	申請国/EUと構成主義的規範への帰属感の度合
EUマクロ政治学	最も強力な加盟国の選好	相対的交渉能力と側面的な財政支援	諸機関（欧州委員会）による議題設定・政策立案公式意思決定手続の拡大に賛成するトランスナショナル利益団体の存在と強度	EUと加盟国との間での集合的アイデンティティと構成主義規範を共有する度合
EUの現実政治	同上	同上，公式の意思決定手続	同上，公式の意思決定手続	特定政策領域を支えるアイデアと政策パラダイム

（出典）Michell Cini, Angela K., Bourne（2006），*European Union Studies*, Palgrave Advances, p. 102. から作成。

ゲーム」(two-level game) の影響を受け，EUレベルと加盟国レベルの二層レベルのゲームとして欧州統合を捉えようとする[20]。国内レベルでは国内利益集団が自らにとって望ましい政策を追求するよう政府に圧力をかけ，政治家はそのような集団との間で協力関係を樹立し政治権力を獲得しようとする。他方，国際レベルで各国政府のリーダーは，そうした国内集団からの圧力を満足させるために自己の持ちうる資源を最大限活用して利益を極大化しようとしつつ，対外関係において孤立しないように国内世論に対する説得を試みて，国際・国内２つのレベルのゲームに参加する[21]。モラブシックは，欧州統合は「国益の収斂」の結果であると主張した。このような視点からEUの加盟国が「プリンシパル」であると捉え，欧州統合は，あくまで高度に自律性を持つ主体である国家，加盟国政府による，政府間取引の結果であり，加盟国は，EU諸機関を，自国内の対立を成功裏に解決するための道具として利用し，欧州共同体の正統性や信頼性を高める。EU諸制度は，政策過程の中心をブリュッセルに移すことにより，国内政治において論争的な諸集団

間の対立を緩和することができると考える。EU諸機関の枠内で，政策課題の設定に参加する加盟国政府の代表者に権限を付与することによって，各国政府もその影響力を行使することができる。加盟国政府は，EU理事会においては自国の国内利益集団の圧力から距離を置くことで，比較的弱い制約のもとで議題を設定し，審議・熟慮を行い，秘密裏に政府間取引を行い，妥協に達することができる[22]。いずれにせよ，加盟国政府がEUを自国の利益のために，有効にコントロールすることができると考える立場である[23]。

しかし，このリベラル政府間主義アプローチに対する問題点としては，①国家間交渉と国益の概念に対する批判，②EUの超国家的影響力の重要性を看過している点がしばしば批判される。

EU機構のもつ超国家的性格，たとえばEU理事会における特定多数決制度やパッケージ・ディール（各国の多様な政治的利益と経済的利益をすり合わせ，妥協に導く一括取引）方式などの存在，あるいはEU理事会の下部機関である常駐代表委員会や各種作業部会での国益の調整や妥協が，国家間交渉の基礎となる諸条件を準備し，現実に規定している側面を看過しており，単なる2国間での政府間交渉とは本質的に異なっていることへの理解がないといえる[24]。

これらの新現実主義や新自由主義に基礎を置く政府間主義アプローチに共通する問題点は，欧州統合の進展における時間の経過が，加盟国の国益概念を変化させ，その他社会的諸集団の利益概念をも変容させるという現実を捉えておらず，歴史的な認識の欠如が批判される。

3　欧州統合研究における新制度論—歴史的制度論，社会学的制度論アプローチ

(1)　新制度論—ポール・ピアソンの「歴史的制度主義」アプローチ

新制度論では，「制度」を広く捉え，政治経済行動や政治経済的効果など，社会的慣行等も含めた広義の「制度」が「現実」の構築に及ぼす影響に注目する。新制度論は，制度をアクターの合理的，戦略的選択の結果と考える「合理的選択制度論」と，アクターの選好は社会制度，政治制度等により構造化されると捉える「歴史的制度論」や「コンストラクティビズム」に分けられ

ポール・ピアソン（Paul Pierson）のアプローチは，EU 社会政策に関する事例研究を通じて，EU 諸機関に過度の自律性は認めないが，加盟国政府の自律性が変容する事実に焦点を当て，制度と結果の関係性を明らかにすることで，欧州統合のメカニズムを解明しようと試みた。彼の歴史的制度主義では，アクターの選好は，制度により構造化されると捉える点で，合理的選択論とは異なる[25]。以下，ピアソンの所説に拠りながら，リベラル政府間主義や新機能主義との相違点をも確認し，その論点を整理してみよう。

このアプローチは，①集団理論および構造機能主義を応用し，制度とアクターとの相互関係を広い観点から概念化し，②制度の運営・発展と結びついたパワーの非対称性に注目し，③「経路依存」（path-dependence）と「予期しない帰結」（unintended consequence）を強調し，時間の経過と，制度およびこの制度を取り巻く環境の変化に配慮しつつ，④信念やアイデアなど認識論的要因にも焦点を当てる[26]。またアクターの行動には時間的制約があるとともに，社会的順応，政治的選好の変容に伴う制約があるため，政策決定と長期的に結果との間に乖離が生じ，制度を設計した者の思惑を超えて，「予期しない帰結」へ至るとする[27]。

制度の基本的構造を決定する，単一欧州議定書，マーストリヒト条約，アムステルダム条約，ニース条約そしてリスボン条約のような大枠となる基本条約の設計，改正の場合には，アクターとなる加盟国の政府間会議（Inter-governmental Conference：IGC）＝「大規模な交渉」（grand bargain）が持たれ，「歴史をつくる」（history making）。この場合には，リベラル政府間主義アプローチが説得力のある理論となる。しかし，政府間交渉の合間に，EU 諸機関，特に欧州委員会，EU 理事会，欧州議会が中心となって日常的に行う政策決定があり，次の政府間会議が開催されるまでの期間に，既存の条約の枠内で定められた方向性を強化する諸決定を積み重ねる[28]。ピアソンは，欧州統合を理解するためには，EU 諸機関による日常的政策決定と区別して，政府間会議のような「大規模な交渉」の性格を分析する必要があると主張する。

ピアソンは，①EC 諸機関の部分的な自律性，②意思決定者の時間的制約，③予期しない帰結，④加盟国政府首脳の選好の変容という4つの要素が統合

に関係するとする。彼は，①超国家的アクターの抵抗，②修正への制度的障害，③埋没費用（サンク・コスト：sunk cost）をあげ，これらのギャップを埋めようとする加盟国政府に対し，超国家的アクターである共同体諸機関が抵抗する可能性がある，とする。さらに加盟国の政府以外の社会的アクターが，EUの制度やルールに徐々に適応するに連れ，加盟国政府がその制度やルール，慣行を変更するためのコストは高くなる。政治的分野においては，ひとたび組織体が構築されると，組織自体が自己組織の維持・拡大をはかろうとし，制度設計者の意図を超えて自己増殖し，コントロールが及ばなくなる場合も少なくない。

　たとえば，EU第5次拡大に伴う予算逼迫の懸念や共通農業政策の改革問題，現加盟国の失業問題の深刻化など，多くの課題が提起され，躊躇する加盟国があったとしても，サンクコスト，撤退に伴う政治的・経済的コストがあまりにも高すぎるため，もう東方拡大路線を変更することはできず，後戻りは許されない時点に至っていると指摘する[29]。ピアソンのアプローチは，リベラル政府間主義の不十分さを指摘し，政府間関係の変質に焦点を当てるあまり，加盟国政府が，なぜ，いかにして国際制度の設計や変更を決定するのかについて論じていないという問題点があり，また加盟国政府がEUの超国家的制度をコントロールできなくなるとする根拠が示されていないという欠点もある。しかし以上のような論点を含めて総合的に評価すると，ピアソンのアプローチは，新機能主義やリベラル政府間主義の弱点を補完する性格を持つものであるといえる。

(2) 社会学的制度論—「社会構築主義」アプローチ

　ピアソンが提起した信念やアイデアなど認識論的要因にも焦点を当てる必要があるという指摘は，コンストラクティビズム・社会構築主義アプローチ[30]による欧州統合理論にも導入された。

　クリスチャンセン（Thomas Christiansen），クント・エリック・ヨルゲンセン（Kund Erick Jorgensen）とアンティエ・ウイナー（Antje Wiener）らによれば，欧州統合過程は，過去の多くの事例からも明らかなように，欧州共同体，EU諸機構の存在が，欧州諸国家の統治システム，その構成単位の広域自治体や地方自治体等に変化を促すような影響を与え，また統合の過程自体も時間の経

過とともに変化し、多様なエージェント、アクターの利益や行動様式、あるいはアイデンティティをも変容させてきたと捉える[31]。ラギー（John G. Ruggi）によれば、コンストラクティビズムは人間の意識の問題にかかわり、社会的現実、国際的現実を構成するものは、物質的、道具的、存在論的なものと同様に、概念的、理念的、認識論的な側面をも同時に重要視するアプローチであるとする[32]。すなわち、個人的な意図、あるいは社会諸集団の意図についての社会的表明が、概念的、規範的に影響力をもち、時と場所との関連性において社会的現実の構築に重要な意義を持ちうると考える立場である。つまりコンストラクティビズムは、存在論、合理主義アプローチとポストモダン・省察主義（reflectivism）、認識論の中間に位置し、これらよりもひとつ上の次元にあるメタ理論であると説明される。物質的世界と人間の行為がどのように互いを形成しあうかということは、人間が物質的世界を規範として、あるいは知識としてどのように理解し、そしてその理解が歴史的にどのように変化するかということに依存している[33]、という捉え方である。国際関係理論においてコンストラクティビズムは、相互主観的（間主観的、intersubjective）な理解の存在論的現実とその存在論的現実の持つ認識論的、方法論的含意を強調する[34]。W・ヴェッセルズ（W. Wessels）は、EU諸機構と加盟国統治機構との「混成システム[35]」がどのように形成されてきたかを説明する際に、ガバナンス論とは次元の異なった「メタ理論」としての立場をとる。

(3) 「欧州化」論のアプローチ

EUレベルの統合メカニズムを明らかにする研究から、EU統合が加盟国の制度や政策に及ぼす影響の研究へと焦点が移り、「欧州化」（Europeanization）という概念アプローチが1990年代末から2000年代に入り興隆を見せた。しかし、ガバナンス概念と同様に、欧州化の概念もまた論者により多様な捉え方がなされている。新制度論のヨハン・オルセン（John P. Olsen）やハウエル（Howell）、ブラー（Bulmer）とギャンベル（Gamble）らによれば、欧州化を、①EU拡大にみられるような欧州ガバナンス・システムの越境的な地理的拡大、②EU/欧州レベルでの制度形成、③EUレベルの統合進展が加盟国レベルの制度変容にトップダウンで及ぼす影響、④加盟国の国内レベルの諸制度が、EUの制度形成へとボトムアップするような影響、⑤EUと加盟国の制度や政

策が双方向での影響を及ぼしあう関係，⑥EU を介在した加盟国間の水平的な相互作用として捉えるものまである。このように欧州化の対象は，政体，政治制度，政策，言説にまで及んでいる[36]。

おわりに——欧州ガバナンス論アプローチ

1990 年代末以降の欧州統合研究において，リベラル政府間主義や新機能主義・超国家主義アプローチから，さらに「EU を，一方では国家，国内レベルの政治システム，他方では国家間，政府間レベルの政治システムからなる」ひとつの政体としての「新しい統治形態」であると捉える「欧州ガバナンス論」，「マルチレベル・ガバナンス論」，「ネットワーク・ガバナンス論」などが近年注目されるに至った。欧州ガバナンス論の捉え方は，「EU は，国内政治の変形と国家間政治の『中間にある』新しい現象」（Hellen Wallace）であることを認める点ではコンストラクティビズムのアプローチと同じ認識に立っている。

国家と市場の調整機能が健全に機能している社会環境であれば，EU によるガバナンスの必要性は感じられないであろう。ガバナンスは，多元的なアクターが広範で複雑な問題，錯綜する緊張関係の解決・調整を図る手法・仕組みでもある。欧州（EU）ガバナンスは，多様なアクターが交渉と討議を通じて相互に満足し得る地点に到達し，そこから生じた共同決定には自ら服するというメカニズムである。これは，政府機関，民間企業，公益団体等（市民社会）という利害や意見を異にする 3 者間の討議，水平的な相互作用，調整，協働を通じて，公共問題の解決に至ると考えるパブリック・ガバナンスの特徴でもある[37]。加盟国家間条約により設立された EU の機構・政治経済制度が，加盟国の統治機構や下位にある政府システムと縦の関係で有機的に連動し，また民間企業や NGO などの非国家的アクター，マルチ・ステークホルダーが縦・横に連携協力することによってはじめて有効に機能するひとつの「欧州ガバナンス」もしくは「欧州政体」（Euro-Polity）となるといえよう。妥当性のある新しい統合理論は，このように常に理論と現実との間での絶え間ない交渉・相互作用の中でしか生まれない。「再国民化」や分裂の危機に直面

し，崩壊すら懸念されているEUにおいて現在，新たな統合の在り方が問われている。

（1） 青山光子＝クーデンホーフ光子の生涯とその時代的背景については，木村毅（1982）『クーデンホーフ光子伝』鹿島出版会，18-42頁を参照。
（2） クーデンホーフ・カレルギー著・鹿島守之助訳（1970）『クーデンホーフ・カレルギー全集』1〜9巻，鹿島研究所出版会，参照。
（3） 金丸輝男編著（1987）『EC/欧州統合の現在』創元社，18頁。
（4） 同上。22頁。
（5） アン・ダルトロップ・金丸輝男監訳（1984）『ヨーロッパ共同体の政治』有斐閣，10-11，14-15頁。
（6） Laursen, Finn（1995），"On Studying European Integration：Theory and Political Economy"，Laursen, Finn ed., *The Political Economy of European Integration*, Kluwer Law International, p. 18.
（7） 福田耕治（1992）『EC行政構造と政策過程』成文堂，2頁。
（8） Haas, Ernst（1958）, *The Uniting of Europe, Political, Social, and Economic Forces 1950-1957*. Stanford University Press, p. 16.
（9） Ibid.
（10） Haas, & Schmitter（1964），"Economics and Differential Patterns of Political Integration Projection about Unity in Latin America"，*International Organization*, Vol. 18, No, 4,, pp. 705-737., Philippe Schmitter（1969），"Three Neo-Functionalist Hypotheses about international *Integration*,"*International Organization*, Vol. 23, No1,, pp. 165-166.
（11） Hoffman, Stranley（1974）, *Decline or Renewal? France Since the 1930s*, The Viking Press,. Roger P. Morgan（1973）. *High Politics, Low Politics, Toward a Foreign Policy for Western Europe*, SAGE Policy Paper, The Washington Papers, 11,
（12） Haas, Ernst（1975），"The Obsolenscence of Regional Integration Theory" *Institute of International Studies,*, University of California, Berker..
（13） 同上，41頁。福田耕治（2007），「EU・欧州地域統合と新しい政治経済学：プリンシパル・エージェント関係と新制度論を中心として」薮下史郎・清水和巳編著『地域統合の政治経済学』東洋経済新報社，57-83頁を参照。
（14） Laursen, Finn（1995），ibid., p. 19.
（15） Smith, Steve（2001），Ibid..,, p. 43. 福田耕治（2002）「欧州統合の理論と現実の構築」『同志社法学』第282号，231頁。
（16） Smith, Steve（2001）op. cit., p. 44. 福田耕治（2002）前掲論文，131頁。
（17） 同上。
（18） 久米郁夫・川出良枝・古城佳子・田中愛治・真淵　勝著（2003）『政治学』有斐閣，280頁。

(19) Smith, Steve（2001), op. cit., p. 35. 福田耕治（2002）「欧州統合の理論と現実の構築」前掲論文，228-229頁。
(20) Smith, Steve（2001）Ibid., p. 45. リベラル政府間主義アプローチを理解するために，モラブシックの体系的な最新の著書として，Moravcsik, Andrew（2001), *The Choice for Europe, Social Purpose & Power from Messina to Maastricht*, Cornell University.
(21) 福田耕治（2003）『国際行政学』有斐閣，12頁。
(22) Moravsick, Andrew（2001), "Theorizing European Integration," *The Choice for Europe*, p. 73.
(23) Ibid., pp. 73-74., 山本直（2000）「歴史的制度主義によるEU分析の特徴と問題点」『同志社法学』247号, 466-469頁。
(24) Smith, Steve（2001), op. cit., p. 47.
(25) Thelen, Kathlen & Steinmo, Sven（1992), "Histrical Institutionalism in Comparative Politics", Thelen, Kathlen & Steinmo, Sven, *Structuring Politics : Histrical Institutionalism in Comparative Analysis*, Cambridge University Press, p. 8.
(26) Pierson, Paul（2001), "The Path to European Integration : A Historical-Institutional Analysis." op. cit., pp. 25.-31.
(27) Ibid., p. 30. 山本直前掲論文，433-437頁。
(28) Pierson, Paul（2001), op. cit., p33.
(29) 福田耕治（2002）「欧州統合の理論と現実の構築」前掲論文，242-243頁。
(30) 現象学や社会学の分野においてはconstructivismとconstructionismとは区別されるが，わが国ではいずれも「（社会）構成主義」，「構築主義」などと訳され，同一視されことが多い。一方のConstructivismは，人間がどのように言語を通じて外界を認識するのか，その過程を探求する認知心理学で用いられる概念であり，他方のconstructionismは，人間がいかに自己の経験を語りなおし，意味づけるのか，「意味の共同的な構築過程」に焦点を当てるアプローチである。ここにおいて言語は，単なるコミュニケーションの手段であるだけではなく，上野千鶴子によれば，「意味の産出を通じて現実を構成する当の実践そのもの」であり，「社会的，外在的なもの」であり，構造主義，ポスト構造主義の系譜を踏まえれば，「その他者に属する言語に従属することを通じてのみ，主体は成立する」ことになる。しかし，主体が社会を成立させたり，主体が社会の外に存在したりするわけではない。要するに社会構築主義は，言語という形で表出される何らかの理念，言説という媒介を通じて社会的現実がどのように構築されているのかを問い直すアプローチのひとつであるといえる。上野千鶴子編（2001）『構築主義とは何か』勁草書房，13-15頁。
(31) Christiansen, Thomas, Jorgensen, Knud Erik, Wiener, Antie（2001), *The Social Construction of Europe*, SAGE, pp. 1-19.
(32) Haas, Ernst B.（2001), "Does Constructivism Subsume Neo-functionalism?" Christiansen, Thomas, Jorgensen, Knud Erik, Wiener, Antie（2001), *The Social Construction of Europe*, p. 27. Ruggie, John Gerard（1998), *Constructing the World Polity : Essays on*

　　　　International Institutionalization, Routledge, p. 33., Knud Erik Jorgensen, Antie（2001）Wiener, op. cit., pp. 2-3.
(33)　Smith, Steve（2001）, op. cit., p, 38, Adler, E（1997），"Seizing the Middle Ground：Constructivism in World Politics"，European *Journal of International Relations*, Vol. 3, No. 3,, pp. 319-363.
(34)　Smith, Steve（2001）, op. cit., pp. 49-50. 言説理論とEUの民主的正統性をめぐる議論については，Erik Oddvar Eriksen（2000），"Deliberative supranatinalism in the European Union,"，*Democracy in the European Union：Integration through Deliberation?*, Routledge, pp. 50-52. を参照。
(35)　Wessels, Wolfgang（1990），"Administrative nteraction"，W, Wallace, *The* Dynamics of European Integration, Pinter, pp. 229-241.
(36)　力久昌幸「欧州統合の進展に伴う国内政治の変容」『同志社法学』第59巻2号，2007年，32-53頁。
(37)　Schmitter Philippe, C.（2002），"What is there to legitimate in the European Union and How might this be Accomplished?"．p. 2.

参考文献

福田耕治編著『EUの連帯とリスクガバナンス』成文堂，2016年
福田耕治『EC行政構造と政策過程』成文堂，1992年
山本直「歴史的制度主義によるEU分析の特徴と問題点」『同志社法学』247号，2000年，466-469頁。
ベン・ロザモンド（来栖薫子訳）「グローバリゼーションと欧州アイデンティティ」『リヴァイアサン』，木鐸社，2000年，70-91頁。
福田耕治「欧州委員会における行政改革」『同志社大学ワールドワイドビジネスレビュー』第2巻2号，同志社大学ワールドワイドビジネス研究センター，2001年，1-19頁。
福田耕治「EU・欧州地域統合と新しい政治経済学：プリンシパル・エージェント関係と新制度論を中心として」薮下史郎・清水和巳編著『地域統合の政治経済学』東洋経済新報社，2007年，57-83頁。
ジョセフ・H. H. ワイラー（南義清・広部和也・荒木教夫訳）『ヨーロッパの変容』北樹出版，1998年，105頁。
西村めぐみ「規範と国家行動」『一橋論叢』116巻1号，1996年。123-141頁。
Carsten Stroby Jensen，"Neofunctionalist Theories and the Development of European Social Labour Market Policy," *Journal of Common Market Studies*, March 2000.
Thomas Christiansen, Kund Erik Jorgensen, Antje Wiener, *Social Construction of Europe*, 2001.
Chryssochoou, Dimitris N., *Theorizing European Integration*, Routledge, Second ed., 2009.
Koji Fukuda, et. al., eds., *European Governance after Nice*, Routledge Curzon, 2003, pp. 41-66.
Karlheing Neunreither, Antje Wiener, *European Integration after Amsterdam, Institutional Dynamics and Prospects for Democracy*, OXFORD, 2000.

Moravsick, Andrew, "Theorizing European Integration," *The Choice for Europe*, Cornell University, 1998.

Steve Smith, "International theory and European Integration", M. Kelstrup, M. Williams (eds.), *International Relations Theory and Politics of European Integration*, Routledge, 2001, pp, 33-56.

Erik Oddvar Eriksen, "Deliberative supranatinalism in the European Union,", *Democracy in the European Union : Integration through Deliberation?*, Routledge, 2000, pp. 42-64.

第3章
EU 経済通貨統合と 2010 年代の金融・経済危機

田 中 素 香

はじめに

　2010 年代，EU は創設以来もっとも困難な時期に遭遇している。ユーロ危機が 2012 年まで 2 年余り続き，金融と経済が大混乱に陥った。2013 年からポスト・ユーロ危機の時期に入ったが，一方で，金融危機に対応できるユーロ制度の改革に成功をおさめたものの，他方で，低経済成長と南北欧州分断に直面し，反統合を唱える極左・極右政党が伸びて政治は不安定化し，2015 年には EU に 100 万人を超える難民・移民が押し寄せて，対応に苦しんでいる。さらに英国の EU 残留国民投票を控える。

　しかし，EU はこれまでも困難な時期を乗り越えてきた。今回も統合を深化させて，経済成長の復活，共通移民政策策定などを成し遂げ，危機を克服しなければならない。しかしながら，21 世紀初頭の現実は非常に厳しい。本章は EU の経済通貨統合の歴史を振り返り，2010 年代の危機を分析し，さらに経済通貨統合の将来を展望する。

第 1 節　EC/EU の経済統合の進展

1　国民経済内部と国際経済の違い―「4 つの自由」

　戦後の世界共産主義体制の支柱だったソ連が 1991 年に崩壊し，資本主義が世界経済を支配する唯一の経済体制になった。翌 92 年から資本主義の世界支配をめざすグローバル化が本格化し，地域統合協定（RIAs：Regional Integration Agreements）が急増し，2015 年の世界には 400 以上の協定が活動中である。まさに「地域統合の時代」となっている。

人々の生活は商品・サービスの生産・流通と消費によって成り立っているが，生産・流通を行うためには，商品・サービス・資本（資金と企業の双方を含む）・労働力が必要であり，「4つの生産要素」といわれる。一国内部では，これら4要素の移動の自由が保証されている（「4つの自由（four freedoms）」）。ところが国と国の間，つまり国際経済には実に多くの経済障壁があり，4要素の自由移動は一国内のようにはできない。ここに国内（国民経済）と国際（国際経済）との根本的な違いがある。

経済障壁には，関税障壁のほかに，様々な非関税障壁（Non-Tariff Barrier：NTB）がある。たとえば，工業品の規格や農産物・食品の安全基準は国ごとに違っていて，自由移動はできず，相手国の規格や基準に合わせないと輸出できない。税関でのパスポートチェックや荷物検査，通貨の違いも自由移動を阻む。医者，看護士，教師などは国ごとに資格要件が違っている。このように国民的制度・政策の違いが国際間の自由移動を阻害するのである。

地域経済統合とは，地域で複数の国が相互の経済障壁（関税および非関税障壁）を削減あるいは廃止し，域内の経済自由化を進めることを意味している。協定国の間で商品，サービス，資金，企業などの国境をまたぐ移動が容易になり，通商と経済の発展に刺激が与えられる。

2　経済統合―グローバル統合と地域統合

第2次大戦後，米国主導で自由貿易が発展した。外国為替の自由化はIMF（国際通貨基金），貿易の自由化はGATT（ガット。関税と貿易に関する一般協定）の下でグローバルに進められた（共産圏を除く）。英仏など帝国主義国が保有した植民地は独立して低開発国となり，経済発展を目指した。それら諸国は経済基盤を形成するため，保護主義体制をとり，徐々に自由化を進めた。

GATTでは1970年代に東京ラウンド，80年代後半から90年代前半にかけてウルグアイ・ラウンドという全加盟国による貿易自由化交渉が行われて，自由化が進んだ。主役は米国とEC/EUであった。

西欧はEC（欧州共同体）によって地域経済統合を進めた。かつて世界を支配していた西欧は2度の世界大戦の主戦場となって没落し，代わって米国とソ連が超大国となって，資本主義圏と共産圏を指導し，米ソ冷戦体制となっ

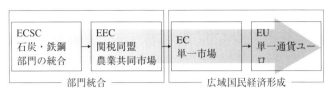

図 1　EU 経済統合深化の 2 期・4 段階（概要）

た。米国経済の隔絶した競争力の原因を経済規模に見た西欧諸国は，「西欧の復興」を目指して大胆な経済統合によって EC を強化し，米ソ両超大国に対抗した。「西欧の復興」のために経済力に優れる西ドイツ（当時ドイツは資本主義の西ドイツと共産主義の東ドイツに分裂）を巻き込み，戦争のない西欧を 1950 年代に形成し，次いで 60 年代から対米競争力の強化へと進んだのである。

経済統合の方式は大胆かつ斬新であった。加盟国の経済政策権限の一部を超国家機関 EC に委譲し，EC の権限を段階的に強化・拡大する方式（Community method）をとった。1958 年に開始した関税同盟形成では，各国の関税権を EC に委譲し，域内関税を撤廃し，対外共通関税を設定した。EC 加盟国は関税権を喪失し，対外共通関税を変更する権限は EC が保有する。このような統合によって強力な団結と「規模の経済」を実現し，米国との経済力格差を縮小した。ソ連崩壊後の 93 年，EC は EU へと発展した。

EC/EU の経済統合の発展は統合の質的発展＝深化（deepening）と加盟国の増大＝拡大（enlargement）の 2 つの次元で捉えられる。深化は大きく前期，後期に分けることができる。前期は部門統合，後期は EC/EU 規模の広域的な国民経済形成を進めた（以後，EC 時代も含めて EU あるいは EU 統合と呼ぶ）。統合の深化は基本条約の改正によって行われる。条約によって区分すると，2 期 4 段階の統合の深化があった（図 1）。

EU は 6 カ国からスタートし，80 年代に南欧新興国が加盟した。ソ連崩壊後の 20 世紀末には北欧諸国などが加盟して 15 カ国（EU15）となり，21 世紀に東欧など 13 カ国が加盟して，2013 年に 28 カ国となって，現在に至る。

3 EU 経済統合の深化と 1970 年代の蹉跌

(1) 経済統合の前期

部門統合期の特徴は，石炭・鉄鋼部門とか貿易部門，農業部門のように，部門を特定して統合を進めたことである。

1950 年代にはフランスと西ドイツの連帯を経済面で確立するために，パリ条約により石炭・鉄鋼共同体を形成し，両部門の関税や輸入に対する数量制限を撤廃して，両部門に自由貿易を実現した。それは第 2 次大戦で傷ついた両国（ほかにベネルクス 3 国とイタリア）の経済復興に大きな役割を果たし，独仏両国の関係は改善し，1963 年の仏独友好条約の締結へと至った。続いて，ローマ条約によって 1958 年から EEC（欧州経済共同体）の形成へと進んだ。

EEC では関税同盟を形成した（関税同盟の完成は 68 年 7 月 1 日）。また共通農業政策が樹立され，農産物の域内自由流通も実現した。ローマ条約は，EEC の「経済的目標」，目標を実現する「手段」，「EEC の基本原則」そして「制度（的枠組み）」について体系的に規定しており，一国を動かす経済基本法に類似した構成をもっていた[1]。ローマ条約以後の統合の深化は，それに新しい規定や機関を追加する形でなされた。単一欧州議定書（1987 年発効）は［手段］の項に「域内（単一）市場」や「構造基金」などを追加した。マーストリヒト条約（1993 年発効）は「手段」に「EMU（経済・通貨同盟）」，「制度的枠組み」に単一通貨や欧州中央銀行制度を追加した。

1950・60 年代の経済統合の効果は顕著であった。関税障壁の撤廃によって域内貿易（主として工業部門内部の貿易なので，「水平貿易」あるいは「産業内貿易」と呼ばれた）が非常な勢いで伸びていった。また西欧諸国の大企業の間の競争が強まり，生き残りをかけて米国技術や独自技術による最新の設備投資が進んだ。設備投資・域内貿易主導の高度経済成長が実現し，完全雇用が長期間持続した。米国・日本など先進諸国も高い経済成長と完全雇用を実現し，労働者の実質賃金も着実に上昇した。「資本主義の黄金時代」といわれる。

(2) 1970 年代の世界経済の混乱と EU 統合

1974/75 年世界不況によって戦後四半世紀続いた高度成長時代は終わり，世界経済の混乱期となった。米ドルを基軸通貨とする世界レベルの固定為替相場制（ブレトンウッズ体制）は崩壊し，変動為替相場制に移行し，為替相場

が不安定化した。73年と79年の2度の石油価格ショックによって原油価格が暴騰した。先進国ではインフレーションとスタグフレーションも起きて，失業率は急上昇し経済危機となった。EU経済統合は停滞や後退に陥った。

ようやく1984年EU諸国は経済統合の飛躍を決意する。サービス産業を含めて米国並みの巨大単一市場を形成する単一市場統合である。こうしてEU経済統合は後期へと進んだ。

4　EU単一市場の形成

(1)　単一市場について

経済統合の後期は単一市場統合と通貨統合を主要な統合領域とする。単一市場とは「商品，サービス，資本，人が自由に移動する，内部に国境のない地域[2]」である。上述したように，この「4つの自由」を実現している地域は国民経済である。EU単一市場は「4つの自由」をEU規模で実現しようとしている。続いて単一通貨ユーロが1999年に導入された。単一市場・単一通貨は国民経済の特徴であるから，後期の経済統合を広域国民経済形成と捉えることができる。

単一市場統合は1985年に始まり，単一欧州議定書発効（1987年）によって軌道に乗り，8年後の1993年1月1日に単一市場がスタートした。EUでは関税同盟によって関税障壁はすでに撤廃されていたが，単一市場実現のためには，商品，サービス，資本，人の自由移動の障害＝非関税障壁（NTB：Non-Tariff Barrier）を域内で廃止しなければならない。

商品の自由移動には，各国の工業規格の共通化やEU規格の作成，製品の安全基準や認証制度の統一などが必要になる。サービスの自由移動のためには，銀行，証券会社，保険会社のようなサービス提供企業や弁護士・医者など個人営業者が他の構成国で自由に支店や営業所をつくり，自由に営業できる法制度に創り変えないといけない。域内税関を撤廃し，それまで税関で行っていた検疫，貿易統計収集，間接税の課税手続きなどを税関以外の方式に改める。資本の自由移動のためには，様々な資本移動規制を全廃しなければならない[3]。加盟国の「国のあり方」を変える大変革であった。

EUの欧州委員会は単一市場統合で撤廃すべきNTBを①物理的障壁，②技

術的障壁，③税障壁，の3種類に区分して，それぞれに適切な方法をとった。税障壁は，付加価値税率をすべての構成国で 14-20% のバンドに収め，物品税を各国の平均値に近づける（市場統合では間接税のみ。直接税は無視）。各分野で様々な工夫をして，単一市場が誕生したのである。

多種多様な NTB を撤廃するために 282 の EC 指令（一部は EC 規則）の採択が必要であった。EC 規則は各国の法令より上位の法であり，直接に効力を発揮するが，指令は目的を規定してその具体化は各国の法令を修正して効力を発揮する。多数の指令に合わせて何千何万という各国の法律が修正され，新たに制定された。EC 規則や EC 指令は欧州委員会が準備・提案し，EC 理事会が採択する。理事会ではそれまで全会一致ですべての国が賛成しないと法令は採択されなかった。単一市場統合のために，全会一致方式は税障壁にだけ適用され，物理的障壁と技術的障壁の撤廃は特定多数決方式に改められた。いくつかの国が反対しても法令が決まる。これも大きな変革であった。

単一市場統合の理解を助けるために，1992 年 11 月時点の域内市場統合指令の採択状況を表で示しておこう（表1）。なお，2013 年に交渉が始まった EU と米国の間の自由貿易協定（FTA）（環大西洋貿易投資パートナーシップ：TTIP）や EU 日本 FTA では単一市場統合の技術的障壁撤廃と類似の作業が行われる。2010 年代の先進国間 FTA はそこまで進んでいる。

(2) 単一市場のスタートとその後の動向

商品の自由移動・資本の自由移動は期間内にほぼ完全に達成され，1993 年 1 月 1 日域内税関の廃止とともに単一市場がスタートした。

しかしサービスの自由移動の完全達成は非常に難しく，一部は 21 世紀にまで持ち越された。たとえば，航空サービスの自由化は 2000 年代半ばであった。金融サービスの自由化のうち，銀行が絡む金融市場統合は非常に複雑であり，しかも西欧大国の銀行の進出に周縁諸国が反発するなど各国の利害対立も起きて，完成はやはり 21 世紀にずれ込んだ。

単一市場形成の後であっても，新技術などに先ず EU 加盟国で法律ができるため，それらを統一しなければならない。たとえば，大量情報伝達の方式を EU で統一すれば，非常に効率的なブロードバンドを提供できるのに，各国の利害が絡んで国家規制の統一は容易でない，などの問題が残る[4]。

表 1　閣僚理事会における項目別法令採択状況（1992 年 11 月 30 日現在）

	採　択	未採択
1．物理的障壁の除去	96	3
(1)　財の規制	89	3
a．各種規制	(11)	(0)
b．動植物検疫	(78)	(3)
(2)　人の規制	7	0
2．技術的障壁の除去	149	17
(1)　財の自由移動	79	1
a．技術的調和と規格政策のための新アプローチ	(11)	(0)
b．分野別提案	(68)	(1)
(2)　公共調達	6	1
(3)　労働と専門職の自由移動	11	1
(4)　サービスの共同市場	39	3
a．金融サービス	(22)	(3)
b．運　輸	(12)	(0)
c．新技術とサービス	(5)	(0)
(5)　資本移動	3	0
(6)　産業協力に適した条件の創設	11	11
3．税障壁の除去	15	2
(1)　付加価値税の平準化	6	2
(2)　物品税の平準化	9	0
計	260	22

（注）カッコ内の数字は内数。
（出所）EC 委員会。

　単一市場の一要素である人の自由移動は，旅行などでの自由移動と労働者の自由移動（移民労働者の移動）を含む。1985 年に独仏ベネルクス 3 カ国からなる EU 5 カ国が国境検査を撤廃したシェンゲン協定に調印，95 年実施され，他の EU 諸国や EU 域外のスイス，ノルウェーなども参加した。他方，英国，アイルランドは島国のため検査を要するとして不参加である。

　EU 域内の移民の移動は限られていたが，21 世紀初頭に加盟した東欧諸国は EU コア諸国と賃金格差が 4 倍から 10 倍ほども開いているので，04 年の加盟後短期間に英国，アイルランド，スペインなどに数十万人規模の移動が生じた。移民は農業を含めて低賃金部門で英国などを支えているが，英国人の中には「移民が職を奪う」との批判が強まり，2016 年 6 月の EU 離脱国民

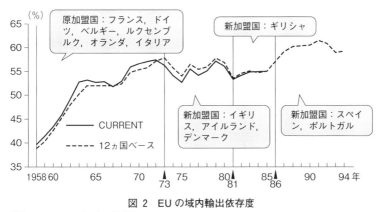

図2　EUの域内輸出依存度

（注）CURRENTはその年の構成国ベース。
（出所）Eurostat, *External Trade*, および *Eurostatistics*, 各号。

投票に大きく影響した。2015年には紛争のシリアや北アフリカから大量の難民がEUに流入し，問題化している（後述）。

5　EU域内貿易の発展

　関税同盟形成期から単一市場スタートまでのEU域内輸出の推移を見てみよう。域内依存度は，EU6（原加盟6カ国）について，1958年40％から63年まで急激に上昇した。域内貿易が高度経済成長の誘因となった。だが，一定の高さで飽和し，その後は，経済成長率の高い時期に域内依存度が高まり，不況や経済停滞の時期に落ち込む，景気循環依存型のトレンドを示す（図2）。

　このトレンドは21世紀にも続く。04/07年にEU加盟した中・東欧諸国は西欧などの企業の大規模進出を受けて，EU市場への輸出依存度は70％台から80％台まで急激に高まった。ユーロ危機で域内貿易依存度は低下した。

　経済統合開始後に急激に域内依存度が高まる現象は，自由貿易協定（FTA）でも見られる。米国カナダ・メキシコ3カ国からなるNAFTA（北米自由貿易協定，1994年発効）はその好例である。

第2節　EUの拡大

1　6次の拡大で28カ国へ

EUの原加盟国は6カ国だったが，ヨーロッパの議会制民主主義国は加盟を申請できる。20世紀末に15カ国となり，21世紀には多数の東欧諸国などが加盟し，今日28カ国，人口は約5億人，経済規模は米国を上回る。

原加盟国　大陸6カ国（仏，西独，伊，ベネルクス3国）
第1次拡大　1973年加盟　英国，デンマーク，アイルランド　EC9へ
第2次　1981年加盟　ギリシャ　　　　　　　　　　　　　　EC10へ
第3次　1986年加盟　スペイン，ポルトガル　　　　　　　　EC12へ
第4次　1995年加盟　スウェーデン，フィンランド，オーストリア
　　　　　　　　　　　　　　　　　　　　　　　　　　　　EU15
第5次（その1）　2004年加盟　中・東欧等10カ国　　　　　EU25へ
第5次（その2）　2007年加盟　ルーマニア，ブルガリア　　EU27へ
第6次　2013年加盟　クロアチア　　　　　　　　　　　　　EU28へ

加盟候補国および潜在的加盟候補国（2015年現在）　トルコ，マケドニア，西バルカン4カ国ないし5カ国（コソボを1国とすると）

2　EU拡大とEU財政

EUは1960年代共通農業政策（CAP）への支出を構成国の拠出金でまかなったが，関税同盟が完成すると，関税収入等を「独自財源」とするEU財政を発足させた。当初は共通農業政策（CAP。図3の農業）支出が圧倒的で，関税等収入で不足する部分は構成国の付加価値税（VAT）から拠出し，地域政策（図3の構造政策）などでさらに支出が増えると，各加盟国の国民総所得（GNI）比例の拠出金を追加した。今日ではEU財政収入の約4分の3は「GNI比例財源」である。

EUの地域間の経済格差縮小を目指すEU地域政策（「構造政策」と呼ばれる）は，86年加盟のスペイン，ポルトガルなどへの支援を強化するために87年に改革され，今日ではCAPに次ぐ支出項目となった。年間約20兆円にのぼ

第3章 EU 経済通貨統合と 2010 年代の金融・経済危機　*57*

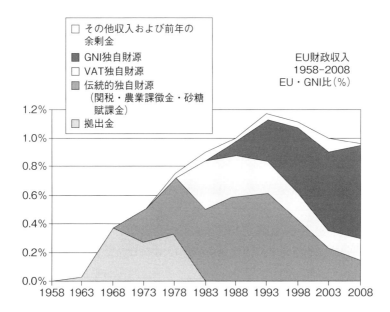

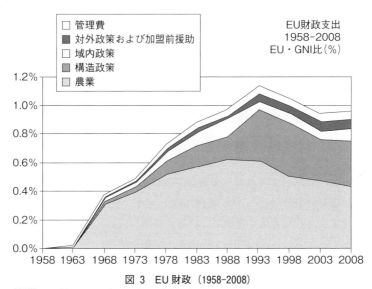

図 3　EU 財政（1958-2008）

（出所）http://ec.europa.eu/budget/reform/history/history1957_en.htm

るEU財政支出は，主として農業地域および一人当り所得の低い地域に拠出され（両地域は重なり合うことが多い），欧州の新興国・開発途上国にEUへの求心力を生じさせる重要な要素となっている。

3　EU経済圏の拡大

　1991年共産主義のソ連が崩壊して冷戦体制は終り，中国，ロシア，東欧諸国など旧共産圏諸国，インドやアフリカ開発途上国は世界経済に国を開き，生産・流通面でも金融面でも資本主義とグローバル化の潮流が世界を支配した。中東欧諸国は90年代半ばにEU加盟を申請し，04年と07年にEU加盟，ヨーロッパの再統一が実現した。EU単一市場は東欧に拡大した。

　東欧諸国が比較的短期間で市場経済化を成し遂げてEUに加盟できた大きな理由は，ドイツなどEUコア諸国からの大規模な企業進出であった。製造業全般，銀行，卸小売り，輸送，通信，不動産，電力・ガスなど，ほぼすべての産業分野に西欧などの企業が継続的に進出した。製造業では最新の技術や経営方式を持ち込み，生産し輸出するから，雇用も増える。銀行部門では東欧諸国の銀行は金融グローバル化の中で展開する世界競争に対応できず，EUコア諸国の大銀行が大挙進出し，銀行部門を支配し，最新の金融技術を持ち込んだ。東欧諸国が急速に市場経済化し，比較的高い経済成長を達成できた裏側には，このような西側資本による現地経済の支配があった。

　EUコア諸国には高賃金と恵まれた労働条件があるが，製造企業は東欧諸国で10分の1から5分の1というような安い賃金で勤勉な労働者を使用することができたから，東欧はEUコア諸国の生産基地となった。本社や他の国の子会社・下請け企業の間で生産工程を分け合い，欧州地域生産ネットワークを形成し，それらを貿易と情報通信で結びつけた。EU15と東欧諸国の貿易は非常な勢いで伸びた[5]。EU経済圏はトルコ，ウクライナ，ロシアのヨーロッパ地域など欧州全域を包摂している。圏域の人口は約8億人に達する。中でもドイツ企業の東欧・ロシアへの進出は群を抜き，ドイツ企業の競争力引き上げや市場拡大に非常に大きな役割を果たした。

　ただし，軍事防衛問題では，米EUトルコなど北大西洋条約機構（NATO）諸国とロシアの間には旧ソ連圏諸国（CIS諸国）をめぐって勢力圏争いがある。

プーチン政権はこの問題に敏感で，EUがウクライナとFTAを結ぼうとした際に介入し，2014年3月クリミア半島をロシアに併合し，東ウクライナにも軍事介入した。EU・米国は経済制裁を発動，ロシアとの対立が続く。

ドイツを先頭に欧州の大企業は中国，インド，ブラジルなどにも進出し，グローバル生産ネットワークを組織し，EUの地域生産ネットワークと結びつけて，国際競争力を高めた。欧州とアジアの間の部品貿易，完成品貿易も急激に増大した。世界規模で日米東アジア企業と熾烈な競争を進める。

4　EU拡大のメリットとデメリット

EU拡大は経済規模を拡大し，あるいは低賃金諸国を加盟させることで，EU企業の競争力を引き上げ，世界市場競争上の優位をもたらした。さらに多数国がEUにまとまることで，国連，IMF，G20その他の国際機関における欧州の発言力を高める。またEU加盟によって各国はEU共通のルールに従うので，一般的には欧州秩序を安定させる。

しかしよいことばかりではない。1973年の英国加盟は欧州の大国をEU域内国としたことにより，欧州秩序の安定や経済的メリットは大きかった。他方で，大英帝国の歴史をもち欧州大陸とは一線を画す英国は，EUを単に巨大市場と捉えて，英国の利益になる限りで協力し深い統合へは非協力という方針を堅持する。ユーロには非加盟，人の自由移動のようなEUの基本的価値までを批判して特別待遇を要求している。2015年夏総選挙に圧勝したキャメロン政権は2016年6月英国のEU残留・離脱を国民投票にかける。スウェーデン，デンマークもユーロ非加盟である。

東欧諸国の加盟は域内市場を拡大し，EU企業の国際競争力を強化したが，ソ連の支配から独立した東欧諸国にはナショナリズムと反ロシア感情が強い。不戦で国境を低め平和主義を拡大しようとする西欧諸国のポストモダン傾向と食い違う。東欧諸国では難民受け入れにも反対が多い。

東欧諸国は1990年代半ばから西欧企業の進出を受けて経済成長率を高め，国民一人当たり所得でEUコア諸国にキャッチアップしたが，リーマン危機（2008/09年）の後企業流入は勢いを失い，コア諸国との格差縮小が進まなくなっている。このことが東欧諸国のEU統合への求心力を弱める一因となっ

ている。EU 地域政策の強化など政策対応が必要である。

また 28 カ国ともなると，様々な傾向の国が自己主張を強め，EU に権限を委譲する統合主義が薄まり，加盟国政府の話し合いによって物事を決める政府間主義が強まっている。統合では EU に権限が集中し，いくつかの国が反対しても前進できるが，政府間主義では一国でも反対すると前に進めない。

2015 年，100 万人を超える難民・移民が EU に押し寄せて混乱し，また IS（イスラム国）によるテロがフランスで惨事を引き起こした。仏独などは EU レベルでの解決を模索しているが，東欧諸国は EU 強化による対応策に反対するなど，統合促進を目指す原加盟国などとの対立が顕在化している。

第 3 節　ユーロ誕生までの通貨統合の歴史

1　通貨協力と通貨統合の 30 年

戦後米国主導でドルを基軸通貨とするブレトンウッズ体制が形成され，世界規模の固定為替相場制となった。1 ドル＝360 円などと為替相場は安定したが，1971 年米国・ニクソン政権が固定相場制を放棄した。同年 12 月「スミソニアン協定」で緩やかな固定相場制に復帰したが短期間で崩壊し，1973 年早々に主要国は変動相場制に移行，今日まで変動相場制が続く。

EU 加盟国は経済の相互依存度が高いので，変動相場制をとることはできない。1972 年から通貨協力（為替相場同盟）によって域内固定相場制をスタートさせた。域内固定相場制は EU 諸国が競争力を考慮して相互に中心レートを設定し（1 ドイツ・マルク＝2.3095 フランス・フランなど），その上下 2.25％に介入限度を設定して，為替相場が限度を突破しそうになると中央銀行が外国為替市場で介入して為替相場を変動限度内にとどめる方式であった（「パリティ・グリッド方式」）。介入通貨は 70 年代にはドルが圧倒的だった。

だが，困難が大きかった。変動制の下で基軸通貨ドルが大きく下落すると，EU では，「強い通貨」（物価安定のドイツ・マルクが代表）と「弱い通貨」（インフレのイタリア・リラが代表）が分裂的に動く。投機資金が強いマルクに流入してマルクが急騰し，反対にイタリア・リラは資金が逃げ出して暴落する。他の諸通貨は中間で混乱する。ドル変動により EU 経済は翻弄され続けた。

第 3 章　EU 経済通貨統合と 2010 年代の金融・経済危機　61

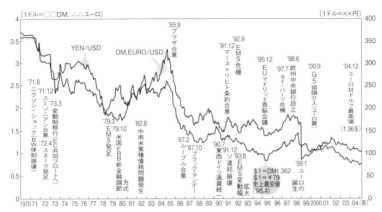

図 4　ドイツ・マルク/ユーロと日本円の対米ドル相場の推移（1970 年 1 月〜2005 年 3 月）

(注) 1) 月平均値。縦軸左側はマルク/ユーロの対ドル相場，同じく右側は円の対ドル相場。
　　 2) 1999 年 1 月，マルク相場からユーロ相場へ（1 ユーロ = 1.95583DM で転換）。
　　 3) 上に行くほどドル高，下に行くほどドル安。　（出所）OANDA.COM のデータより作成。

　ドルのマルクと円に対する為替相場変動を見よう（図4）。マルクと円は1970年代から世界の最強通貨であって，ドルは両通貨に対してトレンド的に下落した。70年代は大きな下落トレンド，80年代は半ばまで大きく上昇した後，後半に今度は大きく下落した。90年代以降は比較的安定した。EU 通貨協力・通貨統合は約30年間継続したが，ほぼ10年ごとに3期に分かれる。1970年代は挫折の10年，80年代は成功の10年，そして90年代は通貨統合の10年で，99年にユーロが導入された[6]。ドルとの関係を念頭に，3期に分けて少し詳しく見てみよう。

2　挫折を経て EMS の成功へ，そしてユーロ導入へ
(1)　挫折の 70 年代と成功の 80 年代

　1970年代の挫折には内因と外因がある。外因は上述した世界経済の混乱である。EU 各国の危機対応力に大きな差があり，国の置かれた状況が食い違い，共同歩調をとるのが難しくなった。内因は，物価安定路線をとる西ドイツとインフレをある程度許容して経済成長路線をとる仏伊英との対立で

あった。固定相場制の下では，物価安定の西ドイツに対してインフレの仏伊英は競争力が低下する。結果として，英国72年，イタリア73年，フランス74年と相次いで域内固定相場制から離脱して単独の変動制へ移行した（フランスは75年に復帰したが76年再離脱）。固定相場制に残ったのは西ドイツ・ベネルクス3国・デンマークのみで，「マルク圏」となってEUの制度として機能しなくなった。

　バラバラの為替相場制度はEU経済に混乱と成長低下をもたらし，79年仏独のリーダーシップでEMS（欧州通貨制度）が創設された。EMSの制度は1970年代の域内固定相場制とほぼ同じである（ただしイタリア・リラの変動幅は中心レートの上下6％であり，特例として承認された）。「インフレの70年代」に対して，80年代は世界規模でディスインフレ（インフレ率低下）が進み，EUではフランスがドイツ流の物価安定路線に83年に転換し，西ドイツとの協調が可能になった。フランスの1983年の政策路線転換と物価安定は通貨統合に決定的な意味をもった。経済統合の両輪である独仏の協力が進み，EMSは為替相場安定に成功した。また図4のように1980年代はドル相場の変動が激しかったので，EUの通貨協力を強める必要があり，EMSへEU諸国が結集した。ただし，英国は1979年のEMSスタート時からただ一国参加しなかった。しかし，1990年自国のインフレ抑制のために参加したが，92年離脱，通貨統合にも参加しなかった。

　単一市場統合で資本移動が自由化されると，外資が大規模に流入・流出するので，投機によりEMS参加国のいくつかが危機に陥り，EMS全体としても危機に翻弄される可能性が高まる。為替投機による混乱を防ぐために「単一市場に単一通貨を」が80年代末から90年代初めにEUのスローガンとなり，89年に通貨統合に合意，通貨統合の詳細はマーストリヒト条約（92年2月調印））に盛り込まれた。通貨統合成功のもう一つの理由はドイツ統一である。ドイツでは，イタリアのような「弱い通貨」国を含む単一通貨の創出に否定的な意見が強かったが，西ドイツによる東ドイツの吸収合併，つまりドイツ統一（1990年10月）を他のEU諸国に無条件承認してもらう代償として，マルクの放棄，つまりEU通貨統合を受け入れた。その代わり，欧州中央銀行制度はドイツ型，ECB（欧州中央銀行）の所在地はフランクフルトと

なった。

　92年夏フランス政府は国民投票でマーストリヒト条約批准を行ったが，反対運動が盛り上がり，リスクを懸念した投資家はEU周縁諸国から資本を大規模に引き上げたためEMS危機となり，イタリアと90年参加の英国とがEMSを離脱した。危機は93年夏まで続いたが，EMSでの為替変動幅を±15％に拡大して切り抜けた。93年11月マーストリヒト条約が発効し，通貨統合がEUの正式の目標となった。

(2) ユーロ導入と専一流通への移行

　92/93年EMS危機に翻弄されたが，マルクが西欧の基軸通貨となっていたので，危機を克服できた。EMS危機では投機家は弱い諸通貨（英ポンド，イタリア・リラ，さらには仏フラン）を売って強い通貨マルクを買うので弱い通貨は為替相場が暴落して危機になる。英ポンドとリラはEMSを離脱したが，ドイツは仏フランなど主要通貨を巨額のマルク売りで買い支え，危機を乗り切ったのである。

　90年代後半は，米国の「強いドル」政策によってドル相場が安定し（図4参照），順調に通貨統合の準備が進み，1999年1月1日単一通貨ユーロの導入に至った。当時のEU15カ国のうち，英国とデンマークは「オプトアウト（opt-out）」を認められて非加盟，スウェーデンも非加盟，ギリシャは物価安定や財政赤字3％以下などの「ユーロ参加4条件」を満たせず，加盟不可であった。当初のユーロ加盟国はEU11カ国であった。

　99年1月1日にユーロが銀行口座で振り替えられる預金通貨として導入され，中央銀行と民間銀行がユーロを使用した。ユーロ現金はなく，各国通貨が現金として使用され，たとえば，1ユーロ＝1.95583マルクというように，固定換算率でユーロと各国通貨が結ばれた。国民のユーロ慣れをまって3年後の02年1月ユーロ現金の流通開始，各国通貨は引き揚げられて，同年3月1日ユーロ専一流通となった。ユーロ紙幣は5ユーロ札から500ユーロ札まで7種類総計150億枚，硬貨は8種類500億個が流通に投じられた。ギリシャは01年ユーロ加盟し，12カ国がユーロを使用した。

　その後2007年のスロベニアを先頭に新規加盟の東欧諸国などがユーロ加盟を果たし，2016年現在ユーロ加盟国は19カ国になった。加盟には物価安

定や財政赤字3％以下（GDP比）など「加盟4条件」があり，それを充たさなければならない。

(3) 欧州中央銀行（ECB）とユーロの銀行制度

EU通貨同盟では，単一通貨ユーロを流通させ金融政策を実施するため，単一の欧州中央銀行制度が形成された。それは連邦型で，中央機関はフランクフルトに立地するECBであり，金融政策などの決定を行う。ECBを管理運営する役員会（総裁，副総裁と4名の専務理事の6名の役員）と，決定機関のECB理事会がある。理事会では，ECB総裁が議長，他の5人の役員とEU加盟国の中央銀行総裁（投票権はローテーション方式で15カ国の総裁が行使）が出席し，決定は単純多数決，賛否同数の時には議長が投票する。

ECBの下部にユーロ加盟各国の中央銀行があり，ECBの決定を受けてそれぞれの国で金融政策を実施する。ECBで決定し各国中央銀行が実施するという組み合わせによって金融政策が行われており，現地ではその中央銀行制度を「ユーロシステム」と呼ぶ。

各国中央銀行の下には各国の多数の民間銀行があり，ユーロ導入以前と同じように，自国中央銀行に口座をもち，その振替によって銀行間の支払い（「決済」という）を行う。つまり，ECB─各国中央銀行─各国民間銀行という3次元構成であり，通常の銀行業務は基本的に下の2つの次元で実施される。

銀行間の国境を越える支払いはTARGET（ターゲット）と呼ばれる制度により行われる。たとえば，スペインS銀行がドイツのD銀行へ10万ユーロを送金するケースでは，S銀行がスペイン中央銀行にもつ口座から10万ユーロが引き下ろされて，ドイツの中央銀行（ドイツ連邦銀行）に置かれているD銀行の口座に10万ユーロが振り込まれる。

この場合，ドイツ連邦銀行はスペイン中央銀行の指示を受けてD銀行の口座に10万ユーロを振り込んだが，スペイン中央銀行から10万ユーロを受け取っていない。両中央銀行の間に10万ユーロの債権債務関係が形成される。国境を越える送金に伴ってユーロ圏の中央銀行の間にはこうした債権債務関係が無数に形成される。毎営業日終了時にユーロ加盟国中央銀行の間で相殺し，残額はECBに対する債権債務に振り替えられる。これを「ターゲット・バランス」と呼ぶ。上のスペインとドイツの中央銀行間の債権債務がター

ゲット・バランスに転換されると仮定すれば，スペイン中銀はECBに10万ユーロの債務を，ドイツ連銀はECBに10万ユーロの債権をもつのである。

　上のスペイン・ドイツ間の送金では，スペインで預金が減りドイツで増えるので，そうした送金が続くと，スペインで資金不足，ドイツで資金過剰となり，スペインの金利は上昇しドイツの金利は低下する。そこで，ドイツの銀行はスペインに送金して高い金利を獲得する。こうして，ユーロ圏の短期金利は同一水準に均衡し，ターゲット・バランスも均衡に戻る。

　だが，金融危機がスペインで起きると，ドイツの銀行はもはやスペインへの送金を行わず，両国の金利格差は構造化する。スペインから預金が流出すれば，スペイン中銀とドイツ連銀の対ECB債権債務は膨張を続け，ターゲット・バランスの不均衡が拡大する。ユーロ危機の中で，2012年8月のピーク時には7500億ユーロのドイツの債権と4000億ユーロを超えるスペインの債務にまで膨脹して問題視されたが，スペインなどのECB債務は危機国にとって公的資本流入を意味し，急性の危機を防止する役割を果たしたのである。

第4節　ユーロ危機と南欧諸国の苦境

1　サブプライム金融危機と欧州への波及

　金融グローバル化は1980年代に米英両国で始まり，90年代から本格化した。主役の大銀行には，商業銀行（預金を受け取り貸出を行う）と投資銀行（企業の証券発行の支援や証券取引，企業のM＆Aの支援等を行う。日本では大証券会社に該当）があり，EUでは一つの銀行が両方の業務を兼営するユニバーサルバンクが主流であった。米英欧（欧は大陸欧州）の大銀行間競争で劣勢だった欧の大銀行は米英両国でのM＆A（合併・買収）によって対抗するとともに，EUは90年代から単一金融市場統合を進めて，独仏伊ベネルクスなどの大銀行がEU全域で自国同様に活動できるようにした。ユーロ導入で自信をつけた欧州大銀行はユーロを使ってEU全域に進出し，貸出・証券投資さらに現地銀行の買収など金融活動を飛躍的に強めた。グローバル・レベルでは欧大銀行は米英アジアなどにおいてドルによる活発な金融活動を行った。

　90年代後半の米国のITブームは2000年バブル破裂となった。21世紀初

頭，経済成長の牽引役は金融と住宅建設に移った。金融工学を用いて，住宅投資とデリバティブと呼ばれる金融技術が結合され，住宅ローンは束ねられて証券化され，証券化商品は米英欧に売りさばかれた。原資産の住宅ローンの拡大が必要なので，信用の低いサブプライム階層への住宅ローン供与が増大した。このサブプライム・ローンが全住宅ローンに占める割合は02年の数％から06年には25％まで上昇した。

同年末過剰供給から住宅価格が下落すると，住宅ローンの延滞率が上昇し，証券化商品の信用は動揺し，価格は暴落，07年金融危機（サブプライム危機）へと発展した。米政府は破綻に瀕した投資銀行を商業銀行と合併させるなどして危機を抑えていたが，08年9月米国4位の巨大投資銀行リーマン・ブラザーズを救済しなかった。リーマン・ショックとなり，グローバル金融危機が勃発した。08年10月の調査では，約140兆円のサブプライム証券が販売されており，その半分近くを欧州（主として大金融機関）が保有していたので，リーマン危機は欧州に波及し，9月末から10月初めにかけて英独仏ベネルクスの4つの銀行が破綻して政府に救済された。

グローバル金融危機により世界規模で経済の落ち込みは第2次大戦後最大となり，恐慌状態となった。先進国のほとんどすべてが大幅なマイナス成長となり，政府は不況対策と大銀行救済に巨額の政府支出を行ったので，09年英国や南欧諸国，そして東欧諸国ではGDP比2桁の大規模な財政赤字となり，政府債務（財政赤字の累積残高）も急増した。

グローバル金融危機は，1980年代から米英主導で進めてきた金融自由化・グローバル化の到達点であった。不良債権と銀行の業績悪化などにより危機後も先進諸国の経済成長率は低下したままである。危機の元凶の金融活動への規制が強まり，危機に際しても銀行の自力救済（ベイルイン）が求められる。欧米先進国の少子高齢化の影響もあって財政緊縮がトレンドとなり，成長率低下を強めている。

2　ユーロ導入による好況とバブル

南欧諸国の長期金利は1990年代半ばまで2桁であったが，90年代後半のユーロ導入プロセスにおいて急激に低下した（図5）。南欧諸国がユーロ加盟

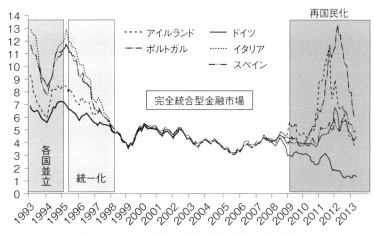

図 5 ユーロ圏諸国の長期金利の収斂と再乖離
(出所) European Commission [2013] p. 8 (原資料：OECD)

を決めてインフレ抑制を進めると，資金が大規模に流入し国債を購入するので，国債価格は上昇し，長期金利は下がる。このプロセスが継続し，国債価格はさらに上昇し長期金利はさらに下がる。早めにそれら国債を購入しておけば，価格上昇で丸儲けである。そのプロセスは 99 年ユーロ導入まで続き，導入時にはほぼドイツ・マルクの低金利水準に収斂した。

ユーロ導入後のドイツと南欧諸国との金利格差はほぼ 0.5％以下と小さかったが，為替リスクはないので，西欧の大銀行が南欧に融資や投資をすれば金利差だけの収益が確実にあがる。西欧主要 5 カ国（独仏英蘭ベルギー）の大銀行による南欧 5 カ国（アイルランドを含む）への与信（貸付，投資などによる資産保有）額は，99 年から 08 年まで約 3 倍に増えた。オーストリアなど他の国も加えた欧州銀行全体の与信額を見ると，05 年から 08 年初めまでにいずれも 2 倍以上に急増している（図6）。図のⅠ，Ⅱ，Ⅲはユーロ危機の第1，2，3波を示す（後述）。西欧の大銀行は南欧諸国に融資，証券投資だけでなく，支店や子会社の設立，現地の銀行買収などによって，現地資産を大きく増やしたのである。

05 年以降の急激・大規模な与信は消費と投資の拡大をつうじて好況と経済

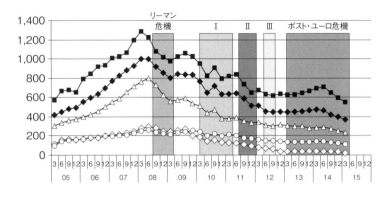

図 6　欧州銀行の南欧諸国向け債権残高の推移

注：2005年〜2015年第1四半期。単位は10億USD、期末値、最終リスクベース。
出所：BIS, Consolidated Banking Statistics より作成。

成長引き上げを実現したが，さらに南欧諸国の住宅価格急騰，バブル膨張を引き起こした。南欧諸国では輸入が急増し，経常収支赤字は GDP 比 2 桁へ，財政赤字も拡大したが，流入する資金がそれらの赤字をファイナンス（資金ぐり）した。ギリシャとスペインの国債の非居住者保有シェアは，1997年の約25％から，スペインでは2000年40％を超え，05年に50％に達した。ギリシャは01年40％，03年50％，07年70％を超え，ピークでは75％に達した。

07年半ばにサブプライム危機が起きると，西欧の大銀行は資金供与を絞り始め，リーマン・ショックが起きると，資金流出へと動いた。バブルを支えた資金流入が止まり，南欧諸国のバブルは破裂（バスト bust）し，局面が転換した。リーマン・ショック後世界各国の経済（生産）が大きく落ち込み，政府は不況対策や銀行救済に巨額の資金を拠出し，財政赤字が膨らんだ。09年には南欧諸国だけでなく米英両国でも GDP 比 2 桁の財政赤字となった。

3　ユーロ危機と危機対策

ギリシャなど南欧諸国の財政赤字ファイナンスは外資流出によって困難となり，10年4月末のギリシャのデフォルト危機からユーロ危機が始まった。

表 2 ユーロ危機の金融パニックの3つの波—概要

危機	第1波:小国危機	第2波:全面危機	第3波:制度危機
時期	10年4月~11年4月	11年6月~12年2月	12年4月~7月
発火点	ギリシャ・デフォルト危機	ギリシャ・デフォルト危機	ギリシャ離脱危機
危機国	G・I・P	GIPSY,一時コア諸国	GSY
主要な危機対策	2つの金融支援行動	金融支援行動の強化 ECB巨額資金供与(LTRO) ギリシャ第二次支援とPSI	ESM 銀行同盟 ECBのOMT

(注) 1. G:ギリシャ,I:アイルランド,P:ポルトガル,S:スペイン,Y:イタリア。
2. PSI は Private Sector Involvement。ギリシャ国債を保有する民間債権者の債権カット(ギリシャ政府の債務削減)。LTROはECBの長期リファイナンシング・オペ(表では3年満期のLTROを指す)。ESM,OMTについては本文の説明を参照。
(出所) 筆者作成。

それはほぼ2年半にわたり,危機の満潮と干潮を繰り返した。満潮期には投資家・投機家が危機国の国債を投げ売りし,国債価格は暴落(国債利回りは暴騰),それらの国債を保有する西欧の銀行の株価も暴落し,金融パニックが相次いで生じた。危機対策が打たれて効果を上げると,干潮期に移る。しかし,なんらかの事件をきっかけに次の満潮期が始まる。危機の3つの波があった。その特徴と危機対策の概要は表2のとおりである。後になるほど危機の度合いは強まった[7]。

危機第1波ではギリシャ支援に長時間を要したため,金融危機は世界に波及し,5月9日ついにEU・ユーロ圏・IMF(国際通貨基金)の「トロイカ」による支援が発動された。IMFは新興国・途上国の国際収支などを監視し,支援と共に経済政策の是正を求める国際金融の検察官兼支援機構として働いてきたが,ギリシャ危機対策にEUの要請で参加した。EUにはデフォルト危機対応の経験がなく,IMFの豊富な経験と資金を必要としたからである。

トロイカの財政支援は危機第1波には有効だった。ギリシャに1100億ユーロの支援,その他諸国向けに7500億ユーロもの支援制度をとり決めたので,相次いでデフォルト危機に陥ったギリシャ,アイルランド,ポルトガルという3つの小国への財政支援は効果をあげた。支援期間3年,財政赤字を大幅に削減して2年半後に金融市場に復帰するという条件付きの支援によって,危機第1波は沈静化したのである。

危機第2波もギリシャのデフォルト懸念に始まり,スペイン,イタリアに波及したが,トロイカの対応は難しくなった。第1波の3小国のGDP合計はユーロ圏の6%だが,南欧の2つの大国の合計は28%になり,両国のデフォルトを防ぐには救済資金は足りないかもしれない。また,ギリシャとイタリアの政権が危機に対応できず,11年11月に相次いで崩壊,急遽実務家内閣が組織された。ユーロ圏首脳レベルでは対応できなくなり,代わって危機対策の最前線に立ったのはECBであった。政府のデフォルトは防がれているのに,金融パニックが継続したのは,危機により銀行間市場で資金調達のできなくなった南欧などの銀行の資金不足から生じかねない銀行破綻とシステミック・リスクへの危機感であったから,ECBは11年末から12年初めに,約1兆ユーロ(当時のレートでほぼ100兆円)の3年満期の低利資金を銀行に供給し,危機の沈静化に成功した。

危機第3波はギリシャの総選挙運動中に,トロイカの要求した財政緊縮(とそれによる不況の深刻化)に反発して,ユーロ圏との支援再交渉を掲げた急進左派連合(SYRIZA:シリザ)が総選挙運動において急伸したことから勃発した。シリザが政権を獲得すれば,トロイカとの争いになり,ギリシャのデフォルトやユーロ圏離脱が懸念される。折からのスペイン銀行危機と重なって金融パニックが激化し,ギリシャやスペインなどからドイツへの大規模な預金移転が生じ,イタリアへ危機が飛び火する情勢となった。

12年6月末ユーロ圏首脳会議は「銀行危機とソブリン危機の悪循環」の阻止を至上命題と指摘し,銀行同盟の創設で合意した。銀行同盟は,①銀行監督をECBに,②銀行破綻処理をECBとEUに委ねる,大胆なユーロ制度改革であった[8]。だが,金融パニックは沈静化せず,ドラギECB総裁が7月末にロンドン演説で示唆し9月早々にECBが採択したOMT(新規国債購入措置)が沈静化の決め手となった。OMTはECBが危機国の国債(満期まで3年以下)を無制限に購入する措置である。

ECBはトリシェ総裁の下でギリシャ危機の10年5月から危機国の国債を流通市場で購入するSMP(証券市場プログラム)を導入したが,購入額が小さく,第2波危機で限界を露呈した。OMTであれば,危機国国債に懸念をもった投資家が売り浴びせても無制限に購入するので,価格の下落を防ぐことが

できる。価格が維持されれば投資家は敢えて売る必要もないので，投機は防がれる。OMT 導入をドラギ総裁が演説で示唆しただけで投機は沈静化に向かった。OMT は一度も発動されずに危機沈静化の効果を発揮したのである。

ユーロ圏の恒久的な財政支援機構 ESM（欧州安定メカニズム）が 2012 年 10 月，予定より 3 カ月遅れて，スタートした。ESM は 800 億ユーロの自己資金を備え，ESM 債を発行して資金調達し，5000 億ユーロから 7000 億ユーロの財政支援を危機国に行うことができる。OMT の適用を希望する国はこの ESM に支援を申請し，支援の条件として財政緊縮などを実施しなければならない。しかし，OMT の発表と採択によって金融パニックは沈静化した。現代の中央銀行は無制限に現金を供給する力を持っているので，投資家よりも資金力は強い。OMT は「ドラギのバズーカ砲」といわれたが，発動しないで効果を発揮したため，核抑止力にたとえる人もいる。

OMT と ESM によってユーロ危機は最終的に沈静化し，2013 年からユーロ圏はポスト・ユーロ危機の時期に入った。

4 危機再発を防ぐ制度改革（「ユーロ 2.0」への発展）

マーストリヒト条約からリスボン条約に引き継がれた原初のユーロ制度（「ユーロ 1.0」と呼ぶ）は危機対応に根本的な欠陥があり，ユーロ危機を激化・長期化させた。ユーロ 1.0 は 89 年〜91 年に設計されており，リーマン危機のような金融危機を想定していなかった。また，設計を担当したドイツ連邦銀行は，危機国にドイツが資金援助をしないで済むように，またインフレにつながりそうな制度は全面排除するように，設計した。

そのため，危機国への財政支援は禁止されていて（EU 運営条約第 125 条，「非救済条項」），そのため初発のギリシャ支援に長時間を要して金融危機を激化させ，また条約を楯に支援に反対するドイツ国民のドイツ連邦憲法裁判所への訴訟やメルケル首相の支援反対声明などで，危機沈静化に悪影響を及ぼした。

また中央銀行の国債直接購入が禁止されており（同 123 条 1 項），危機国の国債を投げ売りする投資家に対抗する中央銀行の力が制約された。さらに，銀行監督と銀行破綻処理はユーロ加盟国の権限とされ，ECB は介入できな

かった。銀行資金が大規模に国境を越えて移動する金融グローバル化に対してユーロ加盟国は無力であって，危機予防の役割を果たすことができなかった。

ユーロ危機によってこのような限界が白日の下に晒され，制度改革へと至った。新制度は，上述の財政支援機構 ESM，OMT，銀行同盟の二本柱，すなわち ECB による単一銀行監督メカニズム（SSM）と ECB＝EU が連携する単一銀行破綻処理メカニズム（SRM）である。またユーロ加盟国の財政赤字や経常収支不均衡を防止するために，独仏伊3大国が21世紀初頭に違反して信頼を損ねた SGP（安定・成長協定）の再強化がなされた。新財政条約（TSCG）による財政赤字規制，マクロ経済不均衡予防措置（MIP），事前にユーロ圏各国の次年度予算を共同でチェックする「ヨーロピアン・セメスター」などである。財政規律強化，財政赤字抑制への強制措置，マクロ経済不均衡の監視と是正における欧州委員会の権限の強化，等が実現した。

以上によりユーロ危機に対抗する制度づくりは一応完結し，ユーロ制度は「ユーロ 2.0」へヴァージョンアップしたといえる。

連帯強化型の統合（たとえば，経済発展の劣る諸国や危機国に対する財政移転制度の構築，ユーロ共同債の発行，共同預金保険制度など）にユーロ 2.0 は踏み込んでいない。ユーロ圏財務省創設など政治統合も見送られた。ユーロ 2.0 はなお未完成のユーロ制度といえる。

理想的には EU 運営条約を改正して制度の基盤を強化しないといけないが，28カ国に加盟国が増えており，すべての国の承認を得るのが難しい。EU はユーロ圏と非ユーロ圏に分かれているので，ユーロ制度に関わる条約改正は困難である。当面はユーロ 2.0 でいくほかない。

ユーロ 2.0 の特徴の第一は，帝国的性格である。自己責任型，非連帯型であったユーロ 1.0 に対して，ESM，銀行同盟，OMT，不均衡是正措置など EU・ECB レベルの権限が強化された。危機国救済措置によってユーロ圏の連帯を強めるが，他方で，ブリュッセル（欧州委員会）とフランクフルト（ECB）がユーロ圏コア諸国（西欧）を代表してペリフェリ（周縁諸国）を監視し，銀行破綻処理を実施する権限を獲得した。ユーロ 1.0 ではユーロ加盟国の自己責任制でバラバラだったが，ユーロ 2.0 においてユーロ圏の一体性と EU・ECB の支配的地位が強化された。

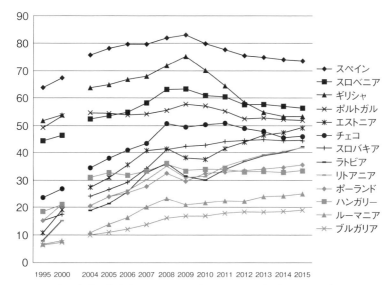

図 7　中・東欧，南欧諸国の国民一人当たり GDP 指数（EU15＝100）の推移
——1995・2000 年。2004-15 年——

(注)　1．EU15＝100 とする毎年の指数の推移。2014 年，15 年は 14 年 5 月時点の推計値。
　　　2．中・東欧 8 カ国は 04 年加盟，ブルガリア，ルーマニアは 07 年加盟。
(出所)　European Commission, Statisitical Annex of European Economy, Spring 2014 より作成。

5　南欧諸国の苦境と 2015 年ギリシャ危機

　リーマン危機・ユーロ危機は EU 諸国経済に深刻な影響を与えた。ユーロ圏の GDP は 15 年末になっても 08 年のピーク水準に戻っていない（経済の長期停滞。四半期データによる）。危機対応力の弱い周縁諸国経済への打撃は特に深刻だった。04 年あるいは 07 年に EU 加盟した中・東欧諸国と南欧諸国のデータでは（図 7），1995 年から 08 年まですべての国が EU15（20 世紀に EU 加盟した 15 カ国平均）に対する格差を縮小したが，08 年あるいは 09 年をピークに格差の拡大した国が増えた。ギリシャ，スペインのようにユーロ危機に直撃された国の落ち込みがとくに大きい。

　ギリシャは，西欧大銀行の資金が流入したので，民間も政府も借金を積み重ねて，賃金引き上げ，公務員の増大，住宅ブーム，経済力を無視した超寛大な年金制度などを実現し，いわば身の丈を超える経済的繁栄を享受した。

リーマン・ショックによって資金流入が止まると，政府の財政赤字は09年GDP比15％超，政府債務は同130％へと膨らみ，デフォルト危機に直面，トロイカから2度にわたって財政支援を受けた。不況の中で，トロイカ支援の条件である財政緊縮，増税，経済構造改革に取り組んだので，08年から6年続きのマイナス成長でGDPはほぼ25％低下，失業率は25％超，若者の失業率はその2倍となった。

南欧・東欧諸国の苦境の中で，ドイツは中国やロシアなど新興大国への輸出を急増させて失業率を引き下げ，完全雇用状態となった。ドイツの「独り勝ち」といわれる。ドイツはEUの盟主となり，メルケル首相がユーロ圏の懸案への対処で支配力をふるうようになった[9]。しかし，ドイツは不況と高失業に苦しむギリシャなどに財政緊縮を強く求め，救援に消極的である。

ギリシャ国民は財政緊縮の緩和を求めて，2015年1月の総選挙で急進左派連合（シリザ）のチプラス政権を選出，政権はユーロ圏と交渉したが，結局820億〜860億ユーロの第3次支援（ESMとIMFが拠出）と引き換えに，財政緊縮，増税などを継続せざるをえなくなった。さらなるマイナス成長・低成長と高失業率の継続が懸念される。2016年5月IMFは報告書で，ギリシャの政府債務は2060年までにGDP比250％にまで上昇すると見込まれ，その途上でデフォルトが確実に起きると警告した。ユーロ圏の対応はそれでも明らかにされないままなのである。スペインなど他の南欧諸国や中・東欧諸国の一部もバブル破裂やユーロ危機の後遺症に苦しんでおり，長期経済停滞・南北欧州分断（一部の中・東欧諸国も南欧と類似の苦境にある）への対応がEUおよびユーロ圏の重要課題となっているが，ドイツなどの反対で対策は具体化されないままである。ギリシャでは急進左派政党が政権についたが，フランス，オランダ，オーストリアなどコア諸国では極右政党が伸びている。経済の先行きに希望がもてない国民が多くなったからである。

第5節　経済・通貨統合の展望

1　ポスト・ユーロ危機の政策対応

ポスト・ユーロ危機のユーロ圏経済の長期停滞と南北分断を是正するため，

ドラギ総裁を先頭に ECB は 2014 年半ばから非伝統的金融政策を開始した。大規模な銀行貸出，銀行の中央銀行預金に対するマイナス金利などで，銀行の民間貸出を促したが，ユーロの対ドル相場の引き下げに一定の効果をあげたものの，インフレ率低下と低経済成長の是正に効果はなく，15 年 3 月から量的緩和策（Quantitative Easing：QE）へと進んだ。QE は ECB とユーロ圏諸国の中央銀行が主として国債を買い上げて長期金利を引き下げ，投資を刺激する（金利引き下げ効果）と共に，国債以外の証券市場での購入を投資家に促し，証券価格を引き上げて企業の投資を刺激し，経済成長を促進しようとする（ポートフォリオ・リバランス効果）。すでに米英両国で実績があり，日銀も「異次元緩和」に取り組む。ユーロ圏の QE では南欧諸国の金利引き下げにより，南北格差の是正も視野に入っている。毎月 600 億ユーロ（国債 450 億とその他証券 150 億ユーロ）の買い上げを 16 年 9 月まで続けるとしていたが，中国など新興国経済の不振などからインフレ率を 2% 近辺まで引き上げ経済成長率を高めるという所期の目的達成は困難となり，15 年 12 月に 17 年 3 月まで継続することにした。

　世論調査によれば，ユーロ圏諸国の市民はユーロを高い率で支持している。産業界にとってもユーロ導入によって，企業や銀行の国境を越える相互依存が高まっており，ユーロをやめて元の国民通貨に戻るのは非現実的である。ユーロ崩壊や昔の国民通貨への後戻りは考えにくい。しかし，財政緊縮など苦境の諸国の不況を深刻化する政策が続けば，反統合の急進左派・右派の政党が伸びて，先行きに不安が生じる。ユーロ圏の連帯を重視した政策に切り替えない限り，ユーロ圏の不安定性は続くであろう。

　ユーロ圏には先進国と新興国が加盟しており，リーマン危機・ユーロ危機によって南欧など周縁国の苦境が深まっている。ギリシャやスペイン，ポルトガルの高失業率を危機前の水準に引き下げるには 10 年以上かかりそうで，財政政策によるてこ入れなどでできるだけ早く実現する方法を考えなければならない。ユーロ圏の富裕国から周縁国に財政資金を移転するシステムを導入して，とくに失業率の厳しい国を救済するシナリオや，ユーロ共同債を発行して周縁国に低金利資金を供与する措置などを工夫すべきだが，自国の財政資金が周縁国で使われる事態への反発がドイツなどで非常に強い。とりわ

けユーロ危機の中で「盟主」となったドイツの非妥協的態度により，連帯重視の政策への転換を見通せない。しかし，ドイツは統合によって莫大な利益を獲得できている。その一部を危機国に廻すのは当然の義務なのである。指導的政治家が国民を説得すべきなのに，国民の多数意見に流されるのでは，21世紀の大きな困難に立ち向かうことはできないであろう。

2　対外通商政策

　EUでは共通通商政策の権限を欧州委員会が持ち，20世紀にはGATT/WTOの自由・無差別・多角（多国間）主義の世界貿易体制の発展を米国と共に支えてきた。しかし，2001年に始まったWTOドーハ開発ラウンドは先進国と新興国の対立によって事実上の停止状態に追い込まれ，諸国はグループで組織できる大規模なFTA（自由貿易協定）へと方針を切り替えた。日米など12カ国が参加するTPP（環太平洋経済連携協定），RCEP（東アジア包括的経済連携協定，日中韓印豪NZ＋ASEAN10），EU米国間のTTIP（環大西洋貿易投資連携協定），日EU経済連携協定，など「メガFTA」が2010年代のトレンドとなっている[10]。

　企業の生産ネットワークが多国籍化し，多数国で生産された部品を別の国に集めて製品を組み立て，また別の国に輸出する，というように，地域やグローバルに生産ネットワーク，ヴァリューチェーンができているので，相互に関税や非関税障壁を大胆に引き下げて，企業の生産がスムーズに進むようにする。企業の生産が効率化すれば，関係国の経済成長率も高まる。

　TTIPはEUと米国との連携協定だが，世界GDPの約45％，先進国間で高度の自由貿易体制を構築して，経済成長率を高めると共に，世界の貿易・投資ルール作りに主導権を握る展望もある。TPPは15年10月基本合意に達したが，中国は排除されている。中国は海路と陸路に「新シルクロード」を構築する「一帯一路」政策を打ち出した。ユーラシア大陸の開発を中国主導で進める壮大な計画だが，ユーラシア大陸の西の端のEUとの連携を強め，資金，技術などをEUあるいはEU諸国が担当することを視野に置いている。

　EU（欧州委員会）と中国の懸案は相互の直接投資を促進する投資協定であるが，EUは欧州企業が中国で技術移転を迫られ，あるいは厳しい規制の下

に置かれていることに批判的である。中国は米英仏などEU諸国と個別に交渉して，有利な貿易・投資条件を引き出そうとしている。中国としては，TTIPによるEU米国間の連携強化は回避したい。TTIPがどう進展するかは今後の注目点である。

3 難民・移民の大規模流入と統合による対応

2015年EUに100万人を超える難民・移民が押し寄せ，ドイツ，英国のような最終流入地を目指した。流入の入り口の国ギリシャやイタリア，難民・移民が通過する東欧諸国やオーストリアなども混乱に陥った。難民・移民はシリアやアフガニスタン，アフリカの紛争国から主として流入しており，今後もかなりの数の流入が予想される。

EUには欧州対外国境管理協力機関（Frontex）はあるが，EU加盟国の国境警備隊の活動を調整するのが主たる任務で，独自の活動は極めて限定されている。難民・移民対策は各国毎に行われ，国境警備の権限は各国にある。Frontexは支出面でも米国国境警備への財政支出（2015年）320億ドルの200分の1しかなく，有効な対策は期待できない。EUは難民・移民12万人をEU各国に人口比で割り当てることにしたが，EUにはシェンゲン協定があるので，いったんいずれかのEU加盟国に登録されれば，その後の移動は自由であり，難民・移民の意図する国へと移動するので，割当制は実質的な意味を持たない。EU移住・移動同盟（European Migration and Mobility Union：EMMU）を創設し，EUが国境警備隊をもち，単一の難民・移民の受け入れ資格を定め，EU加盟国の権限を移民/難民の家族呼び寄せ許可など一定の権限に限定する必要がある。つまり，今後はEUが米国型の移民・移動政策を担当する方向へ進まないと，各国毎の対応では混乱が長引くだけである。準備期間をおいて段階的に実現することになろう。2016年4月に欧州委員会は難民対策の一元化に向けた最初の提案を行っている。

難問は加盟国の対立である。難民・移民流入がIS（イスラム国）によるテロリストの流入と結びついて，フランスで惨事を引き起こした。仏独などはEUレベルでの解決を模索しているが，東欧諸国はEU強化による対応策に反対している。だが，フランスのように出生率が高く人口が今後も増える国

はEUにはほとんどなく，人口減少，少子高齢化社会の到来に対して，移民流入政策を必要とする。ここにEMMU創設の根拠の一つがある。

おわりに

　ユーロ危機以降のEUとEU統合の混乱・限界に対して，日本では「欧州の衰退」「統合崩壊」といった悲観論が語られる。しかし，欧州を短期的視野で判断してはならない。かれらのタイムスパンは長い。ある動きには反対する動きが出てきて対立するが，対立の中から妥協が生まれ，新しい制度が創られる。戦争や革命を繰り返しながらもやがて立ち直るという動きを超長期にわたって続けてきた地域である。近代以降も，民主主義や人権を最初に導入し，産業革命や帝国主義，帝国主義戦争，そして欧州統合・EUへと至り，世界史に甚大な影響を及ぼしてきた。欧州を見るためには，中長期的な視野をもたなければならない。

　将来的に西バルカン諸国，場合によってはトルコを加盟させて欧州全域の安定をEUが仕切る形になる。現今の統合への求心力の低下は確かに懸念される。だが，欧州諸国はいずれにしても運命共同体として「共通の未来」をともに創っていくしかない。EU以外にそうした場は存在しない。欧州の没落を避けるためには，欧州人は中長期的にEU・ユーロ圏を強化していくしかないのであり，その方向へと進むであろう。

（1）　EU統合の発展については，田中他著[2014]に詳しい。なお，ローマ条約からマーストリヒト条約の経済構造は，ペルクマンス著（田中訳），58～71ページを参照。
（2）　単一欧州議定書の規定。なお単一市場はEUの基本条約では域内市場（internal market）と呼ぶが，本章では分かり易い「単一市場」を使う。
（3）　単一市場統合に関する詳細は拙著（1991），田中他著（2014）を参照。
（4）　21世紀の市場統合は，庄司克宏（2016），田中他著（2014）を参照。
（5）　EU東方拡大の経済面は拙著（2007），国際政治面は羽場他編（2006）に詳しい。
（6）　1970年代から95年に至るEU通貨協力・通貨統合の詳細は田中素香編著（1996）に詳しい。また田中・長部・久保・岩田（2014）第4章を参照。
（7）　ユーロ危機，危機対策，ギリシャ問題の詳細は田中素香（2010）（2016）を参照。
（8）　欧州委員会は，③ユーロ圏共同の預金保険機構の形成，を銀行同盟の第3の制度

として提案したが，こちらはドイツなどの反対で延期された。
（9） ドイツの経済社会の発展と現状については，イエンス・ベルガー（2016）を参照。
（10） メガ FTA の解説書は多いが，石川他編著（2015）をあげておく。

参考文献
羽場久美子・小森田秋夫・田中素香（2006），『ヨーロッパの東方拡大』岩波書店。
石川幸一・馬田啓一・高橋敏樹編著（2015），『メガ FTA 時代の新通商戦略』文眞堂。
ペルクマンス，ジャック，田中素香訳（2004），『EU 経済統合―深化と拡大の総合分析―』，文眞堂。
イエンス・ベルガー，岡本朋子（2016），『ドイツ帝国の正体』早川書房。
庄司克宏（2016），『はじめての EU 法』有斐閣。
田中素香（2016），『ユーロ危機とギリシャ反乱』，岩波新書。
田中素香（2010），『ユーロ　危機の中の統一通貨』，岩波新書。
田中素香（2007），『拡大するユーロ経済圏』，日本経済新聞出版社。
田中素香編（1996），『EMS：欧州通貨制度』，有斐閣。
田中素香（1991），『EC 統合の新展開と欧州再編成』，東洋経済新報社。
田中素香・長部重康・久保広正・岩田健治著（2014），『現代ヨーロッパ経済（第 4 版）』，有斐閣アルマ。
田中素香・藤田誠一編著（2003），『ユーロと国際経済システム』，蒼天社。

第 2 部　EU 機構と政策過程

第4章 EUと加盟国の国家主権
―EUへの主権の移譲とリスボン条約―

須 網 隆 夫

はじめに―加盟国主権の移譲の意味

　EUの領域には，EU法と呼ばれる法秩序が成立している。EU法は，リスボン条約発効以前のEUの第一の柱に属する欧州共同体（EC）に主として成立した超国家的な法秩序であり，EC法をその中核に包含しながらも，従来の第二の柱である共通外交政策を含むEU全体に対する法秩序を意味している。リスボン条約以前の第二・第三の柱は，国際法によって規律される分野であり，その法的性格は，基本的には第一の柱とは異なる。しかし，EC裁判所の管轄が全く及ばない第二の柱は別として，限定的に管轄が及んでいた第三の柱には，第一の柱について成立した法原則の適用が次第に拡大し，第一の柱との共通性が増大していたところ，リスボン条約によって，第三の柱は，第一の柱にほぼ統合された。

　このようなEU法秩序，特に従来のEC法秩序に相当する部分は，加盟国よりEUへの主権の移譲を基礎として成立すると通常説明されている。しかし，主権の移譲の意味が明確になっているとは必ずしも言えない。そもそも，移譲の対象である主権の概念自体多義的であり，どのような意味で主権の移譲が語られているかも判然としない。そこで本章では，主権概念を整理して，何が加盟国からEUに移譲されているのかを明らかにするとともに，その結果に基づいて，加盟国の主権に何らかの変化が生じているのかをさらに検討する。その上で，2009年に発効したリスボン条約によってEU/EC法秩序がどのように変容したのか，またはしなかったのかを考察する。なお，本稿ではリスボン条約以前のEU条約を旧EU条約と表記している。

第1節　EU法秩序の基礎
　　　——主権の分割可能性と主権の移譲

　EUを中核とした欧州における地域統合の発展は，「地域統合のために設立された国際機構」と「地域統合に参加する加盟国の国家主権」との緊張関係を当初から生み出してきた。

　欧州司法裁判所（現EU司法裁判所）は，1960年代以降，「EC法の加盟国法（憲法を含む）に対する優位」を判例法理として確立し，国際法とも加盟国法とも異なる，独自のEC法秩序の成立を承認してきたが，そこでは，「主権の分割可能性」を前提にした「主権の部分的移譲」・「主権の永続的制限」が，EC法秩序の基礎であるという説明が採用されていた[1]。そして政治学・社会学など，社会科学の諸分野における研究成果も，欧州統合により加盟国の主権が変容していることを明らかにし，欧州司法裁判所の立場を支持してきた。例えば，政治学者は，主権の移譲により，加盟国は，「国家の存在様式のレベル」において変容していると評価し[2]，社会学者も同様の認識を示している[3]。

　しかし，このような欧州統合による加盟国主権への影響は，法学，特に国際法学・憲法学の領域では，少なくともEC法学と同程度の感受性を持っては認識されていなかったように思われる。認識の欠如は，日本においても顕著であるが，EU加盟国の国内裁判所も，一般にはEC法の優位を受入れながらも，その理由付けは欧州司法裁判所の理由付けとは異なり，EC設立による加盟国主権への影響を正面からは承認しない。その結果，ドイツ連邦憲法裁判所のように，「EC法の加盟国憲法に対する優位」と「欧州司法裁判所によるEC法解釈の独占」に異議を唱える国内裁判所が少なくない[4]。このような傾向は，2004年にEUに加盟した中東欧諸国でも顕著であり，例えば，ポーランド憲法裁判所は，EC法の憲法への優位を否定するとともに，EC条約を通常の国際条約として扱おうとする判断を下している[5]。これらの事実は，EUにおいて，加盟国の国家主権の状態をどのように理解すべきかが未だ解決していない問題であることの証左である。

EU 司法裁判所と国内裁判所の間に現在も存在する立場の相違は，EC 法を引き継いだ，現行 EU 法秩序にとって重要な法的課題であるはずである。EU の領域に，EU 条約・EU 運営条約を頂点とする階層構造を有する法秩序が成立することを想定する限り，EU 司法裁判所と国内裁判所の対立は，解消されるべき課題として認識されざるを得ないからである。もっとも最近では，両者の対立を内包する法秩序として，EU の領域に成立する法秩序を理解する見解も少なくない。そこでは，両裁判所の対立を前提として，一元的ではなく，EU 法と加盟国法という 2 つの法秩序が，多元的な，相互に影響しあうシステムとして，法秩序の全体像が理解される[6]。理論的にはともかく，国内裁判所が国内法を EU 法に優先させる可能性が，現実には極めて低く，EU の機能が損なわれる危険が少ないことも，そのような見解の背景にあるだろう。確かに，現状を前提として EU 法秩序像を描けば，そのように記述されざるを得ないかもしれない。しかし，EU 司法裁判所と国内裁判所の相互的な影響の中で，EU 法秩序が発展すること自体は積極的に肯定し得るとしても，EU 法の基本原則である「EU 法の優位」に国内裁判所，それも各国の憲法裁判所・最高裁判所が反旗を翻している現状を正面から承認することは法論理的に可能であるのだろうか。

　この問いを検討するためには，やはり加盟国主権と EU の関係に立ち返る必要があろう。まず検討されねばならないのは，「主権の移譲」の前提となっている「主権の分割可能性」の意味であり，次いで分割可能性が肯定されるとしても，EU への権限付与が，国際条約による主権行使の単なる制約ではなく，「主権の移譲・制限」としての実質を備えているかである。

第 2 節　「多義的な主権概念」と「主権の分割可能性」

1　伝統的主権概念の生成・発展
(1)　主権概念の生成[7]
　近代的主権概念は，16 世紀のジャン・ボーダンの議論から始まったと考えられている。ボーダンは，主権を「国家の絶対・永久の権力」と規定した。ボーダンの主権概念は，国内的な支配・被支配関係における国王権力の最高

性を第一次的には念頭に置いていたが，主権の対内的・対外的側面の区別が不明確であったとは言え，そこには外部的束縛よりの解放というモメントも含まれていた。そして主権概念は，主権者の諸権利が分割され得ないことを強調するホッブズ・スピノザを経て[8]，ヴァッテルにより，国家の対外的な自由・独立に重点を置いて把握されるところとなった。他方，国家の成立根拠を社会契約に求めたルソーも，主権を一般意思の行使と説明し，一般意思が分割されないことから，主権の不可分性を導出した[9]。

このようにして，主権は，他に譲渡できない絶対的・永久的権利であり，その特性として不可分と考えられるに到ったのである[10]。

(2) **主権概念の発展**

以上のように生成した主権概念は，20世紀には様々な文脈で議論され，極めて多義的な概念として発展する。それらを要約すると，主権概念は，第一に，国際社会における国家間関係を主たる考察対象とする国際法学によって議論される。国際法学は，国家の対内関係と対外関係を区分して主権を把握する。すなわち，主権を「対内主権」と「対外主権」に区別し，国家は，対内的に国内を排他的かつ自由に統治できる最高かつ究極の権限である「領域統治権（領域主権）」と，対外的に他の権力に従属せず，自己の意思に反して拘束されない「独立権」を有すると説明する[11]。但し，両者は，同じ主権概念の二つの側面であり，切り離せない一体のものである。

第二に，国民国家の形成に伴い，憲法学も主権概念を議論する。国際法と異なり，国家の内部を分析対象とする憲法学の日本における代表的見解の一つは，主権概念を，「国家の統治権」，「対外的な国家権力の最高独立性」，「国の政治のあり方を最終的に決定する権力」という3つの意味を持つと理解している[12]。第三の意味は，君主主権・国民主権・人民主権という主権の担い手に関する議論である[13]。

国際法学と憲法学の議論は全く同じというわけではない。しかし両者の主権概念は基本的に対応しており，憲法学においてのみ第三の意味が論じられるのは，両者の観点の相違によって説明でき，必ずしも矛盾はしない。そして，この段階では，主権はなお不可分で譲渡できない一体的存在として観念されており，国民国家から国際機構への主権の部分的移譲を理論的に認識で

きない。しかし，主権国家を前提に議論する限り，それで特に不都合は生じない。もっとも連邦国家の場合には，一見すると，主権が連邦と支邦に分割されているように見える。しかし，主権を国家の個々の権限と観念することを否定し，形式的概念と把握するケルゼンは，連邦国家において中央と地方に分配されているものは，国家の権限であり，主権ではないと説明している[14]。このような説明の仕方は，後述のように主権をめぐるEUと加盟国の関係においても登場する。

2　現代的主権概念とEUの権限―主権の分割可能性
(1) 国際法学による分析―抽象的主権から国際法が認める具体的権能へ

EUへの主権の部分的移譲を肯定するためには，その前提として，主権が分割可能な存在でなければならない。伝統的な主権概念に対する批判は，既に1920年代に国際法学の分野に現れていたが[15]，「最高の分割不可能な主権」と言う考え方への批判も，遅くとも1950年代には登場している。すなわち，イギリスで1950年代に出版された，国際法の代表的教科書は，「主権の分割可能性」に基づく「完全主権国家」と「不完全主権国家（not-full sovereign States）」の区別を論じ，主権国家が主権を部分的に放棄できることを指摘している[16]。日本でも高野教授は，1965年の論文で，条約の締結が，単に主権的諸権利の行使の制限に止まらず，主権の侵害・喪失を部分的に惹起する可能性を指摘されていた[17]。このように「主権の分割可能性」が論じられる場合，第一次的には，領域主権の構成要素である，個々の政策分野における具体的な統治権限が念頭に置かれていたと考えられる。

これらの議論を背景に，20世紀後半の国際法学では，国家主権の概念を，超法規的な基本権ではなく，実定国際法によって認められた国家の権能の集合と理解し，そのような国際法が規律する権限の集合体を，「国家管轄権（jurisdictions）」として把握する考え方が有力となり[18]，抽象的概念としての主権を議論する意義は低下している。そして，具体的権限の集合体としての主権という考え方は，主権の分割可能性になじむと考えられる。権限の集合体を個々の権限に分離することに抵抗は少ないだろうからである。

その結果，最近では，主権概念の変容を正面から議論する論者も現れてい

る。例えば，国際経済法の大家であるジャクソン教授は，主権の中核を権限の独占と理解した上で，グローバル化した現代国際社会において，主権概念の再検討が必要であると主張する。教授は，主権概念を個々の要素に分解した後に肯定できる部分を抽出して，「現代型主権（sovereignty-modern）」の構築を試み，今日，主権概念が使用される場面では，実際には，政府の法的な決定権限の配分が問題となっていると指摘して，権限配分に係る問題を検討する[19]。これも「国家管轄権」論と同一線上にある議論と理解できるだろう。

それでは，憲法学は，「主権の分割可能性」をどのように議論しているのだろうか。

(2) **憲法学による分析**

日本の憲法学には，主権の分割可能性を意識した議論はそれほど多くない。このことは，日本がこれまで主権の分割・移譲という課題を現実的に意識する機会に恵まれなかったことに主に起因するだろうが，それだけではなく，憲法学が主権を議論する文脈にも関連すると思われる。すなわち憲法学が，国家統治を決定する権力の所在を議論する場合，国民主権・人民主権・君主主権いずれの立場を取っても，主権の所在は一箇所に措定されている。自然人である君主だけでなく，国民・人民も国家に付随する一体的存在として認識されるからである。もっとも，地方分権や連邦国家において見られる主権的権限の分割状態は，主権の不可分性と矛盾するように見える。そこで，前述のケルゼンと類似して，主権という形式上の最高権限（形式的な概念）と権力の事実上の関係を意味する統治権（実質的な概念）を概念的に区別し，連邦の場合，統治権が分割されても主権は依然として不可分であると説明する議論が現れる[20]。このように憲法学の場合は，国家間関係に関心を集中できる国際法学ほど容易には，主権の分割可能性を承認できないのである。

しかし国際法学と同様の考え方は，一部のEU加盟国の憲法学において定着しつつある。例えば，1990年代以降，「国家主権行使の本質的条件」論（本質的条件を侵害する権限移譲は許容されない）を採用して，基本条約改正の憲法適合性を判断してきたフランス憲法院の主権に対する考え方は[21]，主権の具体的内容に着目することから，「国家管轄権」論と共通する部分があるように思われる。憲法院の議論は，まさに欧州統合の文脈で生まれたものである。

さらにフランスでは,「主権の不可分性」を否定する考え方も現れ,複数の主体による,主権の共有可能性が主張されている[22]。この考え方は,抽象的主権を具体的諸権限に分解して,複数の分担者をそれぞれ主権者と観念するものであるが,国家主権とヨーロッパレベルの主権の性質はなお区別し,「抽象的次元における全能的権能」は国民に留保されるので加盟国の主権国家性は否定されないと説明することに注意すべきである[23]。EU レベルに,憲法制定権力を持つ国民を想定できないために,憲法学の立場からは,分割可能性に留保が付されざるを得ないのであろう。憲法学は,主権と具体的な統治権との関係について,主権が個々の統治権の総和であるとは必ずしも考えていないのである。

3　具体的統治権限の移譲と国家主権

これまでの検討が示すように,伝統的な主権の絶対的不可分性を維持することはできず,国際法学・憲法学双方において,主権の部分的移譲が認められるようになってきている。しかし,そこにおいて分割の対象として想定されているのは,どちらにおいても,主権の内容である,個々の政策課題ごとに観念される「具体的な領域統治権」であると考えられる。イタリア・ドイツ・フランスなど多くの加盟国憲法は,「主権行使の制限」とは異なるものとして,「主権の制限・移譲（委譲）」を規定しているが,そこで対象とされている主権も同様である[24]。これらの憲法は,主権を「内容の特定した,法的に限定された概念」として把握するからである。そして EU 法の観点からも, EU 運営条約の条文が EU に付与する権限は,共通通貨ユーロの発行権（128条）が示すように,加盟国が有する具体的な統治権限に他ならない。

それでは,統治権限の分割可能性を前提にして, EU の権限は,それらの権限が「移譲」されたものとまで評価できるだろうか。EU 権限の実質が,統治権限の「行使の制約」に止まるものであれば,「主権の移譲」という欧州司法裁判所以来の説明は,その根拠を失うことになる。次項では, EU に付与された権限の性質とその行使方法を分析することにより,この課題を検討する。

第3節　国家主権とEU権限—加盟国主権の移譲・制限

1　EU権限の実質
(1)　EUに付与された権限

　EUは，EU条約・EU運営条約によって付与された権限のみを有するが（「権限付与の原則」・EU条約5条），EUに付与された権限の実質は，かなり複雑である。まず，EU権限は，以下の3種類に区分される[25]。第一は，対外通商政策・通貨政策など少数の分野について認められる「排他的権限（exclusive competence）」である（EU運営条約2条1項，3条）。排他的権限の場合には，加盟国は，EUへの権限付与が発効すると同時に，その権限の対象領域に関するすべての権限を喪失し，EUによる権限行使の有無に係らず，その後当該領域において行動することはできない。第二は，広範な政策領域について認められる「共有権限（shared competence）」である（2条2項，4条）。この場合には，排他的権限と異なり，EUへの権限付与が生じても，加盟国は，当該領域に対する権限を当然には失わず，EUが権限を行使するまでは，同一領域についてEU・加盟国双方が権限を有する事態が生じる。第三は，マーストリヒト条約以降の基本条約改正により一部の領域に付与された「支援権限（supporting competence）」である（2条5項，5条）。支援権限は，共有権限より弱い権限であり，EUへの権限付与後も，当該領域の規制権限を有するのは加盟国であり，EUが加盟国法を調和させることはできない。EUへの権限付与が，直ちに加盟国の主権喪失を意味しない共有権限・支援権限の両者は，「非排他的権限」と総称されるが，非排他的権限の行使の可否は，「補完性の原則」によってまず判断される（EU条約5条1項，3項）[26]。

(2)　EU権限の行使と加盟国

　加盟国権限の全てがEUに付与された「排他的権限」の対象事項は言うに及ばず，「共有権限」の場合にも，補完性の原則を満たして，EU権限が行使された場合には，加盟国は，当該領域をもはや自律的に統治することはできない。このことは，形式的にEUによる統治が行なわれるだけでなく，実質的にも加盟国が当該領域の規制に十分な影響力を行使できないことを意味す

る。すなわち第一に，多くの領域では，理事会における多数決（特定多数決）による決定が認められている。多数決による決定の場合には，全会一致と異なり，決定に反対する少数加盟国の意思は結論に反映し得ない。第二に，加盟国政府代表が構成する理事会に加えて，欧州委員会・欧州議会というEU独自の機関が立法過程に深く関与し，それらの機関の意向が意思決定に強く影響する。すなわち，欧州委員会の提案がなければ，EU立法（派生法）の採択に至る立法過程は開始されず，また「通常立法手続（EU運営条約294条）（旧共同決定手続）」が適用される場合には，欧州議会の拒否権行使により，仮に理事会で加盟国の全会一致が得られても，加盟国の意向に従った決定は不可能である。そして第三に，EU法は，加盟国を拘束するだけではなく，EU法の一部は，加盟国内において直接適用可能であり，また「EU法の直接効果」により，一定の条件を満たすEU法は，国内法に係りなく，加盟国国民に国内裁判所で行使できる権利を付与する。そして第四に，EU条約，EU運営条約の規定からEU権限の範囲及び権限行使の具体的内容を正確に画定することは実際には困難であり，それらは，EU法の解釈権を与えられた，EU司法裁判所の司法判断によって明確にされる（EU条約19条1項）。

2　EU権限をどう理解するか—加盟国主権の移譲とは何か

(1)　「主権の移譲」・「主権の制限」と「主権行使の制限」

　以上のようなEU権限の性質・行使方法を前提にすると，EUへの権限付与は，どのように評価されるべきであろうか。「主権的権限の移譲」・「主権の制限」と「主権行使の制限」を対比させながら検討する。

　国際法学では，国家が，国際法上の行為能力を保持する限り，その行使がいかに制限されても，その主権的地位には影響はないと理解されている。その結果，国際条約の締結・国際機構への参加によって生じる制限は，「主権行使の制限」であり，「主権の制限」ではないと説明される。しかし他方で，国際機構への参加の文脈において，単なる「主権行使の制限」とは概念上区別された，「主権の制限ないし移譲」という現象を観念することができ，国連安全保障理事会による強制措置，EUの理事会における多数決による決定などにつき，「主権の制限」が生じると説明される[27]。主権の制限と移譲との関

係は必ずしも明確ではないが，欧州司法裁判所は，両者をほぼ代替可能な概念として使用してきた[28]。そのため，本稿でも両者を同じ意味として用いることにする。

それでは，主権の内容である具体的統治権限のEUへの付与は，このような「主権の制限ないし移譲」に該当するものであろうか。

(2) 「主権の制限ないし移譲」の判断基準

日本では，「主権の制限」のメルクマールとして，国際機構において多数決によって，構成国を拘束する決定が下されることがしばしば指摘されている[29]。国家が，自己の意思に反して，法的拘束を受けることに着目しているのである。しかし，主権制限の指標として，この点だけで十分であるとは思われない。多数決による決定は，たしかに主権制限の判断指標の一つではあるが，全てではないはずだからである。これに対して，オックスフォード大学のSarooshiは，国際機構への権限付与を，構成国が自己の権限を付与する程度に応じて三類型に整理して詳細に分析し，具体的な基準を提示している[30]。それらの類型とは，「代理（agency relationship）」・「委任（delegation）」・「移譲（transfer）」であり，各類型を区別するために，三つの判断基準が提示されている。第一は，「権限の復帰可能性」であり，権限付与が取消可能であり，一旦付与された権限が構成国に復帰することが可能であるか否かが基準となる。代理・委任の場合には，明確に復帰可能であるのに対し，移譲の場合は，一般に復帰は可能ではない。もっともこの基準は，それだけで付与の性質を決定できるほど決定的なものではなく，第二・第三の基準による評価次第では，復帰可能であっても，移譲に該当する[31]。第二は，「構成国が国際機構による権限行使をコントロールする程度」である。代理から委任・移譲に向かって，構成国が，国際機構の権限行使を直接的に統制できる程度は低下する[32]。例えば，代理と委任の主要な相違は，委任の場合には，構成国は，付与した権限の行使態様を直接的に統制できないことにある[33]。第三は，「国際機構の保有する権限の専属性」である。国際機構だけが，付与された権限を行使する権利を有するか，それとも構成国も，国際機構とともに，権限行使の権利を保持するかであり，代理・委任の場合は，構成国は，国際機構とともに権限を行使する権利を有するが，移譲の場合には，国際機構だけが権

限行使の主体である[34]。

　国際機構が構成国に対して強い統制力を有することは，主権の制限に繋がるところ，これらの基準は，主権の移譲・制限の有無を判断するために有用であるように思われる。

(3) EUと主権の移譲

　それでは，EUへの権限付与は，「主権の移譲・制限」に該当するだろうか。日本では，ECについて，EC条約を根拠に判定される二次立法が加盟国を直接拘束することを理由に，加盟国の主権制限を認める立場があるが[35]，Sarooshiも，ECについて主権の移譲に該当するとの立場を採用している。特にECは，設立当初は，委任の段階にあったものが，その後の欧州司法裁判所の判例による「EC法の加盟国法に対する優位」の確立と加盟国によるその受容により，移譲の段階に発展したと評価している[36]。そのような評価の理由は，第一に，EC条約が加盟国の脱退を規定していないので，権限の復帰可能性がないとの推定が働くことに加えて，加盟国裁判所は異なる認識を示しているとは言え，欧州司法裁判所がCosta v. ENEL事件先決裁定において，ECの設立は，「加盟国の主権的権利の永久的制限を伴う」と判示して，権限の加盟国への復帰可能性を否定していることである[37]。第二にSarooshiは，部分的移譲と全面的移譲という2つの概念を区別する。Sarooshiによれば，前者の場合には，構成国は，国際機構の決定に義務付けられることに同意しており，WTOの紛争解決手続は，これに該当する。他方，後者の場合には，構成国は，国際機構の権限行使に由来する義務が，国内法秩序において直接効果を生じることにまで同意しており，ECはこれに該当する[38]。

　これらSarooshiの指摘は，EUへの権限付与の性質の理解にとって有用であるが，前述の基準に照らせば，さらに以下の点を付言できるように思われる。第一に，構成国による国際機構の統制という前述の第二基準に照らすと，現在のEUは，特に理事会と欧州議会の共同決定を定めた通常立法手続が適用される場合には，加盟国がEUの意思決定をコントロールできる度合いは低い。前述のように理事会において全会一致が成立しても，欧州議会の拒否権によって最終的決定が阻止されることは，その事実を端的に示している。第二に，国際機構の権限の専属性という第三基準についてEUを検討すると，

確かに排他的権限の範囲は狭く，一見すると専属性は少ない。権限の多くを占める共有権限の領域では，加盟国は EU に権限を付与した後も，その EU 権限が行使されるまでの間は，当然に行動できないわけではなく，この段階では委任に止まるであろう。しかし，一旦 EU が権限を行使すると，その対象事項に関する限り，EU 権限は排他的な性質に変化するので，排他的権限とは異なるとは言うものの，その後は，当該事項に関する加盟国の権限行使は排除される。そうであれば，時間の経過に伴い，EU 権限の専属性は徐々に増大することになる。EU に主権の移譲を認める Sarooshi の結論は，これらの点からも裏付けられよう。

　要するに，EC 設立当初は別として，少なくとも現時点では，加盟国の統治権限は EU に移譲され，その限りで加盟国主権は制限されていると理解することができる。そうであるからこそ，加盟国は，EU によって主権を召し上げられたと表現されることすらあるのである。

第 4 節　統治権限の移譲の意味
——「具体的な統治権限を欠く主権」論の考察

1　検討すべき課題

　前項までの考察により，少なくとも具体的な統治権限は分割可能であり，それらの権限が，加盟国より EU に移譲されていることを確認できた。しかし，そのような統治権限の移譲が，欧州司法裁判所が判示した「主権の移譲」に真に該当するかは，さらに検討されなければならない。具体的な統治権限と主権との関係を議論する余地があるからである。もし具体的な統治権限の EU への移譲が，統治権限を超える加盟国の主権に，何らの影響も及ぼさないのであれば，そのことは，EC 設立による加盟国主権への影響を否定する，前述した加盟国裁判所の立場を支える根拠となるだろう。他方，統治権限の移譲が，統治権限に止まらず，主権自体のあり方にも影響を及ぼすと認識できるのであれば，加盟国裁判所が，憲法に対する EC 法，そして EU 法の優位を拒否することの正当性に疑問が生じるかもしれない。

　ここにおける議論の対立構造を整理すると，一方には，主権への影響を否

定する見解がある。この見解は，主権と統治権（主権的権限）の区別を前提に，加盟国の有する特定の統治権限が EU に付与されても，「権限配分権限（Kompetenz-Kompetenz）」を含む，最終かつ絶対的な包括権限である国家主権は単一不可分であるので譲渡不可能であり，加盟国は，従来と同様に完全な主権を保持すると，主権自体の分割可能性を否定する[39]。日本でも鈴木真澄教授は，主権を，「絶対無制約の国家権力」という「究極の主権」と「究極の主権」を表象する具体的な「国家権限」に分け，付与されるのは後者のみであると理解する[40]。

これに対して，EU 法の優位を確立した欧州司法裁判所の考え方は，必ずしも明確ではない。確かに，EC 条約の個々の条文に由来する EC 権限が問題となる以上，裁判所も，第一次的には，具体的な統治権限に着目している。しかし他方では，同裁判所の判例は，EC 法の憲法を含む加盟国法に対する絶対的優位を確立しており，最終的な加盟国主権はそのまま維持されて，統治権限だけが移譲されたという前提には立っていない可能性が高い。加えて学説上も，加盟国の主権国家としての不完全性を指摘する見解は，統治権限に止まらない主権全体への影響を承認している[41]。また，仮に移譲の対象が統治権限のみであるとしても，国家作用の主要部分又は大部分の移譲により，「量から質への転化が起こる」との指摘もある[42]。

2　抽象的主権論に対する考察

主権を具体的な統治権限から切り離して抽象化し，権限配分権限が加盟国に存する以上，加盟国が主権の唯一の保有者であるという立場を採ると，加盟国の主権には一見すると影響がないように見える。しかし，このような考え方の是非は，なお慎重に考察する必要があると考えられる。

(1)　主権の抽象化の是非

第一に，実質的権限を欠いた主権が存在し得るという考え方の妥当性にはそもそも疑問がある。主権概念の歴史的形成過程から明らかなように，主権は，実質的な内容を含まない抽象的概念として観念されたわけではなく，現実の領域統治と結び付いて発展した概念である。それゆえに，具体的な統治権限を行使しない国家という考え方には違和感が伴う。もっとも，国際法の

観点からは，国家の有する大半の権限が第三者に移譲されても，国家性に影響はないという議論が成立するかもしれない。国家は，分裂による複数の新国家の誕生，別の国家への併合，別の国家との合併による新国家の誕生という事態が生じない限り，消滅しないと論じられているからである[43]。しかし，国家が消滅しないことと，主権が影響を受けないことは同義ではないはずである。加えて，加盟国の国内裁判所も，憲法上，そのような考え方を必ずしも受入れてはおらず，むしろ，具体的な統治権限が移譲されれば，背後にある抽象的主権も影響を受けると考えている。例えば，フランス憲法院は，マーストリヒト第一判決において，「国家主権行使の本質的条件」論を採用し，どのような権限が移譲された場合に，国家主権の侵害が生じるかを検討している[44]。ドイツ連邦最高裁のマーストリヒト判決も，「ドイツ連邦下院に実質的な重み持った任務と権能が残っていなければならない」と判示し，民主主義の観点から，ECへの権限移譲に限界が存在することを明示している[45]。但し，これらの判決の立場は，国際法の観点からはその内容の不明確さを批判されており，フランス憲法院も，マーストリヒト第二判決では，「国家主権の本質的条件」の維持より，憲法制定権力の発動である憲法改正権による意思決定を優先させるかのような判断を示している[46]。

(2) 主権と意思決定の民主的正統性

第二に，EUの現在の立法手続は，EUと加盟国が主権を共有していると理解できる構造を採用している。すなわち，多くの分野に適用される「通常立法手続（EU運営条約294条）」は，理事会と欧州議会の双方から民主的正統性を調達する二元的な構造を採用して[47]，さらに欧州議会に拒否権を認めている。欧州議会は，欧州市民の直接選挙によって選出された議員が構成する，加盟国とは係りのないEU独自の機関である。あらゆる立法制定の民主的正統性は，最終的には，主権を有する主権者の意思にその根拠が求められるはずであることを考えると，このような構造は，EUにも単なる統治権限に止まらない主権が配分されていることを推測させる。前述のドイツ連邦最高裁のマーストリヒト判決は，EC権限の行使は，国内議会によって正統化されねばならず，欧州議会は，国内議会を補完する役割を果たすと，両者の関係を説明した[48]。通常立法手続も，共同決定とは言いながら，加盟国議会に責

任を負う加盟国政府代表が構成する理事会中心の手続を定めており，その意味で，一般的には，欧州議会の役割は補完的と認識できる。しかし同手続において，加盟国議会と欧州議会，両者の意思が正面から対立する時には，欧州議会の意思が優先する。すなわち，欧州議会の拒否権は，加盟国議会の意思決定に支持された全加盟国の政府代表が，理事会で合意した場合にも，その合意が欧州議会の判断によって覆されることを意味する。この場合，全加盟国議会の意思に反する，欧州議会の意思が，消極的にせよ，EUの立法手続において貫徹することをどのように説明できるだろうか[49]。統治権限の移譲によって加盟国主権に影響が生じていなければ，主権者を代表する加盟国議会の意思を，統治権しか保持しない欧州議会は無視できないはずである。フランス憲法院は，欧州議会は主権的な議会ではないと判示しているが[50]，欧州議会が，主権的な加盟国議会に対抗し得る拒否権を有することは，統治権限に止まらず，EUも主権を有すると理解して，初めて説明可能なシステムであるように思われる[51]。

(3) EU固有の権限と権限の移譲

第三は，EUに付与された権限の内容である。EUの権限には，共通通商政策における対外通商に係る権限がそうであるように，加盟国が保有した統治権限の移譲と考えられるものが多い。しかし，EU権限の中には，加盟国の権限以上もしくは加盟国権限とは異なる内容を備えた，EU固有の権限と呼ぶべきものがあり，それらをも統治権限の移譲として説明し得るかには疑問がある。例えば，第一に，前述の「支援権限」は，当該領域に存在する加盟国権限を前提にした上で，それと矛盾しない，いわば「プラスアルファ」の権限をEUに付与するものであり，加盟国の統治権限の一部が切り離されてEUに移譲され，その部分だけ加盟国権限が縮減していると単純に考えることはできない[52]。これらの権限は，加盟国の領域統治権の範囲に元来含まれていない権限だからである。第二に，一般には加盟国権限の移譲と理解できる「共有権限」も，国家的性質を失って越境的統治を行う権限として確立されており，加盟国権限の単なる総和とは言えない独自の権限であると指摘されている[53]。この見解に従えば，加盟国の統治権限に類似する権限が，EUレベルに実質的に作出されていると理解することになる。

このように，加盟国権限のEUへの移譲という説明には，事態を単純化し過ぎている側面があり，特に加盟国権限に含まれないEU権限を正当化するためには，統治権限の源である主権自体にその成立根拠を求めることにならざるを得ない。そうであれば，そのようなEU権限の付与が，全体としての加盟国主権に影響しないとは言えないはずである。

(4) 小　括

統治権限を切り離した主権概念は，抽象的であるが故にその内容が把握しにくいが，以上の考察による限り，EUへの権限移譲による加盟国主権への影響を簡単に否定することはできないように思われる。但し，その影響が，統治権限に止まらない加盟国主権全体の分割可能性及び移譲を必然的に意味するかは，なお定かではなく，この点は今後の検討課題として認識されるべきであろう。畢竟，国際法学と憲法学は，これまでそれぞれ自らの枠内において発展してきた。そのため両者の間には，主権概念について，十分な対話の機会が確保されておらず，そのことがEUにおける法現象の総合的分析を阻む一因となっているように思われる。EUを含む国際機構に対する包括的検討を進めるためには，どちらか一方の観点からの検討だけでは十分ではない。日本でも，対外主権の侵害が，対内主権の侵害に結び付かざるを得ないと議論された事実が示すように[54]，主権のある側面に関する変化は，他の側面のあり方にも影響を及ぼさざるを得ないのではないかという問題意識には十分な根拠がある。そして，国際機構の行為が，単に国家間関係を規律するだけでなく，構成国の国内事項に影響を及ぼす場合には，特にそのような問題意識が強化されることは，EUの経験が示すところである。それでは，現在の基本条約を定めたリスボン条約は，加盟国主権の観点からはどのように位置付けられるだろうか。

第5節　リスボン条約の構造とEU法

1　リスボン条約の全体的構造

2009年12月に発効したリスボン条約は，憲法条約の批准が，2005年5月・6月，フランス・オランダにおける国民投票の結果により挫折したことを受

けて，2007年12月に調印された，最新の基本条約改正条約であり，内容的には，先行する憲法条約の大半の規定を継承している[55]。もっともリスボン条約は，従来の基本条約（EU条約・EC条約）を単一の包括的な条約によって置き換えようとした憲法条約とは異なり，それまでの基本条約を改正するという通常の手法を採用している。そのため，リスボン条約発効後も，EU条約とEU運営条約（現EC条約）という二つの条約が併存する形となっている。しかし，従来の三本柱の列柱構造は基本的に解消し，全体としてEUに一本化され（但し，欧州原子力共同体（EAEC）は，EU外に存続する），従来のECはEUによって代替された。そして，一本化したEUには，これまでと異なり，包括的な法人格が付与されている（EU条約47条）。

2 リスボン条約のEU法への影響

リスボン条約発効以前のEUの第一の柱であるEC・EAECと第二の柱（共通外交安全政策）・第三の柱（警察・刑事司法協力）との間には，顕著な法的性質の相違があった。共同体によって構成される第一の柱は，加盟国権限の移譲を基礎とする「超国家（supra-national）機関」としての性格を備え，EC（共同体）法と呼ばれる独自の法秩序によって規律される領域であった。これに対して，第二・第三の柱は，加盟国からの権限移譲の要素は乏しく，伝統的な政府間協力（「政府間国際組織（intergovernmental organizations）」）としての性格を強く維持しており，基本的に国際法によって規律される領域であった。EU法は，性質の異なる両者によって構成される概念であり，前者をEC法，後者を狭義のEU法と呼ぶこともあった。

しかし，第一の柱との相違においては一体的に捉えられる第二・第三の柱の間にも，法的性質の相違があったことに注意しなければならず，その意味で第二・第三の柱を一括して議論することは正確ではない。そのことは，欧州司法裁判所の管轄に着目すれば明らかである（旧EU条約46条）。第二の柱には，欧州司法裁判所の管轄が及ばないのに対して，第三の柱にはその相当部分に管轄が及んでおり（旧EU条約35条2項，5-7項），そのため，第一の柱において形成された法原則が，第三の柱にも次第に浸透しつつあった[56]。

このような構造は，リスボン条約の発効により修正された。第三の柱は，

一部を除いて (EU 運営条約 276 条),完全に共同体化され,第一の柱との相違は基本的に解消している。これに対して,従前の第二の柱である共通外交安全政策の部分は,政府間協力としての性質をそのまま維持するので,第一の柱との法的性質の相違は,同条約発効後もそのまま持続している。

3　リスボン条約と加盟国主権

前節までの考察は,EU への統治権限の移譲が,加盟国主権自体にも影響する可能性を示していた。それでは,リスボン条約は,加盟国主権にどのような影響を与えているだろうか。リスボン条約には,統治権限に止まらない,広義の意味での加盟国主権に影響を及ぼすと考えられる幾つかの要素が含まれている。しかしそれらは,必ずしも同一の方向性を持ったものではない。リスボン条約は,加盟国主権との関係において,異なる方向性を持った内容を,新しい EU に埋め込むものである。

(1)　加盟国主権を制限する方向の改正

第一は,「欧州議会の権限強化」である。前述のようにリスボン条約以前の共同決定手続は,加盟国主権を制約する程度の高い立法手続であるが,リスボン条約は,従来の共同決定手続とほぼ同じ手続を,「通常立法手続」と位置付けて,その適用を原則化している (EU 運営条約 289・294 条)。ニース条約までの基本条約改正の結果,共同決定手続の対象事項は相当程度増加していたが,リスボン条約は,通常立法手続の対象範囲をさらに拡大し[57],年次予算に対する欧州議会権限の強化 (同 310・314 条) とも相俟って,欧州議会の意思決定過程における影響力は一層強化されている。第二は,「人民発案制度の導入」である。リスボン条約は,代表民主主義とともに参加民主主義が,EU における「民主主義の原則」であることを明らかにし (EU 条約 9-12 条),市民参加の手段として,市民の発議権を制度化し,相当数の加盟国にわたる 100 万人以上の市民が,委員会に適切な立法案の提出を要請できる制度を導入した (同 11 条 4 項)。同制度による要請によって,委員会が法案提出を義務付けられるわけではないので,その実質的な効果には疑問もあるが,EU レベルでの人民主権的な統治に繋がり得る制度である。

これらの改正は,リスボン条約発効により,加盟国主権が従来以上に制約

される可能性を示唆している。しかし，リスボン条約は政府間協力主義を復活させているのではないかとの指摘が示すように[58]，他方で，加盟国主権への影響を抑制する方向での改正も行われている。

(2) 加盟国主権を保護する方向の改正

　第一は，「加盟国の国家体制の尊重」がより明確に規定されたことである。従来のEU条約も，加盟国の国家的同一性（national identity）の尊重を規定していた（旧EU条約6条3項）。しかしリスボン条約は，これを一層強調している。すなわち，現行EU条約によれば，EUは，加盟国の政治制度・憲法体制の基本構造とともに，領土保全・治安維持を含む，加盟国の本質的な国家機能を尊重しなければならない（EU条約4条2項）。さらに，「一般的経済利益（公共）サービス」の供給に関する加盟国の役割もより明確にされている（EU運営条約14条・一般的利益サービス議定書）。これらの規定は，統治権限の一定程度以上の移譲が，国家主権を損なうという加盟国裁判所の立場とも親和性がある。第二は，加盟国の「自主的脱退規定」の挿入である。これまでの基本条約は，いずれも加盟国の脱退について規定しておらず，学説上，脱退の可否について意見は分れていた[59]。しかし，リスボン条約が，脱退手続を規定する条項を挿入したことにより（EU条約50条），この争いは立法的に解決されたことになる。脱退条項の挿入が，EUの法的性質に対して決定的な意味を持つとは限らないが[60]，主権の完全性を主張する立場からは，加盟国が完全な主権を回復できる可能性を明示したと高く評価されるだろう。第三は，リスボン条約による「EU法の優位」の扱いである。憲法条約は，加盟国法に対するEU法の優位を明示する条項を挿入していた（憲法条約Ⅰ-6条）。然るにリスボン条約は，同条項を削除し，代わりに，条約本文とは法的効果の異なる宣言で，欧州司法裁判所の判例法に基づく，EU法の優位に言及するに止めた（優位に関する宣言）。憲法条約の優位条項の解釈にも議論があったが，優位条項に，EU法の優位を貫徹させるための手段として機能する余地があったことは間違いない。そのため同条項の削除は，EU法の絶対的優位を否定する国内裁判所により，その根拠の一つとして利用されるかもしれない[61]。

(3) 小　括

　リスボン条約の内容を，加盟国主権の観点から検討すると，どのような結論が導き出されるだろうか。前述した各要素の影響を正確に測定することは困難であるが，加盟国主権のあり方は，旧 EU 条約のそれと大差ないか，むしろ主権の保護がより強調されているように思われる。いずれにせよ，異なる方向性を持った改正は，主権に対する影響を相互に打ち消しあい，EU が，特定の方向に一方的に傾斜することを防いでいる。基本条約の改正に際して，主権をより制約する方向での改正が，主権を保護する改正とセットになって実施されざるを得なかったことは，現在の加盟国と EU との現実の関係を象徴していると言えそうである。

お わ り に

　国際法学では，国家が他の国家と並列的ないし従属的に結合することによって，主権を制限され，完全な国家性を失う場合があることがこれまで議論されてきた[62]。他方，国家結合の場合とは異なり，国際機構においては，合意に基づく意思決定が行われる限り，構成国主権の制限は生じないと考えられてきた。そして欧州共同体は，国家連合と連邦国家の中間に位置すると評価でき，国際機構よりも国家結合の一類型として考察すべき側面が存在すると指摘されている[63]。

　これに対して EU 法学においては，EU について，多くの側面で，国家とのアナロジーで議論することが当然視されている。例えば，欧州司法裁判所の法務官であった van Gerven 教授は，EU を，民主的正統性を備えた国家と諸人民による「より緊密な連合」と認識して，EU レベルに加盟国の政治システムを模写することにより，EU が成熟した民主的政体に発展することを展望する[64]。そして，そのような議論の当然の結果として，EU 加盟国は，域外の他の主権国家と同様の主権国家ではないと認識される[65]。

　本章は，このような EU を，主権国家を前提として形成された，これまでの法概念を用いて解明することを試みてきたが，そのようなアプローチには限界があるかもしれない。新しい法現象を理解するためには新しい法概念が

必要であるところ，分割可能性に対応した主権概念の構築は未だ完成していない。主権概念の更なる探究は，EU 法学にとって，そして国際法学・憲法学にとって，今後も重要な課題であり続けるだろう。

(1) Case 6/64 Costa v. ENEL, [1964]ECR585；中村民雄「EC 法の国内法に対する優位性」中村民雄・須網隆夫編著『EU 法基本判例集［第 2 版］』（日本評論社・2010 年）14-23 頁；Jean-Victor Louis, The Community Legal Order 13（3rd ed. 1995）.
(2) 中村健吾『欧州統合と近代国家の変容―EU の多次元的ネットワーク・ガバナンス』（昭和堂・2005 年），金丸輝男「欧州同盟（European Union）と国家主権―政策決定過程における国家主権の変容―」同志社法学 49 巻 3 号（1998 年）55（763）頁。金丸は，加盟国の主権は，単に制限されたに止まらず，「国家主権の存在が根底から崩れ出している」と認識している（同 88（796）頁）。
(3) アンソニー・ギデンス（松尾精文ほか訳）『社会学・第 4 版』（而立書房・2004 年）81 頁。
(4) Paul Craig and Gráinne de Búrca, EU LAW, Text, Cases and Materials 353-374（4th ed. 2008）；小場瀬琢磨「各国憲法から EC・EU 法秩序への立憲的諸原則の要請」中村・須網，前掲注（1）32-42 頁。
(5) 中村民雄「EU 法の優位性と東欧諸国の憲法―ポーランドとチェコの憲法裁判所判決―」貿易と関税 55 巻 2 号（2007 年）75(1)-67(9)頁。
(6) Neil MacCormick, Questioning Sovereignty, Law, State, and Nation in the European Commonwealth 117-121(1999)；René Barents, The Autonomy of Community Law 267-270(2004).
(7) L. Oppenheim, International Law, A Treatise 120-123（H. Lauterpacht ed., 8th ed. 1955）；高野雄一「主権と現代国際法」高野雄一編『現代法と国際社会（岩波講座・現代法 12）』（岩波書店・1965 年）6-8 頁，島田征夫『国際法［第三版補正版］』（成文堂・2005 年）103-107 頁。
(8) ホッブズ（水田洋訳）『リヴァイアサン（二）』（岩波文庫・2004 年 22 刷）46-49 頁，スピノザ（畠中尚志訳）『国家論』（岩波文庫・2004 年 20 刷）83・106 頁。
(9) ルソー（桑原武夫・前川貞次郎訳）『社会契約論』（岩波文庫・1999 年 67 刷）42-46 頁。
(10) 鈴木義孚「地域的国際組織における国家主権の制限」住吉良人・大畑篤四郎編『二十一世紀の国際法』（成文堂・1986 年）276-278 頁。
(11) 田畑茂二郎『国際法新講（上）』（東信堂・1990 年）99-100 頁，高林秀雄・山手治之・小寺初世子・松井芳郎編『国際法 I』（東信堂・1990 年）80-81 頁。
(12) 浦部法穂『全訂憲法学教室』（日本評論社・2000 年）468-470 頁。
(13) 野村敬造「国民主権と代表の原理」橋本公亘・和田英夫編『現代法と国家（岩波講座・現代法 2）』（岩波書店・1965 年）173-178 頁。

(14) ケルゼン（清宮四郎訳）『一般国家学（改版）』（岩波書店・1971 年）182-185・194 頁。
(15) 杉原高嶺『国際法学講義』（有斐閣・2008 年）162 頁。
(16) L. Oppenheim, supra note 7, at 119-123.
(17) 高野・前掲注 7) 12-13 頁。
(18) Ian Brownlie, Principles of Public International Law 291 (7th ed. 2008); 奥脇直也「国家管轄権概念の形成と変容」村瀬信也・奥脇直也編『山本草二先生古希記念・国家管轄権―国際法と国内法』（勁草書房・1998 年）3-33 頁、山本草二『国際法［新版］』（有斐閣・1994 年）207-209 頁、中川淳司「第 6 章　国家管轄権」小寺彰・岩沢雄司・森田章編『講義国際法』（有斐閣・2004 年）150-151 頁、大沼保昭『国際法―はじめて学ぶ人のための―』（有信堂・2005 年）151-156 頁。
(19) John H Jackson, Sovereignty：Outdated Concept or New Approaches, in Redefining Sovereignty in International Economic Law 3-25 (Wenhua Shan, Penelope Simons and Dalvinder Singh eds. 2008).
(20) 中村哲『主権―国内法上の概念としての―』（日本評論社・1952 年）40・45・68-69 頁。
(21) 山元一「憲法改正問題としての国際機関への権限移譲―「国家主権」における《実質的思考》と《形式的思考》」ジュリスト 1289 号（2005 年）123-124 頁、辻村みよ子「欧州連合条約（マーストリヒト条約）の憲法適合性―マーストリヒト第 1 判決」フランス憲法判例研究会編『フランスの憲法判例』（信山社・2002 年）24-29 頁、鈴木真澄「アムステルダム条約の憲法適合性」同 36-41 頁。
(22) 山元・前掲注 21) 126 頁。
(23) 同・126-127 頁。
(24) 阿部照哉「主権移譲の憲法的考察」法学論叢 81 巻 6 号（1967 年）10-11 頁、和田英夫「現代国家における＜主権＞の変容と問題―イェリネクとデュギーの所説からの示唆をふまえて―」法律論叢 70 巻 4 号（1998 年）121 頁。
(25) 須網隆夫「EU の発展と法的性格の変容―「EC・EU への権限移譲」と「補完性の原則」―」大木雅夫・中村民雄編著『多層的ヨーロッパ統合と法』（聖学院大学出版会・2008 年）287-290 頁。
(26) 同・298-305 頁。
(27) 島田・前掲注 7) 107 頁、田畑・前掲注 11) 101-103 頁、杉原・前掲注 15) 162-163 頁。
(28) 例えば、Costa v. ENEL 事件先決裁定は、EC について、加盟国には、主権の制限（limitation of sovereignty）または加盟国から共同体への諸権限の移譲（transfer of powers）が生じていると説明し、両者を同じ意味として扱っている（中村・前掲注 1) 16 頁）。
(29) 島田・前掲注 7) 108 頁、田畑・前掲注 11) 101-103 頁、杉原・前掲注 15) 163 頁。
(30) Dan Sarooshi, International Organizations and Their Exercise of Sovereign Powers 29-32

(2005).
(31) Id., at 29-30, and 54-55.
(32) Id., at 30-31.
(33) Id., at 54.
(34) Id., at 31-32
(35) 杉原・前掲注15) 163 頁。
(36) Dan Sarooshi, supra note 30, at 60-61.
(37) Id., at 66-69.
(38) Id., at 69-70.
(39) Daniela Obradovic, Community Law and the Doctrine of Divisible Sovereignty, LIEI 1993/1, 1, 10-14（1993）; Martin Loughlin, Ten Tenets of Sovereignty, in Sovereignty in Transition 55, 81-83（Neil Walker ed. 2003）; Cezary Mik, State Sovereignty and European Integration: Public International Law, EU Law and Constitutional Law in the Polish Context, in Sovereignty in Transition 367, 390-393（Neil Walker ed. 2003）; René Barents, supra note 6, at 37-39 and 218-221; 山元・前掲注21) 127 頁。
(40) 鈴木真澄「イギリス「憲法改革」とヨーロッパ憲法条約」松井幸夫編著『変化するイギリス憲法—ニュー・レイバーとイギリス「憲法改革」—』（敬文堂・2005 年）376 頁。鈴木義孚教授も，EC を組織的国家結合からさらに進んだ超国家機構と認識して，構成国の主権的権限の共同体への移譲により，加盟国の管轄権行使は重大な制限を被ると指摘しながらも，なお権限の放棄は多くの点で限定的であると述べて，国家主権の制限を認めないが，鈴木真澄教授と類似の見解と思われる（鈴木・前掲注10) 290 頁）。
(41) Neil MacCormick, supra note 6, at 131-133 and 141-142.
(42) 阿部前掲注24)・10 頁。
(43) 小寺彰「第 5 章 国家・国家機関」小寺ほか・前掲注18) 135 頁。
(44) 山元・前掲注21) 123-125 頁，大藤紀子「欧州人権条約」フランス憲法判例研究会編・前掲注21) 42-47 頁。
(45) 小場瀬・前掲注4) 34 頁。同様にポーランド憲法裁判所も，EC への国家権限の移譲には限界があることを明示している（中村・前掲注5) 74(2)頁)。
(46) 山元・前掲注21) 125-126 頁，山元一「欧州連合条約（マーストリヒト条約）のための憲法改正と憲法院—マーストリヒト第 2 判決・第 3 判決」フランス憲法判例研究会編・前掲注21) 30-35 頁。
(47) 須網隆夫「超国家機関における民主主義—EC における「民主主義の赤字」をめぐって」法律時報74 巻 4 号（2002 年）32-33 頁。
(48) 小場瀬・前掲注4) 33 頁。
(49) マーストリヒト事件判決は，EC 立法が，EC に移譲された権限の範囲内にあるか否かの審査権限を国内裁判所が有することを判示しており，積極的に EC 立法が制定された場合には，EC 権限の行使は，国内裁判所の審査対象となり得る（小場瀬・

前掲注4）35頁）。しかし，欧州議会の拒否権行使により，EC 立法の制定が阻止された場合には，加盟国側からこれを争う手段はない。
(50) 辻村・前掲注21）25頁。
(51) 共同決定に基く通常手続を，EU に移譲された統治権の行使方法であると理解して，加盟国主権の完全性がなお主張されるかもしれない。しかし，そのような主権概念にはほとんど実質的意味がないだけでなく，統治権と主権者を切り離して，統治権の行使を主権者による統制の対象外としてしまう危険性があり，妥当ではないと思われる。
(52) 須網・前掲注25）296頁。
(53) René Barents, supra note 6, at 223-237.
(54) 鮎京正訓「主権概念の検討―国家主権と国民主権の統一的把握について―」法政論集（名古屋大学）90号（1982年）16-25頁。
(55) 庄司克宏「リスボン条約（EU）の概要と評価―「一層緊密化する連合」への回帰と課題―」慶應法学10号（2008年）195-272頁，Michael Dougan, The Treaty of Lisbon 2007 : Winning Minds, Not Hearts, 45CMLRev. 617-703（2008）.
(56) 第三の柱において採択された枠組み決定に適合した国内法の解釈を求める Pupino 事件先決裁定は，その一例である（Case C-105/03 Maria Pupino,［2005］ECR Ⅰ-5285；大藤紀子「第三の柱の枠組決定への国内法の適合解釈義務」中村民雄・須網隆夫『EU 法基本判例集』（日本評論社・2007年）73-80頁）。
(57) 庄司・前掲注55）232頁。
(58) Michael Dougan, supra note 55, at 692-698.
(59) 中西優美子「欧州憲法条約における脱退条項」国際法外交雑誌103巻4号（2005年）33（565）-60（592）頁。
(60) 同59（591）-60（592）頁，Dan Sarooshi, supra note 30, at 68.
(61) Michael Dougan, supra note 55, at 699-701.
(62) 波多野里望・小川芳彦編『国際法講義［新版増補］』（有斐閣・1998年）75-77頁，香西茂・大寿堂鼎・高林秀雄・山手治之『国際法概説［第3版改訂］』（有斐閣双書・1992年）74-80頁。
(63) 香西ほか・前掲注62）79頁。
(64) Walter van Gerven, The European Union, A Polity of States and Peoples 1-3（2005）.
(65) Bruno de Witte, The Emergence of a European System of Public International Law : The EU and its Member States as Strange Subjects（Chapter 3）, in The Europeanisation of International Law 39, 53（Jan Wouters, André Nollkaemper and Erika de Wet eds. 2008）；日本でも高野教授は，EEC について，「国家主権に質的変化を及ぼす本質的な要素を含んでいる」と指摘されていた（高野・前掲注7）38頁）。

第5章
EU・欧州ガバナンスと政策過程の民主化
―リスボン条約の下でのデモクラシーのジレンマ―

福 田 耕 治

はじめに

　2008年6月，アイルランドで「リスボン条約」(「EU条約およびEC設立条約を改正するリスボン条約[1]」)に関する国民投票[2]が行われ，批准が否決された。同条約は，EUをより民主化し，EUを市民に近づけることを企図した欧州憲法条約のほぼ全体を基礎にしている。リスボン条約も，欧州憲法条約と同様，EUの意思決定システムの民主化，透明化を狙うものであり，「法制化[3]」(legalization)の試みのひとつである。2008年6月には，すでに3分の2の加盟国がリスボン条約を承認していたにもかかわらず，加盟国人口総数のわずか1%にも満たないアイルランド国民の民意によって，EUのさらなる統合にむけた新たな国際制度の構築，法制化の動きにブレーキがかけられた。
　2009年以降のギリシャの債務危機では，ギリシャ財政をめぐる問題が他のユーロ圏諸国に大きな影響を与え，ユーロ崩壊の懸念やリスクを高めた。2015年夏以降，北アフリカ，中東からの大量の難民・移民の流入危機に際しては，加盟国ごとにその対応は異なり，ドイツ国内においても受け入れの是非をめぐって民意は分かれている。さらに2015年1月，11月のパリや2016年3月のブリュッセルにおける大規模なテロ事件は，反難民・反移民を叫ぶポピュリズム政党の伸張を促し，2016年6月のEU脱退の決断を下したイギリスの国民投票の結果は，他のEU諸国やEU統合の行方，世界の政治経済にも大きな影響を及ぼしつつある。これらの出来事は，欧州社会の安全とデモクラシーの危機といったリスクを高めたのみならず，EUの存在理由に関わる民主的正統性をめぐる多くの政治的問題を惹起している。そこでEUレ

ベルのデモクラシーと加盟国レベルのデモクラシーの関係，ジレンマをめぐる諸問題を，どのように捉えたらよいのであろうか。

欧州ガバナンスの特徴は，EU機構レベルと加盟国統治機構の両レベルの「混成システム」としてあたかもひとつの政体のごとく機能するところにある[4]。このような国際制度・国内制度の連繋下で，EUレベルにおける法制化と政策過程，加盟国内レベルにおけるEU/EC法の遵守，政策の履行確保とデモクラシーは，いかなる関係にあるのだろうか。

本章では，まず第1に，リスボン条約との関連で，EUの法制化とは何か，EU主要機関と政策過程の関係について明らかにする。第2に，EUの多様なガバナンスの形態に着目し，法制化とルールの遵守，EUと各加盟国レベルにおける政策の管轄権限や履行確保との関係性について考察する。これらの議論を踏まえ，第3に，リスボン条約によるEUのガバナンスと政策過程の民主化をめぐる諸問題を考察してみたい。

第1節　EUにおける法制化と民主的ガバナンス

1　EUにおける法制化の概念

1990年代半ば以降，WTOの創設と相俟って国際経済秩序の分析概念として，「法制化」という用語が用いられるようになった。また，国際政治学，国際関係論においても，国際関係における国際的規範の果たす役割について議論されるようになってきた。たとえば，国際制度の法制化の度合いと国際協力の発展を関係付けて論じたアボット，コヘイン，モラブシックらの著作によれば，法制化の概念は，「拘束力」(obligation)，「明確性」(precision)，「権限委任」(delegation) という3つの要素によって特徴付けられる国際制度化の特殊な形態であるとする[5]。

第1に，拘束力は，国やその他のアクターの行為が，国際制度による一連の規則や介入によって，一般的手続，国際法や国内法の規範のもとで，義務を課せられたり，拘束を受けたりする，義務化の度合いを意味する。

第2の明確性は，国やその他のアクターが行動する際に，国際制度が許可または禁止する行為について明確にルールが定義され，具体的な基準にした

がって判断できる「ルール化」の度合いを示すものである[6]。

　第3の権限委任は、国際制度が必要とする問題解決のために、さらに規則を作る目的から、国やその他のアクター、第3者が規則を解釈し、適用し、実施する権限を与えられる度合いを意味し、「司法化」と捉えることもできる[7]。したがって法制化の概念はこれら3要素が最大化された「理念型」としてのハード・ローによる法制化から、これら3要素のいずれかが欠けるか、それらの程度が弱いか、法的拘束力がないソフト・ローによる制度化まで含まれるものと考えられるであろう[8]。

　法制化の概念では、諸国家がどのような意図から、なぜそのような法制度化レベルの制度設計を選択したのか、なぜある地域や政策分野では法制化が進み、他では進まないのか、法制化の効果、国内における履行確保の状態はどのようなものであるのか、法制化によって、いかなる政策効果を期待でき、そのコストと限界、課題は何か、を説明しようとする。その場合、法制化の程度が高いほど、諸国家の行動の範囲が狭められ、遵守の度合いが高くなり、当該政策の履行確保、目標の実現に近づくという暗黙の前提があるとされる[9]。

　それでは、これら法制化の3つの評価基準に照らしてみると、EUの場合は、どのような国際制度として特徴づけられるのであろうか。まず、第1の拘束力については、基本諸条約の第1次的法源、共同体制定法や欧州司法裁判所（ECJ）の判決などの第2次的法源を含む「EU法の総体」（aquis communautaire）のすべてを、加盟国が受け入れることを法的に義務付けられていることを指摘できる。

　第2の明確性については、多くのEUの法令や手続が、加盟国に課せられた法的義務をどのように履行しなければならないか、きわめて明確かつ具体的なルール、政策形成・決定・実施・評価手続が規定されており、この点でもEUは法制化の程度がきわめて高いといえる。

　第3の権限委任は、規範の解釈や適用に関して第3者に判断や裁量権を委任する度合いであり、EUが必要と認識する目的達成のために、第3者機関に権限委任する程度が問題となる。EUの場合は、EU司法裁判所がEUの憲法裁判所として、また法務官（advocate general）による先行判決制度を通じて、

各加盟国の最高裁判所よりもその判決が常に法的に優越する状態が保たれる。EU司法裁判所は，強力な司法的機関として，また欧州委員会には，EU理事会から執行府としての権限委任がなされているという事実を指摘することができる[10]。

第2節 欧州ガバナンス──法制化とデモクラシー

最初のEU条約であるマーストリヒト条約から，アムステルダム条約，ニース条約，そして欧州憲法条約の頓挫からリスボン条約へと基本条約の改正が繰りかえされてきた。EUの東方拡大に伴い機構改革問題が避けては通れない政治課題となり，リスボン条約において機構改革が実現した。

1 リスボン条約によるEUの主要機関の改革

2007年12月13日に署名され，2009年12月1日発効したリスボン条約は，「EUおよび欧州共同体設立条約を改正するリスボン条約」(Treaty of Lisbon amending the Treaty on European Union and the Treaty establishing the European Community) を正式名称とする。リスボン条約による改革では，ニース条約の下でのEU条約を改正し，既存のEC設立条約を，「EU運営条約」へと名称を変更し，従来の「3列柱」構造を廃止し，EUに法人格を付与してEUの一体性を明確化させている。それは，どのような内容であろうか。

EUには伝統的な国際組織とは異なるさまざまな特色ある機関が設置されている。まずリスボン条約Ⅲ編（EU条約第13条）の「機関に関する規定」では，EUの主要機関としては，欧州議会 (European Parliament)，欧州理事会 (European Council)，EU理事会 (Council)，欧州委員会 (European Commission)，EU司法裁判所 (Court of Justice of the European Union，リスボン条約発効までは，欧州司法裁判所) と欧州中央銀行 (European Central Bank)，欧州会計検査院 (European Court of Auditors) という7つの主要機関が置かれ（1項），EU立法に参画する欧州議会，理事会および欧州委員会は，諮問機関である経済社会評議会 (Economic and Social Committee) と地域評議会 (Committee of Regions) によって補佐される（4項）。本章では，これら主要機関のうち，EUの政策決定過程

に参画する欧州理事会，特に EU 立法に関与する EU 理事会，欧州議会，欧州委員会の役割に焦点を当てることにしたい。

(1) 欧州理事会

欧州理事会は，EU の発展に必要な刺激を与え，政治的レベルにおいて EU の方針や優先順位についての最高意思決定機関として機能する EU 首脳会議である。この機関は，1978 年 7 月 1 日発効の「単一欧州議定書」で共同体機関の枠内に組み込まれて以降，法的にも公式の機関となった。しかし，EU の立法過程からは依然として排除されている。欧州理事会は，加盟国の国家元首または政府首脳と欧州理事会常任議長および欧州委員会委員長により構成される。リスボン条約の下では，任期 2 年半（再選可で 5 年）の常任議長職が置かれ，外交・安全保障政策担当 EU 上級代表もその活動に参加する（EU 条約第 15 条）。常任議長は，その構成員の特定多方決による投票で選出される。この機関は，通常は年 4 回会合を行う（EU 条約第 15 条 1～3 項）こととされている。初代欧州理事会常任議長は，ファンロンパイ（ベルギー元首相・Herman Van Rompuy），現在の 2 代目常任議長はトゥスク（元ポーランド首相・Donald Franciszek Tusk）である。この欧州理事会の方針に基づき，EU の政策決定に関与するのは 3 つの主要機関，すなわち，欧州議会と EU 理事会という 2 つの立法府と欧州委員会と呼ばれる行政府である。

(2) 欧州議会

欧州議会は，EU 諸国民の民意を直接反映する唯一の機関である。その前身は，ECSC の共同総会（Common Assembly）にあり，1958 年 3 月，EEC 総会，EAEC 総会と併合され，3 共同体に共有される機関となった。この機関は発足当初は諮問機関に過ぎなかったため，条約上「総会」（Assembly）とされていたが，1958 年自らの決議により「欧州議会」（European Parliament）と自称するようになる。その後，議会と呼ばれるに相応しい機関となるため，権限拡大の努力を続けた結果，単一欧州議定書の下でようやく「欧州議会」が公式の名称となった。こうしてニース条約以降，「共同決定手続」導入により EU 理事会とならぶ立法機関となり，その影響力を強めつつある。

欧州議会の議員は，1979 年以来，欧州市民のなかから 5 年ごとの直接選挙で選出され，2009 年 6 月直接選挙制度施行 30 周年を迎えた。欧州議会の議

員は，自由かつ秘密投票により選出される。加盟国選挙区から政党別に選出され，欧州議会内に国境を超えた欧州政党（政治グループ）を組織して活動する。2014年の第8回直接選挙では，欧州民衆党（EPP）（221議席）が総議席数751のうちの29.3％を占め第1党となった。第2党は，社会民主進歩同盟（S&D）（191議席・25.4％）であった。これに欧州保守改革党，自由民主党などが続く。各政党は，独自の事務局を持ち，加盟国の国内政党とも連係しつつ活動している（第6章参照）。欧州議会議長には，2014年7月シュルツ（ドイツ社会民主党・Martin Schulz）が再任された。

リスボン条約の下で欧州議会は，議長を除く総数751名を超えない範囲で構成され，いかなる加盟国も96議席以上は配分されない。欧州議会は，「通常立法手続」の下で理事会と共同で立法権，予算権限を行使し，警察・刑事司法協力にもその権限を拡大し，行使する（EU条約第14条）。

表1　2014年欧州議会直接選挙の結果（投票率42.61％）

欧州民衆党（キリスト教民主党）（EPP）	221議席（29.3％）
社会民主進歩同盟（S&D）	191議席（25.4％）
欧州保守改革党（ECR）	70議席（9.32％）
欧州自由民主同盟（ALDE）	67議席（8.92％）
欧州統一左派/北欧緑の左派党（GUE/NGL）	52議席（6.92％）
緑の党/欧州自由同盟（Greens/EFA）	50議席（6.66％）
自由と直接民主主義の欧州党（EFDD）	48議席（6.39％）
無所属（NI）	52議席（6.92％）

（出典）http://www.europarl.europa.eu/elections2014-results/en/election-results-2014.html

(3) EU理事会

EU理事会は，加盟国の閣僚で構成される加盟国政府の代表機関であり（「閣僚理事会」とも呼ばれる），EU政策決定の中枢，立法府として大きな影響力をもっている。EU理事会と欧州議会の関係は，主権国家における上院と下院の関係に例えられる。欧州議会と共同で立法権，予算権限を行使し，条約に定める範囲内の政策決定，政策調整を行う。また総務理事会は，欧州理事会議長，欧州委員会委員長と連携して欧州理事会の準備や継続性も確保する。外務理事会は，欧州理事会が定める戦略的指針に基づき，EUの対外的行動

を具体化し，一貫性を確保する。EU理事会を補佐する下部機関として常駐代表委員会（Committee of the Permanent Representatives：COREPER）や分野別の作業部会（working group）が置かれている。ベルギーを除く各加盟国は，ブリュッセルにEUに対する自国の大使館として常駐代表部を置いている。各国常駐代表部の長である常駐代表（大使）は，毎週，常駐代表委員会に出席し，各国間での利害調整を行うなどEU理事会の事前準備を行い，EU理事会の継続的な活動の責任を担っている。

　EU理事会における意思決定は，単純多数決，全会一致，特定多数決のいずれかで行われる。過半数の賛成で可決できる単純多数決は，重要度の低い事項についての決定で用いられる。全会一致は，新規加盟国の加盟承認や新政策分野へのEU権能の拡大などに用いられる。この方式は，1国でも反対すれば決定できなくなるため，各加盟国の死活的利益に関わる重要事項のみに限定して用いられる。リスボン条約による改革では，従来全会一致とされてきた多くの分野に特定多数決が導入された。特定多数決は，表2のように，各加盟国に持ち票を人口等に基づき加重配分し，いずれの加盟国も1カ国のみでは自国の国益に反する決定を阻止することはできない仕組みとなっている。特定多数決の適用範囲は拡大傾向にあり，これは加盟国の主権を制約し，超国家的決定を増大させる方向にあるといえる。

　リスボン条約の下で，EU理事会は条約に特段の定めがない限りで特定多数決により議決を行う。2017年4月1日より，この特定多数決には，欧州委

表2　EU理事会における特定多数決の持ち票数

国名	ドイツ／イギリス／フランス／イタリア	スペイン／ポーランド	ルーマニア	オランダ	ギリシャ／ベルギー／ポルトガル／チェコ／ハンガリー	スウェーデン／オーストリア／ブルガリア	クロアチア／デンマーク／スロヴァキア／フィンランド／アイルランド／リトアニア	ラトヴィア／スロヴェニア／エストニア／キプロス／ルクセンブルク	マルタ	計
票数	各29	各27	14	13	各12	各10	各7	各4	3	352

（出典）Koji Fukuda et. al., eds, *European Governance after Nice*, Routledge Curzon, 2003, p. 55, D. Kenealy, J. Peterson, R. Richard (2012), *The European Union : How does it work ?* Fourth Edition, Oxford University Press, p. 57. から作成。

員会の提案に基づく場合，15カ国以上の加盟国，かつEU総人口の65％以上を占める加盟国を含み，かつ少なくとも理事会構成員の55％以上の賛成が必要とされる。欧州委員会等の提案に基づかない場合，加盟国の72％以上，全人口の65％以上が必要となる。また法案の可決阻止には，少なくとも4カ国，人口比で35％以上の理事会構成員を含む反対を条件とし，この条件が満たせない場合，特定多数が得られたものとする（EU運営条約第238条）。

(4) 欧州委員会

欧州委員会は，超国家的な観点にたって共同体の一般的な利益を追求する行政府であり，EU統合の担い手として大きな役割を演じてきた。法案の発議を行い，共同体業務の執行機関としての役割を演じる。現在の欧州委員会は，ECSCの最高機関 (High Authority)，EEC委員会，EAEC委員会が1967年7月1日発効の機関併合条約により，3共同体に単一の「欧州委員会」となった。欧州委員会の任務は，①EU諸条約の守護者として，条約およびその派生法の適用を監視し，②EUの活動を維持するためのEU予算，各種基金を管理し，③仮予算案，法案等の提案もしくは意見を提出し，④第3国，他の国際機構との対外関係を維持することなどを挙げられる。

EU条約体制以後の改革では，欧州委員会の委員長権限が大幅に強化された。欧州委員会の委員構成は，従来，5大国が2名，それ以外の加盟国からは1名の委員を選出する方式であった。そのため，2004年5月EUが25加盟国に拡大した後のプロディ欧州委員会は30名の委員で構成された。

しかし，アムステルダム条約による改正により後継のバローゾ委員会以降，各加盟国1名ずつの委員となり，現在は28名の委員で構成され，現在は1国1委員となっている。2014年11月ジャン・クロード・ユンケル（ルクセンブルク元首相・Jean Claude Juncker）が12代目の委員長として就任した。欧州委員会を支える欧州委員会事務局には3万名近くの国際公務員（常勤職・臨時職）が勤務し，事務総局の他に，国家でいえば省に相当する25の総局（DG）を含む，40余りの行政機関がある。

1） リスボン条約の下での欧州委員会の任務

欧州委員会は，EUの全般的利益を促進し，その目的のために適切な発議を行い，条約および条約に従って機関によって採択された措置の適用を確保

する任務がある。欧州委員会は，EU 司法裁判所の統制の下で EU 法の適用を監督する責任がある。欧州委員会は，EU 予算を執行し，行政計画を実施・運営する。また条約に従って，調整，執行および運営の諸機能を実施する（17 条 1 項）。

欧州委員会は，共通外交・安全保障政策を除いて，EU の対外的な代表を務め，機関間合意を達成するために，EU の年次および多年次計画を発議する（第 17 条 2 項）。EU の立法行為は，条約が別途規定している場合を除いて，欧州委員会の発議に基づき，その他の行為も欧州委員会の提案に基づいて採択される（17 条 2 項）。つまり，欧州委員会は，第 3 国との間の対外関係を維持し，EU の外交代表部として国際協定の締結交渉にあたる。欧州委員会には調査権もあり，EU 諸条約とその派生法の適用に問題があることを確認した場合，加盟国，EU の諸機関，自然人，法人に対して注意を喚起し，過料を課し，EU 司法裁判所に提訴することができる。これらの諸権限は欧州委員会が伝統的に引き継いできた任務でもある。

欧州委員会は，全体として欧州議会に責任を負う。リスボン条約の下で，EU 運営条約第 234 条に従って，欧州議会は欧州委員会の非難動議について投票を行うことができる。この動議が可決された場合には，欧州委員会の委員は総辞職する。外交・安全保障政策担当 EU 上級代表の場合には，欧州委員会における任務を辞任しなければならない（EU 条約第 17 条 8 項）。

2）　**欧州委員会の委員構成と任命手続**

欧州委員会は，国家でいえば内閣組織にたとえられる。欧州委員会の任期は，5 年であり，その委員は，その独立性に疑いのない人物の中から全般的な能力および欧州への貢献度を基準として選ばれる。欧州委員会は，その責務を遂行するにあたって，完全に独立性を保たなければならず，委員は，いかなる政府，その他の組織，機関，部局あるいは団体の指示も求めず，また受けてはならず，その義務あるいはその任務の達成と両立しないあらゆる行為を慎むことが義務付けられている（EU 条約第 17 条 3 項）。

リスボン条約の下では，委員長は欧州委員会の活動のガイドラインを定め，外交・安全保障政策担当 EU 上級代表以外の他の副委員長を任命し，委員に辞職を要請する権限が付与される（EU 条約第 17 条 6 項）。また委員長には，

政治的指導権が与えられ，各委員に対する職務配分権も与えられている。

　欧州委員会の委員は，すべての加盟国の人口および地理的な範囲を反映しつつ，加盟国の国民の中から選出される。EU 理事会は，選出された委員長との共通の合意によって，委員会の委員として任命するために理事会が提案するその他の人物の一覧表を採択する。この制度は，EU 運営条約第 244 条に従って，欧州理事会によって全会一致で確定されることになっている（EU 条約第 17 条 5 項）。

3）欧州委員会委員長の任務・権限とその選任手続・EU 司法裁判所による委員の罷免

　リスボン条約の下で欧州委員会の委員長の任務は，①欧州委員会が職務を遂行すべき範囲内で，指針を策定する。②欧州委員会が，一貫性をもって，効率的に，なおかつ一体性をもって行動することを確保すること，また欧州委員会の内部組織について決定を下す。③外交・安全保障政策担当 EU 上級代表を除いて，欧州委員会の委員の中から副委員長を任命する。委員長が要請した場合，委員会の委員は，辞任しなければならない（EU 条約第 17 条 6 項）。これは，2 人の委員が不祥事を起こし，その責任を取るためにサンテール委員会が総辞職に追い込まれた経験から制度化されたものである。

　さらに欧州委員会の委員長が要請した場合，欧州委員会の当該委員は，辞任する。委員長が要請した場合，第 18 条 1 項に規定される手続に従って，外交・安全保障政策担当 EU 上級代表は辞任する（EU 条約第 17 条 6 項）。

　欧州委員会のいずれかの委員が，任務遂行に必要な条件を欠いたり，重大な瑕疵ある行為を犯した場合，単純多数決による EU 理事会または委員会の議決による申請に基づいて，EU 司法裁判所は当該委員を罷免することができることになった（EU 運営条約第 247 条）。

第 3 節　EU 政策過程と欧州ガバナンスの類型

1　欧州ガバナンスの類型

　ガバナンスは，諸アクターが互いに交渉し，共通利益のために特定の決定やその実施に協力することにより，相互に満足できる広範囲の問題解決方法

に至る管理メカニズムでもある[11]。アムステルダム条約では，マーストリヒト条約によって規定された「補完性原則」について，具体的適用の基準を明確化する法制化を行った。さらに EU の政策決定では，トップ・ダウンの意思決定システムに加えて，ボトム・アップにより処理するガバナンス方式を統合し，同時に中間レベルの政府の参加をも認め，マルチ・ステークホルダーの参画を法制化した。それでは，欧州ガバナンスには，具体的にはどのような形態があるのだろうか。

2001 年欧州委員会の『欧州ガバナンス白書』(COM (2001) 428 final) によれば，欧州ガバナンス形態は，①共同体方式（枠組み指令方式），②EU と加盟国による共同規制方式，③開放型政策整合化方式 (Open Method of Co-ordination : OMC)，④ネットワーク牽引方式，⑤規制エージェンシー方式，に 5 分類している[12]。近年 EU においては，①，②のようなハード・ロー方式に加えて，③，④のように，加盟国の裁量やその他のアクターの自発性を尊重し，ボトム・アップによる加盟国間での政策調整を行う OMC のような「ソフト・ロー」を用いたガバナンスによって，多様なステークホルダーが自発的に協調し，協働するように導く，「ソフト・ガバナンス」方式も導入された。この OMC は，法的拘束力のないソフト・ローの法制化であるが，現在その有効性と限界について確認されつつある。EU の政策過程においてどのようなガバナンスの形態をとるか，どのようなガバナンス方式を組み合わせるかは，政策領域ごとに異なっている。これは，それぞれの政策領域における EU への国家主権の委譲の度合いと関係している。EU への国家主権の委譲度が高い政策領域ほど，EU レベルからトップ・ダウンのハード・ローによる法制化が進んでおり，逆に，各加盟国の国家主権の管轄内にとどまっている政策領域では，ソフト・ローによる拘束力の弱い法制化を通じて，加盟国レベルでの裁量権を認め，各国間の政策調整や整合化によるボトム・アップによるガバナンスが行われる傾向にあるといえる。

2　EU における政策過程の法制化とハード・ロー

EU における法制化の 3 要素を考える場合，「超国家性」を特徴とする EU/EC 法秩序の特殊性と機構改革の方向性を理解しなければならない[13]。

EU条約は，EUの憲法に当たる基本条約であり，すべての加盟国を拘束する原則と規則を定める共同体法の第1次的法源である。この条約を根拠として，EUの制定法は，EU全加盟国にわたって法的拘束力あるハード・ローである，規則（Regulations），指令（Directives），決定（Decision）という3つの形態のいずれかのトップ・ダウンの法形態で公示される第2次的法源である。これらはいずれも加盟国法に優位する。共同体法の最大の特徴はその「超国家性」にあり，EC法の加盟国国内法に対する「優越性」と，それらの適用において加盟国政府がゲートキーパーとなることはない，加盟国内の法人，自然人に対する「直接的適用性」にあるとされる。規則は，共同体諸条約に規定された事項で，全加盟国に例外なく直接拘束力を持って不特定多数に適用され，一般的効力を有するきわめて明確性の高い法形態である。

これに対し第2の法形態である指令は，達成されるべき結果について，2年ないし3年以内に実現を図ることを各加盟国に義務付け，加盟国政府を拘束するが，達成のための手段の具体化（国内法制定，行政規則等の手段）は，各国の裁量に委ねる法形態である。これは加盟国ごとに異なる歴史，文化や伝統，社会制度を反映する法制度や手続の存在を想定し，あくまで政策目的の実現可能性，履行確保を目指した現実的なシステムとなっている。

第3の法形態であるEU理事会または欧州委員会の決定は，特定の加盟国，法人（企業等），自然人などを名宛人として特定し，拘束力を持つ，具体的，個別的な法形態であり，わが国の行政規則に近い法形態である。

以上の3つが，EUにおいて法的拘束力を持つ法形態であり，すべての加盟国の政府，法人，自然人に対して権利を与え，義務を課す。なお，EU理事会や欧州委員会が表明する勧告（Recommendation）や意見（Opinion）は，法的拘束力はないが，欧州委員会が提起しようとする政策に対するステークホルダーの反応を見る場合に用いられる。

法制化の議論における権限委任については，EU司法裁判所の存在が第1に挙げられる。EU司法裁判所は，EU諸条約の解釈と適用において共同体法が遵守されることを確保している。このEU司法裁判所の判決は，加盟国とその機関を拘束し，共同体法を解釈して加盟国国内裁判所に適用を任せ，共同体法の国内法に対する優位を確保する。欧州ガバナンスでは，EU機構と

加盟国の統治機構の双方を巻き込む、「欧州政体」(Euro-polity) とも呼ばれる複雑な構造を持ち、EU 意思決定手続と加盟国レベルでの政策実施過程を経て、欧州統合の進展という現実を創出してきた。

3 リスボン条約による主要政策の管轄権

欧州統合過程において伝統的な共同体方式は、機能主義と現実主義の理論を結びつけて理論化されてきた[14]。共同体方式で欧州委員会に排他的な法案提出権限を与えることによって、各国で多様に国内公共政策が実施されていることから生じる矛盾を、EU レベルのトップ・ダウンで調整し、解決する役割がある。つまりこの共同体方式は、拘束力のある EU 制定法（ハード・ロー）を根拠にして、各加盟国に管轄権限がある諸政策については、EU レベルで政策協調を図り、収斂させることを狙うものであった。しかし現実の EU 統合過程では、こうした共同体方式だけでは限界があることが次第に露呈した。そこで各加盟国や地域・地方の実情にあった柔軟で融通のきく方式に変え、加盟国統治機構のみならず、NGO 等の非政府組織や民間企業にも関与の機会が開かれた。つまり EU 政策過程を民主化する観点から、マルチ・ステークホルダーの参加を認める制度改革が要請された。

リスボン条約・EU 運営条約第 1～6 条では、従来まで曖昧にされてきた EU と加盟国との間の権限の配分、政策管轄権を明確に規定している。表 3 に示すように、①主として EU が決定権を持つ「排他的権限領域」②EU と加盟国で決定権限を共有する「共有権限領域」、③各加盟国の主権事項で加盟国が管轄権を持ち、EU はこれを支援するに過ぎない「支援権限領域」に 3 分類し、政策決定手続きを整理している。またこの 3 類型には属さない「その他の分野」として共通外交・安全保障・防衛政策（CESP/ESDP）など枠外にある諸政策もある。

第 5 章　EU・欧州ガバナンスと政策過程の民主化　119

表 3　リスボン条約における EU と加盟国との間の権限配分

EU の排他的権限 （TFEU 3）	EU と加盟国の共有権限 （TFEU 4）	支援権限・加盟国の権限 （TFEU 6）
1　関税同盟 2　域内市場運営に必要な競争規則制定 3　ユーロ加盟国の通貨政策 4　海洋生物資源保護（漁業政策） 5　共通通商政策	1　域内市場 2　EU 運営条約に定める社会政策 3　経済・社会・領域的結束 4　農業・漁業 5　環境・エネルギー 6　消費者保護 7　運輸 8　欧州横断ネットワーク 9　自由・安全・司法領域 10　保健・医療・公衆衛生	1　人の健康の保護・向上 2　産業 3　文化 4　観光 5　教育・職業訓練・スポーツ等 6　市民の安全 7　行政協力
その他の分野		
1　経済政策・雇用政策の調整（TFEU 2(3), 5） 2　共通外交・安全保障政策（CFSP＋ESDP）（TFEU 2(4), TEU 24） 3　研究・技術開発・宇宙（TFEU 4(3)） 4　開発協力・人道援助（TFEU 4(4)）		

(出典) Jean-Claude Piris, The Lisbon Treaty, Cambridge, University Press, 2010, pp. 75-76. から作成。福田耕治「リスボン条約に至る機構改革と民主的正統性」『リスボン条約と EU の課題―日本 EU 学会年報』第 31 号，2011 年，50 頁。

第 4 節　EU・リスボン条約による法制化と民主的ガバナンス

1　EU における法制化と「民主主義の不足」是正のためのリスボン条約による改革

　デモクラシーの概念は，多様である。欧州ガバナンスには，「民主主義の不足（赤字）」（democratic deficit）が存在し，これを是正すべきであるとする議論がある。他方では，「民主主義の不足」はないから，是正の必要はなく，現状を維持すべきであるとする考え方もある。「民主主義の不足」は，加盟国の主権の一部が EU に移譲され，加盟国議会の権限は及ばなくなることから生じる。欧州議会にはそれを補う形で民主的統制を行えるほどの十分な権限は与

えられていないという事実を挙げ，欧州市民の民意を代表する欧州議会が，EUの政策決定過程に部分的にしか関与できないことによって民主主義の欠落，不足が生じると批判する。EUにおいては，議会による民主的統制が不十分な状態で政策決定権が理事会や欧州委員会，欧州官僚によって行使されてしまうことが問題視されてきたのである。

ここで，「民主主義の不足」を認める場合，第2の選択肢として，代議制民主主義の観点に立つと，欧州議会の権限を強化するか，自国政府に対する国内議会の権限を強化するのかが問われる。そこでEU条約という基本条約の3度の改正を通じて，民主主義的要素の強化のための法制化が進められた。

その第1は，欧州議会の権限の拡大・強化が行われた。マーストリヒト条約で共同決定手続を導入して，EU理事会のほかに欧州議会を部分的に立法に参画させた。次にアムステルダム条約では，同手続を簡素化し，同時に欧州議会が関与できる政策の範囲を拡大した。ニース条約ではさらに同手続の適用範囲を拡張することで欧州議会の権限を一層強化した。また，加盟国政府に対する加盟国議会の権限強化を行う選択をする場合，第3の選択肢として，個別に自国政府の立場に対する審査を行うか，加盟国の議会が全体として連携してEUの政策決定に影響力を働きかける方法がある。

そこで第2に，加盟国議会の役割強化による民主主義的要素の強化策があげられる。つまり，加盟国議会をEU立法過程に関与させる道を開き，EU法案形成過程を欧州議会と協力して，加盟国議会もこれを監視できる仕組みにした。これは，1989年5月マドリードで設置され，同年11月に初会合が開催されて以降，毎年2回，定期的に開催されている「欧州共同体問題特別委員会会議」[15]（Conference des organes of Specialises dans les Affairs Communautaires：COSAC, Conference of Community and European Affairs Committees of Parliaments of the European Union）の導入により，実現した。COSACは，1999年5月に発行したアムステルダム条約の付属議定書で公式化され，リスボン条約ではこの仕組みをEUの機構の一部として位置づけ，欧州議会と加盟国議会からなる新たな協力関係の法制化に繋がった。欧州共同体問題特別委員会会議には，各加盟国議会の議長がそれぞれ出席する各加盟国議会と欧州議会の議長間の会議と，各国の欧州問題委員会の代表が出席し，EU立法過程を監視するこ

とがリスボン条約付属の「EU における加盟国議会の役割に関する議定書」（Protocol on the role of national parliaments in the European Union）により明示された。同議長会議は，2 年に 1 度開催され，ボトム・アップによる加盟国間での政策調整を行う任務を担い，「ソフト・ロー」を用いたガバナンス方式をとる。

第 3 には，EU 立法過程で主要な役割を演じる EU 理事会における民主的要素の強化である。かつては EU 理事会の審議は非公開・密室で行われ，民主的ではないと批判されてきたが，アムステルダム条約の下で理事会における投票結果の公開や理事会文書の情報公開制度が作られ，その透明化が図られた。さらにニース条約では，特定多数決制度を改正し，票数の再配分や EU 総人口の 62％以上の賛成などの人口要件も入れられ，理事会における議決制度にも民主的正統性を強化するための法制化が行われた。

第 4 には，欧州議会による欧州委員会に対する監督・統制権の強化，欧州委員会の欧州議会に対する責任の強化を挙げられる。「委員会の委員は，委員長が要請した場合には，委員会の全委員の承認を得た後，辞任する。」（EC 条約第 217 条 4 項）ことになり，欧州議会には，欧州委員会を総辞職させる権限も付与された[16]。

2 　リスボン条約による機構改革の骨子

リスボン条約・運営条約によれば，機構改革の特質は以下の通りである。

リスボン条約による改革では，欧州議会が EU 理事会と共同で立法に参加する「通常立法手続」により，共通農業政策，警察・刑事司法協力（旧第 3 の柱）の分野でも欧州議会の発言力を行使できる。しかし，共通外交・安全保障政策（旧第 2 の柱）への権限の行使は依然として困難な状態に置かれている。リスボン条約（第 2 章第 11 条修正）では EU 理事会 EU 外交・安全保障政策上級代表と欧州委員会対外関係担当委員のダブルハット方式が採用され，EU 外交の一貫性を強化した。

さらにリスボン条約では，欧州委員会の最終的な委員数の規模とその輪番制に関する全会一致による決定権を EU 理事会から，欧州理事会へと移転させた。

リスボン条約による改革によって，欧州委員会の立法発議権を強化した側

面と減じた側面がある。リスボン条約では「自由・安全・正義の分野」で加盟国政府の4分の1により，立法発議することを認めている（第2条）。これは，EU条約第34条，42条の下で1加盟国に立法発議を認めてきた従来の加盟国の権限を弱めることを意味し，相対的に欧州委員会の立法発議権を強化したことになる。他方で，リスボン運営条約（第24条）は，EU加盟国の4分の1以上の国の委員からなる委員会が1年以内に欧州市民の100万名以上の署名を集めれば，欧州委員会に対して立法発議を要請できることを認める「欧州市民イニシアティブ」(European Citizens Initiative：ECI) の参加民主主義の仕組みを制度化した。これは2012年4月から実施され，法的拘束力をもつものではないが，政治的な影響力は無視できない。欧州委員会の立法発議権に挑戦する側面もあり，委員会の発議権を弱めると考えることもできる。しかし，他方でこれは欧州委員会に対する民主的統制を強化する改革であると積極的に評価することもできる。

　最後に，欧州市民の権利強化を指摘できる。従来から「EU全域にわたるデモス (demos) の不足」が「民主主義の不足」の中でも最も克服が困難であると指摘されてきた。それゆえ，個々の市民をEUの政策過程に巻き込み，参加意識を醸成させる仕組みが模索されてきた。アムステルダム条約による改革では，EU情報公開制度の創設により，欧州市民が，閣僚理事会，欧州委員会，欧州議会の公文書にアクセスする権利が付与された。マーストリヒト条約によって2003年4月創設された欧州オンブズマン制度により，EUのオンブズマンは，欧州市民とEU諸機関との仲介者として，現在では年間2万件以上の苦情を処理している[17]。欧州オンブズマン制度は，リスボン条約第6部195条（修正）により，さらに拡充された。

　以上のような機構改革によるハード・ローによる法制化を通じて，批判されてきた「民主主義の不足」問題は次第に是正されてきたといえる。

3　ソフト・ローによる法制化―「開放型整合化方式」(OMC) の可能性と限界

　レイプハルト (Arend Liphart) によれば，デモクラシーは，代議制による「多数決民主主義」(Westminster) モデルと，「合意民主主義」(consensus democracy）モデルという 2 つのタイプに分類することができるとする[18]。多数決民主主義の下では，少数派は常に少数のままにおかれ，弱いままであり，システムの正統性が損なわれるリスクがある。他方の合意民主主義は，欧州大陸諸国に当てはまり，異質かつ多様な民族集団が共生する複合的社会を包摂する国家にとって，よりふさわしい制度であるとされる。

中・東欧諸国の新規加盟に伴う加盟国数の増大は，意思決定の時間とコストの増大を意味し，EU の迅速な意思決定や効率的な政策実施を困難にする可能性もあった。EU の東方拡大とグローバル化に伴う影響から，EU 域内における地域間経済格差の拡大や失業率の増大などの社会問題の増加により，従来のようなエリートが牽引する欧州統合，共同体方式のあり方も疑問視されるようになった。EU において民主的正統性のある新たなガバナンスのあり方が模索される過程で，従来の「代議制民主主義」を補完する「参加民主主義」の必要性も浮かび上がってきた。

現実の EU の立法過程を見ると，立法には膨大な量の専門的知識が不可欠であるが，それらは議会や官僚制の中から提供されるのではなく，民間部門や外部の専門家や専門機関，エージェンシーによって提供される場合が少なくない。この傾向は EU のみならず多くの現代国家にみられる。EU においてはそれらの外部からの専門知識の提供を可視的にすることによって，法案策定の透明化を図る必要があることが従来から指摘されてきた。

そこでこれに対応する観点から，EU の規則，指令を用いる「ハード・ロー」（hard law）手続から，「開放型整合化方式[19]」（Open Method of Coordination：OMC）という「ソフト・ロー」（soft law）を用いる手続の併用へとガバナンスのあり方も変化させてきたのである。EU 立法過程における「アカウンタビリティ」や「正統性」を確保し，「立法の質」を高めるために，加盟国議会と欧州議会が協力する必要がある。機構改革では，このような「開放型整合化方式」を取り込むことが目指され，リスボン条約で制度化された。OMC プロセスの特徴は，各加盟国レベルに管轄権のある政策の調整問題に対処する方法として考えられ，ベストプラクティスの比較測定，および機構上の改善を成功させるために開発されたガバナンスの一形態であるといえる[20]。

OMC では，多様なレベルのアクターが国境を越えてベンチマーキング，

相互評価，多国間モニタリング，その他の政策評価の結果得られた特定の政策に関する知見や知識を，開かれた欧州公共空間で共有し，相互学習できるネットワークとして働く側面が重要である。行政機関内部のアカウンタビリティ確保の手段は，欧州委員会のコミトロジーによる行政立法や審査，EU制定法，情報提供制度などの手段があり，外部的アカウンタビリティの確保は，パブリック・コメント，情報公開制度，公聴会の開催などが考えられる[21]。この点で法制化は，履行確保にとって有効性が高いことがわかる。

　しかし，法制化が「民主主義の不足」を是正し，民主主義の強化に単純に繋がるとはいえないことに留意する必要がある。新しいEUのソフト・ガバナンス方式であるOMCによる法制化は，参加民主主義を具現する仕組みのように見え，加盟国に裁量権を与える行政管理手続としては確かに効率性も高いが，欧州議会も欧州司法裁判所もこのプロセスには関与できない。つまりOMCは閉鎖的な特定のステークホルダー・アクターのみが政策過程に参加できる「開放性」に過ぎず，民主的な「整合化のための開かれた方式」とは決していえないという最大の欠陥があることを軽視することはできないであろう。

4　EUにおける「民主主義の不足」論とデモクラシーの行方

　EUは，民主主義国のみに開かれた組織であり，新規加盟申請国は厳しい民主主義の基準を満たさなければ，EU加盟は認められない。新規加盟した中・東欧諸国もすでに「コペンハーゲン基準」などの厳しい民主主義の基準を満たしている。加盟国が，EUの基本条約に対して各国の憲法の手続に従って批准を行っている。これはEUが各加盟国によって認められていることを意味し，民主的正統性はその基本諸条約の批准によって確保できている。したがって「民主主義の不足」自体が存在しないという論理も成り立ち得る[22]。このような観点の他に「民主主義の不足」論を批判する別の立場もある。

　例えば，マヨーネ（Giandomenico Majone）やモラブシック（Moravcsik）は，以下のような論理により，EUには「民主主義の不足」はない，と主張する[23]。EU理事会が加盟国の閣僚から構成されている事実は，加盟国レベルでは，

閣僚は加盟国議会による民主的統制の対象となっており，主権国家における民主主義の条件は十分満たしていると考えることもできる。再分配政策については，多数決制による民主主義が正統性の根拠となり，規制撤廃等の効率性を追求する政策では，アカウンタビリティ[24]を確保しつつ，第3者的エージェンシーに権限委任し，テクノクラティックな効率的アウトプットによる正統性の確保ができる，とする立場である[25]。EUにおける民主的正統性は，欧州議会とEU理事会の両方から調達されることに留意すれば，EUにおける法制化の現実は，EUにおける民主主義の実現を担保していると論じることもできるであろう。

第5節　加盟国における国民投票とデモクラシーのジレンマ

　伝統的なデモクラシーの概念では，主権国家の枠内において主権者である国民の意思が反映される形で法規範が形成される。その法的根拠に基づいて国家権力が政策過程で行使され，国民の基本的人権が保障されることを前提としてきた。他方，主権国家を基本的単位として形成される国際社会は，その構成員である主権国家間の平等，国際機構における構成国間の平等をめぐって民主主義が議論されるのが通例であり，EUにおいて欧州議会とEU理事会の関係にみられるような個人を主体とする民主主義と，主権国家を主体とする民主主義とが錯綜することなど，まったく想定されていなかった[26]。

　ところがEU統合の現実においては，EU/ECの制定する法令は，超国家的性格を持ち，加盟国政府だけでなく，法人や自然人までも直接的に適用され，規制を受ける。それゆえ，主権国家と個人の両方を主体として包摂するEUでは，民主主義をめぐる新たな問題が提起された。

1　EU条約の批准をめぐる国民投票とデモクラシー

　1992年6月デンマークでEU（マーストリヒト）条約の批准をめぐる国民投票が行われ，賛成49.3％，反対50.7％（投票率83.1％）で否決された。これ

はエリート主導の欧州統合に対する市民の反乱であるといわれ,「デンマーク・ショック」と呼ばれた。翌年の1993年5月デンマークには共通通貨ユーロや共通外交安全保障政策への参加を義務付けないことを条件にして再国民投票を行い,56.3%の賛成（投票率86.5%）を得て批准し,同条約の発効に漕ぎつけた。EU（アムステルダム）条約の15加盟国の批准ではこうした問題は起こらなかった。

しかしEU（ニース）条約の批准過程では,2001年6月のアイルランドの国民投票で,賛成46.1%,反対53.9%（投票率34.8%）により否決された。そこで翌年の2002年10月再国民投票を行い,賛成62.9%（投票率48.5%）を得て同条約は発効した。さらに2005年「欧州のための憲法を制定する条約」（欧州憲法条約）の批准をめぐって,5月フランス国民投票,6月オランダの国民投票では国内の景気後退と失業率が高まっていたことを背景に,相次いで否決された。そのため,すでに過半数を超える18カ国で批准を終えていたにもかかわらず,同条約は廃案となった。欧州憲法条約は,実質的には95%以上同じ内容であったが「名を捨てて実を取る」形で,2007年12月「EU改革条約：(リスボン条約)」として,ドイツ議長国のメルケル首相のリーダーシップの下で批准が行われた。しかし,2008年6月アイルランドの国民投票では,反対53.4%（投票率53.1%）で否決された。すでに3分の2の加盟国がリスボン条約を承認していたにもかかわらず[27],イタリアのナポリターノ（Giorgio Napolitano）大統領も指摘[28]するように,加盟国人口総数のわずか1%にも満たないアイルランド1国の国民投票の結果によって,5億人以上のEUのさらなる統合にむけた新たな法制化の動きに冷水が浴びせかけられた。このように,EUレベルのデモクラシーを加盟国レベルのデモクラシーが阻止するという「デモクラシーのジレンマ」問題との関連で,EUにおける法制化をどのように捉えたらよいのであろうか。

アイルランドにおけるリスボン条約の批准をめぐる国民投票結果について,ユーロバロメータによる調査の結果が公表されている。これによれば,リスボン条約批准に賛成が,47.7%,反対が52.3%であったが,否決の理由として最も多いのが,「リスボン条約についての知識不足」が22%で第1位を占め,第2位が「自国のアイデンティティの維持」12%,第3位は,「政治

一般に対する不信」,「外交安保政策上の中立性維持」,「欧州委員会メンバーに自国出身者を送り続けるため」,「自国の租税制度の維持」などの理由が挙げられているがそれぞれ6%程度に過ぎない[29]。

2009年10月アイルランド再国民投票では,リーマンショック後,EUからの財政支援を期待していたこともあり,共通外交・安全保障・防衛政策の適用除外などの条件を付し,賛成67.1%（投票率58.9%）を得て,批准するに至った。こうして2009年12月EU（リスボン）条約として発効に漕ぎつけた。またリスボン条約の発効と同時に「欧州基本権憲章」も法的効力が与えられた。

EU諸政策の多くは,欧州市民の社会・労働生活に直接影響するが,EUの政策過程に市民が直接アクセスすることは困難であると一般市民には感じられていた。EUは,共同体発足以来,EUの政治・行政エリートがリーダーシップをとって欧州統合を効率的に推進してきた。この欧州官僚中心のEU政策決定は,非常に効率性・有効性が高く,また加盟国行政機関を通じた効率的な政策実施の結果,欧州の経済成長を成功に導いてきた。

シャルプフ（Sharpf）は,デモクラシーをインプットとアウトプットという観点から捉える[30]。すなわち,市民の政治的な選択により,インプットが決定され,政府は民意に応答的でなければならず,アウトプットにおいては政府の政治的選択に基づいて政策を実施し,市民の危機を避け,政治的目標を効率的に達成することが求められる,とする。彼は,EU域内市場統合の成功は,欧州市民にとって経済・生活条件や福祉の向上という目に見える実績につながってきたため,EU統合はある種の「アウトプットの正統性」を獲得していた[31]と指摘する。

しかし,1990年代末以降,グローバル化とEU東方拡大への対応から,新自由主義的改革が各加盟国で実施され,各国で景気後退や格差拡大と失業問題などが深刻化した。そこでブリュッセルのエリートが牽引するEUに対する不満,EUおける「民主主義の不足」をめぐる議論が高まっていった。

2　イギリスのEU脱退をめぐる国民投票とデモクラシー

1973年エドワード・ヒース（Edward Heath）政権下でイギリスのEEC加盟

が実現したが，1975年にはEECにとどまるか否かを問うイギリスの国民投票が行われた。当時の与党労働党ハロルド・ウイルソン（Harold Wilson）首相は，EEC加盟問題で党内対立に苦しみ，国民投票を実施して国民のEEC残留支持を背景として党内基盤を固めようとしたのであった。1975年国民投票の際には，経済界や新聞等のメディアもEEC残留支持でほぼ一致していた。ウイルソンの意図した通り，国民投票ではEEC残留賛成が67.2%，脱退支持は32.8%（投票率64.5%）で，残留という結果になった。しかし，5年後労働党は脱退方針を固めたため，その半年後，党内右派が離党（社会民主党を結成）し，労働党は分裂するに至った。

2016年6月のイギリスのEU残留の是非を問う国民投票では前回とは状況が大きく異なっていた。与党保守党内の欧州懐疑派に追い詰められたキャメロン（David Cameron）首相は，2013年1月に，2017年までに国民投票を行うことを表明（「ブルームバーク宣言」）した。2015年総選挙キャンペーンではキャメロンは2017年までに国民投票を実施することを公約に掲げ，選挙に大勝利した。国民投票を行う利点は，党内基盤を盤石にすることにあるが，失敗すればその政治的リスクとしては，首相辞任の可能性と政治経済的混乱，内閣・政党の分裂に至ることが懸念される。そこでキャメロン首相は，「EU改革に対するイギリスの解決案」（2015年11月10日キャメロンのトゥスクへの書簡）を欧州理事会のトゥスク常任議長に送り，①経済ガバナンス，②競争力，③主権，④社会的便益と移民の4項目に関してEU側に改革要求を突き付け，譲歩を求めた。これに対して，2016年2月19日トゥスク常任議長は，一定程度これらの要求に沿う形での欧州理事会からの回答を示した。そこでキャメロンは，2016年6月23日にイギリスのEU脱退の是非を問う国民投票を行うことを決定した。

2016年国民投票キャンペーンにおいては，イギリスのEUからの離脱（Brexit），脱退を主張するイギリス独立党（UKIP）の存在があった。キャンペーン期間中も，国民世論の分裂が見られ，大企業と中小企業との間，富裕層・高学歴層と貧困層・学歴の低い労働者層との間で社会的亀裂もあり，EU残留支持派とEU脱退支持派の立ち位置の違いが存在していた。さらにスコットランドの独立問題も絡み，地域的な分裂もみられた。図1に示すように，

第5章　EU・欧州ガバナンスと政策過程の民主化　129

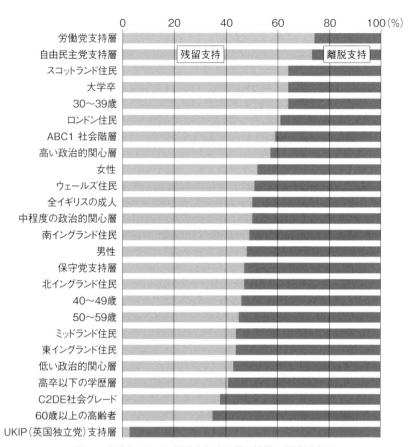

図1　イギリスのEU脱退をめぐる国民投票・属性別分析
（出典）EU referendum, The Observer, http://www.theguardian.com/politics/2016/jun/04/eu-referendum-campaign-polls-fault-lines-politics, July 20, 2016

　EU残留支持派とEU脱退支持派に世論は二分され，国民投票前日まで両者の勢力は拮抗したままであった。
　EUからの離脱派は，イギリスへの移民の流入を抑制でき，EUへの財政的貢献が不要となるため，その負担金を国民保健サービス（NHS）に回すことができると主張した。これに対しEU残留派の主張としては，イギリスがEUに加盟していることで得られる人口5億人を超える単一市場との関税0の貿

易や金融サービスから得られる経済的恩恵を挙げた。なぜなら，EU 域内貿易には関税がかからず，イギリスにとっては EU が最大の貿易相手先で 49.2% を占め，アメリカ（11.3%），中国（7.6%）を大きく上回っている（2015 年現在）からである。国際金融の中心地であるロンドン・シティは，EU の「単一免許制度」（Single Passport System）などのルールの下で経済的利益も大きい。離脱することによる経済面への影響として，EU との貿易にダメージ，対 EU 輸出の減少により，イギリス財務省の試算では GDP の 3.6% 減少が予測され，第 3 国外資系大企業のイギリスからの撤退と欧州大陸への移転に伴う雇用の減少，税収減少につながり，ロンドン金融市場シティの世界的地位が危うくなる恐れもある。また政治面への影響としては，EU 脱退が，イギリスの国際的地位の低下のみならず，EU の弱体化，地位低下にも繋がる。

　スコットランドや北アイルランドが分離独立へと向かえば，イギリスの崩壊さえ懸念される。またドイツに次ぐ域内第 2 位の GDP 規模を持ち，EU への財政的貢献をしているイギリスの EU 脱退は，他の EU 諸国における欧州懐疑派を伸張させ，EU 統合の行方および G7 諸国，世界経済と国際安全保障への影響も無視できない。

　イギリスは国民投票の結果，離脱派 51.9%，残留派 48.1%（投票率 72.2%）となり，EU からの脱退を決定した。その背景には移民問題への不満，特に脆弱な社会層では職が奪われることへの不安や社会保障費の負担増大，イギリスの EU への財政的貢献より，受益分が少ないことなど，EU への不信感があったとされる。離脱派の割合が高い地域では，高齢者が多く，逆に残留派は，若年層，大学卒以上の高学歴層，外国生まれや移民の家系の人々が多かった。しかし離脱派が勝利した後，国民投票前に EU 離脱派がキャンペーンで掲げていた多くの公約が事実誤認に基づくか，希望的観測に過ぎず，現実には実行不可能であり，反故にする動きが出る中で庶民の不満が噴出し，結果の出た翌日には EU 残留のための再国民投票を求めて 350 万を超える請願の署名が下院に提出されるに至った。また 2014 年にイギリスからの独立の是非を問う住民投票を行ったスコットランドでは，EU 残留を望む住民が大部分であるため，再び独立に向けた住民投票実施の機運が高まりつつあり，イギリス分断をめぐる問題が深刻化している。

2016年6月29日イギリスを除く27加盟国による非公式首脳会議では，欧州理事会トゥスク常任議長が，EUからのイギリスの脱退実務交渉に向けて，加盟国の結束を強調し，リスボン条約第50条に則り，イギリスからの脱退通知が届き次第，9月以降実務協議を開始することを確認した。非公式首脳会議の共同声明では，①イギリスの脱退通知は可能な限り早く行われるべきである，②通知が届くまでいかなる事前交渉も行わない，③EU単一市場と自由貿易を行うには，人，モノ，資本，サービスという4つの越境移動の自由を受け入れる必要がある，④EU27か国はさらなる改革に取り組む決意，を確認している。イギリスの脱退手続きは，リスボン条約第50条に従い，正式に離脱を欧州理事会に通告した時点から開始され，原則2年以内に（欧州理事会が全会一致で交渉期間延長の決定をしない限り）脱退が実現する。2016年7月テリーザ・メイが第76代首相に就任し，EU脱退担当省，国際貿易省を新設した。メイ首相は，欧州懐疑派のデービッド・デービスを脱退担当相，リアム・フォックスを国際貿易相に起用し，離脱キャンペーンを指揮したボリス・ジョンソン（前ロンドン市長）を外相に据えた。しかし「国会主権の原則」の下，EU離脱の決定にイギリス議会の承認が必要となれば，さらにEU脱退交渉の開始が遅れる可能性もある。次の総選挙の後，再国民投票が実施される可能性，あるいは脱退の是非を国会に諮り，議員の7割が残留を支持していることから，多数決を得られない場合，脱退を中止する可能性も残されている。

リスボン条約第50条（脱退手続き）

イギリスがEU脱退の意思を欧州理事会へ通知
↓
欧州理事会で脱退交渉の方針を決定
↓
脱退協定を締結し，欧州議会の過半数議決により
イギリスの脱退を承認
↓
EU理事会において27加盟国中20カ国以上，
かつ人口の65％以上の多数決により脱退に合意
↓
イギリスのEUからの脱退

（出典）Brexit：All you need to know about the UK leaving the EU, BBC.com
http://www.bbc.com/news/uk-politics-32810887, July 20, 2016.

欧州ガバナンスにおいて，民主主義を実現するその方向性としては，EU レベルで欧州議会が行うか，それ以外の機関や手続を通じて行うのか，国家レベルで加盟国議会が行うか，および，それらの両方なのか，さらに両方であればどちらに重点を置くのか見解は分かれる。EU における民主主義，あるいは「民主主義の不足（赤字）」は誇張された議論であり，それは実際には存在しないかもしれない。EU の民主主義についての議論は，EU の正統性の概念とも関連しており，民主主義と正統性という 2 つの概念は相互に交換可能である。民主主義は，市民の代表者からなる機関に対して，平等な権利を持つ市民によるコントロールの問題と関わっており，EU の正統性は，より広範な概念であるといえる。

おわりに

EU は，現存する国際制度のなかでもっとも法制化の度合いの高い存在である。しかし，EU においてデモクラシーの概念をどのように捉えるのか，まだ多くの議論があり，法制化と政策過程の民主化との関係および EU デモクラシーと加盟国内デモクラシーの関係についてはさらに多くの議論の余地が残されている。マーストリヒト条約，アムステルダム条約，ニース条約を経て，リスボン条約に至る度重なる条約改正による法制化によって，「民主主義の不足」と呼ばれてきた多くの部分が現在では是正されている。

リスボン条約では，第Ⅱ編「民主主義原則に関する規定」（新規）が文言化され，EU 条約第 10 条（新規）では「1．EU の運営は，代議制民主主義に基づく。2．市民は，欧州議会において EU レベルで直接代表される。加盟国は，加盟国もしくは政府首脳による欧州理事会および加盟国政府による理事会において代表され，国内議会もしくは国民に対して民主主義に基づく責任を負う。3．欧州市民は，EU の民主主義に基づく営みに参加する権利を有する。諸決定は，できる限り市民に公開され，かつ可能な限り市民の近くで行われる。4．欧州レベルの政党は，欧州の政治意識を形成し，欧州市民の意思を表明することに貢献する[32]。」と明確に謳っている。この規定からも明瞭なように欧州ガバナンスでは，EU レベルと加盟国レベルの両レベルで民主主義

的な価値や正統性を調達しているのである。デンマーク，アイルランド，フランス，オランダやイギリスなど1加盟国における国民投票の結果が，EU統合の行方に大きな影響力を及ぼす場合があることも否定できない。つまり人口規模ではきわめて限られた数の民意が，5億人規模のEUデモクラシーを左右してしまうリスクを孕んでいる。それゆえEUは，「民主主義の不足」で頓挫しているのではなく，EUレベルと加盟国レベルの2元的な民主的正統性の調達システムから派生する「民主主義のジレンマ」に苦しんでいるのである。

とはいえ，必要な改革の多くが議会による立法にはよらず，各加盟国政府，行政レベルで効率的に実施されてきたという点では，ハード・ローによる法制化よりも，ソフト・ローによる法制化の方が場合によっては目標達成に効果がある。ヒュー・リチャードソン（Hugh Richardson）によれば，「EUのソフトパワーは，民主主義，法の支配，社会的正義，人権，市場経済の堅持，社会的結束，持続可能な発展，差別との闘い，などEU共通の価値観や規範から生じる[33]」規範的なパワーであり，これは1973年コペンハーゲン欧州理事会における「ECのアイデンティティに関する宣言」に端を発するものであるという。グローバルな規制の形成においてEUが果たす規範的役割は大きく，加盟国間のガバナンス手法の違いをEUレベルのOMCによるソフトな法制化によって調整し，公衆衛生や安全性確保などに関する最低限のEU基準を収斂させ，これらを加盟国に遵守させながら，統合を進展させている事実もまた否定できない。この意味では，法制化は遵守を促すといえるが，常に民主化を促すとはいえない。EUレベルで，いかなる割合でこれらの価値や規範を混合し，国際的な規制協力，基準の収斂，規則統一化などを達成し，相互利益につなげていくのか，という課題に，各加盟国は相互学習を繰り返しつつ，取り組んでいる。さらに「緊急の課題は，EUはビジネス業界だけを利しているのではなく，従業員たちの利益にもなっていると見られなければならない。同様に移住者だけではなく定住者も，学位を持ち語学の能力を持つものだけではなくすべての市民も，消費者だけでなく労働者にとってもEUが利益をもたらすものとして認識されなければならない[34]。」（ファンロイパイ初代欧州理事会常任議長・退任演説）。つまり，EUの改革の課題とし

て，すべてのステークホルダーの利益に配慮する公平な分配政策を実現する制度設計と実効性の担保が求められている。

（1） OJ C 306/01, 17December, 2007, Treaty of Lisbon amending the Treaty on European Union and the Treaty establishing the European Community, signed at Lisbon, 13 December 2007.
（2） European Commission (2008), Eurobarometer, Post-referendum Survey in Ireland, Analytical Report, 13-15, June, 2008, Report July 2008, pp. 6-8.
（3） "legalization"という用語は，「法制化」のほかに，「法制度化」や「法化」と訳される場合もある。本稿では，以下「法制化」とする。この概念については，たとえば，西元宏治・奥脇直也「国際関係における法制度化現象とWTOにおける立憲化議論の射程」『ジュリスト』No. 1254, 2003. 10. 15, p. 115。および山田高敬「多国間制度の不均衡な法化と私的領域の台頭」『国際法外交雑誌』107巻1号，2008年，福田耕治「EUにおける法制化とデモクラシー」『同志社大学・ワールドワイドビジネスレビュー』第10巻2号，2009年を参照されたい。
（4） 欧州ガバナンスの特徴，国際制度の構造，国際行政と国内行政の関係については，Koji Fukuda, et. al. (2003), *European Governance After Nice*, RoutledgeCurzon, 福田耕治編『欧州憲法条約とEU統合の行方』早稲田大学出版部，2006年，第1章，福田耕治『国際行政学—国際公益と国際公共政策』有斐閣，2003年 12-15, 36-38頁を参照されたい。
（5） Judith Goldstein, M. Kahler, R. O. Keohane, A. M. Slaughter, (2001), *Legalization and World Politics*, The MIT Press, p. 3, Kenneth W. Abbott, Robert O. Keohane, Andrew Moravcsik, Anne-Marie Slaughter and Duncan Snidal (2000), "*The Concept of Legalization*" Rovert O. Keohane, *Power and Governanve in a Partially Globalized*, pp. 132-133, *International Organization*, 54. 3, Summer 2000, pp. 17-19.
（6） 奥脇直也「現代国際法と国際裁判の法機能」『法学教室』2004年，2，No. 281, 32頁。
（7） 国際法学の視点から，以上の3要素について，奥脇直也前傾論文，31頁参照。
（8） ハード・ローとソフト・ローの関係については，Kenneth W. Abbot, Duncan Snidal (2000), "Hard and Soft Law in International Governance", Rovert O. Keohane, *Power and Governanve in a Partially Globalized*, op. cit., pp. 37-41.
（9） Judith Goldstein, M. Kahler, R. O. Keohane, A. M. Slaughter, (2001), *Legalization and World Politics*, The MIT Press, pp. 17-20. 遵守問題については，古城佳子「緩やかな国際制度と遵守」『国際法外交雑誌』100巻2号，2001年 35頁。
（10） Ibid., pp106-108.
（11） Bache, Ian, George Stephen, op. cit., pp. 43-44. 福田耕治編『EUとグローバル・ガバナンス』早稲田大学出版部，2009年，5-7頁。

（12） European Commission, COM（2001）428 final, 2001, pp. 20-22.
（13） 「共同体法は，国際法でもあり国内法でもあり，制定された先例によって定式化されたものである。それは独自な法であり，そのようなものとして扱わなければならない」アン・ダルトロップ著・金丸輝男監訳『ヨーロッパ共同体の政治』有斐閣，1984 年，65 頁。
（14） E. Jones, A. Verdum（2005），*The Political Economy of European Integration*, Routledge, p. 149.
（15） Conference of Community and European Affairs Committees of Parliaments of the European Union, http://www.cosac.eu/en/
（16） 福田耕治「欧州委員会の総辞職と欧州議会」『早稲田政治経済学雑誌』第 341 号，2000 年，240 頁。
（17） http://www.ombudsman.europa.eu/cases/summary.faces/en/4025/html.bookmark, 2009　福田耕治（2013）「欧州オンブズマン制度と EU 行政の適正化―リスボン条約および EU 基本権憲章による改革」『季刊・行政管理研究』第 139 号参照。および福田耕治（1996）「EU 行政の情報化と情報公開・個人情報保護の制度化」『同志社法学』第 48 巻第 1 号（247 号）参照。
（18） Koji Fukuda, et. al.（2003），*European Governance After Nice*, op. cit., p. 56.
（19） OMC（開放型調整方式）については，福田耕治「リスボン戦略と EU 社会労働政策の新展開-新しい欧州ガバナンスの形態『開放型調整方式（OMC）』」福田耕治編『欧州憲法条約と EU 統合の行方』前掲書，255-279 頁を参照。
（20） 福田耕治編『欧州憲法条約と EU 統合の行方』前掲書，272 頁。
（21） 福田耕治「EU における政策評価と NPM 改革」『日本 EU 学会年報』第 27 号，有斐閣，2007 年，91 頁。
（22） Follesdal, Andreas, Hix Simon, "Why There is a Democratic Deficit in the EU：A Response to Majone and Moravcsik", JCMS, Vol. 44, No. 32006, pp. 533-534.
（23） Idid., p. 533.
（24） EU のアカウンタビリティについては，福田耕治「EU におけるアカウンタビリティ」『早稲田政治経済学雑誌』第 364 号，2006 年を参照されたい。
（25） 庄司克宏「国際機構の正統性と民主主義」庄司克宏編『国際機構』岩波書店，2006 年，217 頁。
（26） 須網隆夫「超国家機関における民主主義」『法律時報』74 巻 4 号，2002 年，29 頁。
（27） 2008 年 7 月現在，8 カ国が批准を確定していない。Spiegel Online, Politik, http//www.spiegel.de/politik/ausland/0. 1518. 559419. 00.html
（28） http://finalvent.cocolog-nifty.com/fareastblog/2008/06/post_0985.html
（29） European Commission（2008），*Eurobarometer* Post-referendum survey in Ireland, Analytical Report, 13-15 June 2008, op. cit.,, pp. 6-8, p. 18.
（30） Bache, Ian, George Stephen（2006），*Politics in the European Union*, Oxford University Press, P. 68.

(31) 梅津　實「欧州憲法とデモクラシー」『同志社大学ワールドワイドビジネスレヴュー』第 7 巻第 1 号，2006 年，7 頁。
(32) OJ C 306/01,, 17December, 2007, Treaty of Lisbon amending the Treaty on European Union and the Treaty establishing the European Community, op. cit., Article 8A.
(33) Richardson Hugh,"Smartening the EU's power", Speech 05/2008, 5 May, 2008, 2008 年 5 月 16 日，早稲田大学で開催された「早稲田大学　EU/日本フレンドシップ・ウィーク・シンポジューム」におけるリチャードソン大使の講演。http://www.deljpn.ec.europa.eu/home/speech_en_Speech％ 2005/2008.php
(34) SPEECH EUCO 246/14 PRESSE 578 PR PCE 215 Rome, 7 November 2014 Herman Van Rompuy President of the European Council"Looking back, looking forward"Speech at the Conference"Dove va l'Europa"-"The State of the Union", p. 6/7.

　＜付記＞　本稿は，拙稿「EU における法制化とデモクラシー」『同志社大学・ワールドワイドビジネスレビュー』第 10 巻第 2 号 2009 年を基礎に大幅に加筆し，補正したものである。

第6章　欧州議会の機能と構造
―立法・選挙・政党―

日　野　愛　郎

はじめに

　本章は，EU機構の一つである欧州議会（European Parliament）に光を当てる。欧州議会は，EU市民が直接選出する議員により構成される一院制議会である。欧州議会が「議会」としての機能と構造を兼ね備えるまでは，長い歴史があった。まず，第1節で欧州議会の立法権，第2節で欧州議会の選挙制度を概観したうえで，第3節において政党システムや有権者の投票行動の観点から，今後の欧州議会を展望する。

第1節　欧州議会の立法権

　欧州議会は，今でこそ「欧州議会」と呼ばれているが，その前身は欧州石炭鉄鋼共同体における共同総会（Common Assembly）であった。その後1962年より欧州議会の呼称が使われ始めるが，正式名称が付与されたのは単一欧州議定書が発効した1987年のことである。当初は，加盟国の議会議員が互選により総会議員を選ぶ間接選出の形を取っており，直接選挙が導入されるのは1979年の第1回欧州議会選挙まで待たねばならなかった。また，議会の権限も大幅に制限されていた。このように，EUの立法府が脆弱である状況は，意思決定に民主的統制が効いていない「民主主義の赤字」として問題視されてきた。それゆえ，欧州議会の歴史は「民主主義の赤字」状況を克服する，すなわち「議会」としての権限を強化していく歴史でもあった。

　以下で概観するように，欧州議会の立法権は段階的に拡大されてきた。と

はいえ、その権限は根本的に制限されていることを先に強調しておこう。欧州議会には、通常の議会で認められている議員による法案提出権は認められていない。法案の提出は、ごく一部の事項をのぞいて欧州委員会の専権事項であり、欧州議会は法案提出を要請することはできるが、その要請に拘束力はない[1]。したがって、欧州議会の立法権は、行政府である欧州委員会によって提案された法案を審議することに限られている。欧州議会による法案審議への関与の仕方は以下の4つに分かれている。

1　諮問手続（特別立法手続）

諮問手続（consultation procedure）は、欧州議会の伝統的な法案関与の方式である。欧州委員会によって提案された法案をもとに、理事会は議会に諮問する義務を有する。欧州議会の意見に拘束力はないが、この手続を踏まない限り法案は無効である。したがって、欧州議会は常に最終法案に関与する機会を得る。この意味において、形式的には民主的統制が効いていると見ることもできるが、実質的な影響力は乏しい。議会は、第一読会で諮問された法案に対して賛成、反対、修正要求を提示することができるが、理事会は、議会の要請に応答する義務はなく、全会一致もしくは特定多数決により最終決定を下すことができる[2]。

この諮問手続は、共通農業政策、間接税、原子力政策などの重要な分野で用いられてきたが[3]、リスボン条約においては形式的に廃止され、「特別立法手続」（special legislative procedure）の名のもとで改めて定式化されている。「特別立法手続」が適用される分野は、欧州対外行動庁（European External Action Service）の創設（リスボン条約27条）、条約の改正（同48条）、旅券、身分証明書、滞在許可に関する条項（同77条3項）等である[4]。

2　同意（承諾）

同意手続（assent procedure）は、1987年に発効した単一欧州議定書によって導入された。上記の諮問手続と同様に、法案は理事会から欧州議会に付託される。諮問手続との決定的な違いは、議会の賛同なしに法案が成立しない点である。これは、すなわち、欧州議会は同意手続において拒否権を有してい

ることを意味している。同意手続の適用は、単一欧州議定書調印当初は、第三国との協定締結や新規加盟国の承認などの例外的な分野に限られていたが、その後マーストリヒト条約、アムステルダム条約において漸次的に拡大され、基本的人権の違反に対する制裁、議会議員の統一選挙手続の規定、欧州中央銀行制度定款の修正、構造基金組織、結束基金の創設等に適用範囲が及ぶようになった[5]。ニース条約でも、同意手続の範囲はさらに拡大され、域外・域内関係の双方に適用されている[6]。

リスボン条約では、同意手続は承諾手続（consent procedure）に改称され、条約改正の際の会議招集（リスボン条約48条）、EU脱退（同49条）にまで適用範囲が広げられた[7]。このように、同意手続は基本条約締結の度に、その適用範囲を広げているが、一般的に議会は拒否権を発動することには消極的である。いわば「伝家の宝刀」と目される同意手続だが、議会は賛否を表明するのみであり、立法機能として大きな制約となっている。この点、次に挙げられる協力手続と共同決定手続は、いずれも修正を要求することができるため、修正を加えることができない同意手続とは異なる。

3　協力手続

協力手続（cooperation procedure）は、先の同意手続同様、1987年に発効した単一欧州議定書によって導入された。協力手続は、最終的な決定権はあくまでも理事会にあることを前提にしながら議会を立法過程に関与させる方式を採っており、1999年にアムステルダム条約が発効するまで、幅広い分野において適用されてきた。協力手続は、アムステルダム条約以降、次の共同決定手続に受け継がれていくが、アムステルダム条約以降も経済通貨同盟（EMU）に関する規定に限定して用いられてきた[8]。リスボン条約では、全面的に廃止されている。

協力手続、そして次に挙げる共同決定手続の最大の特徴は、上記の諮問手続、同意手続が一読会制であったのに対して、二読会制を採り入れている点である。二読会制を採り入れたおかげで、第二読会において議会が法案の修正案を提示する機会が与えられた。それまでは賛否の意思表明のみが認められていたため、議会の立法権は大幅に強化されることになった。

協力手続のもとで、議会は第一読会において意見を提示し、理事会は特定多数決により法案を第二読会に送ることができる[9]。第二読会において、議会は修正案を提示することができ、欧州委員会が修正案を受け入れた場合は、理事会の特定多数決で法案が採択される。一方、欧州委員会が修正案を受け入れない場合は、理事会は全会一致により元の欧州委員会案を採択しなければならない。同じく、理事会は全会一致により議会の修正案に再修正をした上で採決することもできる。理事会に最終決定権があることに変わりはないが、議会が積極的に法案を修正する過程に参画できるようになった点で、協力手続は画期的であった。

また、第二読会において、議会が欧州委員会案を修正せずに否決した場合、理事会は全会一致によって法案を採択しなければならない。したがって、議会は加盟国の一ヵ国と共同歩調を取れば法案を否決することができるため「事実上の拒否権」を有していた[10]。次に挙げる共同決定手続においては、議会の権限はさらに強まり、第二読会において議会が法案を否決した場合、法案は即座に廃案となり、議会は文字通りの拒否権を手にすることになる。

4　共同決定手続（通常立法手続）

共同決定手続（codecision procedure）は、1993年に発効したマーストリヒト条約において導入された。当初はその手続が複雑であったが、アムステルダム条約において大幅に簡素化され、また適用分野も拡大された[11]。以来、協力手続に代わって、共同決定手続は今日のEUにおける立法過程の主要な手続となっている。リスボン条約では、共同決定手続は「通常立法手続」（ordinary legislative procedure）に改称されている。

共同決定手続の最大の特徴は、議会と理事会が同等の立法機関として位置づけられた点である。協力手続において導入された二読会制をもとに、議会には拒否権が付与された。共同決定手続の流れは図1に示されている。

共同決定手続の特徴の一つは、第一読会において議会の修正の有無にかかわらず、理事会が特定多数により法案を採択できるようになった点である。議会と理事会の間に対立がない場合、第一読会において法案を採択することが可能になり審議が大幅に迅速化された。

第 6 章　欧州議会の機能と構造

		廃案	議会	委員会	理事会	採択
第一読会				議会と理事会に法案を提案		
			①修正なし	------------------▶	特定多数により採択	採択
			②修正あり			
				議会修正に対する意見		
					①議会修正を承認し特定多数により採択	採択
					②議会修正全ては承認せず、「立場」を採択	
第二読会				理事会の「立場」に対する意見		
			①「立場」を承認か3ヶ月以内に議決しない			採択
		廃案	②「立場」を絶対多数により否決			
			③「立場」を3ヶ月以内に絶対多数により修正			
				議会修正に対する意見		
					①議会修正を3ヶ月以内に承認し特定多数により採択（ただし委員会が否定的な意見を提示した場合は全会一致）	採択
					②議会修正全ては承認せず	
調停委員会		廃案	①調停委員会を6週間以内に開催、6週間以内に共同草案を作成：共同草案を作成できず			
		廃案	②共同草案に対して、議会と理事会の何れか一方が採択できず			
			③議会が投票総数の過半数により採択、理事会が特定多数により採択			採択

出典：David Judge and David Earnshow, *The European Parliament*, 2nd Edition, London：Palgrave Macmillan, 2008, p. 190 を参照して作成。

図 1　共同決定手続（通常立法手続）の流れ

第二の特徴は，第二読会において議会が絶対多数により否決した場合は，法案が即座に廃案となることである。協力手続では，議会が否決した場合でも理事会の全会一致によって法案が採択できたが，共同決定手続では議会に拒否権が付与された。

第三の特徴は，第二読会で理事会が議会の修正に賛成できない場合，6週間以内に調停委員会が開催されることになったことである。調停委員会は，理事会議長国と議会議長の合意により招集され，理事会と議会の同数の代表者から構成され，招集後6週間以内に共同草案を作成しなければならない。そして共同草案が，議会の投票総数の過半数，理事会の特定多数によって採択されると，法案が成立することになる。

以上見てきたとおり，従来の諮問手続から共同決定手続へと法案審議への関与の仕方は変化を遂げ，欧州議会の立法権は段階的に強化された。

第2節　欧州議会の選挙制度

1　選挙制度の概要

欧州議会は，1979年の第1回選挙より各加盟国の国民による直接選挙を導入した。当初は，全加盟国共通の統一選挙制度を導入することが検討されていた（ローマ条約138条・ニース条約190条）[12]。しかしながら，加盟国間の意見対立もあり，いまだに統一選挙制度は実現していない。表1は1989年に開催された第3回欧州議会選挙時の各国の制度である。

表1から明らかなとおり，選挙制度は加盟国間で相当程度の違いがある。大多数の国では，国全体が選挙区となる大選挙区制の比例代表制を採っているが，イギリスの大ブリテン島（イングランド，スコットランド，ウェールズ）では定数1の小選挙区制が用いられ，北アイルランドとアイルランドでは，優先順位をもとに死票を他候補に移譲する単記移譲式（Single Transferable Vote）が用いられている。

また，比例代表制を採っている国の中でも，選挙区の数などで違いが存在する。例えば，ベルギーでは選挙区が北部オランダ語圏のフランデレン地域，南部フランス語圏のワロニー地域，両言語圏のブリュッセル首都地域の3つ

表 1　1989 年欧州議会選挙における選挙制度

加盟国	選挙区	議員数	選挙区定数（平均）	1議員当たりの有権者数	1議員当たりの得票数	選挙公式選挙区／広域選挙区
ベルギー	3	24	8	296,000	268,000	ドント式
デンマーク	1	16	16	245,000	114,000	ドント式
フランス	1	81	81	473,000	231,000	ドント式
ドイツ	1	81	81	565,000	353,000	ニーマイヤー式
ギリシャ	1	24	24	349,000	279,000	ヘア式／ハーゲンバッハビショフ式／最大剰余式
アイルランド	4	15	3.75	164,000	70,000	単記移譲式
イタリア	5	81	16.2	564,000	460,000	ヘア式／最大剰余式
ルクセンブルグ	1	6	6	36,000	31,000	ハーゲンバッハビショフ式
オランダ	1	25	25	444,000	211,000	ドント式
ポルトガル	1	24	24	338,000	173,000	ドント式
スペイン	1	60	60	488,000	267,000	ドント式
大ブリテン島	78	78	1	539,000	197,000	相対多数代表制
北アイルランド	1	3	3	369,000	180,000	単記移譲式

出典：Tom Mackie, "Appendix D: The results of the 1989 and 1994 European Parliament Election", in Cees van der Eijk and Mark N. Franklin (eds.), *Choosing Europe?: The European Electorate and National Politics in the Face of Union*, University of Michigan Press, 1996, p. 457 をもとに加筆して作成。

から構成されている。比例代表リストは，オランダ語とフランス語の2言語の選挙人団に分かれており，フランデレン地域ではオランダ語選挙人団（定数13）のリストから政党（名簿順），もしくは候補者（非拘束式）を選択し，同様にワロニー地域ではフランス語選挙人団（定数11）から政党，もしくは候補者を選択する。二言語地域であるブリュッセル首都地域では，自らの言語に応じて何れか一方の選挙人団から投票先を決める形を採っている。さらには，1994年の欧州議会選挙からは，東部ドイツ語圏にもドイツ語選挙人団（定数1）が付与され，オランダ語，フランス語と合わせて3つの選挙人団から構成されている。アイルランド，イタリアも選挙区がそれぞれ4選挙区と5選挙区に分割されている。イタリアもベルギーと同様に，非拘束名簿式の比例代表が採用されており，政党の名簿順に従うか，候補者に1位から3位まで

の優先順位を付ける選好投票 (preferential voting) が可能になっている (ただし, 優先順位の数は選挙区によって異なる)[13]。

さらに細かな違いを見ていくと, 義務投票制を敷いているベルギー, ルクセンブルグ, ギリシャでは, 1議員当たりの有権者数と1議員当たりの得票数に大きな開きがないが, 投票率の低い国では, 両者の隔たりが大きくなる (表1)。欧州議会選挙の投票率の低さは顕著であり, 通常の国政選挙の投票率よりも軒並み低い記録となっている。デンマーク47.4%, フランス48.8%, オランダ47.5%と50%に満たない国も散見される。一方, 義務投票制を採用しているベルギーは90.7%, ルクセンブルグは96.2%, ギリシャは80.0%となっている[14]。

表2は, 2004年に行われた欧州議会選挙における選挙制度と投票率を表している。表2からも, 選挙制度が依然として加盟国間で違いがあることが分かる。しかしながら, 表1の1989年時と比べると幾分均質化が図れてきた面もある。例えば, イギリス (大ブリテン) では1999年選挙以来, 11ブロック (スコットランド, ウェールズ, ノース・イースト・イングランド, ノース・ウェスト・イングランド, ヨークシャーとハンバー, ウェスト・ミッドランズ, イースト・ミッドランズ, サウス・ウェスト・イングランド, サウス・イースト・イングランド, ロンドン, イースト・オヴ・イングランド) に分かれてドント式の比例代表制が導入された。また2002年には, 欧州議会と理事会の間で, 欧州議会選挙は原則として単記移譲式を含む比例代表制のもとで実施される旨の勧告がなされた[15]。

表2に示されているとおり, イギリス (大ブリテン) が比例代表制に移行したことにより, 欧州議会選挙は統一的に比例代表制のもとで行われることになったと見ることもできよう。一方, ひとえに比例代表制といっても, 細則は各加盟国に委ねられているため, 依然として選挙区, 選挙公式, 投票方式の点で大きな違いがあるのもまた事実である。25の加盟国中18ヵ国が全国区のもとで実施されているのに対して, ベルギー, フランス, アイルランド, イタリア, イギリスの5ヵ国は選挙区が地域ブロックに分かれており, ドイツとポーランドは全国区と地域ブロックは組み合わせた混合式を用いている。また, 選挙公式の点では, 16ヵ国がドント式, 修正サンラグ式, サンラ

表 2 2004年欧州議会選挙における選挙制度と投票率

加盟国	議員数	選挙区	選挙公式	投票方式	投票率
オーストリア	18	全国	ドント式	非拘束（順序）/単記式	42.4
ベルギー	24	地域	ドント式	非拘束（順序）/連記式	90.8
キプロス	6	全国	ヘア式	非拘束（順序）/連記式	71.2
チェコ	24	全国	ドント式	非拘束（順序）/連記式	28.3
デンマーク	14	全国	ドント式	非拘束/単記式	47.9
エストニア	6	全国	ドント式	非拘束/単記式	26.8
フィンランド	14	全国	ドント式	非拘束/単記式	39.4
フランス	78	地域	ドント式/ヘア式	拘束/単記式	42.8
ドイツ	99	全国/地域*	ヘア-ニーマイヤー式	拘束/単記式	43.0
ギリシャ	24	全国	ハーゲンバッハビショフ式	拘束/単記式	63.4
ハンガリー	24	全国	ドント式	拘束/単記式	38.5
アイルランド	13	地域	単記移譲式（ドループ式）	非拘束/連記式	58.8
イタリア	78	地域	ヘア式	非拘束/連記式	73.1
ラトヴィア	9	全国	サンラグ式	非拘束（順序）/連記式	41.3
リトアニア	13	全国	ヘア式	非拘束/連記式	48.4
ルクセンブルグ	6	全国	ドント式	非拘束/連記式	89.0
マルタ	5	全国	単記移譲式（ドループ式）	非拘束/連記式	82.4
オランダ	27	全国	ドント式/ヘア式	非拘束（順序）/単記式	39.3
ポーランド	54	全国/地域*	ドント式	拘束/単記式	20.9
ポルトガル	24	全国	ドント式	拘束/単記式	38.6
スロヴァキア	14	全国	ドループ式	非拘束（順序）/単記式	17.0
スロヴェニア	7	全国	ドント式	非拘束（順序）/単記式	28.3
スペイン	54	全国	ドント式	拘束/単記式	45.1
スウェーデン	19	全国	修正サンラグ式	非拘束（順序）/単記式	37.8
イギリス（大ブリテン）	78[†]	地域	ドント式	拘束/単記式	38.8[†]
イギリス（北アイルランド）			単記移譲式（ドループ式）	非拘束/連記式	

*全国制度と地域制度の混合型　[†] イギリス全体の投票率

出典：David Judge and David Earnshow, *The European Parliament*, 2nd Edition, London：Palgrave Macmillan, 2008, p. 71 に議員数を追加して作成。

グ式など得票数を特定の基数によって除す最高平均式（highest average method）を採用しているのに対して，7ヵ国がヘア式，ドループ式など特定の基数に達した政党から議席を配分する最大剰余式（largest remainder method）を採用し，残りの2ヵ国が混合式を採用している。同じく，投票方式の点でも，各国の対応は分かれており，17ヵ国が候補者間の選好投票を認める非拘束名簿を採用しているのに対して，8ヵ国は政党の名簿順位に従う拘束名簿式を採用している[16]。

こうした選挙制度の多様性は，各国の被選挙権規定の違いにも表れている。デンマーク，ドイツ，フィンランド，ハンガリー，マルタ，オランダ，スロヴェニア，スペイン，スウェーデン，ポルトガルでは18歳から，オーストリアでは19歳から，ベルギー，チェコ，エストニア，アイルランド，ラトヴィア，リトアニア，ルクセンブルグ，ポーランド，スロヴァキア，イギリスでは21歳から，フランスでは23歳から，キプロス，ギリシャ，イタリアでは25歳から，それぞれ選挙に立候補できる被選挙権が与えられる。また，マーストリヒト条約では，当該加盟国の国籍を持たなくても，選挙権と被選挙権が認められることが謳われているが，両権利を認めているのは2004年選挙においてオーストリア，スペイン，オランダ，ポルトガルの4ヵ国のみであった[17]。

表1と同様に表2においても，ベルギー，ルクセンブルグ，ギリシャ，キプロスといった義務投票制を用いている国が，やはり高い投票率を記録している。一方，新規加盟国の投票率が著しく低く，10ヵ国の平均が27%弱である点は注目に値する[18]。投票率のばらつきに対して様々な説明がなされているが，義務投票制以外の制度的側面としては，同日選挙の存在が挙げられる。地方選挙や国政選挙と同時開催している国では，高い投票率を記録する傾向にあり，この傾向は1999年選挙でも確認されている。このような選挙に関する日程・運営上の違いも，選挙行政が各国の選挙管理に委ねられていることに起因している。

2　選挙制度の影響

欧州議会選挙の選挙制度が各国で異なることは，選挙結果にも様々な影響

を与えうる。とりわけ，選挙区定数の違いと選挙公式の違いは，各国において実施されている選挙制度の比例性（proportionality）を左右する。一般的に，得票から議席への変換が比例的であればある程，小政党にも議席獲得の可能性が生まれる一方，選挙制度が非比例的（disproportionate）であればある程，大政党に有利であることが分かっている[19]。

選挙区定数と比例性の関係は，いわゆる排除の閾値（threshold of exclusion）によって規定されている。排除の閾値とは，政党が議席を確保するために他政党を排除するのに十分な得票率を示しており，100％／（M＋1）で表される（M：Magnitude＝選挙区定数）。例えば，小選挙区制である定数1の場合は，他政党を退ける十分条件は100％／（1＋1）により50％（プラス一票）であり，比例代表制である定数24のチェコ，ギリシャ，ハンガリー，ポルトガルの場合は，100％／（24＋1）により排除の閾値は4％となる。選挙区定数の違いは，各国の議席数や選挙区数によって規定されている。当然のことながら，議席数の多い大国の場合は選挙区定数が大きくなり，選挙区が地域別にブロック化されている国よりも全国区の国の方が選挙区定数は大きくなる。例えば，ベルギーは議員数は24であるが，地域別に選挙区がブロック化されているため，それぞれの選挙区定数はより小さくなり，結果的に排除の閾値も大きくなる。

このように加盟国により選挙における当選ラインである排除の閾値が異なることは，一定の政治的インプリケーションを持つ。例えば，選挙区定数5のマルタでは，得票率が約17％以下の政党にとって議席を獲得することが難しくなる。一方で定数54のスペインでは，排除の閾値が約1.8％であり，同程度の得票率を見込める政党にとっては議席獲得のチャンスが生まれる。欧州議会における政党システムがどの程度多党化し得るかは，どの程度中小規模の政党が議会に参入できるかによって大きく決まってくる。

同様に，選挙公式と比例性の間にも関係が認められる。一般的に，最高平均式の比例代表制では，サンラグ式，修正サンラグ式，ドント式の順に比例性が高いとされている。また最大剰余式の比例代表制では，ヘア式，ドループ式の順に比例性が高いとされている[20]。したがって，多くの国が採用しているドント式では，比較的大政党に有利であり，サンラグ式やヘア式を用

いている国では，中小規模の政党が議席を獲得できる可能性がより高くなる。

第3節　欧州議会の政党システム

1　欧州政党

　欧州議会には，超国家的な政党グループが存在しており，選挙によって選ばれた欧州議会議員（MEP）を束ねている。議会において政党グループを結成するには，少なくとも欧州連合の五分の一以上の加盟国にまたがり，20人以上の欧州議会議員を擁していることが要件となる[21]。

　表3は欧州議会における政党グループ別の議席数を表している。現在（2016年4月）の欧州議会における政党グループは，議席数の多い順に，欧州人民党（European People's Party：EPP），社会民主進歩同盟（Progressive Alliance of Socialists and Democrats：S&D），欧州保守改革（European Conservatives and Reformists：ECR），欧州自由民主同盟（Alliance of Liberals and Democrats for Europe：ALDE），欧州統一左翼—北欧環境左翼（Gauche Unitaire Européen and Nordic Green Left：GUE-NGL），緑の党—欧州自由同盟（Greens and European Free Alliance：Greens-EFA），自由と直接民主主義の欧州（Europe of Freedom and Direct Democracy：EFDD），諸国民と自由の欧州（Europe of Nations and Freedom：ENL），無所属（Non-attached Members：NA）の各グループである[22]。政党グループはあくまでも議会会派であり，主となる欧州政党（Europarties/European political parties）が核となり議会における会派を構成している。

　これらの政党グループを区別するものは「政治的共感」（political affinity）を持つか否かとされ，一定のイデオロギー的傾向を境界線としている[23]。1979年から2004年までの5期にわたる議会を研究したヒックス（Simon Hix）等は，法案の賛否をめぐる議員投票は，概して出身国よりも所属グループにおいて共同歩調を取る傾向が強いことを発見している[24]。また政党投票（party voting）の上昇傾向は，議会の権限強化（第1章参照）と軌を一にしていることや[25]，その傾向は，欧州人民党（EPP）や欧州社会党（PES）の二大政党の議員により強く確認できることを実証的に明らかにしている。国別投票よりも政党投票が増加している点は，欧州議会において政党システムが実質

表 3 欧州議会における政党グループと主な欧州政党（2016 年 4 月 13 日）

政党グループ	主な欧州政党	議席数
European People's Party（EPP）	European People's Party（EPP）	215
Progressive Alliance of Socialists and Democrats（S&D）	Party of European Socialists（PES）	190
European Conservatives and Reformists（ECR）	Alliance of European Conservatives and Reformists（AECR） European Christian Political Movement（ECPM）	76
Alliance of Liberals and Democrats for Europe（ALDE）	Alliance of Liberals and Democrats for Europe（ALDE） European Democratic Party（EDP）	70
European United Left-Nordic Green Left（GUE-NGL）	Party of the European Left（PEL） The European Anti-Capitalist Left（EACL） Nordic Green Left Alliance（NGLA）	52
The Greens-European Free Alliance（Greens-EFA）	European Green Party（EGP） European Free Alliance（EFA）	50
Europe of Freedom and Direct Democracy（EFDD）	Alliance for Direct Democracy in Europe（ADDE）	45
Europe of Nations and Freedom（ENL）	European Alliance for Freedom（EAF） Movement for a Europe of Nations and Freedom（MENF） Alliance of European National Movements（AENM）	38
Non-attached Members（NA）	European National Front（ENF） Initiative of Communist and Workers' Parties（INITIATIVE）	15
合計		751

出典：http://www.europarl.europa.eu/members/expert.do?language=EN

化しつつあることを示している[26]。

2　有権者との結び付き

　一見して，欧州政党は，欧州議会選挙において国境を越えてともに戦っているように思われる。確かに，共通のマニフェストも策定し共闘路線を敷いている面もあるが，実際はそれぞれの加盟国における政党のもとで候補者は選挙運動をする。したがって，有権者との直接の結びつきは弱く，欧州議会

における立法活動を促進するための議員集団という側面が強い。欧州政党には議会から政党助成金が付与されているが、選挙運動や選挙キャンペーンに使用することは禁じられており、秘書の雇用や事務費等に使途が制限されている[27]。

　欧州政党の有権者との結び付きの弱さは、有権者の投票行動にも表れている。これまでの研究によれば、欧州議会選挙における有権者の投票判断基準は、欧州レベルの争点ではなく国内争点であることが多いという。1979年第1回目の欧州選挙研究（EES）の世論調査を設計・分析したシュミット（Hermann Schmitt）等は、欧州議会選挙における投票行動は、基本的に国政選挙における投票行動を反映したものであるとする、いわゆる、二次的選挙モデル（Second-order Election Model）を提示している[28]。「二次的選挙モデル」の特徴として、欧州議会選挙は国政選挙と比較して、投票率が低い、小政党に有利である、各国の政権政党には不利であるといった点が確認されている[29]。

　投票率が低いことは、既に見た表2からも首肯できる。また、小政党に有利である点も、概して比例的な選挙制度の特性からも有権者に対する心理的効果として働き易いものがあると考えられる。最後に、「二次的選挙」である欧州議会選挙が政権政党に不利であるとの知見は、とりわけ共同決定手続が通常の立法手続となりつつあることに鑑みて、示唆に富んでいる。すなわち、政権政党によって構成される理事会とその反対勢力が多くなる傾向にある欧州議会の間で「ねじれ現象」が生じる可能性が高くなることを示している。この意味においても、第1節で検討した調停委員会はねじれ現象を解消する場として今後重要性が増していくであろう。

おわりに

　第1節では、欧州議会の権限が段階的に強化されてきたことを概説した。第2節では、欧州議会選挙の選挙制度が比例代表制を中心に以前よりも均質化されつつあることを指摘した。第3節では、政党システムが徐々に機能しつつある側面に光を当てた。これだけを見れば、確かに欧州議会が「議会」として持つべき要素を兼ね備えつつあるようにも映る。しかしながら、こう

した動きが必ずしも有権者との距離を縮めることにつながっているかというと，その答えは定かでない。元来，欧州各国における政党は，政党と有権者が密接な関係に結ばれる組織政党であった。そして，政党システムも政党による長期的な有権者編成（voters alignment）として捉えられてきた[30]。現状を見る限り，欧州政党は有権者との直接的な関係を築くまで至っていない。今後，EU 市民と EU 機構を橋渡しするアクターとして，欧州議会における政党グループが民主主義のプリンシパルである選挙民を射程に入れながら，どのように進化を遂げていくか，興味深く見守りたいところである。

（1） リスボン条約では，100 万人以上の署名により EU 市民が欧州委員会に法案提案を要請する発議権が初めて付与された（リスボン条約 11 条 4 項）。
（2） 議会は諮問を拒否して立法過程をブロックする選択肢もある。しかし，アムステルダム条約以降，3ヶ月以上議会からの返答がない場合は，議会の諮問なしに理事会の決定により法案を採択することができるようになった。
（3） 須網隆夫「EU の機関と立法手続」（第 1 節・第 2 節）島野卓爾・岡村堯・田中俊郎（編著）『EU 入門』有斐閣，2000 年，27 頁。
（4） David Judge and David Earnshaw, *The European Parliament*, 2nd Edition, London：Palgrave Macmillan, 2008, p. 193.
（5） 須網，前掲，32 頁。
（6） Judge and Earnshaw, *op. cit*., p. 194.
（7） *Ibid*.
（8） 須網，前掲，28 頁。
（9） 法案のことを「共通の立場」（common position）と呼ぶ。リスボン条約における通常立法手続（共同決定手続）では，「立場」（position）に置き換えられている。
（10） 須網，前掲，29 頁。
（11） マーストリヒト条約においては，議会が法案に反対した場合であっても，最終的に理事会が法案採択をすることが可能であった。アムステルダム条約の変更により，議会に実質的な拒否権が与えられた。須網，前掲，31 頁。
（12） 統一選挙規定については，以下の文献が詳述している。金丸輝男『ヨーロッパ議会—超国家的権限と選挙制度』成文堂，1982 年，95-191 頁。
（13） Cees Van der Eijk and Mark Franklin (eds.), *Choosing Europe?：The European Electorate and National Politics in the Face of Union*. Ann Arbor：University of Michigan Press, 1996, p. 455.
（14） 棄権の場合，ベルギーでは，罰金と選挙権制限，ルクセンブルグでは罰金，ギリシャでは，行政サービスの制限などが課される。

(15) Judge and Earnshaw, *op. cit.*, p. 69.
(16) *Ibid.*, p. 69-72. 各国の対応の違いは、法的閾値（legal threshold）と呼ばれるいわゆる阻止条項・足切り条項にも表れている。法的閾値は5％以内であれば認めるとされており、チェコ、ドイツ、ハンガリー、リトアニア、ポーランド、スロヴァキアが5％、スウェーデンとオーストリアが4％、ギリシャが3％の全国閾値、フランスが8の地域ブロックごとに5％の閾値を設けている。
(17) *Ibid.*, p. 70.
(18) *Ibid.*, p. 76.
(19) Douglas Rae, *The Political Consequences of Electoral Laws*, New Haven：Yale, 1967. Michael Gallagher, "Comparing proportional representation electoral system：Quotas, thresholds, paradoxes and majorities", *British Journal of Political Science*, 22(4), 1992, pp. 469-96.
(20) Arend Lijphart, *Electoral Systems and Party Systems：A Study of Twenty-Seven Democracies, 1945-1990*, Oxford University Press, 1994, p. 24 and pp. 153-159.
(21) Judge and Earnshaw, *op. cit.*, p. 115.
(22) 欧州政党については以下の文献が詳しい。安江則子『欧州公共圏—EUデモクラシーの制度デザイン』慶應義塾大学出版会，2007年，85-122頁。
(23) European Parliament, *Rules of Procedure*, 16th Edition, Brussels, 2007.
(24) Simon Hix, Abdul G. Noury, and Gérard Roland, *Democratic Politics in the European Parliament*, Cambridge：Cambridge University Press, 2007, Chapter 5.
(25) 政党投票の上昇は、とりわけ1994年以降見られる。*Ibid.* p. 94.
(26) 一方で、投票記録は重要法案では残されない傾向にあるため、ヒックス等による法案投票のデータにはいわゆる「セレクション・バイアス」が存在するとの指摘もある。Martin Westlake, "A paradoxical parliament?" *European Political Science*, 6(4), 2007, pp. 341-351.
(27) 欧州議会における政党助成金については以下の文献を参照。浅見政江「EUの民主的ガヴァナンスとEU市民」田中俊郎・庄司克宏編『EUと市民』慶應義塾大学出版会，2005年。
(28) Karlheinz Reif and Hermann Schmitt "Nine second-order national elections：A conceptual framework of the analysis of European Election Results." *European Journal of Political Research*, 8, 1980, pp. 3-44.
(29) 1989年第3回欧州議会選挙、1994年第4回欧州議会選挙後のEESデータをもとにした共同研究の成果は、『欧州の選択か？』としてまとめられた。Van der Eijk and Franklin, *op. cit.*
(30) Seymour Martin Lipset and Stein Rokkan (ed.), *Party Systems and Voter Alignments：Cross-national Perspectives*, New York：Free Press, 1967.

第 3 部　EU の持続可能なガバナンスとリスク管理

第7章
EU高齢社会政策とリスクガバナンス
―貧困・社会的排除との闘い―

福 田 耕 治

はじめに

　グローバル化と高齢社会化に伴うリスクに，EU諸国と日本は直面している。現代世界は「リスク社会」であり，ある程度予測が可能なリスクもあるが，予測が不可能な場合もある。リスクには，自然災害のリスクや気候変動など環境に関わるリスク[1]，世界金融危機など経済活動にかかわるリスク[2]，安全保障・防衛にかかわるリスク，健康・医療にかかわるリスク[3]，テロ[4]や犯罪，治安にかかわるリスク[5]，雇用や貧困にかかわるリスク，食の安全にかかわるリスク[6]など，地球規模のリスクから社会や個人のリスクまで，また現在のリスクから将来に及ぶ世代を超えるリスクまで多様であるが，それらは相互に密接に関係している場合が少なくない。

　人口の高齢化は，社会的なリスクであり，世代を超えるリスクとして捉えることができる。なぜなら少子高齢社会化に伴う生産労働力の低下は，高齢者を支える財政基盤の脆弱化，経済成長の鈍化につながると考えられるからである。高齢者人口の増大と新自由主義的改革は，高齢者の年金や医療費などの社会保障費の削減につながっている。これは，高齢者にとっては経済的負担の増加を意味し，貧困で疾病や障害を持ちがちな高齢者の場合であれば医療アクセスへの困難性から健康リスクの増大ともかかわってくる。

　本章では，リスクガバナンスとはいかなるものかを概観した後，事例として，人口学的にある程度のリスク予測が可能なEU高齢社会政策を取り上げる。第1に，EU・欧州諸国が直面する人口高齢化状況を明らかにし，この課題に対応するための高齢社会政策の現状と諸施策の全体像を概観する。第2

に，EU の高齢者雇用政策を取り上げ，CSR 活動とリスクガバナンスの関連性を明らかにする。第 3 に，EU 高齢者の生活，就業・退職決定に影響を与える年金制度などの所得保障や医療保障をめぐる問題を検討し，高齢労働者の雇用可能性と社会的リスクの制御をめぐる諸問題を考察してみたい。

第 1 節　EU の持続可能な社会構築とリスクガバナンス

1　リスクガバナンスとは何か。

　持続可能な社会実現のためには，リスクガバナンスが不可欠である。欧州委員会は，リスクにかかわる対象事項として，保健医療，消費者保護，食の安全，動物の安全，運輸の安全，環境保全，エネルギー確保とその安全，市民生活の安全・災害への対応，EU における金融・資産の安全など，極めて広範な分野と相互に関連する多様な政策領域を挙げている[7]。これらの対象事項のうち，欧州委員会では，とくに経済成長と高齢者雇用問題が，現在と将来の世代の繁栄を確保するために重要であると認識し，高齢者人口の増大に伴う社会的リスクへの対応が，EU が取り組まなければならない喫緊の政策課題であると捉えている[8]。

　リスクガバナンスは，人間の活動の結果として生じる悪い事態を回避し，もしくは望ましくない事態が起こる確率を可能な限り低くし，不幸にして起こった場合にも社会的な影響，深刻度を可能な限り低減させ，被害を最低限度に抑え込もうとする営みである[9]。リスクガバナンスは，国際機構，国家，企業等の組織や社会全体の存続のために，本能的，意識的であるか否かにかかわらず，歴史的に蓄積され，組織文化や社会文化となり，後生に伝承される。

　人間が何らかの目的を達成するために，行動を起こし，現状の変革に挑戦すれば，うまく目的が達成できる可能性がある。しかし，程度の差はあっても事故などの予測できない出来事によって失敗する可能性も常に付随している。高齢社会のリスクは，年金の不足や医療費の増大など経済の持続可能性に対するリスク，換言すれば社会・経済的リスクであるとも捉えられる。リスクは，単なる技術的な問題や個人の偶然の「不運」によるものだけではな

い。政治経済学的，法学的，社会学的，統計学的，心理学的，医学的，工学的な知見の統合を通じてそのリスクの原因を解明し，リスクガバナンスによって望ましくない事態を回避したり，災害や被害の程度を弱められる可能性はある[10]。

こうした観点から1993年発効したEU（マーストリヒト）条約では，「高水準の社会保護」（EC条約第2条）をEUの任務として明確に規定し，社会的な「連帯とリスクの共同化」を前提として，高齢者の「雇用の促進，生活条件及び労働条件を向上させつつ均等化するために，これら諸条件を改善し，適切な社会保護，労使間の対話，高水準の雇用の継続と社会的排除の撲滅のための人的資源の開発を目的とする」（EC条約第136条）方針が打ち出された。

2　EU/欧州諸国の高齢社会化と人口学的変化

日本と同様に西欧諸国は，OECD諸国の中でも最も高齢化が進行しており，これが社会的リスクを高めている。OECDの報告書によれば，65歳以上の人口は，2050年までに，3人に1人以上になると推定されている。少子高齢社会化の進行に伴い年金給付費および医療保障費の対GDP比が年々高まっていくことは避けられない。生産年齢人口（15～64歳）は，1999年イタリアで減少が始まったのを皮切りに，2001年ドイツ，2003年デンマーク，2004年オーストリア，2006年フィンランド，2007年スペイン，2009年ギリシア，2010年ポルトガル，2011年にはフランス，ベルギー，イギリス，オランダでの労働力人口の減少が生じている[11]。2025年日本では，3人に1人が65歳以上となる超高齢社会が到来する。そこで高齢人口の高い雇用率，労働力率を維持できるよう高齢者の労働市場を改善し，強化する必要が生じてきた。

西欧諸国における生産年齢人口の減少と相俟って，労働市場は，さらに高齢労働者に依存せざるを得ない状況にあると欧州委員会の報告書は予測している[12]。表1および図1に示すように，高齢者の寿命が延び，今後50年は，人口学的に欧州社会における高齢化率の上昇が予想される。それゆえ，貧困等の理由から，医療へのアクセスが困難な高齢者のリスクにも対処し，労働力の確保と年金制度の持続可能性を高め，健康な高齢者が就業できる労働市場を構築する政策的対応をとる必要があることがわかる。また国境を越える

表 1　人口に占める 65 歳以上の高齢者の割合

	1960	1980	1990	2000	2020	2030	2040
フランス	11.6	13.9	14.1	15.9	19.5	21.8	22.7
ドイツ	10.8	15.5	15.3	16.8	21.7	25.8	27.6
イタリア	10.5	13.2	14.9	17.6	19.4	21.9	24.2
日本	5.7	9.1	12.1	16.7	20.9	21.0	22.7
オランダ	9.0	11.5	12.8	13.6	18.9	23.0	24.8
スウェーデン	11.8	16.3	17.8	17.8	20.8	21.7	22.5
イギリス	11.7	15.0	15.7	15.7	16.3	19.2	20.4
日本	5.7	9.1	12.1	20.0	28.0	32.0	36.0

（出典：OECD, 1998, Robert. H. Blank, Viola, Brurau, *Comparative Health Policy*, palgrave, 2004, p. 3 内閣府（2016）『平成 28 年版・高齢社会白書』12 頁。から筆者作成）

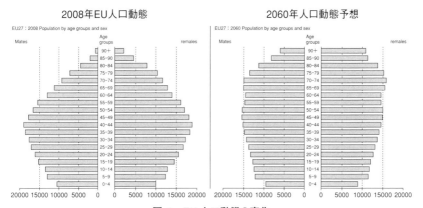

図 1　EU 人口動態の変化

　人の自由移動を前提とした EU レベルでの社会保障政策が現在にもまして要請される。持続可能な EU 年金制度の構築と予防医学的な観点に立った EU 社会保障政策の発展が要請されることになる。しかし，世界金融危機・経済危機の影響もあり，欧州各国政府の財政状況も悪く，不安定な状況下で，社会保障費の企業負担は，国際競争力を低下させることにつながりかねない。それゆえ，企業を含む多様なステークホルダーを巻き込んだ EU レベルでの

高齢社会のリスクガバナンスが求められるようになってきた。

3 EU 高齢社会政策の概観

それでは EU・欧州諸国が直面する人口動態の高齢化の課題に対処するために，EU レベルの高齢社会政策としてはいかなる施策が要請されるのであろうか。高齢者関連の支出予測は，各加盟国国家財政の持続可能性を確保するための財政安定協定の一部となっている。「欧州 2020」新成長戦略との関連もあり，各加盟国の年金制度の開放型整合化方式（Open Method of Co-ordination：OMC）を通じて，高齢者を労働市場へ参画させることによって欧州の経済成長にどの程度の影響があるのかを明らかにする必要がある。マクロ経済学的な予測を行うにあたり，欧州における今後 50 年間の人口動態の推移を睨みつつ，労働生産性，労働力，失業などの要素に基づいて，図 2 に示すように，年金，失業給付，長期医療，介護，職業訓練・教育などの施策が要

図 2 EU 高齢者政策の概観

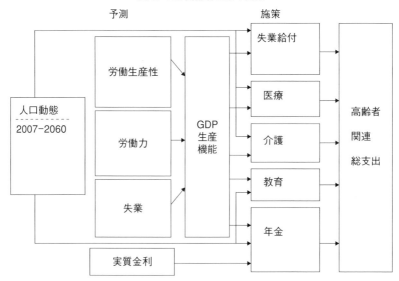

（出典）European Commission, *The 2009 Ageing Report : Underlying Assumptions and Projection Methodologies*, EUROPEAN ECONOMY, 7, 2008, p.16. より筆者作成。

請される。これらの高齢者関連総支出額の予測は，毎年の EU 経済財政相理事会の討議にも付される。

欧州委員会の経済財政総局（DG-ECFIN）は，これらの高齢者関連の諸施策を策定する観点から，EU 各加盟国の財政状況を比較して分析を行い，高齢者増加に伴う長期医療・介護支出増大の傾向をも考慮して各加盟国の年金の持続可能性を予測した[13]。人口動態予測によれば，前掲の図 7-1 に示されるように，人口ピラミッドの形は，少子高齢化に伴いピラミッド型から柱型へと変化していく。65 歳以上の高齢者は，2008 年の 8500 万人から，2060 年には 1 億 5100 万人へとほぼ倍増することが予想され，80 歳以上では 2008 年の 2200 万人から，2060 年の 6100 万人へと 3 倍増となるものと予測されている[14]。

この予測に基づき，欧州委員会の戦略では，従来のように健康な高齢者まで退職させて年金生活者とするのではなく，平均余命が伸びる傾向にある高齢者を職業訓練などの再教育・訓練を施して労働市場に参画させようとする。労働力の確保とともに労働生産性の向上に寄与させることによって，高齢者の失業リスクを回避し，失業手当や年金財権の破綻リスクの回避にも貢献する，いわゆる「アクティブ・エイジング」（Active Ageing）政策へと EU は大きく舵を切った。

そこで以下の節では，EU 高齢者の所得保障の中心となる各加盟国における年金制度とその改革，「開放型年金整合化方式」（OMC）による各国年金の調整のあり方と，EU における高齢者雇用・社会的排除のリスク回避と企業の社会的貢献（Corporate Social Responsibility：CSR）政策について検討してみたい。

第 2 節　EU 高齢社会政策と各加盟国の年金制度改革
——開放型年金整合化方式（OMC）による調整

2005 年 3 月欧州理事会は，新リスボン戦略の焦点を「雇用と成長」に絞り込んだ「再生リスボン戦略」を構築した。同時に EC/EU レベルでの再規制を行い，あるいは各国規制の相互承認原則をとり，域内市場の完成後に生じ

る市場競争の結果生み出される矛盾，地域間の経済格差拡大や価値配分の不均衡，不公正の是正，移民・難民や高齢者，障害者，女性などの社会的排除やソーシャル・ダンピングをめぐる問題も軽視できない。そこで EU レベルで市場統合の負の側面を補う社会的側面にも政策的配慮をしなければ，欧州統合は成功しないことにも十分に予測された。それゆえ，EU レベルの社会政策，労働市場政策，社会保障・社会福祉政策，雇用政策，横造政策が形成・実施されてきた。「社会的次元」に注目し，「ヨーロッパ・ソーシャル・モデル」や「社会保護」，「ソーシャル・ガバナンス」のあり方が模索され，欧州統合プロセスでは OMC が繰り返し検討され，活用されてきた。リスボン欧州理事会では，欧州雇用戦略において，OMC を新しいガバナンスのあり方として積極的に捉え，他の社会政策領域にも用いる方向性に合意した。また，「欧州ガバナンス白書」[15]においても，留保を付しながらも OMC の重要性が指摘されている。OMC は，相互承認や結果としての規制競争が望ましくない結果を伴う場合に用いられてきた。しかし OMC にも議論の余地があり，その運用に適した条件や方法をさらに研究する必要がある。OMC は加盟国間の諸条件が多様で統一的な共通政策を実施することが困難な場合に用いられる。ハード・ローに基づくトップ・ダウンの共同体方式を用いるよりは，緩やかな規範を示し，多層なレベルのアクターに関与させ，対話を促し，参加を通じて相互学習を生み出すボトム・アップのソフト・ロー・アプローチの方がよい結果をもたらす場合に OMC が有効性を発揮する。

　人口高齢化に対応するためには，退職後の所得保障制度である年金制度の財政的持続可能性を担保する必要がある。EU・西欧諸国における人口の高齢化に伴い，公的年金支出は，1995 年から 2030 年の期間で平均 12％ から 16％ に上昇すると予測されている[16]。年金制度は，国ごとに多様である。例えば，公的年金法定支給開始年齢は，フランスでは 60 歳（40 年間の保険料拠出）で支給開始となるが，スウェーデン，デンマーク，オランダでは 65 歳から，イギリスでは男性 65 歳，女性 60 歳から，支給開始となる[17]。欧州債務危機以降，ドイツでは 67 歳へ引き上げられた。世界銀行の類型化によれば，年金制度は「強制加入と高齢者の貧困を救う限定された目的をもつ公的管理下にある制度」（第 1 分類），「私的に管理された強制加入の貯蓄制度」

表 2 人口の高齢化に関するコスト予測：EU 加盟国財政の持続可能性に関するリスク

リスクの高い国	チェコ，キプロス，ギリシャ，ハンガリー，ポルトガル，スロヴェニア
中レベルのリスクの国	ベルギー，フランス，ドイツ，アイルランド，イタリア，ルクセンブルグ，マルタ，スロヴァキア，スペイン，英国
リスクの低い国	オーストリア，デンマーク，エストニア，フィンランド，ラドヴィア，リトアニア，オランダ，ポーランド，スウェーデン

（出典）European Commission, Ageing costs：cut deficits and reform pensions now to leave a sustainable legacy for our children tomorrow, EU NEWS 95/2006, 2006/10/12., IP/06/1356.

（第2分類），「任意加入の貯蓄制度」（第3分類）の3類型がよく知られている。公的年金制度はすべて第1分類に入れられ，これは規範的な分類に過ぎないとOECDは指摘している[18]。それゆえOECDが開発した分類では，年金制度のそれぞれの役割と目的に基づいて，強制加入制度を「再分配の部分」と「保険の部分」の2階層に分けている。年金制度の再分配部分は，年金受給者が絶対生活水準を維持できることを目的とし，保険部分は退職後の目標生活水準に達することを目的とする[19]。表2に示すように高齢化に伴うリスクの程度も加盟国ごとに異なる。

EUにおいては域内での生産要素のうちの労働力の最適配分の観点から，人の越境移動を促進する政策を実施している。そのため，人の域内自由移動に伴って各加盟国で個別に実施されてきた社会保障政策，労働政策をEUレベルで調整，ないし整合化が要請されるようになってきた。欧州市民のなかには，他の加盟国で移民労働者として就労し，退職後，永住権を得て同国にとどまり「終の棲家」とする人々や母国に帰還する人もあれば，生活費が安く，温暖な南欧諸国で老後を過ごそうと考え，イギリスやドイツ，北欧諸国から，南欧諸国へと移住する人々も少なくない。

EUの社会保障政策では，社会保障の「調和化」（Harmonization）と「整合化」（Co-ordination）という2つの側面があるとされる[20]。前者の社会保障の「調和化」とは，EUレベルで望ましいと考えられる統一的な社会保障制度へと各加盟国ごとに異なる社会保障制度を改革させ，EUレベルで統一的な社会保障制度へと各国の制度を統合させる場合をいう。その成果とされるのは，

1979年の理事会79/7指令であり，これは各加盟国の「社会保障制度の適用範囲，加入条件，拠出要件，給付額の計算に関する男女差別の撤廃[21]」を各加盟国に義務付けた。しかし現実には，多くの社会政策，社会保障政策に関する管轄権は各加盟国の主権の下にとどまっており，EUからのトップダウンで加盟国に変革を迫ることはEC法上の根拠もなく，困難である。

たとえば，老齢年金や退職年金の受給資格の一つである支給開始年齢に男女差がある加盟国も存在する。そこでEC条約第42条を根拠として移民労働者の社会保障上の権利確保を目的とする社会保障の整合化が注目された。国境を越える人の社会保障上の権利の保護は，通常の社会保障制度が各国の自国民をその適用の対象としているため，国境を越えて他の加盟国に移住した人に対しては，不利になってしまう。そこで整合化は，社会保障の持つ属地性を一定範囲内で緩和することを目的としている。すなわち，社会保障の整合化は，すべてのEU加盟国民が社会保障において差別的扱いを受けないようにするため，①国籍による差別の禁止，②複数の加盟国間における老齢年金などの資格期間の通算，および受入国において現物給付される医療サービスに対する償還払い，③現金給付の国外支給，を認めるものである[22]。なぜなら，EU各加盟国の社会保障制度，年金制度，医療保障制度は多様であり，適用範囲の違いなど制度運用をめぐる多様性も大きいからである。整合化の対象となる人びとに対しては，受入国の社会保障制度の適用除外を認めている[23]。

EC条約第51条を根拠として規則1408/71号，規則571/72号により，EU域内における人の自由移動を目的とする「整合化」が行われ，域内労働者とその家族の保護のための基本原則を定め，各加盟国の法制度を接近させていく方式がとられた。年金受給者とその家族については，2つ以上の加盟国の年金受給権を持つ年金受給者で，いずれか一方の加盟国に現在居住している場合，家族とともに年金と疾病給付などの医療保障を受けられる。年金受給者が1加盟国の年金受給権しか持たない場合には，年金および医療の現物給付もその国の負担となる[24]。年金受給者が複数の加盟国の年金受給権を有する場合，最も長期間加入していた加盟国が負担し，医療保障についても現物給付費用の負担を行う。ある加盟国で年金受給権を持ちつつ，別の加盟国

に居住する年金生活者の場合には,「過去の雇用期間や被保険資格等と無関係に居住国で医療の現物給付が保証されるが,年金受給権はその居住国では認められていない場合,現物給付の費用は年金支給国の責任で負担する[25]」ことになっている。

第3節　EUの高齢者雇用・社会的排除のリスク制御と連帯による貧困リスクガバナンス

1　EUにおける高齢者雇用政策の形成と展開

　人間は誰でも社会との関わりを維持しつつ,経済的に困窮することなく,また心身の健康な状態で歳を重ねていけることを願っている。しかし日本やEU諸国においては,少子高齢社会へと変化しつつあり,それが多くの社会的リスクを高める結果をもたらしている。高齢者雇用に対する捉え方は,加盟国により異なり,高齢者雇用促進政策を実施するドイツや年齢差別の少ないデンマークがある一方で,高齢化進行が緩やかなフランスでは早期退職志向も未だに強い[26]。近年,政府の財政削減を目的としたネオ・リベラルな構造改革の潮流と福祉予算の削減により,生活に必要な所得保障となる年金制度や医療保障制度が綻びをみせ,かつてのような手厚い社会保護は受けにくく,貧困のために医療へのアクセスも困難となり,また就労可能な高齢者も社会的排除に直面する割合が高まってきた。

　EUが持続可能な国際競争力を維持しつつ,発展を続けるために,高齢者を労働市場に受け入れ,企業を巻き込む戦略を打ち出したのは,1993年コペンハーゲン欧州理事会での議論がきっかけとなった。この議論を受けて1995年欧州委員会のドロール委員長は,欧州企業グループとともに「社会的排除に反対する企業マニフェスト宣言」を発表した。しかしEUレベルでの高齢者政策の歴史は浅く,1999年1月「社会保障制度の財源と社会的援助の共通基準に関する勧告の実施に関する報告[27]」(COM (1998) 774)を欧州委員会が発表し,高齢者など社会的弱者のリスクに対して,セイフティーネットとしての最低所得保障制度の必要性を訴えた。EU高齢者雇用政策は,各加盟国の貧困問題とEUレベルでの社会保護の必要性についてコペンハーゲ

ン欧州理事会が注意を喚起した時に始まった。欧州委員会のこの報告は，手厚い社会保障と労働者保護，ワークシェアの観点から，労働者に早期退職を迫るインセンティブを与える制度が一般化していた時代から，人口高齢化が進み，各国とも社会保障財源の逼迫が予想される時代へと推移するなかで発表された。高齢者を社会保障の対象としてではなく，高齢者も労働市場に参加し，高齢者が社会保護・福祉財源の供給に寄与できるように，高齢者雇用・再雇用へと政策転換を図ろうとする意図もあった。こうして欧州委員会は，1999年5月「すべての年齢層のための欧州を目指して―繁栄と世代を超えた連帯を促進する[28]」（COM（1999）221）と題するコミュニケーションを発表した。欧州委員会は，2010年までの10年間の経済・社会政策についての包括的なガイドラインを示し，国連高齢者年へのEUとしての取組みを示す意図もあった。またEU諸国の高齢人口が増大する人口学的予測に基づいて，EUの高齢者雇用政策，年金政策，保健医療政策についての指針を示すものでもあった。

　このガイドラインは，EU諸国において今後，少子高齢化が進行する状況，生産労働力不足と高齢者社会保障費の財政負担の増大に鑑みて，従来各加盟国でとられてきた早期退職促進政策を抜本的に見直し，高齢者の雇用促進と一層強力な社会的連帯を確保する政策への転換を目指している。これにより，高齢人口が増大する社会でも，社会的排除や貧困を生み出さないための社会政策，雇用政策にも十分な配慮を行う欧州型の持続可能な経済成長を目指す戦略[29]となる。リスボン戦略と「欧州2020」戦略は，高齢者が社会的排除を受けるリスクへの対応を含むものであった[30]。

2　成長戦略と高齢者の社会的排除リスクの制御―EUのイノベーション，CSR政策

　リスボン戦略の骨子は，①雇用可能性（employability）の改善，②企業家精神（entrepreneurship）の推進，③構造改革のための労使の適応可能性（adaptability）の向上，④男女の機会均等（equal opportunity）の推進などであった[31]。これらは，社会政策と経済政策および雇用政策の3つを柱とする相乗効果を狙う「総合政策」であり，社会の質・社会的連帯を維持しつつ，経済の競争

力やダイナミズムを向上させ，完全雇用や業務の品質向上を達成しようとした。特に知識経済・社会への移行のために，具体策としては，情報社会基盤や研究技術革新，起業支援，金融市場改革とマクロ経済政策協調を図り，EUレベルの健全かつ良好な持続可能な経済制度の構築を目指していた。

この観点から，知識基盤経済社会に向けた教育・職業訓練，積極的な雇用政策と社会保障制度の連繋，社会的排除や各種の差別，貧困問題などに対処できるような「欧州社会モデル」を構築する政策である。2000年12月のニース欧州理事会の議長国結論では「欧州社会モデルは，とくに高いレベルの社会保護を提供するシステムと社会的対話の重要性および社会的連帯のためのきわめて重要な活動をカバーする公益部門によって，加盟国の社会制度の多様性をのり超える中核的な共通価値を基礎にする。」[32]と謳いあげた。

2001年3月ストックホルム特別欧州理事会では，雇用の拡大，特に高齢者雇用・高齢者福祉政策の目標設定と共通評価制度，男女間賃金格差の解消等が合意された。さらに2002年3月バルセロナ欧州理事会では，2010年までに，2000万人の雇用を創出し，EU全体の就業率を70％まで引き上げ，女性の就業率も60％以上に，また高齢者（55～64歳）の就業率も50％に引き上げる目標を設定し，女性や長期失業者への雇用拡大，貧困撲滅と定年年齢を58歳から63歳へと引き上げるという目標を掲げた[33]。

高齢者は，かつてはワークシェアの名の下に早期退職，失業を余儀なくされてきたが，新自由主義的な政策転換によって社会保障の受益者に留まることは許されず，逆に社会保障の負担者として厳しい労働条件の下での就労を続けることが求められるようになってきている。しかし高齢者にはその雇用先もなく，資産を持たない場合，社会保護の打ち切りと同時に貧困へと落ち込んでいかざるを得ない人々の数も増大しつつある。そこで企業にも高齢者雇用に配慮させるためのインセンティブが必要となる。

企業を巻き込む戦略は，前述のようにコペンハーゲン欧州理事会での議論が皮切りとなった。「リスボン戦略」では，2010年までに，欧州の国際競争力を強化する戦略の一環として，労働者の働き方，機会均等，社会的結束と政府や企業の連帯が重要であることを強調した。欧州委員会は，「欧州におけるCSR枠組みの促進」（2001）と題するグリーン・ペイパー[34]において，企

業の社会的責任（Cooperate Social Responsibility：CSR）を「企業が社会および環境に関する配慮を，企業活動とステークホルダーとの相互作用のなかに自発的に取り入れようとする概念[35]」として定義づけた[36]。特に雇用者である企業は，高齢者や障害者などの社会的排除を行わないよう，彼らの採用において差別的な取り扱いをしないように求めている[37]。2005年2月に改定された「新リスボン戦略」および2010年3月「欧州2020」のような経済・社会全体の新成長戦略では，EUの持続可能な発展戦略として，EUの持続可能な経済成長を促進するために，企業が雇用創出とイノベーションのための重要なアクターとして位置付けられた。企業がCSR活動によってステークホルダーと協力して，経済，社会，環境などの社会的貢献を行い，企業活動の透明性を高め，アカウンタビリティを強化して，社会的に貢献することを求めている[38]。なぜなら，人口高齢化が進むEU各加盟国で要請される年金改革を成功させるためには，欧州委員会が推進する高齢者雇用に支えられた「アクティブ・エイジング」社会戦略の実現が不可欠となり，その前提として高齢者に適切な雇用機会を提供し，引退年齢と公的年金支給年齢とのズレを埋め，最低限度の所得維持と年金基金のリスク分散をはかっていくことが要請されるからである。

「欧州CSR戦略2011〜2014」を経て，企業，消費者，市民セクター，政府，国際機関などのステークホルダーの協働による高齢者のみならず社会や環境，人権に配慮した社会的包摂政策の重要性が強く認識されるようになってきた。高齢社会のニーズに対応できる科学技術開発イノベーションの促進と「時間銀行」などの社会連帯によるリスクガバナンスが今後の課題となるであろう[39]。

おわりに

EU高齢社会政策は，1990年代に誕生し，2000年のリスボン戦略を契機に実質的には形成された。高齢者雇用促進の観点から，国境を越える人の自由移動を前提として，各国ごとに異なっている社会保障政策の整合化，持続可能な年金制度にむけて各国年金制度・政策の整合化，EUレベルでの保健医

療政策の展開など，政策統合的に 2000 年代以降に急速に発展し始めたことが明らかになった。高齢者の抱えるリスクは，基本的人権や社会権とかかわり，同時に老齢年金や医療費などの社会保障費用の漸進的増大を余儀なくされ，国家財政破綻のリスクともかかわる社会的課題である。これは現在のリスクであるだけではなく，将来に及ぶ世代を超えるリスクを含み，それらは相互に密接に関係している。歴史的経緯や文化の違いにより EU 各国の社会政策，社会保障政策，労働政策，雇用政策，保健医療政策は多様であり，現在のところ各加盟国の主権の範囲内にある。EU の権限事項ではないため，EU レベルで統一的に整合化や調和化するには多くの困難が伴うため，年金制度改革において「開放型年金整合化方式」(OMC) により各国が自発的に制度的齟齬を調整し，次第に収斂させていくボトムアップによる政策整合化方式が現実的な方策として有効性を示しつつある。

EU 諸国では人口高齢社会化の進行と同時に，世界金融危機・経済危機に伴う国家財政の逼迫に直面し，もはや従来のような手厚い社会保障を提供できる財政状況ではなくなった。しかし，人口学的にある程度のリスク予測が可能な高齢社会問題に対して，欧州委員会は，EU の新成長戦略「欧州 2020」の下，経済・社会全体の戦略目標を達成する観点から，科学技術研究開発のためのイノベーション・ユニオン（欧州研究圏）を構築し，「ホライズン 2020」などの具体的プログラムや「CSR 欧州」のような企業団体，産業界の CSR 活動などからの資金援助を得て，科学技術イノベーションと社会イノベーションによって経済成長と雇用創出を図り，少子高齢社会に対峙しようとしている。また EU の CSR 政策を通じて，高齢者の貧困・社会的排除のリスク制御を行おうとする。企業をも社会問題の解決に巻き込んでその社会的責任を果たす必要性を訴え，EU レベルの高齢者雇用促進政策を打ち出している。持続可能な EU 社会保障制度を構築するため，EU が各加盟国の高齢社会政策，制度改革の実現を支援しているといえるであろう。

(1) 気候変動と環境リスクに関する問題については，福田耕治「グローバル・ガバナンスと EU の持続可能な発展戦略―気候変動制御と再生可能エネルギー政策を事例として」福田耕治編『EU とグローバル・ガバナンス』早稲田大学出版部，2009 年を

参照。
(2)　本書，第 3 章，田中素香「EU 経済通貨統合と世界金融・経済危機」を参照。
(3)　本書，第 10 章，福田八寿絵「EU のタバコ規制政策と健康リスク管理」を参照。
(4)　本書，第 8 章，須網隆夫「EU 対テロ規制と法政策」，須網隆夫「地域的国際機構と国際テロリズム規制—EU による国際テロへの法的対応と課題—」『国際法外交雑誌』106 巻 1 号（2007 年）1-35 頁，中村民雄「EU の国際テロリズム規制措置に対する司法審査と基本権保護：EU 判例の最近の展開」『社会科学研究』59 巻 1 号（2007 年）57-82 頁を参照。
(5)　本書，第 9 章，山本　直「EU 不正防止政策と欧州不正防止局」を参照。
(6)　福田耕治「国際機関と国内行政—『食の安全』リスク管理をめぐる国際公益の確保」間瀬啓充編『公益学を学ぶ人のために』世界思想社，2008 年を参照。
(7)　European Commission（2007），GEN.REP.EU, 2006, pp. 133-144.
(8)　European Commission（2006），COM（2006）136 final, p. 1.
(9)　ウルリッヒ・ベック・島村賢一訳『世界リスク社会論』平凡社，2003 年参照。
(10)　現代のリスクについては，OECD 編・総合研究開発機構訳『21 世紀の新たなリスク』NIRA，2004 年，土方透明・アルミン・ナセヒ編著『リスク』新泉社，2002 年を参照。
(11)　European Commission（1999），*Towards a Europe for All Ages*, p. 24.
(12)　European Commission（2007），Healthy aging：Keystone for a Sustainable Europe. p2.
(13)　European Commission, *2009　Aging Report : Economic and Budgetary Projections for the EU-27 Member States(2008-2060)*, European Economy, 2, 2009, pp. 19-20.
(14)　Ibid., p. 18.
(15)　European Commission（2001），COM（2001）428, 25.7. 2001. European Governance：White Paper.
(16)　浜口桂一郎「EU における雇用政策と社会保障」『海外社会保障研究』1999 年，No. 128，68 頁。
(17)　国際研究部（2006）「欧州における高齢者雇用の現状と政策」Business Labor Trend, 2006 年 12 月，参考資料 6-7 頁。
(18), (19)　OECD（2005），*Pensions at a Glance : Public Policies Across OECD Countories*, OECD 編著・栗林世監訳・連合総合生活開発研究所訳『図表で見る世界の年金』明石書店，2007 年，20 頁。
(20)　竹中康之「社会保障政策」金丸輝男編『EC・欧州統合の現在』創元社，1993 年，158 頁。
(21)　同上，161 頁。
(22)　同上，159 頁。
(23)　同上。Walker, Alan（2002），'Ageing in Europe：Policies in harmony of discord？' *International Journal of Epidemiology*, 2002；31, pp. 758-761.
(24)　岡伸一「EU の医療保障政策」『海外社会保障研究』1999 年，No. 128，57 頁。

第 7 章　EU 高齢社会政策とリスクガバナンス　*169*

(25)　同上，57 頁（一部筆者修正）。
(26)　国際研究部前掲論文，2 頁。
(27)　European Commission (1992), Commission Report on the implementation of Recommendation 92/441/EEC of 24 Jne 1992 on Common criteria concerning sufficient resources and social assistance in social protection systems. COM (1998) 774.
(28)　European Commission (1999), Towards a Europe for All Ages : Promoting Prosperity and Integrational Solidarity, COM (1999) 221.
(29)　福田耕治「リスボン戦略と EU 社会労働政策の新展開—新しい欧州ガバナンスの形態『開放型政策調整方式（OMC)』」福田耕治編『欧州憲法条約と EU 統合の行方』早稲田大学出版部，2006 年，260-261 頁。
(30)　同上，266 頁。福田耕治「経済危機と EU 高齢社会戦略」福田耕治編『多元化する EU ガバナンス』早稲田大学出版部，2011 年，115-116 頁。
(31)　同上，260 頁。
(32)　Nice European Council Meeting 7. 8, December 2000, Presidency Conlusions, Annex I, par. 1.
(33)　同上，261 頁。Barcelona European Council, 15-16, March, 2002, Presidency Conclusions, SN100, 102REV 1, p. 44.
(34)　European Commission (2001), COM (2001) 366, Green Paper, Promoting a European Framework for Corporate Social Responsibility.
(35)　Ibid., p. 2.
(36)　European Commission (2001), Green Paper Promoting a European framework for Corporate Social Responsibility, COM (2001) 366final, 18. 7, 2001, JETRO『ユーロトレンド』Report3, 2005 年 7 月，2 頁。
(37)　European Commission (2001), Green Paper, p. 8.
(38)　Ibid.
(39)　福田耕治「EU/欧州福祉レジームにおける連帯と社会的包摂」福田耕治編著『EU の連帯とリスクガバナンス』成文堂，2016 年，36-41 頁。

第 8 章
EU 対テロ規制と法政策

須 網 隆 夫

はじめに

　2001 年 9 月の「同時多発テロ」以降，EU は，国際テロリズムの脅威にそれまで以上に真摯に対応することを余儀なくされている。

　EU は，アムステルダム条約により，良好な治安の保たれた「自由・安全・正義の領域（an area of freedom, security and justice）」の構築を目的とするに至った（旧 EU 条約 2 条，現 EU 条約 3 条 2 項）。「自由・安全・正義の領域」の確立は，リスボン条約発効以前の EU では，第三の柱である「警察・刑事司法協力」の任務であり，国際テロ規制は，第一次的には第三の柱に属していた。しかし国際テロ規制は，政府間協力の性格を有する「警察・刑事司法協力」の規制を中心にしながらもそれに限定されず，資金移動規制が示すように，第一の柱の「欧州共同体（EC）」の対象事項にも及んでいた。そして，それらの規制に対する訴訟が，EU 内の司法機関（EC 裁判所・加盟国国内裁判所）に提起され，国際テロ規制による基本的人権の侵害が争われてきた。

　以下には，第一に，21 世紀当初約 10 年間の EU の国際テロ規制を概観して，包括的なテロ規制のための法制度が整備されている状況を明らかにする。その上で第二に，それらの規制に対して，基本的人権の保障の観点から提起された各訴訟を分析し，EU の国際テロ規制の課題を探る[1]。なお，本稿ではリスボン条約以前の EU 条約を旧 EU 条約と表記している。

第1節　EUにおける国際テロリズム規制

1　国際テロリズム規制の整備

　ヨーロッパでは，欧州審議会において開始された，国際テロに対する国際協力が，「欧州テロ防止条約」(1977年)として結実し，さらに EC では，欧州テロ防止条約の加盟国間における適用を目的とした「ダブリン協定（EC 加盟国における欧州テロ防止条約の適用に関する協定）」(1979年)が調印され，その後一部の加盟国間では，域内国境の規制廃止と域外国境の規制強化を目指す「シェンゲン協定」(1985年)及び「シェンゲン実施協定」(1990年)が，それぞれ締結された(2)。1970年代以降，航空機ハイジャックなど，テロ行為と認識される類型的行為ごとに，テロ行為者の処罰確保を目的として，一連の「テロ防止関連条約」が多数国間で締結されていたが(3)，「欧州テロ防止条約」は，同様の発想に基づく地域条約である。他方「シェンゲン実施協定」は，一連の多国間条約とは異なる EC 加盟国独自の規制であり，EC の「域内市場統合計画」による域内国境の廃止に対応した「加盟国間の警察協力強化」を企図して，域内国境を越えた警察活動をある程度まで可能としている。

　マーストリヒト条約による EU 創設 (1993年) の結果，テロ防止のための警察協力を対象に含む「司法・内務協力」が第三の柱として設定され，その結果，EC の枠組み外で，純粋に政府間協力として行われていた国際テロに対する協力の多くが，EU の枠内に取り込まれた（旧 EU 条約 K. 1 条(9)）。さらにアムステルダム条約 (1999年発効) によって，EU 創設時には，EU とは無関係であったシェンゲン協定のシステムも，EU の枠内に取り込まれ，シェンゲン協定の下で形成された法体系は，執行委員会決定を含めて「シェンゲン・アキ」として EC 条約に組み込まれるとともに（アムステルダム条約付属第2議定書）(4)，「司法・内務協力」の一部が共同体化されて，第三の柱は「警察・刑事司法協力」に改変された。具体的には，アムステルダム条約の結果，移民・難民政策，その他「人の移動」に関する事項が第一の柱に移され，EC 条約第Ⅳ編「査証（ビザ）・難民庇護・移民・その他人の移動に関する政策」(EC 条約61条以下) を構成するに至った。そのため，域外国境管理・難民庇護・移

民・資金移動規制は EC の，テロを含む犯罪防止は「警察・刑事司法協力」の対象事項となった。

これらの制度的変化を背景に，EU の国際テロ対策は，1990 年代末より活性化し，1999 年のタンペレ欧州理事会以降，国際テロに対する加盟国間協議が本格的に始まった。同時多発テロ以降，特に安保理決議に基づくテロ規制の制定が急速に進んだが，2004 年のマドリッド列車爆弾テロは，EU 規制の発展に更なる推進力を与え，EU は，現在では，広範な分野を対象とする包括的なテロ対策法制を整備している[5]。現在の国際テロ規制は，欧州理事会が 2004 年 11 月に採択した「ハーグ・プログラム」の一部をも構成している[6]。同プログラムは，「自由・安全・正義の領域」を強化するために，共通庇護・移民政策，域外国境規制，警察協力，司法協力の発展を目指し，テロへの対抗措置を優先課題に位置付けている。そして欧州委員会も，同プログラムを具体化する「行動計画」を策定して，取るべき措置とその時期を明らかにしてきた[7]。

2 国際テロリズムに対する規制の概要

(1) 国際テロリズム規制の位置

リスボン条約発効以前の EU は，三つの柱によって構成される列柱構造を採用しており，個々の国際テロ規制について，EU の全体構造のどこに位置するかを意識する必要があり，国際テロ規制は，EU の三本柱全体に及んでいた。EU の各柱の法的性格には相違があり，超国家機関である第一の柱と異なり，第二・第三の柱は，基本的に，国際法の規律する政府間協力の性質を有するが，それらに跨って，テロ規制が実施されていたのである。

すなわち，第二の柱である「共通外交安全政策」は，テロリズムに明確には言及していないが，国際テロが「平和に対する脅威」（国連憲章 39 条）を構成する以上，国際テロ対策は，EU の安全を目的とする「共通外交安全政策」の対象に含まれる。もちろん，警察等の「法執行機関間の協力」と「刑事法制の接近」によって，欧州市民に犯罪のない安全な社会を保障しようとする「警察・刑事司法協力（第三の柱）」は，テロへの対応を明示している（旧 EU 条約 29 条・34 条）[8]。そしてテロ規制は，第一の柱の EC にも及んでいる。EC

条約60条・301条は，第二の柱とECの連携を図る規定であり，共通外交政策が確定した方針を，EC権限を行使して実施することを可能としているからである。この他，ECでは，EC条約第Ⅳ編の諸規定（EC条約61条以下）等も，国際テロ規制の根拠となり得た。

2009年12月に発効したリスボン条約発効により，第三の柱と第一の柱の相違はほぼ解消されたが，第二の柱との相違は依然として顕著であり，現在の基本条約も従来の構造を継承している（EU運営条約75条・215条）。但し，EC条約60条・301条は，特定の個人に対する制裁の実施を明示していなかったところ，現行条文は明示している（75条）。

(2) 国際テロ規制の実施手段

EUの国際テロ規制が，三本柱の全てに及ぶために，個々の規制措置には，各柱において利用可能な立法形態が使用され，必要に応じて複数の立法形態が組み合わされていた。例えば，資産凍結には，第二の柱の「共通の立場（common position）」と，第一の柱の（前述の60条・301条を根拠とする）EC立法（具体的には，「規則（regulation）」）が組み合わされている。「共通の立場」は，EUの方針を決定するものであり，閣僚理事会が全会一致により採択する（旧EU条約23条1項）。「共通の立場」が採択されると，加盟国は，国内政策を「共通の立場」に適合させなければならず（同15条），対外的にも「共通の立場」に従って行動する（同19条1項）。但し，「共通の立場」は加盟国を拘束するが，加盟国内に直ちに法的効果を生じさせるものではない。他方「規則」は，全面的に法的拘束力を有し，ECの全領域で直接適用される。

この他，「指令（directive）」・「枠組決定（framework decision）」も国際テロ規制のために用いられる。指令は，加盟国に一定の結果達成を義務付け，他方そのための手段・方法については加盟国の裁量を認めるEC立法（派生法）である（EC条約249条）。枠組決定は，第三の柱に固有の立法形態であり，「指令」に類似し，加盟国法の接近のために，閣僚理事会の全会一致により採択され，達成されるべき結果につき加盟国を拘束するが，指令と異なり，直接効果を生じないことがEU条約上明示されていた（旧EU条約34条2項(b)）[9]。リスボン条約の発効により，各柱ごとの立法形態は整理され，従来のEC条約が定める5つの形態に収斂し，原則としてEU全体に同じ立法形態が適用され

るようになった。但し、発効以前に第二・第三の柱で採択された措置は、廃止・修正されるまで引き続き有効であり、このことは、テロ規制措置にも妥当する。

(3) 主要な個別規制措置

EUがリスボン条約発効以前に実施したテロ規制措置は、以下の5類型に区分できる[10]。国際テロに対する直接の対応は、第一次的に各加盟国の権限であり、そのためEUの国際テロ対策は、加盟国間協力の促進を重点とせざるを得ない。

1) 刑事法制の接近と加盟国間協力の強化

第一は、「テロに対する刑事法制の接近」及び「テロ行為者処罰のための加盟国間協力強化」のための措置である。代表的措置は、「警察・刑事司法協力」において採択された「テロリズムと戦う枠組決定[11]」と「欧州逮捕令状 (European arrest warrant) 枠組決定[12]」である。

刑事司法協力は、テロ犯罪の構成要件と量刑に関する最低限の共通ルールを漸進的に確立することを内容としており（旧EU条約31条1項(e)）、前者の枠組決定は、国内法によるテロ犯罪の定義の接近と、構成要件・量刑に関する最低基準の設定を目的とする。同決定は、テロ犯罪及びテロ活動関連犯罪（1条1項・3条）とテロリスト集団（2条1項）をそれぞれ定義し[13]、国内法による犯罪処罰を加盟国に義務付けるとともに（5条1項）、一部の犯罪については、具体的な刑罰の程度（有期懲役期間）まで定めている（5条2・3項）。テロ犯罪の定義をめぐってはさまざまな見解が主張されているが[14]、枠組決定の定義は、「行為類型」と「行為目的」の双方からテロ犯罪を定義し、この定義を基礎に、EUのテロ規制法の体系が構築されている。

後者の欧州逮捕令状枠組決定は、犯罪人引渡条約による犯罪容疑者の逮捕・引渡手続の簡素化・迅速化を目的とし、加盟国間に存在する犯罪人引渡条約に代替するものである（31条）。「欧州逮捕令状」とは、一加盟国が他加盟国に被請求者の逮捕・引渡を求めて発布する司法決定であり（1条1項）、制度の中核は、各加盟国が発給する欧州逮捕令状の相互承認にある。同決定は、発給国で3年以上の自由刑を課される32種類の引渡対象犯罪を列挙しており（2条2項）、そこには、「テロリズム」・「核物質又は放射性物質の違法

取引」・「航空機・船舶ハイジャック」・「破壊工作」等のテロ犯罪が含まれている。それらの対象犯罪に関する限り，加盟国が発した欧州逮捕令状は，他加盟国の法執行機関に直接送られ（9条1項），他加盟国による逮捕・引渡の根拠となる。相互承認の対象犯罪には，犯罪人引渡に伝統的に必要とされた「双罰性（double criminality）の要件」が不要であり（2条2項），被請求国国民も引渡の対象となる。但し被請求国は，一定の理由がある場合には引渡を拒否できる（3・4条）。欧州逮捕令状を円滑に運用するためには，加盟国の法執行機関相互の密接な協力が不可欠である。そのため，2002年の理事会決定により，加盟国間の司法協力，捜査・訴追機関間の調整，犯人引渡に関する協力促進を目的とする「ユーロジャスト（欧州組織犯罪対策協力機構）」が設立されている[15]。

2） テロ資産対策措置

第二は，テロの実施に必要な資金の供給を断つための措置であり，まずテロ関係者に対して「資産凍結措置」が取られた。資産凍結措置は，以下の二種類に大別されるが，どちらの場合も理事会は，安保理決議を履行するために「共通の立場」をまず採択し，次いで共通の立場に基づく理事会規則を制定して，資産凍結を実施している。

第一は，タリバン，ビンラディン及びアルカイーダ等に対する措置である。安保理決議1390号を履行するために採択された「理事会共通の立場2002/402号」に基づき，「理事会規則881/2002号」が制定されている[16]。安保理は，90年代末には，国連憲章第7章による強制措置の発動を含む，様々な決議を採択して，国連加盟国にテロ対策の実施を要求するに至ったが[17]，その中に，制裁対象を国連レベルで特定する制裁手法（「狙い撃ち制裁」）が現れる。同時多発テロ後の安保理決議は，その後のEUの国際テロ規制の直接的根拠を構成するが，そこで国連レベルで制裁対象を決定するメカニズムが整備されている。特に，2002年の安保理決議1390号は，ビンラディン及びアルカイーダ・タリバンの構成員・関係者に対して，制裁委員会（1999年の安保理決議1267号によって，安保理構成員をメンバーとして設置された）が定期的に更新するリストに従って，資産凍結・入国禁止等の措置を取るべきことを定め[18]，その後制裁委員会は定期的にリストを更新している。第二は，その他のテロ

行為者一般に対する措置である。安保理決議 1373 号に基づく,「理事会共通の立場 2001/931 号」により,テロ行為者等の資金凍結が決定され[19],同共通の立場を実施するために,「理事会規則 2580/2001 号」が採択された[20]。同規則は,テロ関係者の保有する資産の一般的凍結を目的としており,具体的な対象者は,閣僚理事会の決定により定められる (2 条 3 項)[21]。

テロ資産凍結措置以外にも,テロリストへの資金供給の阻止を企図する安保理決議 1373 号を受けて,マネーロンダリング対策が強化されてきた。すなわち,2001 年には,既存の「マネーロンダリング指令」(1991 年)の修正指令が採択され,禁止の対象・報告義務の対象者が拡大し,依頼者の審査・記録保管・疑わしい取引の報告義務は,金融機関だけでなく,外部の会計士・公証人・弁護士等の専門職にも課されている (2a 条・6 条)[22]。さらに 2005 年には,従来の指令に代替する「マネーロンダリング新指令」が採択された[23]。新指令は,テロ規制の性格を強め,「テロリズムと戦う枠組み決定」が定義したテロ犯罪のための資金提供・徴集を「テロ資金調達」と位置付けて (1 条 4 項),マネーロンダリングと同様に規制対象としている (4 条 1 項)。そのため,依頼者の審査と疑わしい取引の報告義務は,テロ資金調達の疑いがある場合にも適用される (7・20・22 条)。

3) 公共輸送の安全確保

第三は,テロ行為の対象となりやすい公共輸送機関の安全確保のための措置であり,航空輸送・船舶輸送の安全確保を目的として,複数の規則・指令が採択された。それらは,輸送政策に関する EC 条約 80 条 2 項を根拠とする「民間航空の安全に関する共通基準を定める規則 2320/2002 号 (空港・航空機の安全確保を目的とする規則)」[24],「船舶・港湾施設の安全促進に関する規則 725/2004 号」[25] 及び「港湾施設の安全促進に関する指令 2005/65 号 (港湾にて遵守されるべき安全措置を定める指令)」[26],域外国境規制に関する EC 条約 62 条 2 項(a)を根拠とする「バイオメトリクス規則 2252/2004 号 (加盟国の発給するパスポート及び旅行書類が,規則付属書の定める最低安全基準に適合し,生体認証として顔面画像・指紋を含み,機械で判別可能であることを求める規則)」[27] 等である。

4）法執行機関の情報交換の促進

第四は、テロ行為者の摘発・テロ行為の抑止のために、加盟国の法執行機関の情報交換を促進する措置である。具体的には、「理事会規則 871/2004 号」・「理事会決定 2005/211 号」により、テロ対策を目的として、一部の加盟国間での国境規制の廃止を目的とするシェンゲン実施協定により作られた「シェンゲン情報システム」の修正が図られ、同情報システムの保有する情報への「ユーロポール」・「ユーロジャスト」によるアクセスが可能となった[28]。

5）域外第三国との国際協力

第五は、第三国との国際協力のための措置である。実効的なテロ対策を実施するためには、EU 加盟国間だけではなく、域外第三国との国際協力が不可欠であり、特にテロに関連する情報の交換は重要である。そのため EC は、第三国と航空会社が保有する旅客情報の提供に関する協定の締結を企図し、2004 年には、アメリカといわゆる「PNR（passenger name record）協定」を締結した[29]。アメリカは、同時多発テロ後、アメリカ国内に発着する航空会社に、各社の予約システムが保有する顧客情報の当局への提供を義務付ける立法を制定し、欧州航空会社もその対象であった。アメリカへの情報提供と EC 法との整合性を担保するために、同協定は、個人データ保護指令（指令 95/46 号）25 条 6 項に基づく委員会決定に従って情報提供がなされることを定めていた[30]。なお、後述のように同協定の締結は、欧州司法裁判所により無効と判断され、その後の再交渉により新協定が締結されている[31]。

(4) 小　括

以上のように EU では、2001 年の同時多発テロ以降、短期間に多様なテロ規制法制の整備が進展した。それらは、資産凍結措置のように安保理決議の履行として行われる規制と、欧州逮捕令状制度のように安保理決議の予定した内容を越える EU 独自の規制に区分できる。特に、域内における人の移動が自由化されている EU において実効的なテロ規制を具体化するためには、高度な加盟国間協力が必要であり、それが EU 独自の規制を不可欠にしている。但し、EU のテロ規制権限は、EC 条約により権限が認められる一部の分野を除き、限定的であった。例えば、犯人を実際に刑事処罰する権限は加盟国の権限であり、EU の権限ではない。そのため、通常の主権国家のテロ規

制とは異なり，EU によるテロ規制は，加盟国によるテロ規制の支援に重点が置かれ，とりわけ情報交換・調整・加盟国間の協力の枠組み構築に努力が注がれざるを得ない。

第 2 節　国際テロリズム規制と基本的人権の保障

1　問題の所在─国際テロ規制による基本的人権の侵害

　加盟国間の協力促進を主眼とする EU の国際テロ規制は，本来，主権国家による規制よりも，基本的人権を侵害する恐れが小さいはずである。しかし，国際テロ規制の急速な整備の中で，特定の対象者に向けられた資産凍結措置はもとより，幾つかの規制について，EU 法又は加盟国法が保障する基本的人権との衝突が懸念されている。国際テロ規制における人権保障の重要性は，多くの論者が指摘し[32]，2003 年の安保理決議 1456 号も，テロ対策に際しては，国際法，特に国際人権法・難民法・人道法に一致した措置を採用すべきであるとしている[33]。しかし，テロリズム防止という「公共の利益」と「基本的人権の保護」との間に適切な均衡を確保することは容易でなく，そのためテロ規制の適法性を争う様々な訴訟が提起されている。なお，訴訟の多くは EC 立法（派生法）に対する事案であるが，そのことは，EC において訴訟制度がもっとも整備されていることと無関係ではない。例えば，EU 司法裁判所の管轄は，現在でも，「共通外交安全政策」には及ばないのである（EU 条約 24 条 1 項）。

2　国際テロ規制に対する訴訟の類型

　それでは，EU では，基本的人権の侵害を理由に，どのような訴訟が，どの裁判所に提起されているのであろうか。EU 法が保障する個人の権利は，EU 機関又は加盟国の行為によって侵害され得る。そして，EU は，この両者に対応するために，個人の権利が，EU 司法裁判所と加盟国国内裁判所の双方によって保護される司法制度を構築している[34]。そのため訴訟は，事案に応じて，両裁判所のいずれかに提起される。

(1) EU 裁判所に提起される訴訟

第一に，リスボン条約以前に，第一審裁判所（現 EU 一般裁判所）・欧州司法裁判所（現 EU 司法裁判所）の両者によって構成された EC 裁判所（現 EU 裁判所）には，EC 機関の行為を争って，以下のような訴訟が提起された。

1) 資産凍結措置に対する無効訴訟─公正な聴聞を受ける権利・財産権等

EC 規則に基づく，特定の個人・団体に対する資産凍結措置は，対象者の日常生活・経済活動に深刻な打撃を与える。もし凍結措置がテロ行為に無関係な第三者に課されれば，対象者が当該措置に納得できないことは当然であるばかりか，事前の聴聞なしに課される措置は，対象者の聴聞を受ける権利を始め，財産権・生存権等の侵害を引き起こす。そのため，資産を凍結された者は，テロ行為と無関係であることを理由に，凍結措置の無効を求める訴訟が提起し，相当数の判決が下されてきた。

ところで，安保理決議に基づく資産凍結措置は，具体的な制裁対象者の決定が，国連レベルで行われる場合と EU レベルで行われる場合に，さらに区分できる。

後者の場合には，判決により凍結措置が無効とされた事例があり，EU レベルの司法審査は有効に機能している。例えば，第一審裁判所は，2006 年 12 月 12 日に凍結措置を無効とする判決を下した[35]。同事件の原告は，理事会規則に基づく資産凍結措置に関して，制裁対象者リストへの原告の登載を決定した理事会決定の無効を求めて訴訟提起し，理事会決定が，公正な聴聞を受ける権利・実効的な司法的救済を受ける権利等に違反することを無効理由として主張した。判決は，理事会規則・共通の立場とも，措置の前後を問わず，認定の基礎となった証拠の通知・対象者の聴聞を規定しておらず，実際にも本訴提起に至るまで，制裁措置を正当化する証拠が原告に提示されていないことなどを指摘して，理事会決定による，原告の聴聞権の侵害を認定し，当該決定を無効とした。

これに対して，前者の場合における司法審査は議論を呼んだ。それは，司法審査を行うことが，安保理決議の否定を意味することが懸念されたからである。そして第一審裁判所は，国連レベルでの制裁対象の特定を，EC 裁判所が審査する余地を極めて狭く解釈し，基本的人権に照らした一般的な審査

を否定した。このような第一審裁判所の考え方を始めて示したのは，2005年9月の二つの判決である（Kadi 事件・Yusuf 事件両判決）[36]。事実関係の要点は，凍結措置の対象者を，制裁委員会が国連レベルで特定し，EU は，その特定に従って対象者への凍結措置を自動的に実施するという構造にある。原告は，凍結措置により，EC 法が保障する，公正に聴聞される権利・財産権・実効的な司法審査を受ける権利が侵害されたことを理由に無効訴訟を提起したが，判決は原告の主張をいずれも排斥した。欧州司法裁判所は以前より，EC が権限行使に際して国際法を遵守すべきことを明示してきたが[37]，第一審裁判所は，EC は，EC 条約を媒介にして，国連加盟国と同様に国連憲章・安保理決議による義務に拘束されるとまず判断する[38]。その上で判決は，国際法秩序と EC 法秩序の関係を検討して，国連法が EC 法に優先することを承認し，次いで，EC 法の一部である「EC 法の一般原則」を基準に理事会規則を審査できるか否かを検討して，それを否定する。平和に対する脅威を認定し，必要な決定を下すことは安保理の責任であり，安保理は，国内・EC 両裁判所の管轄権には服さないからである。但し判決は，司法審査が機能する余地を例外的に認める。EC 裁判所は，「ユス・コーゲンス（強行規範）」に照らして，安保理決議の適法性を審査できるという趣旨である。そして判決は，原告主張の基本的人権侵害を個々に検討し，ユス・コーゲンス違反の存在を否定した。第一審裁判所は，その後 2006 年 7 月にも，同種の 2 つの事案について判決を下したが，そこでも 2005 年 9 月判決の論理を踏襲しており[39]，ここに安保理決議の審査可能性に対する第一審裁判所の立場は確立したと考えて良い。

しかし上訴を受けた欧州司法裁判所は，2008 年 9 月，第一審判決を覆し，安保理決議に基づく EC 規則に対しても通常の基本権審査を認める判断を示した[40]。すなわち上訴審判決は，EC は法の支配に基づく共同体であり，加盟国・EC 機関の行為に対して，憲法的憲章である EC 条約に照らした司法審査が不可欠であること，そして基本的人権は，裁判所がその遵守を確保しなければならない EC 法の一般原則の一部であり，人権尊重は共同体行為の適法性の条件であることを前提に，裁判所が EC 法の適法性を審査できることを一般的に認める。その上で判決は，国連法秩序と EC 法秩序の関係によっ

て，基本的人権に照らした司法審査が排除されるか否かを検討し，安保理決議の尊重を強調しながらも第一審判決とは異なり，国際法・EC法いずれの立場からも，安保理決議の実施措置に対する司法審査の排除を否定した。したがって国連憲章は，EC立法には優先するが，基本的人権を含むEC法の一般原則には優先しないことになり，EC裁判所は，安保理決議の実施措置に対しても，他のEC立法の場合と同様に，全面的な基本権審査を行なわねばならない。そのため上訴審は，一審判決を破棄して当該規則の適法性を審査し，上訴人の聴聞権・実効的司法的保護の権利及び財産権の侵害をそれぞれ認定して，規則を無効としたのである。

第一審裁判所の論理では，基本的人権保護の主体は国連にならざるを得ない。安保理決議の優位を承認する以上，その審査も国連レベルで行われるべきだからである。しかし，国連レベルにおける司法的救済制度は未整備である。「ユス・コーゲンス」に照らした，EC裁判所の審査可能性を承認したことに一審判決の積極的意義があるとも言えるが，ユス・コーゲンスの範囲と基本的人権の範囲が一致しない限り，司法的救済の空白は避けられない。空白を避けるためには，EC裁判所が，ユス・コーゲンスだけでなく，基本的人権一般の観点から安保理決議を審査する必要があるところ，欧州司法裁判所は，そのことを正面から承認して，司法的救済の空白を埋めたのである。なお，EC法を国連の下にある国際法秩序から独立した自律的法秩序として位置付けた上訴審判決は，EC法の性格を考察する上でも注目されよう。欧州司法裁判所の判決後，国連レベルの手続には一定の改善が見られるが，司法的な救済制度は未だ実現していない。

2） 資産凍結措置による損害に対する賠償請求—財産権

凍結措置がテロ行為に無関係な者に課された場合には，凍結措置を無効として，対象者の資産利用を将来的に可能とするだけでは財産権の保護に十分ではない。凍結措置によって資産利用が不可能となったことに起因して，対象者に発生した損害を回復させる必要があるからである。このため，凍結措置に対する無効訴訟の中で，ECの非契約責任（EC条約288条，EU運営条約340条）を根拠に損害賠償を請求した事例があり[41]，今後，賠償請求訴訟が独立して提起される可能性がある。結論として損害賠償は否定されたが，

ECによる第三国(イラク)への禁輸措置に起因する損害の賠償を求めた事例もあったからである[42]。

3) 情報公開の拒否に対する無効訴訟——知る権利

資産凍結措置は,その実効性を確保するために,対象者の事前聴聞なしに決定されるのが通常であり,対象者には,テロ行為に関係しているとの主張に反論する機会が事前には与えられない。さらに対象者は,資産凍結後も,反論の前提として必要な,どのような事実・証拠に基づいて自らが関係者と認定されたのかを知る機会すら与えられない。このため対象者が,EC機関の情報公開を定めるEC規則1049/2001号に基づき[43],自己が対象者に選定された経緯に関する情報を取得しようとすることは当然である。ECは,一般に情報公開に積極的であるが,凍結措置対象者からの情報公開請求に対して,理事会は,「治安の維持」等の「公共の利益」を理由に情報公開を拒否した。このため,理事会決定の無効を求める訴訟が提起されたが,第一審裁判所は,テロ対策という治安上の考慮を優先させて理事会の判断を肯定して,請求を棄却した[44]。

4) 国際協定締結を認める決定に対する無効訴訟
——個人情報の保護・プライバシー権

国際テロ対策に不可欠な国際協力が,基本的人権との抵触を引き起こす場合もあり,EUが,国際協力のために第三国と締結する協定の適法性が争われることがある。すなわち欧州議会は,EU・アメリカ間で締結された,航空便旅客情報の提供に関するPNR協定が,プライバシー権の対象である個人データ保護を侵害する危険があるとして,協定締結の無効を求めて提訴した。欧州司法裁判所は,基本的人権侵害の主張に対する判断は示さなかったものの,協定の内容が,EC条約95条・「個人データ保護指令[45]」の範囲を逸脱していると認定し,締結権限の欠如を理由に,協定締結を無効とした[46]。

(2) EU加盟国国内裁判所に提起される訴訟

第二に,EC立法が加盟国によって実施される場合には,その実施行為を対象にして,加盟国の国内裁判所に訴訟が提起され,先決裁定手続(EC条約234条,EU運営条約267条)を通じて,欧州司法裁判所の判断が求められる。

1) 欧州逮捕令状枠組決定の国内実施法に対する訴訟―加盟国憲法の保障する基本的人権

欧州逮捕令状制度については,簡易化された引渡手続による人権侵害の危険性が指摘され[47],国内議会でも,制度実施の是非をめぐって活発な議論が交わされた。そのため,制定された国内法に対して,各国憲法の保障する基本的人権の侵害を理由にした訴訟が相次いで国内裁判所に提起されている。その結果,ポーランド憲法裁判所は,2005年,枠組決定を実施する国内法の憲法違反を認定した[48]。ドイツ連邦憲法裁判所も,同じく2005年に,枠組決定を実施する国内法(欧州逮捕令状法)が,基本権である引渡しからの自由(ドイツ基本法16条2項)・法的救済手段の保障(同19条4項)を侵害すると判断して,憲法違反を認定し,同法を無効とする判決を下している[49]。もっとも,これらの訴訟では,枠組決定自体に対する判断は示されていなかった。そのような状況の下,欧州司法裁判所は,2007年に,枠組決定に対する正面からの判断を示した[50]。ベルギーでも国内実施法の無効を求める訴訟が提起されたところ,ベルギー憲法裁判所は,枠組決定の有効性につき,欧州司法裁判所に先決裁定(旧EU条約35条3項)を求めた。双罰性の要件を不要としたことが,EC法の一般原則である基本的人権の保護(特に,罪刑法定主義及び平等・差別禁止原則)と矛盾するかという質問に対して欧州司法裁判所は,EUにおける基本的人権の重要性を強調した上で,犯罪の定義と刑罰は,発給国法が決定するべき事項であり,逮捕状を発給する加盟国は基本的人権の保護を義務付けられているので,双罰性要件の廃止により,原告が指摘した罪刑法定主義は侵害されないと判示した。裁定はさらに,双罰性を要件とする犯罪との区別は客観的に正当化されると判示して,平等及び差別禁止の原則も侵害されないという判断を示し,最終的に枠組決定の有効性を確認した。

2) マネーロンダリング指令の国内実施法に対する訴訟
―公正な裁判を受ける権利

マネーロンダリング指令は,公認会計士・弁護士等の専門職にも疑わしい取引に関して報告義務を課しているが(2a条5項),特に各国の弁護士は,弁護士の守秘義務が侵害されることを理由に報告義務に強く反対してきた。このためベルギーでは,同指令(2001年修正[51])の国内実施法の無効を求める

訴訟が，複数の弁護士会によって憲法裁判所に提起された。原告らは，弁護士に情報提供義務を課すことは弁護士の守秘義務と独立性を侵害し，その結果公正な裁判を受ける権利と防御権の尊重をも侵害するので，ベルギー憲法・欧州人権条約・EC法の一般原則等に違反すると主張した。そこで憲法裁判所は，先決裁定手続により，事案を欧州司法裁判所に付託し，同指令が「公正な裁判を受ける権利（欧州人権条約6条）」を侵害するか否かを尋ねた。これに対して欧州司法裁判所は，2007年6月に同指令の有効性に関する判断を示した[52]。裁定は，「公正な裁判を受ける権利」が，EC法の一般原則であることを確認した後に，弁護士が，司法手続に関連した法律相談の際に得た情報を当局に通報することを義務付けられるなら，弁護士の任務遂行は困難となり，その結果，人権条約6条によって付与された依頼者の権利が損なわれることを認める。しかし裁定は，指令の内容をさらに検討し，情報提供・協力義務が弁護士に適用されるのは，司法手続に関連しない場面のみであり，したがって「公正な裁判を受ける権利」は侵害されないと判断した。同指令は，2005年の新指令によって代替されたが，争点となった条項は，新指令にも継承されている。

3） 第三の柱の行為に対する司法的救済

第三の柱における理事会決定に対する損害賠償請求が，国内裁判所において可能であることを示唆した事例もある[53]。理事会は，安保理決議1373号を実施するために，テロ関係者の刑事捜査共助に関する「共通の立場2001/931号」を採択した。同共通の立場は，添付リストに載せられた個人・団体を捜査共助の対象とするところ，原告はこのリストに含まれていた。そのため原告は，理事会を被告とする損害賠償請求を第一審裁判所に提起した。しかし同裁判所は，EC裁判所は，第三の柱におけるEUの行為に対する賠償請求の管轄権を有さないことを理由に，原告の請求を却下し，上訴を受けた欧州司法裁判所も上訴を棄却した。上訴審は，一審と同様，EU条約が損害賠償請求に対する管轄権を認めていないことを理由にEC裁判所の管轄権を否定しながらも，損害賠償を基本権である実効的司法の保護の権利によって基礎付ける原告の主張に対して，第三の柱の行為は，第三者に法的効果を意図する限り，その性質・形式に係らず，先決裁定手続（旧EU条約35条1項）の対

象であると判断して，国内裁判所が共通の立場に対する先決裁定を求める可能性を認め，加えて，個人がEU行為の適用に係る国内措置の適法性を争って，被った損害に対する補償を求めることができるよう，国内裁判所は国内手続法を解釈・適用しなければならないと判示した。この判示は，原告が国内裁判所において共通の立場を争い，損害賠償を請求することを認めたものであり，EU機関への賠償請求は否定されるものの，個人が，加盟国に対して，賠償請求を含む訴訟を提起する可能性が開かれたことになる。

4) 小　括

国際テロ規制には，民主的統制とともに，立憲的統制が不可欠である。これまでの検討より明らかなように，「法の支配」の理念に基づき，EUの国際テロ規制に対しては，それぞれの場合に，EC法・加盟国法が保障する基本的人権に照らした司法審査の機会が，規制の対象となる個人に保障されてきた。欧州司法裁判所が，司法審査の範囲を限定した第一審裁判所判決を破棄して，国連により制裁対象が特定されている場合についても，通常の基本権審査を肯定したことは，立憲的統制に対する欧州司法裁判所の強い意欲を明らかにしたものである。第三の柱において欧州議会の役割が諮問に止まり，限定されていたことを考慮すると，テロ規制の民主的正統性が，民主主義の赤字の議論を再燃させる可能性もあった。まして，司法部が十分な審査を行わなければ，問題はより深刻化したと思われる。上訴審である欧州司法裁判所の判断は，そのような懸念を払拭したものと評価できる。

司法審査は，具体的には，EC・加盟国の権限配分に応じて，管轄権を有する司法機関によって行われたが，EC裁判所・加盟国国内裁判所の双方においてテロ規制措置を無効とする判決が下されたことが示すように，司法審査は実際にも機能している。但し，個々の場面では，テロ規制に重点を置いた判断も少なくなく，テロ規制と基本的人権の適切な均衡の模索は，引き続き重要な課題であろう。

おわりに

最後に指摘すべきであるのは，国際テロ規制のEU自体に対する影響であ

る。EUが国際テロ規制に積極的に取り組んだ2001年以降の時期は，憲法条約の議論が進められた時期と重なり合う。そのため憲法条約は，EUのテロへの対応能力を強化している。すなわち憲法条約は，第三の柱である「警察・刑事司法協力」を共同体化し，刑事司法強力に対して特定多数決による決定が適用されることに加えて（Ⅰ-23条），テロ攻撃への共同行動を定める連帯条項（Ⅰ-43条），訴追権限を有する欧州検察庁（Ⅲ-274条）等を新たに規定している。他方，共同体化に伴い，決定過程への欧州議会の関与が強化され（Ⅲ-396条），EU裁判所の管轄が一部を除いて全面的に及ぶことにより司法統制も強化している（Ⅲ-377条）。これらの条項はいずれも，発効したリスボン条約に継承されている。世論調査によれば，EU市民の多くが，不安の第一にテロリズムを挙げ，テロとの戦いがEUの優先課題であると考えている以上[54]，国際テロへの対応強化は不可欠である。しかし，他方で制裁対象者の基本的人権の保障が疎かにされては，EU自体の正統性が揺らぐことになりかねない。EC裁判所の諸判例は，「テロ規制の強化」と「基本的人権の保障」という矛盾する要請に対する，EC司法機関の回答を示すものであるが，その妥当性は常に見直される必要があろう。

（1） 本稿は，拙稿「地域的国際機構と国際テロリズム規制―EUによる国際テロへの法的対応と課題―」国際法外交雑誌106巻1号（2007年）1-35頁を基にしている。なお，同じテーマを扱った論文として，中村民雄「EUの国際テロリズム規制措置に対する司法審査と基本権保護：EU判例の最近の展開」社会科学研究59巻1号（2007年）57-82頁を参照されたい。
（2） 熊谷卓「欧州連合（EU）と国際テロリズム」広島法学20巻3号（1997年）205-219頁。
（3） 佐藤地・水越英明・松尾裕敬「テロ資金問題に対する国際社会の取組みと日本の対応」国際法外交雑誌101巻3号（2002年）82-86頁。
（4） 南部朝和「EUにおけるシェンゲン・アキ（*Schengen acquis*）と「自由，安全，司法の領域」の進展」平成法政研究7巻2号（2003年）167-216頁。
（5） 石垣泰司「テロとの戦いにおける国際機構の役割と人権問題」慶応法学5号（2006年）45-54頁。
（6） OJ 2005, C 53/1.
（7） OJ 2005, C 198/1；August Reinish, The Action of the European Union to Combat International Terrorism, in Enforcing International Law Norms Against Terrorism 119, 124-

125（Andrea Bianchi ed. 2004）．
（8）　熊谷・前掲注2）220-221頁．
（9）　「枠組決定」は，指令と同様，加盟国による国内実施が必要であるが，枠組決定違反には，ECの義務違反訴訟（EC条約226条・227条）のような法的対抗手段は用意されていなかった．
（10）　庄司克宏「欧州連合（EU）におけるテロ対策法制―その現状と課題―」大沢秀介・小山剛編『市民生活の自由と安全―各国のテロ対策法制』（成文堂・2006年）203-208頁，石垣泰司「テロとの戦い―治安維持と国際機構（第5章）」庄司克宏編『国際機構』（岩波書店・2006年）87頁以下．
（11）　OJ 2002, L 164/3；庄司・前掲注10）218-221頁．
（12）　OJ 2002, L 190/1-20；庄司克宏「「自由・安全・司法領域」とEU市民―欧州逮捕状と相互承認原則」田中俊郎・庄司克宏編『EUと市民』（慶応大学出版会・2006年）143-166頁，Steve Peers, EU Justice and Home Affairs Law 468-473（2nd ed. 2006）．
（13）　枠組決定の定義は，国連のテロ防止関連条約と重なる部分が多く，人体に対する攻撃，誘拐，政府・公的施設の広範な破壊，航空機・船舶乗っ取り，武器・爆発物・各種兵器の製造・所有・購入，危険物質の放出，水・エネルギー等の基本生活必需物資の供給妨害及び以上を行うという脅迫が，「テロ犯罪」である（1条1項）．
（14）　August Reinish, supra note 7, at 144-145；中谷和弘「テロリズムに対する諸対応と国際法」山口厚・中谷和弘編『安全保障と国際犯罪』（東大出版会・2005年）104-106頁．
（15）　OJ 2002, L 63/1．
（16）　OJ 2002, L 139/4；OJ 2002, L 139/9；OJ 2003, L 82/1．
（17）　佐藤哲夫「国連安全保障理事会機能の創造的展開―湾岸戦争から9・11テロまでを中心として―」国際法外交雑誌101巻2号（2002年）40-44頁．
（18）　U.N.Doc. S/RES/1267（1999）, para. 4(b)；U.N. Doc. S/RES/1390（2002）, para. 2.
（19）　U.N. Doc. S/RES/1373（2001）；OJ 2001, L 344/93．
（20）　OJ 2001, L 344/70．
（21）　OJ 2001, L 344/83；OJ 2002, L 116/33．
（22）　OJ 1991, L 166/77；OJ 2001, L 344/76．
（23）　OJ 2005, L 309/15．
（24）　OJ 2002, L 335/1．
（25）　OJ 2004, L 129/6．
（26）　OJ 2005, L 310/28．
（27）　OJ 2004, L 385/1；庄司・前掲注10）212-214頁．
（28）　OJ 2004, L 162/29；OJ 2005, L 68/44．
（29）　OJ 2004, L 183/84-85．
（30）　OJ 1995, L 281/31；OJ 2004, L 235/11-22．
（31）　OJ 2006, L 298/29-31．

(32) Tawhida Ahmed and Israel de Jesús Butler, The European Union and Human Rights：An International Law Perspective, 17 EJIL 771, 787（2006）；木下智史「憲法とテロ対策立法」法律時報 78 巻 10 号（2006 年）6-12 頁。
(33) U.N. Doc. S/RES/1456（2003）, para. 6.
(34) 須網隆夫「欧州連合における司法制度改革―ニース条約による改革の検討―」早稲田法学 82 巻 1 号（2006 年）7-12 頁。
(35) Case T-228/02 Organisation des Modjahedines du people d'Iran v. Council,［2006］ECR Ⅱ-4655.
(36) Case T-306/01 Yusuf and Al Barakaat International Foundation v. Council and Commission,［2005］ECR Ⅱ-3533；Case T-315/01 Kadi v. Council and Commission,［2005］ECR Ⅱ-3649；Christian Tomuschat, annotation of Yusuf and Kadi, 43CMLRev. 537-551(2006)；Roly Brown, Kadi v Council of the European Union and Commission of the European Communities：Executive Power and Judicial Supervision at European Level,［2006］E.H.R.L.R. 456-469（2006）；中村民雄「国連安保理の経済制裁決議を実施するEC 規則の効力審査―テロリスト資産凍結事件」貿易と関税 64 巻 7 号（2006 年）75(1)頁、中村・前掲注 1) 69-75 頁。
(37) Case C-286/90 Poulsen and Diva Navigation,［1992］ECR Ⅰ-6019, para. 9；Case C-162/96 Racke,［1998］ECR Ⅰ-3655, para. 45.
(38) Case T-315/01, supra note 36, paras. 192-193；Case T-306/01, supra note 36, paras. 242-243；Tawhida Ahmed and Israel de Jesús Butler, supra note 32, at 788-790.
(39) Case T-49/04 Hassan v. Council and Commission,［2006］ECR Ⅱ-52；Case T-253/02 Ayadi v. Council,［2006］ECR Ⅱ-2139.
(40) Joined Cases C-402/05 P and C-415/05 P, Kadi and Al Barakaat International Foundation v. Council, 3 September 2008.
(41) Case T-49/04, supra note 39；Case T-228/02, supra note 35.
(42) Case T-184/95 Dorsch Consult v. Council and Commission,［1998］ECR Ⅱ-667；Case C-237/98 P Dorsch Consult v. Council and Commission,［2000］ECR Ⅰ-4549.
(43) OJ 2001, L 145/43.
(44) Joined Cases T-110/03, T-150/03 and T-405/03, Sison v. Council,［2005］ECR Ⅱ-1429, paras. 2-3 and 77-82.
(45) Directive 95/46/EC, supra note 30.
(46) Joined Cases C-317/04 and C-318/04 Parliament v. Council（C-317/04）and Commission（C-318/04）,［2006］ECR Ⅰ-4721, paras. 59-61 and 67-70.
(47) August Reinish, supra note 7, at 159.
(48) No P 1/05, 27 April 2005,［2006］1 CMLR 965,
(49) Urteil des Bundesverfassungsgerichts vom18. Juli 2005（2 BvR 2236/04）,［2006］1 CMLR 378；小場瀬琢磨「欧州逮捕令状制度の各国実施と憲法問題―ドイツ連邦憲法裁判所の欧州逮捕令状法違憲判決―」貿易と関税 54 巻 8 号（2006 年)75(1)-70(6)頁。

(50) Case C-303/05 Advocaten voor de Wereld VZW v. Leden van de Ministerraad, [2007] ECR Ⅰ-3633；中西優美子「欧州逮捕状枠組決定の有効性」貿易と関税 56 巻 5 号（2008 年）75(1)-69(7)頁。
(51) Directive 2001/97, supra note 22.
(52) Case C-305/05 Ordre des barreaux francophones et germanophone, Ordre français des avocats du barreau de Bruxelles, Ordre des barreaux flamands and Ordre néerlandais des avocats du barreau de Bruxelles v. Council, [2007]ECR Ⅰ-5305；中西康「マネー・ロンダリング防止と弁護士の守秘義務」貿易と関税 56 巻 5 号（2008 年）75(1)-70(6)頁。
(53) Case C-354/04 P Gestoras Pro Aministía and others v. Council, [2007]ECR Ⅰ-1579；Case C-355/04 P Segi et al v. Council, [2007]ECR Ⅰ-1657；中村民雄「EU 第三の柱の措置（「共通の立場」）の司法審査―EU のテロ対策措置と法の支配」貿易と関税 56 巻 2 号（2008 年）83(1)-78(6)頁。
(54) Standard Eurobarometer 59, July 2003, 9 and 58-59.

第9章
EU 不正防止政策と欧州不正防止局

山 本　　直

は じ め に

　国家や自治体の財政の一部が不正に流用されるなどした場合，当該の国家や自治体は，そのような行為を処罰し，同様の行為を防ぐ手立てを案出しなければならない。このような課題を抱えているのは，国連をはじめとする国際機構もおよそ同じである。しかしながら，EU 市民に対する EU の責任は，中でも重大であるといえよう。EU は，固有財源制度の下，年間 20 兆円という，国際機構としては群を抜いた財政規模をもつ[1]。これほどの財政を国家を超える次元で運営するには，高度な行政技術が必要となる。

　他方において，EU 財政の執行には加盟国の職員が密接に関わっていることも留意しなければならない[2]。EU の人的資源には限りがあるからである。その帰結として，EU は，自らが EU 財政を管理しながらも，加盟国機関との協調的な関係に常に配慮しなければならないのである。EU の不正防止政策は，このような独特な事情の下で遂行されている。

　本章では，欧州不正防止局の活動を中心に，EU 不正防止政策がどのような展開をみせてきたかを概観する。

第 1 節　EU 不正防止政策の始動

1　EU 不正防止政策の背景

　EU 財政に対する不正の疑いがあることは，早くも 1960 年代初頭には指摘されていた。それが共通農業政策（CAP）等に向けた予算形成の時期と重なっていたことは，偶然ではない。1970 年代半ばに EC は，適切な会計を保持す

るために欧州会計検査院を設置した。その検査院もやはり，初回に公表した活動報告において，重大な不正があることに言及していた。EU 財政における不正の問題は，欧州統合の初期段階から提起されていたのである[3]。

その後，徐々にではあるものの，具体的な取り組みがなされるようになった。欧州委員会が 1988 年に不正防止調整部門（Unit for the Coordination of Fraud Prevention/Unité de co-ordination de la lutte antifraude：UCLAF）を設置したことは，その一例である。このような部門の設置を通じて，欧州委員会は，総局ごとに行われていた点検の組織化に努めたのである。そのような取り組みが欧州会計検査院や欧州議会の要請によるものであったことは，留意してよいだろう。

しかしながら，不正防止の機運が顕著となるのは，1990 年代以降である。1992 年のマーストリヒト条約において，加盟国は，自国財政に対するのと同様の不正防止策を EU 財政についてとることを約束した。加盟国はさらに，不正から EU 財政を守る行動を，欧州委員会の支援を受けつつ相互調整するとしたのである[4]。

欧州委員会のドロール（J. Delors）委員長の下，急ピッチで進められた域内市場計画も，90 年代半ばには完遂しつつあった。これをうけて，不正を防止することが次なる課題の一つとして掲げられた。不正に厳しいと評判のスウェーデンやフィンランドが EU に加盟したことも，EU の取り組みを後押ししたであろう。このような中で新たな展開をみることになる。

2　EU 不正防止政策の展開

高まる不正防止の機運の中，取り組みの中心にあったのは，EU の司法内務理事会である。同理事会による取り組みは，次のようなものであった。

(1)　財政保護に関する規約

第 1 に，「EC 財政利益の保護に関する規約」を起草したことである[5]。1995 年に作成されたこの規約には，EU 財政の保護を目的とする初めての文書として，特筆するべき事項がいくつかある。

まず，「EC 財政利益に影響を与える不正行為」の定義を，歳入および歳出の双方の局面において試みた。「不正確，不適当あるいは不完全な言明を行

うか書類を提出することにより,もしくは一定の義務に違反して情報を開示しないことにより,EC 予算からの資金を着服もしくは不当に所持すること」および「EC 予算からの資金を当初に認められた目的とは異なる目的に使用すること」に関する「意図的な行為」。これが,たとえば歳出における不正行為であるとした。こうして EU では,防止するべき行為について共通の基準をもつことを確認した。

さらに,このように定義される行為を各国が処罰することを原則化した。そこでは,5 万エキュを超える額の不正行為を「重大な不正行為」であるとした（エキュはユーロ導入前に EU で用いられた通貨単位である）。そのうえで,「効果的,比例的かつ抑止的な刑罰」によってこれを処するものと定めたのである。

不正行為に関わる企業のトップに対して必要な措置をとることも確認した。いかなる立場の者であれ責任を追及する決意が示されたのである。

司法内務理事会は,この規約を起草した後も,不正防止と関連する多くの規約および議定書を準備した。これらの文書には,不正行為とあわせて汚職や資金洗浄を処罰しようとするものや,文書の解釈について欧州司法裁判所の関与を認めようとするものが含まれる[6]。

(2) 欧州委員会による点検と査察

第 2 に,司法内務理事会は,上にみた規約とは別に,規則も採択することになった。上の規約は,マーストリヒト条約によって制度化された「第 3 の柱」,すなわち司法内務協力の枠組みにおいて作成されたものである。この枠組みは加盟国の政府間協力の性格が濃く,したがって当該規約の運用に対する EU 機関の関与は弱い。対して,規則の方は,「第 1 の柱」である EC として実施するために,強力な権限がしばしば EU 機関に与えられる。このような枠組み上の相違がある中,司法内務理事会は,「第 1 の柱」において「EC 財政利益の保護に関する規則」と「欧州委員会が実施する抜き打ちの点検および査察に関する規則」を採択したのである[7]。95 年から翌 96 年にかけてのことであった。

これら 2 つの規則は,EC 財政を取扱うすべての職員および機関に対して,欧州委員会が抜き打ちで点検と査察を実施することを,一定の条件下におい

て可能にするものである。さらに点検と査察の結果，EC財政に不当な損害が与えられていたことが判明した場合には，その弁済を要求することができる。また，それが意図的な違反によるものであれば，行政罰も科せるようになったのである。

先にみた規約は，不正行為を定義するとともに，刑罰の側面を重視する文書であった。対して2つの規則は，点検と査察を通じてEU行政管理の徹底をはかるものである。90年代の半ばには，これら規約と規則を両軸にした不正防止が試みられたのである。

もっとも，当初の設計どおりにことが運んだとはいいがたい。規約の方は，「第3の柱」における取り組みであったこともあり，すべての加盟国による承認を待たなければならなかった。一部の加盟国で批准が遅れた結果，2002年の発効まで7年もの年月を要したのである。規則についても，加盟国機関における点検と査察の実施には当該加盟国の理解をえることが不可欠であった。しかしながら，ある程度は予想されたことだが，欧州委員会に対する協力姿勢は加盟国によってまちまちであった。

このような状況に追討ちをかけたのが，委員による縁故採用や不正会計の指摘を受けたサンテール（J. Santer）欧州委員会の総辞職である[8]。欧州委員会内部に重大な腐敗の疑惑があったことは，同委員会が不正防止の取り組みを率先していただけに，問題の深刻さを露呈するものとなった。

規約と規則を通じてEU・加盟国間の連携が模索されたことは，EU不正防止政策の始動をたしかに印象付けはした。けれども，「不正と戦う」という政策目標の達成にはさらなる取り組みが必要であることも痛感されたのである。

第2節　欧州不正防止局の設置と捜査活動

1999年4月に欧州委員会は，不正防止調整部門（UCLAF）を改組する形で欧州不正防止局（European Anti-Fraud Office／Office européen de lutte antifraude：OLAF）を設置することを決めた。不正防止局の任務と権限は，欧州議会および理事会の共同決定手続きによって，翌5月に定められた[9]。不正防止局の

設置は，EUが不正防止策をとるというアムステルダム条約の要請に従うものであった[10]。それとともに，プロディ（R. Prodi）欧州委員会による行政改革の一角を担う事業でもあった。

1 任務と組織

欧州不正防止局が設置された目的は，「EC財政利益に影響を与える不正行為，汚職および他のあらゆる不法な行動と戦うため」である。そのために，これらの行為や行動について捜査を実施し，ECと加盟国の関係機関を支援し，かつ不正防止政策の策定に寄与することを任務とする[11]。

不正防止局は，欧州委員会の行政機能の一部を担うものの，運営費と行政組織が欧州委員会からは切り離されている。とりわけ不正防止局の局長は，その任務の遂行に際していかなる政府および機関の指示も求めず，また受けてはならない立場にある。さらに，別に監督委員会が設けられ，不正防止局による捜査の状況を監督する[12]。このような組織とすることによって，自立的な任務遂行が可能であるとみなされる。

不正防止局の主な構成機関である局長，部局および監督委員会の概要は，次のとおりである[13]。

（a）局長　不正防止局の長として，捜査を実施する是非やとるべき捜査方法を判断する。また，捜査結果を欧州議会，理事会，欧州委員会および会計検査院に定期的に報告する役割も担う。

局長の選任は，以下の手続きをもってなされる。まず，欧州委員会が，公募を経て監督委員会（下記参照）が好意的な意見を出した後に，候補者のリストを作成する。そして，欧州議会および理事会への諮問を経て，欧州委員会により選任されるのである。任期は5年であり，一回の更新が可能である。

このような手続きに従い初代局長に就任したのは，ドイツ人のブリューナー（F. H. Brüner）氏であった。氏は，ミュンヘン市組織犯罪・不正・汚職防止局の局長や，ボスニア・ヘルツェゴビナ上級代表事務所の不正防止室室長を歴任した。2006年に二期目を迎えている。

（b）部局　不正防止局には，A部局からD部局までの4部局がある。A部局とB部局はいずれも捜査に直接携わるが，前者には「内部捜査」「対外捜

査」「直接支出」「対外援助」，また後者には「農業」「関税」「構造的措置」の担当が振り分けられている。C部局は，A・B両部局に法的助言や情報を与える役割を負う。D部局は総務を担当し，データベースの管理等も行っている[14]。

不正防止局の職員は，2007年12月時点で333名である。うち約6割が正職員，約4割が臨時職員であり，彼らの多くは捜査を担当するA部局とB部局に配属されている。

⒞ 監督委員会　不正防止局による捜査を監督する監督委員会は，5名の委員よりなる。彼らは，欧州議会，理事会および欧州委員会の共通の合意によって3年任期で任命される。一回の更新が可能である。

局長は，監督委員会に対して，不正防止局の活動，捜査および捜査結果を定期的に通知する。監督委員会は，年に少なくとも10回の会合をもち，その活動を年次報告として諸機関に提出することになる。

本章執筆時における委員の顔ぶれは，スペイン最高裁の検察官，ハンガリー司法省の刑法典編集委員，スウェーデン会計検査院の監督委員会委員長，ドイツ選出の欧州議会議員（前職），およびイギリス不正防止助言委員会の委員長であった。不正防止局の任務は，以上のようなチェック・アンド・バランスの下で遂行されている。

2　捜査の開始と方法

不正防止局による捜査は，通常，外部からの情報提供に基づいて開始される。けれども，同局に寄せられる情報は年間800件にもおよぶので，各々の案件を慎重に評価する作業がまず必要となる。この作業において基幹的な機能を担うのが，各部局の代表者らによって構成される会議である。この会議は，捜査実行評議会と呼ばれており，ここにおいて情報の共有と整理がなされ，捜査開始の是非や捜査形態も検討されるのである。局長は，この評議会の勧告に基づいてゴーサインを出すことになる[15]。

捜査実行評議会は，捜査の開始を局長に勧告するにあたり，事案ごとに捜査様式を特定する。捜査様式は，現時点では4つに分類されている。すなわち，内部捜査，対外捜査，奨励および刑事的支援である[16]。

196　第3部　EUの持続可能なガバナンスとリスク管理

図1　捜査件数の推移

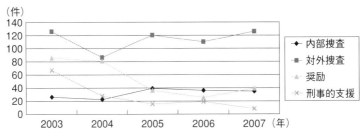

出所：OLAF, Report of the European Anti-Fraud Office：Eighth Activity Report, 2008, p. 13, chart 5 に基づいて作成。

　内部捜査とは，EU機関内で実施される行政調査を指す。そこでは，不正行為や汚職のほか，EU職員の職務遂行に関わる重大な問題を発見することが目的となる。対外捜査は，EC機関の外部における捜査のことである。これは，EU加盟国に加えて，加盟候補国や援助供与国といった第三国の機関に対する捜査を含みうるので，原則として当該国の同意を得て行う必要がある。奨励は，国家機関や他のEC機関による捜査の実施を不正防止局が奨励および促進するものである。内部捜査と対外捜査の場合の実施主体は不正防止局であるが，奨励では同局は側面支援を行うにとどまる。刑事的支援も奨励と同じく支援的性格のものであり，刑事捜査を実施する加盟国，加盟候補国あるいは第三国の機関の要請に応じて，もしくは不正防止局が自ら率先することにより，同局の権限の範囲内で支援を行うことになる[17]。

　捜査件数をこれらの様式ごとにみてみると，図1のようである。対外捜査の多さが顕著であるが，これは，EU職員以外にも加盟国および第三国の職員が多数，EU財政に携わっていることを反映している。奨励と刑事的支援は減少傾向にある一方で，内部捜査と対外捜査については，毎年一定の件数にのぼることが明らかである。

3　データからみる現状

　欧州不正防止局は，局長の監修の下で毎年，活動報告を作成している。すでにみた捜査件数をはじめ，捜査に要した期間，フォローアップの形態，処

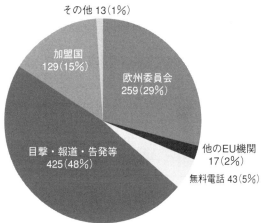

図 2　欧州不正防止局への情報提供（件数）

出所：Ibid., p. 18, chart 15 に基づいて作成。

分の件数および内容といったデータが報告には掲載されており，不正防止局による若干の分析も加えられている。EUにおける不正行為の現状や不正防止局の活動状況を理解するうえで，興味深い報告となっている。

ただし，報告は，EU財政の管理をEU機関が一括して負うことの限界を物語ってもいる。たとえば，2007年度報告に掲載された図2は，不正防止局に対する情報提供源の内訳に関するものである。これによると，欧州委員会からの情報提供は29％にすぎず，他のEU機関からの提供も2％にすぎない。その一方で，目撃・報道・告発等による提供（48％）は，全体の半数近くを占めている。加盟国からの提供（15％）を加えれば，開始に至った捜査情報の多くを，EUの制度の外部に依存していることになる。

別のデータからは，不正防止局によるフォローアップが容易ではないことも読みとれる。捜査を通じて判明した不正に対しては，国家機関やEU機関が適切な措置をとるのが原則である。その状況を不正防止局は監視するのであるが，監視するべき事案は2007年末の時点で800件を超えており，しかも，農業，タバコ・アルコール・付加価値税，関税，構造基金と多様な分野に，偏りなく広がっている（図3）。人的資源が限られている不正防止局にとって

図 3 フォローアップ過程にある財政的影響（2007年現在，100万ユーロ）

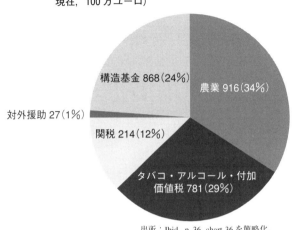

出所：Ibid., p. 36, chart 36 を簡略化。

は，いかに効果的なフォローアップを行うかが課題となっている。

第3節　EU政治システムにおける欧州不正防止局

　欧州不正防止局の捜査活動は監督委員会によって監督されているが，それとともに，より一般的かつ長期的な観点から防止局の活動を評価する作業もなされている。そのような作業にEUのいくつかの機関が関わっている。
(1) 欧州会計検査院
　最も精力的に関わっている機関のひとつは，欧州会計検査院である。欧州会計検査院は，EUのすべての歳入および歳出の会計簿を審査する。それとともに，歳入の確実な受取り，合法的かつ規則的な方法による歳出の実施，および財政運営の健全さをチェックする立場にある[18]。そのような立場から会計検査院は，不正防止局の活動を不正防止調整部門の時代から評価してきた。その評価報告では，捜査の効率性を含む専門的な内容に多くを割いている。けれども，支援業務の配置状況や監督委員会による監視の適切性にも言及するなど，多角的な分析も忘れてはいない[19]。

(2) 欧州議会

　欧州議会もまた，不正防止局の活動評価に関わる。欧州議会には予算委員会があり，これが長年，EU 財政における不正防止の問題に関わってきた。しかしながら，欧州議会は 2004 年に，予算委員会とは別に予算統制委員会を設置した。それ以降，不正や不法行為の問題については，予算統制委員会の管轄となっている。また，不正防止局の局長の選任に際しては，その候補者を厳しく面談することで知られる。いずれにせよ，欧州議会による評価では，EU の行政に対する民主的統制という観点から，不正防止局の活動の透明性や同局および欧州委員会間の関係性に重点がおかれている[20]。

(3) 欧州オンブズマン

　欧州オンブズマンは，欧州議会によって，欧州議会議員と同じ 5 年任期で任命される EU の役職である。彼/彼女は，EU における過誤行政の申立てを市民から受理するのであるが，その中に不正防止局に関連するものがみうけられる。この場合に欧州オンブズマンは，調査を踏まえて不正防止局に勧告を行う。勧告を受けた防止局の措置や対応は，欧州議会に報告される。また，欧州議会に対しては，不正防止局についての特別報告を提出することもある[21]。

　欧州不正防止局の活動は，このように，EU における多元的な評価の下におかれている。EU 不正防止政策は，これらの機関による動態的な関与の下で構築されつつある。

おわりに──EU 不正防止政策の確立に向けて

　以上にみたように，EU 財政に対する不正を防止しようとする機運は，1990 年代に高まりをみせ，欧州不正防止局の設置へとつながった。不正防止局の捜査対象は，EU 機関にとどまらず，加盟国や第三国の関係機関も含むものとなっている。その活動は，監督委員会に加えて，欧州会計検査院，欧州議会および欧州オンブズマンといった機関によって監督あるいは評価され，不正防止の徹底化がはかられている。

　EU による取り組みの最大の課題のひとつは，加盟国の職員が関わる事案

については当該加盟国の対応に依存せざるをえないことである。この点を克服する試みが，2007年のリスボン条約にはみられる。欧州検察局を設置する規定が盛り込まれたのである。この条約が2009年に発効したことにより，EUは，「EUの財政的利益に対する犯罪者を捜査および訴追し，かつ裁判を受けさせる責任をもつ」欧州検察局を設置できるようになった[22]。

欧州検察局の設置は，EUの刑事司法協力および警察協力の枠組みの中で要請されるようになった。これらの枠組みに基づく機関としては，すでにユーロポール（欧州刑事警察機構）やユーロジャスト（欧州司法協力部門）がある。欧州検察局は，これらの機関の活動実績に立脚しつつ，加盟国の刑事および司法行政をEU次元の公共政策に接合する触媒となりうるものである[23]。

（1） 2016年度の1550億ユーロを，1ユーロ125円で換算した。なお，年間1,000億ユーロを突破したのは，2004年である。2000年までは900億ユーロに届かない規模であったが，以後は漸増傾向にある。欧州委員会の公式サイト＜http://ec.europa.eu＞を参照。2016年5月1日アクセス。
（2） 本章では便宜的に「EU財政」と呼ぶことがあるが，正確には，リスボン条約が発効するまでは「欧州共同体（EC）財政」であった。リスボン条約はECの枠組みをEUに合一化しようとするものであるために，同条約の発効によって，名実ともにEUの財政となった。
（3） Dick Ruimschotel, 'The EC Budget : Ten Per Cent Fraud? A Policy Analysis approach,' *Journal of Common Market Studies*, Vol. 32, No. 3（1994）, pp. 319-320.
（4） マーストリヒト条約により改定されたEC設立条約209a条。
（5） Council Act of 26 July 1995, O. J. No. C316, 27 November 1995, annex.
（6） 詳細は，山本直「EUにおける反汚職（anti-corruption）」『ワールドワイドビジネスレビュー』第3巻第2号（2002）81-87頁を参照されたい。
（7） Council Regulation（EC, Euratom）No 2988/95 of 18 December 1995, O. J. No. L312, 23 December 1995.；Council Regulation（Euratom, EC）No 2185/96 of 11 November 1996, O. J. No. L292, 15 November 1996.
（8） サンテール欧州委員会の総辞職は，EUにおける欧州議会の政治的影響力を捉えるうえで興味深い事例である。福田耕治「欧州委員会の総辞職と欧州議会」『早稲田政治経済学雑誌』第341号（2000）；児玉昌巳「サンテール欧州委員会の総辞職とEUの憲法政治」『ワールドワイドビジネスレビュー』第1巻第1号（2000）を参照されたい。
（9） Commission Decision of 28 April 1999.；Regulation（EC）No 1073/1999 of the

European Parliament and the Council of 25 May 1999. いずれも O. J. No. L136, 31 May 1999 に掲載されている。
(10) アムステルダム条約により改定された EC 設立条約 280 条（旧 209a 条）参照。
(11) Commission Decision of 28 April 1999, op. cit., Art. 2.
(12) Regulation（EC）No 1073/1999, op. cit., Art. 11 and 12.
(13) 以下の記述は，Commission Decision of 28 April 1999, Rgulation（EC）No 1073/1999, Report of the European Anti-Fraud Office：Eighth Activity Report, 2008 および欧州不正防止局公式サイト http://ec.europa.eu/dgs/olaf/sup_comm（2008 年 9 月 1 日アクセス）に依拠している。
(14) 当初は A・B・C の 3 部局構成であったが，2006 年の改組により 4 部局体制となった。
(15) Report of the European Anti-Fraud Office, op. cit., pp. 5-6.
(16) Ibid., pp. 6-7.
(17) Ibid.
(18) EC 設立条約 248 条（EU 運営条約 287 条）2 項参照。
(19) たとえば，次の報告を参照されたい。Court of Auditors, Special Report No1/2005 concerning the management of the European Anti-Fraud Office（OLAF）, together with the Commission's replies, O. J. No. C202, 18 August 2005.
(20) たとえば，次の報告を参照されたい。Committee on Budgetary Control, Report on Protection of the Communities' financial interests-Fight against fraud-Annual reports 2005 and 2006（2006/2268（INI））, Rapporteur：Francesco Musotto, A6-0009/2008, 25 January 2008.
(21) See, The European Ombudsman, P. Nikiforos Diamandouros, Special Report from the European Ombudsman to the European Parliament following the draft recommendation to the European Anti-Fraud Office in complaint 2485/2004/GG,＜http://ombudsman.europa.eu/special/pdf/en/042485.pdf.＞. 2008 年 9 月 1 日アクセス。
(22) EU 運営条約 86 条。
(23) EU 運営条約 86 条 4 項によれば，欧州検察局の活動対象は，EU の財政的利益に対する犯罪のほか，より広範な国際犯罪を含む可能性がある。See also, Final Report of Working Group X "Freedom, Security and Justice," CONV 426/02, Brussels, 2 December 2002.

第10章
EUタバコ規制政策と健康リスク管理

福 田 八寿絵

はじめに

　タバコ規制は1国レベルではなく，世界的な広がりを見せるようになってきている。喫煙のEU社会に対する直接的・間接的コストは2009年において5440億であり，GDPの6.4％にあたる[1]。たばこは健康被害にとどまらず，貧困を加速させる。EUはWHOに先駆け，国境を越えたEUレベルでのタバコ規制政策を打ち出した。

　EUはタバコ規制に対し，いかなる役割を果たし，EUレベルでタバコ規制政策はどのように形成され，展開されてきたのであろうか。タバコ規制政策は，EUと加盟国の権限関係においてそれに関わるステークホルダーにいかなる影響を与えるのか。

　EUでは，様々なステークホルダー参加のもと，影響評価が行われる。この目的は過剰規制と過少規制をさけ，均衡のとれた規制をとるためである。この政策決定プロセスはスマートレギュレーションと呼ばれる。

　しかし，政策評価にステークホルダーを参画させることは，市民の公衆衛生の向上に資するものであるのか否か，また，課題があるとすればいかなる課題が存在するのであろうか。

　本稿は，EUレベルのタバコ規制のリスクガバナンスの現状と課題を分析することを目的とする。欧州市民の健康保護とタバコ産業など産業の育成・保護との係わり，自由貿易と健康安全規制との関係などタバコ規制をめぐる多様な問題を検討したい。特に，貿易や広告，税金など加盟国内行政とのかかわりの中でEUレベルでの健康リスク・ガバナンスの在り方に焦点を当て，タバコ規制政策と健康リスク管理問題について論じる。さらに公衆衛生分野

において初の国際条約であるタバコ規制枠組み条約（WHO Framework Convention on Tobacco Control：FCTC）との関連性についても考察をしたい。

第1節　喫煙と健康リスク

　喫煙がさまざまな臓器に影響を与え，慢性疾患の原因となっていることが報告されている。喫煙は，肺がんなど少なくとも16の異なるがんと因果関係があるとされ，全てのがんの3分の1の原因になっていると推定される[2]。タバコは回避可能な流行病と捉えることもできる[3]。EUにおいて毎年65万人が喫煙に関連して死亡している[4]。

　肺がんの約90％は喫煙によるものとされ，ヘビースモーカーの肺がんによる死亡率は喫煙をしない人に比べ，25倍であるといわれている[5]。喫煙は肺気腫や慢性気管支炎，慢性閉塞性肺疾患（COPD）の最も重要な原因であり，インフルエンザや結核の罹患リスクも増大させる[6]。呼吸器疾患による死亡リスクは喫煙者では無喫煙者の3倍であり，心疾患リスクの増大[7]や妊婦の喫煙は低体重胎児を出産するリスクの増大を引き起こすことが知られている[8]。

　タバコの健康被害は喫煙者のみならず，周囲への影響，すなわち受動喫煙の被害についても考慮されなければならず，先に述べたような疾患は間接喫煙によっても引き起こされることが問題とされる。例えば，非喫煙者が喫煙者と生活をともにした場合，非喫煙者と生活をともにした場合の20-30％肺がんリスクが高まり，また家庭や職場において受動喫煙にさらされている場合，さらされていない場合より，喘息のリスクが40-60％高まると推定される[9]。以上のようにタバコによる健康被害が喫煙者のみならず，周囲への健康被害を引き起こすことが科学的に証明されるようになり，近年公衆衛生上の問題としてたばこ対策が要請されるようになってきた。

第2節　EUのタバコ規制政策の形成

　それではタバコ規制はEUにおいてどのように法制化されてきたのであろ

うか。1986年欧州がん対策プログラム（Europe against Cancer Program）が開始されて以来，EU健康政策はタバコに対する対策にまで拡張されることとなった[10]。これは前述したようにタバコによる健康被害，特にがんとの関連が広く認識されてきたことによる。

1989年7月EU理事会は，公共の場において禁煙対策が採られるよう決議した[11]。ここでは非喫煙者の健康の権利が喫煙者の喫煙権より優先されることが示されている。同年「職場において最低限要求される安全，健康に関する理事会指令」（Council Directive 89/654/EEC）は労働環境について健康と安全を保つために要求されるものとして非喫煙者がタバコによる健康被害から保護されることを規定した[12]。さらに「労働環境における空気の質に関する指令」（Council Directive 92/57/EEC[13]）（92/91/EEC[14]）（92/104/EEC[15]）によって労働者が新鮮な空気にアクセスできるよう雇用者は努めなければならない旨が定められた。このように労働者の健康保護，労働環境の安全性の向上という観点から職場における禁煙対策がとられることとなった。また，1989年「テレビ広告に関する理事会指令[16]」（Council Directive 89/552/EEC）97年の修正指令（Directive 97/36/EC[17]）においてタバコ製品のテレビ広告を禁止する旨が規定された。さらに，1998年ほとんどすべての「間接的および直接的なタバコ広告の禁止を目的とした指令」（Directive 98/43/EC[18]）が策定されたが，2000年の欧州裁判所の判決により破棄され，2003年新たに，「タバコ広告規制指令」（Directive 2003/33/EC[19]）によって域内市場に係わるラジオ，インターネット，出版物によるタバコ広告の禁止，国際的なスポーツなどのイベントにおいてタバコ産業がスポンサーとなることが禁止されることとなった。

さらに「タバコのパッケージのラベルへの警告文記載に関する指令」（89/622/EEC[20]），（92/41/EEC[21]）によってタバコの健康に関する警告表示を義務付けた。以上のようにしてタバコによる健康被害に関する消費者の認識を高める手段が講じられた。

タバコ製品の健康被害を最小限に抑えるため，「タール指令」（Directive 90/239/EEC[22]）によって最大タールの量を1本（紙巻タバコ）あたり1992年末までに15 mgに1997年末までには12 mgまでと規定した。さらに2001年

の「タバコ製品規制指令」(Directive 2001/37/EC[23])によって製造，流通される紙巻タバコは1本あたりタール10 mg，ニコチン1 mg，一酸化炭素10 mg以下とし[24]，タバコ製品が販売される加盟国の言語でタール，ニコチン，一酸化炭素量を少なくともパッケージの10％を占めるよう表示されなければならないとした（第3条）。また，「喫煙は死をもたらす」もしくは「喫煙はあなたやあなたのまわりの人に害を与える」といった一般的な警告文をパッケージの表面の少なくとも30％以上を占めるよう表示し，さらにタバコの健康被害について付加的説明をするカラー写真などの表示を背面の少なくとも40％を占めなければならないとした（第5条）。さらにタバコのパッケージにマイルド，ロータール，ライト，ウルトラマイルドといった消費者に健康被害が少ないと誤解させる表現の使用を禁止した[25]。この指令のもとで「タバコ製品規制委員会」(Tobacco Products Regulatory Committee) が設置された。さらにEUにおけるタバコ試験所の情報交換を促進するため，「欧州政府タバコ及びタバコ製品試験所ネットワーク」(network of European governmental laboratories for tobacco and tobacco products：：GoToLab Network) を2002年設立した[26]。

タバコに対する課税についても検討が進められ，1972年の「タバコ税に関する理事会指令」(Council Directive 72/464/EEC[27]) では各加盟国におけるタバコ製品に対する税の調和化が必要であるとされた。「タバコ税の最低基準に関する理事会指令」(Council Directive 92/78/EEC[28]，92/79/EEC[29]，92/80/EEC[30]) によってタバコ製品の税の最低基準を規定し，99年の修正指令[31] (99/81/EC) によって特別税や従価税を組み合わせた物品税を少なくとも小売価格の57％とし，これに加えて付加価値税率を13.04％とした。さらに2002年「タバコ製品の課税構造に関する指令」(2002/10/EC[32]) において最低物品税として固定税の導入を行い，紙巻タバコについて1000本当たり60ユーロの物品税を課すこととした。

2011年改正たばこ税に関する理事会指令（Directive 2011/64/EU）では，紙巻きたばこに小売販売価格加重平均の最低57％の国内消費税を課し，販売価格に関わらず1000本当たり，最低64ユーロ課税することとなった。また，2014年以降は，加重平均60％，1000本当り，90ユーロを課税することとし

た(33)。

　以上のようにEUでは(1)労働環境，公共の場においてタバコの健康被害から保護する施策をとり，さらに喫煙者の削減のために，(2)タバコ広告の禁止，タバコのパッケージ警告文書の表示などの規制，(3)タバコの税率を増加させることによってタバコの消費を抑え，(4)タバコに含まれる有害物質の量的規制などタバコ製品の質を規制することによって健康被害を最小限にとどめるための政策が展開されるに至った。それでは，このような施策の目的はいかなるものであろうか。これは消費者の健康保護であるばかりではない。禁煙など生活習慣の改善により，医療費の抑制も目的の1つである。喫煙による社会的，経済的コストは他にもある。

　スコットランドでは喫煙者を雇用した場合に雇用者が負担するコストは生産性の損失が4億5000万ポンド（約9億ドル），高頻度の長期欠勤による損失が4000万ポンド（約8000万ドル），火災による損失が400万ポンド（約800万ドル）と推定され，スコットランドでは喫煙する労働者が55万人とされるため，喫煙者1人あたり898ポンド（約1796ドル）がかかるとされている。これらには機械装置の清掃や改修，修理などの費用は含まれていない。ドイツの研究では喫煙者1人当たり1226ドル，オランダでは1025ドル，スウェーデンでは2258ドルかかるとしている(34)。

　EUにおけるタバコによる直接的および間接的なコストが2000年では977億ユーロから1303億ユーロと推定され，EUのGDPの1.04から1.39%を占める(35)ことから政策的な対応が必要となったためであると考えられる。

第3節　各加盟国のタバコ規制の取り組み

　EU加盟国ではタバコ産業やタバコ規制は各国独自で行われてきた。これは加盟国政府が個人の消費行動への介入に対する捉え方にも大きく関わっている。そこでまず，各加盟国におけるタバコ税に対する取り組みについて概観し，EUレベルの規制がどのように加盟国レベルで展開されているのか，また加盟国独自のタバコ規制政策について明らかにしたい。

1 各加盟国におけるタバコ税規制

ところで各加盟国ではタバコ価格，タバコ税はどのように設定されているのであろうか。

課税によってタバコ製品価格を上昇させることで経済的なインセンティブを与え，個人のタバコ消費を抑制する試みがなされた。

タバコ価格はタバコ消費を抑制する最も効果的な手法の1つである。

表1に示すようにイギリスにおけるタバコの価格はリトアニアのタバコ価格の6-7倍であり，中東欧諸国ではタバコは低価格で税額も低いが旧EU加盟国では高価格，税額も高いという問題があり，これは旧EU加盟国と新加盟国との経済格差のためである。

タバコ製品に対する税率は製品ごとに異なっている。このことが，ドイツのタバコ企業によって利用された。タバコ税は紙巻タバコより手巻きタバコのほうが安いため，この企業はタバコを棒状にして手巻き用たばことして販売することで税負担を軽くし，価格を下げ，消費者の購買意欲を高めようとしたのであった。2005年EU司法裁判所はドイツのタバコ企業は違法であるとし，自分で巻くタバコステイックも紙巻タバコに分類することとした[36]。欧州で吸われているタバコのかなりの割合が密輸されたものであることも問題である。違法タバコはタバコ市場の約10-15％を占めるとされる[37]。違法な貿易を阻止することは健康の増進と歳入の保護を意味する。そこで欧州委員会は2014年までに段階的に最低税レベルを引き上げ，加盟国による税額の違いを縮小し，タバコの密輸を防止することを提案している。

世界銀行によればタバコ製品の価格の引き上げは最も効果的な介入であり，価格が10％上昇すると消費が平均4％減少するとしている[38]。また，2002年からすべての加盟国でタバコ製品の免税での販売が禁止されている。欧州市民が個人用に他の加盟国でタバコ製品を購入することは認められているが，旧EU加盟国では量的制限を行っている[39]。

2 タバコ広告の規制

タバコに対する広告への加盟国レベルでの規制に相違はあるのであろうか。加盟国レベルではタバコ広告はどのように規制されているのかについて

表 1 各加盟国における紙巻タバコ価格とその税額および税率

加盟国	紙巻タバコの市販価格 （1000 本当たり） （税を含む）		物品税額 （1000 本当たり）	タバコ価格に占める税の割合（％）
	自国通貨	EUR	EUR	
ベルギー		207, 87	124, 87	60, 07%
ブルガリア	123, 79	63, 29	41, 07	64, 89%
チェコ	2825, 00	102, 59	66, 13	64, 46%
デンマーク	1600, 00	214, 62	114, 60	53, 40%
ドイツ		235, 29	140, 72	59, 81%
エストニア	1105, 00	70, 62	53, 85	76, 25%
ギリシア		150, 00	86, 25	57, 50%
スペイン		120, 00	76, 60	63, 83%
フランス		265, 00	169, 60	64, 00%
アイルランド		372, 50	227, 32	61, 03%
イタリア		175, 00	102, 38	58, 50%
キプロス		141, 00	83, 25	59, 04%
ラトビア	42, 00	59, 66	44, 49	74, 58%
リトアニア	250, 00	72, 41	37, 36	51, 60%
ルクセンブルグ		160, 00	91, 30	57, 05%
ハンガリー	26842, 11	106, 76	61, 13	56, 31%
マルタ		180, 53	109, 80	60, 82%
オランダ		231, 58	135, 53	58, 52%
オーストリア		175, 00	101, 94	58, 25%
ポーランド	292, 50	77, 59	53, 56	69, 03%
ポルトガル		165, 00	102, 70	62, 24%
ルーマニア	277, 50	82, 68	47, 98	58, 03%
スロヴェニア		110, 00	64, 00	58, 18%
スロバキア	2631, 58	77, 58	60, 19	77, 58%
フィンランド		215, 00	122, 63	57, 04%
スウェーデン	2375, 00	258, 32	134, 98	52, 25%
イギリス	283, 00	405, 82	249, 99	61, 60%

（出典）European Commission（2008），Excise duty on tobacco products：frequently asked Questions, MEMO/08/506, Brussels 16 July 2008, p. 3.

次にみてみよう。

　タバコ広告によるタバコ消費の拡大を規制することはタバコ消費を抑制し，欧州市民の健康維持・増進に貢献すると理解される。ここでは各加盟国のタバコ広告に係わる規制を概観し，さらにタバコ広告規制における EU，

各加盟国，ステークホルダーとの関係を明らかにしてみよう。

2006年，テレビ，ラジオ広告についてはすべての加盟国で禁止されたが，印刷出版物についてはオーストリア，ドイツで2007年から禁止となり，ギリシアでは制限されるが，禁止はされないなど統一されていなかった。国際イベントにおけるスポンサーシップについてはチェコが自動車レースでの広告について制限していないことが問題であるとし，指令を履行しない場合にはEU司法裁判所に提訴すると欧州委員会によって意見書が送付された[40]。ハンガリーにおいては例外的にF1レースのスポンサーシップが認められている。ルクセンブルグでは2008年9月より国際イベントでのタバコ企業によるスポンサーシップが禁止されることとなった。スペインについてはモータースポーツについて3年間の猶予期間は認められたが2006年10月EUによる意見書がスペインに送付され，指令を履行することに努めなければEU司法裁判所に提訴されることとなった[41]。

インターネットによるタバコ広告はオーストリアでは禁止されたが実際には施行はされておらず，フランスにおいても制限はされているが施行されていない。ドイツでは許可されていたが2007年から禁止されることとなった。しかし，ルクセンブルグではインターネットによるタバコ広告のみは許可されている。他の加盟国ではインターネットによるタバコ広告は禁止されている。間接的なタバコ広告はほとんどの加盟国で禁止又は制限されているが，ドイツでは許可されている[42]。

また，映画館でのタバコ広告はほとんどの加盟国で禁止されているが，ドイツでは夕方6時まで禁止されているが6時以降は許されている[43]。

以上のように，メディアの種類によって，各加盟国のタバコ広告規制の対応は，異なっている現状がある。

3　EUのタバコ規制に対する加盟国の捉え方

ところでEUレベルでのタバコ規制を行うことに対し，加盟国ではいかなる捉え方がなされたのであろうか。

デンマークはタバコ広告禁止は言論の自由の侵害であると捉え，ドイツやオランダ，デンマーク，イギリスなどはタバコ広告規制は加盟国の権限であ

る(44)と考えていた。

　例えば，イギリスでは1997年労働党政権になるまでタバコ政策は規制に関して政府と国内タバコ産業との合意による「タバコ産業の自主規制」が行われていた(45)。さらにタバコの売り上げが税収として国家の歳入源であったことから北欧諸国ほど積極的には規制が行われてこなかった。これは当時イギリスでは比較的喫煙率が高く，タバコ産業が4万を超える雇用を創出しており，年間100億ポンドの税収と非常に大きな輸出額を生み出していたからであった(46)。

　1998年ドイツは欧州司法裁判所に対して，タバコ広告指令に関して欧州議会とEU理事会を提訴したが，本件は，健康保護に係わる立法権を両機関が有するかどうかが問題とされた。2000年EU司法裁判所は，EU条約152条に基づき，公衆衛生に係わる権限は加盟国にあるとされていること，また映画館で放映されるタバコ広告，街頭に張られるタバコ広告に関して規制することは域内市場に係わるものではないことから，違法であると判示した(47)。しかし，翌2001年EU司法裁判所は域内市場に係わる場合には95条に基づき，EUは国内法の調整を行うことが出来るとし，一定の制限のもとでタバコ広告規制の正当性を認める判断を行った(48)。2003年修正された「タバコ広告規制指令」が策定されたが，同年9月ドイツ政府は再度，EU司法裁判所にタバコ製品の広告およびスポンサーシップに関する指令の正当性について確認するよう求めた。ドイツはEU条約第95条の域内市場の条項のもとでEU立法者（議会）の権限の行き過ぎがあると指摘した(49)。ドイツは指令の法的根拠が誤っているとし，新聞やインターネットによるタバコ広告を継続していた。また，ドイツニュルンベルグの自動車レースサーキットのオーナーたちが，タバコ企業がスポンサーとなることを禁止することは経済的損失を与えるとして欧州第1審裁判所に提訴した(50)。

　2003年欧州理事会は国境を越えない国内レベルのタバコ広告については「タバコ制御に関する勧告」(51)Council Recommendation（2003/54/EC）を策定した。

　2006年2月欧州委員会はドイツ，ルクセンブルグに先の指令を国内法に移行するよう詳細な理由を付した意見書を送り，ルクセンブルグは国内法化を

行った。2006年当時欧州委員会の保健・消費者保護相であったマルコス・キプリアヌス（Markos Kyprianou）はドイツの日刊紙ベルリナー・ツァイトゥング（Brrliner Zeitung）のインタビューに対し,「EUのタバコ広告に対する措置を拒否し続けるならばEU司法裁判所に提訴する」と述べた[52]。これに対し, 2006年6月ドイツ消費者保護大臣のホルストシーホファー（Horst Seehofer）は,「非喫煙者を保護することは重要である。われわれはEUのタバコ広告に関する勧告と一致させるよう連邦議会に直ちに法案を提出する」と述べた。彼は「この指令事件はEU加盟国の主権維持のためであり, 非喫煙者の保護を妨げる訴訟ではない。むしろ加盟国とEUとの権限の範囲に係わる問題である[53]」とし, EUレベルでタバコ広告規制を行うことに対して, 加盟国の主権権限を侵かすものであるという認識はドイツなどで根強いものであったが, 国内法化されることとなった。

以上のようにEUレベルでのタバコ広告規制は交渉に10年以上を要し, 域内市場に係わるタバコ広告すなわち国境を越えるタバコの広告についてはようやく各加盟国レベルで, 実施されることとなった。

さらに, 青少年に対するタバコの供給の削減, 国境を越えない国内レベルのタバコ広告の制限, 室内の喫煙制限などについては先の勧告というソフトローの手法を用いることで欧州市民の健康保護の実現を目指しているといえよう。しかし, タバコ規制には多くのステークホルダーが存在していることに留意しなければならない。

第4節　タバコ規制に係わるステークホルダー

1　タバコ産業

タバコに関する公共政策は健康リスクに関する問題だけではなく, タバコ産業が大きな経済的な圧力団体であるという問題もはらんでいる。タバコ産業は有権者としてだけでなく, タバコ生産の仕事をもたらし, 法人税など租税収入源であり, 他の産業への収入, 特に広告業界への収入源となっている。タバコ産業にとってロビー活動を行うことは, 商慣行となっていた。さらにタバコ産業は政府と密接な関係を維持するような既得権益を有していた。

2003年にEU域内シェア36.5%を誇り，EUにおいて過去20年間において支配的な地位を占めているのはフィリップモリスである。他にギャラハー，インペリアルタバコ，ブリティッシュアメリカンタバコ，日本たばこ産業などが事業展開を行っている。タバコ産業は直接的な生産および加工過程で2000年では64000人のフルタイムでの雇用を創出している[54]。確かにタバコ産業を規制することはこれらの労働者の雇用を脅かすとも考えられる。しかし，これらの占める割合は0.13%とそれほど大きいとはいえない[55]。ほとんどの加盟国ではタバコ価格に賦課される税は政府の財源となっているが，それほど重要ではない。しかし，チェコでは政府予算の6%，ポーランド7%，ギリシアでは9%を占めており[56]，国家予算の歳入に寄与している。したがって，EUにおいてタバコ産業が経済に与える効果は加盟国によって多様であり，タバコ規制の経済効果は各加盟国のタバコ産業の構造に依存しているといえる。タバコ企業のEU規制へロビー活動は，後述することにする。

2　医学研究者とタバコ産業

　タバコと健康に関する研究に，タバコ企業からの資金提供を得ることには問題も多い。1962年イギリス王立大学内科医学会[57]，1964年のアメリカ外科医学会による2つのタバコの健康リスクに関する報告書が提出された[58]。それ以来，タバコの健康被害に関する研究が重ねられ，多くの知見が得られてきた。しかし，タバコ産業から研究助成を受けた場合には，タバコと健康被害との因果関係を否定する報告も少なくなかった。例えば，ドイツにおいては，多くのタバコ農産物が輸入され，タバコ製品が製造され，輸出されていたこともあり，1980年代にはタバコと健康被害の因果関係を示す研究が出版されないという問題も生じた[59]。

　これらはタバコによる健康被害に関する研究の公刊に対する出版バイアスを含むものとして問題視されることとなり，いわゆる「利益相反」という問題も明らかになってきた。世界医師会はこの問題に対し，1997年「タバコ製品の有害性に関する世界医師会声明」を採択した。これによれば，「タバコ産業は，長年タバコの喫煙はがんや心疾患を起こすという証拠はないと主張し，

またニコチンの依存性を否定してきた」とし,「タバコ産業とその関連団体がタバコの健康への影響に関する研究および報告書の作成について資金提供をしてきたことは重大な利益相反をもたらしている」とした。さらに各国の医師会やすべての医師に対し,「タバコ産業からいかなる資金提供も教育的資源の提供も受けないこと,医学部,研究施設,研究者個人に対しても同様のことを要請する。これはタバコ産業にいかなる社会的信頼性をも与えないためである」という勧告を行っている[60]。

タバコの健康被害が,明らかとなったのは,前述のようにイギリス内科医学会など医学研究者による研究の蓄積に拠るものである。研究がタバコ産業などの利益集団による資金提供・助成のために,利益集団の不利益となる結果が公表されない,あるいはゆがめられることのないよう専門家集団による自主規制が重要であるといえる。

3 タバコ栽培農家・農業政策

欧州のいくつかの国ではタバコを育成しており,タバコ生産に首長が係わっているところも存在する。旧15加盟国では総農業地域の0.1％がタバコ栽培に充てており,農家の1.3％がタバコ栽培を行っている[61]。ギリシア,イタリア,スペイン,フランス,ポルトガル,ベルギー,ドイツ,オーストリアでタバコ栽培が行われており,特に,ギリシア,イタリアが旧加盟国のタバコ製品の75％を占めている。新規加盟国ではポーランド,ハンガリー,スロバキア,キプロスがタバコを栽培しているが生産量は旧加盟国の10％程度に過ぎない[62]。

タバコ産業が国家の補助金受給者となっており,国家政府とEUから農業補助金がタバコ栽培者に支払われている。ベルギー,フランス,ハンガリー,イタリア,スペイン,ポルトガルではタバコ農家に補助金が支払われており,ポーランド,ギリシア,キプロスはEUから補助金が支払われている。栽培農家は1ヘクタールあたり7900ユーロ補助金を受け取っており,タバコ農業従事者1人当たり毎年約7600ユーロ支払われていることになる[63]。

1990年初頭からEUは毎年10億ユーロをタバコ栽培に補助金を費やしており,これらの補助金の削減に取り組んでいるにもかかわらず,2000年には

9億7500万ユーロの補助金を要した。これは共通農業政策（CAP）予算の約2.3％，欧州委員会の総予算の1.1％に該当する[64]。タバコの補助金は商業的に利用価値のある品種を育成し，品質の高いタバコの輸入を抑制し，タバコ農家の収入を上昇させることを目的としている。2004年4月の閣僚理事会において生産レベルと分離した支払い制度へと移行するようCAP改革を採択した。1998年共同体タバコ基金（Community Tobacco Fund）が設立され，2008年タバコ生産レベルに応じた補助金は2008年から廃止された[65]。

4　タバコの喫煙率の現状と喫煙に対する市民の意識

2012年ユーロバロメーターによればEUにおいて喫煙者は28％で東欧及び南欧諸国のほうが喫煙率は高い。また失業者，単純労働者などの割合が高い（49％）ことから社会環境，経済状況との関連も認められる。喫煙者，禁煙者（過去に喫煙していたもの）の70％が18歳未満で喫煙を開始していることから，若年者への対策が不可欠である。喫煙の経験のあるひとが喫煙を開始した理由として友人が吸っていたから（79％），両親が吸っていたから（21％）を挙げていることから身近な人の喫煙の影響を受けることが考えられる。たばこ規制政策についての意識は，すべての施策が支持されており，その割合は広告に対する禁止（64％），フレーバーの禁止（63％），インターネット販売の禁止（62％）などとなっている。ただし，たばこの増税については，他の施策より支持が低い（53％）[66]。2014年の調査では，2012年より，喫煙者の割合は2ポイント減少しており，15歳から24歳の若年者の喫煙者は，29％から25％と4％減少している。タバコを選択するうえで最も重要なのは，味（テースト）（86％）であるが，ブランド（66％）よりも価格（69％）の方が重視される[67]。このことから，味（フレーバー）や価格に対する施策が有効であるといえる。

第5節　タバコ製品指令の改正とタバコ企業，政策決定におけるインパクトアセスメントの課題

2001年タバコ指令（2001/37/EC）から10年以上経過し，科学的かつ国際的

な動向に沿い，域内市場の機能を改善し，欧州市民のための健康保護の高いレベルを確保するため，タバコおよび関連製品に対し，指令を改正することが要請されることとなった。ブリティッシュアメリカタバコは，EU の政策にインパクトアセスメントを推進することで企業の利益を優先させるビジネス指向型の政策決定のロビー活動を行ってきた。

しかしながら，この指令が策定される過程で，欧州保健担当委員 John Dalli がスウェーデンマッチというタバコ企業から 6000 万ユーロの献金を不正に受け取ったとして当時のバローゾ委員長から解任されるというスキャンダルがあった[68]。不正防止局の最終報告書では，決定的な証拠はなかったものの，マルタの企業家がタバコ企業からの利益を得るために Dali の名前を使用したという事実が確認された。

ステークホルダーコンサルテーションによって指令案は表 1 に示すように，企業寄りの立場に変化していった。健康への警告表示は 75％ から最終合意では 65％ となった。また，スリムなタバコの禁止については否決され，メントールフレーバーの規制は猶予期間が設けられることとなった。

フィリップモリスインターナショナルのロビイストは，2012 年 10 月までに欧州議会議員の 3 分の 1 に会っており[69]，欧州議会議員により提案された指令案の修正の多くは，タバコ企業からの提案がもととなった[70,71]。

最終合意され，2014 年採択されたタバコ製品指令[72]では，
1) 紙巻きタバコや手巻きタバコにフルーツやチョコレートなどフレーバーで特徴づけることを禁止すること
2) タバコ製品の販売促進する内容，誤解を招くような事項は禁止すること
3) タバコ企業に対してたばこ製品の成分について加盟国に詳細なレポートを提出することを求めること
4) タバコ製品の不正取引について EU レベルで取り組むために追跡，記録すること
5) 各加盟国にタバコや関連製品のインターネット販売を禁止することを認めること
6) EU 市場に新しいタバコ製品を販売する場合，市場に出す前に企業に対して通知する義務を負わせること

表 1

項目	欧州委員会提案	理事会通常アプローチ	欧州議会健康委員会承認文書	欧州議会総会承認文書	3機関合意（欧州委員会，理事会，議会）
	2012年12月19日	2013年6月21日	2013年7月10日	2013年10月8日	2013年12月18日
健康警告の大きさと位置 警告（内容）	75％，前，後ろ，上部 加盟国の裁量	65％，前，後ろ，上部 加盟国の裁量	75％，前，後ろ，上部 加盟国の裁量	65％，前，後ろ，上部 加盟国の裁量	65％，前，後ろ，上部 加盟国の裁量
特徴づけるフレーバーの禁止	あり	あり	あり	あり メントールは5年間の猶予	あり メントールは4年間の猶予
細い紙巻きたばこの禁止	あり	なし	あり	なし	なし
10本入り包装の禁止	あり	あり	あり	あり	あり
国境を越えた販売	通知 年齢確認義務	禁止または通知 加盟国の裁量	禁止	禁止	通知 加盟国の裁量
透明性とセキュリティ機能	すべてのサプライチェーンの追跡性と記録	すべてのサプライチェーンの追跡性と記録	すべてのサプライチェーンの追跡性と記録 たばこ企業のソリューションではない	すべてのサプライチェーンの追跡性と記録 たばこ企業のソリューションではない	合法のサプライチェーンの追跡性と記録
嗅ぎタバコ禁止	維持	維持	維持	維持	維持
電子たばこ規制	ニコチン濃度に応じて許可，医薬品	ニコチン濃度に応じて許可，医薬品	すべて許可制，医薬品	健康に関連する主張をする場合のみ	健康に関連する主張をする場合のみ

（出典）Silvy Peeters, Hélia Costa, David Stuckler, Martin McKee, Anna B Gilmore The revision of the 2014 European tobacco products directive: an analysis of the tobacco industry's attempts to 'break the health silo' Tob Control doi：10.1136/tobaccocontrol-2014-051919 より筆者作成

7) 新しいたばこ製品に対して新しい表示を導入すること
8) 少なくとも紙巻きタバコは20本パックの包装，手巻きタバコは30ｇという基準を置くこと　と規定された。

また，本指令により，メントールの紙巻きタバコは禁止とするが4年間の猶予期間を置くこととした。電子タバコについては，20 mg/ml 以下のニコチ

ンを含むものは医薬品規制に含まず，商品として規制されることとなり，20 mg/ml 以上のニコチンを含む電子タバコ製品は医薬品として認可されたもの以外は禁止されることとなった。

おわりに

EU のタバコ規制政策の発展とその現状，課題を見てきた。さまざまなステークホルダーの意思決定への参画は，2014 年のたばこ製品に関する指令の改正の際にみられたようにタバコ企業のロビー活動による影響を排除することが出来ないという課題が析出された。

多国籍企業は，欧州委員会を始め，欧州議会など欧州諸機関に直接的にあるいは第 3 者のアクターを通じ，間接的にロビー活動を行い，規制の緩和へと働きかけを行ってきた事実が明らかとなった。ステークホルダー参加型の政策決定，スマートレギュレーションは，企業の政策への関与を助長する可能性が示されている。フィリップモリスインターナショナルなどタバコ企業は，EU レベルではなく，「国家レベル」が規制の鍵であるとし，このような指令は，EU の補完性原則[73]に反しており，加盟国議会の権限事項であると加盟国議会に働きかけた[74]。

ポーランドは，指令第 20 条におけるメントールの禁止は，EU の補完性の原則に反するのではないかとして EU 司法裁判所に訴えたが，EU 司法裁判所は，メントールタバコの禁止は合法であると判示した[75]。これはメントールの使用がたばこの消費を促進する効果を有すること，フレーバーの規制が加盟国により多様であったとしても人の健康の保護を確保するという観点からも適切であり，メントールタバコの禁止は，補完性の原則に反しないと判断したためであった。EU 司法裁判所は，健康保護を優先する立場を示したといえる。

タバコ規制枠組み条約（WHO Framework Convention on Tobacco Control：WHO FCTC）第 5 条 3 項に規定されるように「締結国は，タバコの規制に関する公衆の健康のための政策を策定し及び実施するに当たり，国内法に従い，タバコ産業の商業上及び他の既存の利益からそのような政策を擁護するために行

動する」ことが求められる。この条文は，政策決定における企業の影響を防止し，市民の健康の保護は，経済的な利益より優先されるべきものであることを示している。EU も日本と同様 FCTC の批准を行っており，この遵守が要請される。

EU レベルで企業のロビー活動に関する研究を行い，報告書を発行している Corporate Europe Observatory などの NGO や公衆衛生・保健医療や政策の研究者，EU オンブズマンが EU の政策文書やたばこ企業の文書を分析することで EU の政策決定過程の透明性の向上に寄与し，2014 年に改正タバコ製品指令が採択され，EU タバコ規制が推進されたのも事実である。

フィリップモリスインターナショナル，ブリティッシュアメリカたばこ，スウェーデンマッチ，日本たばこインナーナショナルなどタバコ企業は，内部資料の公開が求められるようになってきており，企業としての説明責任を果たすことが要請される。政策決定プロセスの透明性，アカウンタビリティの確保を現在のステークホルダーインボルブメントによる規制政策の中でいかに行っていくのかが健康リスクガバナンスの実現への重要な課題となる。

（1） DG SANCO of the European Commission A（2012）study on liability and the healthcosts of smoking DG SANCO（2008/C6/046）UPDATED FINAL REPORTApril
（2） WHO International Agency for Research on Cancer（2004）. Monograph on the evaluation of carcinogenic risks to humans：tobacco smoke and involuntary smoking, Lyon, France, Vol. 83.
（3） John Brutton（1997）, Tobacco：the epidemic we could avoid *Thorax*, 52：pp. 1021-1022
（4） European Commission（2008）, Proposal for a Council Directive amending Directive 92/79/EEC, 92/80/EEC and 95/59/EC on the structure and rates of excise duty applied on manufactured tobacco, Brussels, COM（2008）459/2, p. 4.
（5） Doll R, Peto R, Boreham J, Sutherland I.（2004）, Mortality in relation to smoking：50 years' observations on male British doctors. *BMJ*；328：pp. 1519-1528.
（6） Lidia Arcavi,Neal Benowitz（2004）, "Cigarette Smoking and infection", *ARCH Intern Med.*, 184, pp. 2206-2216.
（7） B. W.. M. Willemse et al（2004）, "The impact of smoking cessation on respiratory symptoms, lung function, airway hyperresponsiveness and inflammation", *Eur. Respir. J* 23, pp. 464-476.
（8） Prakash C Gupta, and S Sreevidya（2004）, "Smokeless tobacco use, birth weight, and

gestational age : population based, prospective cohort study of 1217 women in Mumbai, India", *BMJ*., pp. 1-5.
（ 9 ） Coultas DB（1998），"Health effects of passive smoking. 8. Passive smoking and risk of adult asthma and COPD" *Thorax*, 53 : 381-387.
（10） Anna B et. al（2004）., "Free Trade versus the protection of health : The examples of and tobacco" *Health policy and European Union enlargement*, Open university Press p. 205.
（11） Resolution of the Council and the Ministers for Health of the Member States, meeting within the Council of 18 July 1989 on banning smoking in places open to the public OJC 189, 26/07/1989 pp. 1-2.
（12） Council Directive 89/654/EEC of 30 November 1989 concerning the minimum safety and health requirements for the workplace
（13） Council Directive 92/57/EEC of 24 June 1992 on the implementation of minimum safety and health requirements at temporary or mobile construction sites, OJ L 245, 26. 8. 1992, pp. 6-22.
（14） Council Directive 92/91/EEC of 3 November 1992 concerning the minimum requirements for improving the safety and health protection of workers in the mineral-extracting industries through drilling, OJL 348, 28/11/1992 pp. 9-24.
（15） Council Directive 92/104/EEC of 3 December 1992 on the minimum requirements for improving the safety and health protection of workers in surface and underground mineral-extracting industries, OJ L 404, 31. 12. 1992, pp. 10-25.
（16） Council Directive 89/552/EEC of 3 October 1989 on the coordination of certain provisions laid down by Law, Regulation or Administrative Action in Member States concerning the pursuit of television broadcasting activities
（17） Directive 97/36/EC of the European Parliament and of the Council of 30 June 1997 amending Council Directive 89/552/EEC on the coordination of certain provisions laid down by law, regulation or administrative action in Member States concerning the pursuit of television broadcasting activities OJ. L. 202, 30/07/1997, pp. 60-70.
（18） Directive 98/43/EC of the European Parliament and of the Council of 6 July 1998 on the approximation of the laws, regulations and administrative provisions of the Member States relating to the advertising and sponsorship of tobacco products, OJ L 213, 30. 7. 1998, pp. 9-12.
（19） Directive 2003/33/EC on the approximation of the law, regulations and administrative provisions of the Member States relating to the advertising and sponsorship of tobacco products OJ. L. 152
（20） Council Directive 89/622/EEC of 13 November 1989 on the approximation of the laws, regulations and administrative provisions of the Member States concerning the labeling of tobacco products OJ L 359, 8. 12. 1989, pp. 1-4.
（21） Council Directive 92/41/EEC of 15 May 1992 amending Directive 89/622/EEC on the

approximation of the laws, regulations and administrative provisions of the Member States concerning the labeling of tobacco products, OJ. L 158, 11. 06. 1992, pp. 30–33.
(22) Council Directive 90/239/EEC of 17 May 1990 on the approximation of the laws, regulations and administrative provisions of the Member States concerning the maximum tar yield of cigarettes, OJ L 137, 30. 5. 1990, pp. 36–37.
(23) Directive 2001/37/EC of the European Parliament and of the Council of 5 June 2001 on the approximation of the laws, regulations and administrative provisions of the Member States concerning the manufacture, presentation and sale of tobacco products-Commission statement, OJ L 194, 18. 7. 2001, pp. 26–35.
(24) Ibid. pp. 29–30.
(25) Ibid. p. 28.
(26) European Commission (2007), Report from the Commission to the European Parliament, the Council and the European economic and social Committee, Second Report on the Application of Tobacco Directive, COM (2007) 754final pp. 4–5.
(27) Council Directive 72/464/EEC of 19 December 1972 on taxes other than turnover taxes which affect the consumption of manufactured tobacco, OJ L 303, 31. 12. 1972, pp. 1–33
(28) Council Directive 92/78/EEC of 19 October 1992 amending Directives 72/464/EEC and 79/32/EEC on taxes other than turnover taxes which are levied on the consumption of manufactured tobacco, OJL 316, 31. 10. 1992, pp. 5–7.
(29) Council Directive 92/79/EEC of 19 October 1992 on the approximation of taxes on cigarettes, OJ L 316, 31. 10. 1992, p. 8–9
(30) Council Directive 92/80/EEC of 19 October 1992 on the approximation of taxes on manufactured tobacco other than cigarettes, OJ L 316, 31. 10. 1992, p. 10–11
(31) Council Directive 99/81/EC of 29 July 1999 amending Council Directive 92/79/EEC on the approximation of taxes on cigarettes.
(32) Council Directive 2002/10/EC of 12 February 2002 amending Directives 92/79/EEC, 92/80/EEC and 95/59/EC as regards the structure and rates of excise duty applied on manufactured tobacco, OJ L 46, 16. 2. 2002, p. 26–28
(33) Directive 2011/64/EU of 21 June 2011 on the structure and rates of excise duty applied to manufactured tobacco
(34) John Griffiths (2003), "smoke-free workplaces-Optimising organizational and employee performance", *ETS policy recommendation*, European Network for Smoking Prevention, p. 8.
(35) World Health Organization (2007), *The European tobacco control report 2007* WHO Regional Office for Europe, p. 28.
(36) Case C-197/04, OJC ro 14. 1. 2005, pp. 3–4.
(37) Braham Moon (2006), "Health policy challenges in a uniting Europe ; the intriguing cases of health security and tobacco", *Public Policy and the new European Agendas* p. 342.

(38) The World Bank (1999), Curbing the Epidemic Goverments and Economics of Tobacco Control, p. 41.
(39) World Health Organization (2007) op. cit., p. 33.
(40) ENSP (2006), "Implementation of EU AD Ban Directive", ENSP Publications November 2006, pp. 1-5.
(41) Ibid.
(42) Ibid.
(43) Ibid.
(44) Sandra Boessen and Hans Maarse (2008), "The impact of the treaty basis on health policy legislation in the European Union : A case study on the tobacco advertising directive", *BMC Health Service Research*, pp. 1-13.
(45) Bossman Asare et. al (2009) "Federalism and Multilevel Governance in Tobacco Policy : the European Union, the United Kingdom, and Devolved UK Institutions", *Journal of Public Policy*, 29, p. 91.
(46) Ibid.
(47) Case C-376/98 [2000] ECR Ⅰ-8419.
(48) Case C-491/01 [2002] ECR Ⅰ-11453.
(49) Case C-380/03 [2006] ECR Ⅰ-11573.
(50) EurActiv (2007), Germany bows to pressure and stops tobacco advertising, Published Thursday 15 June 2006, Updated Tuesday 6 February 2007.
(51) Council Recommendation 2003/54/EC of 2 December 2002 on the prevention of smoking and on initiatives to improve tobacco control, OJ L 22 of 25. 01. 2003.
(52) EurActiv (2006), Kyprianou threatens Germany with court action over tobacco adverts, Published Wednesday 19 April 2006.
(53) EurActive (2007), op. cit.
(54) Braham Moon op. cit.., p. 341
(55) European Commission (2007), Green Paper, Towards a Europe free from tobacco smoke : policy options at EU level, COM (2007) 27 final, p. 21.
(56) Health and Consumer Protection Directorate-General (2007), Green Paper Towards a Europe free from tobacco smoke : policy option at EU level, COM (2007) 27 final, p. 7.
(57) N Gray and P Boyle (2000), "The regulation of Tobacco and tobacco smoke", *Annals of Oncology*, 11, pp. 909-914.
(58) Mark Parascandola et. al, (2006), "Two Surgeon General's reports on smoking and cancer : a historical investigation of the practice of causal inference", *Emerging Themes in Epidemiology*, pp. 1-10.
(59) Thilo Grüning, et. al., (2006) "Tobacco Industry Influence on Science and Scientists in Germeny", *Health Policy and Ethics*, Vol. 96. No. 1., pp. 20-29.
(60) 世界医師会タバコ製品の健康ハザードに関する声明 World medical Association

Statement on Health Hazards of tobacco Products (Adopted by the 40th Medical Assembly, Vienna, Austria, September 1988 amended by the 49th WMA General Assembly, Homburg Germany, November 1997 and the WMA General Assembly Copenhagen, Denmark, October 2007) http://www.wma.net/e/policy/h4.htm

(61) Hono Ross (2004) *Tobacco or Health in the European Union Past, Present and Future*, The ASPECT Consortium, pp. 70-71.
(62) Ibid.
(63) Ibid.
(64) Ibid.
(65) Ibid.
(66) European commission, (2012) Attitudes of Europeans Towards Tobacco Special Eurobarometer 385, May 2012
(67) European Commission, Attitudes of Europeans toward tobacco and electric cigarettes, Special Eurobarometer 429, 29 May 2015.
(68) Hélia Costa, et. al, (2014) Quantifying the influence of tobacco industry on EU governance：automated content analysis of the EU Tobacco Products Directive, Tob Control doi：10.1136/tobaccocontrol-051822
(69) Phillip Morris International, (2012) EU Tobacco Products Directive Review 17 August
(70) Corporate Europe Observatory Tobacco Lobbyists all fired up ahead of key vote Brussels, 2013
(71) Smoke Free Partnership, Comparison of PMI objects and plenary amendments, Smoke Free Partnership, Brussels, 2013.
(72) Directive 2014/40/EU of the European Parliament and of the Council of 3 April 2014 on the approximation of the laws, regulations and administrative provisions of the Member States concerning the manufacture, presentation and sale of tobacco and related products and repealing Directive 2001/37/EC
(73) Article 5 of the Treaty on European Union
(74) Silvy Peeters, et. al, (2016) The revision of the 2014 European tobacco products directive：an analysis of the tobacco industry's attempts to 'break the health silo' Tob control, Tob Control.；25(1)：108-117. doi：10.1136/tobaccocontrol-2014-051919
(75) Case C-358/14

第4部　EUの域内政策の展開と課題

第11章
EU 共通農業政策と東方拡大

弦 間 正 彦

はじめに

　共通農業政策（Common Agricultural Policy：CAP）は1950年代後半に誕生し，半世紀以上の長きにわたり，欧州の食料・農業経済の進化と農村開発を先導してきた。そして，米国の農業法と並び，先進工業国・地域の農業政策の代表として，先進国の抱える農業の調整問題[1]を考える際には，常に批判を含む議論の対象となってきた。また近年，ことに1992年のマクシャリー改革において観察された，価格支持政策から直接支払い制度への転換，自然環境の保全など農業の多面的機能を重視する政策の導入といった政策転換の動きは，日本において1961年に制定され戦後農業を規定してきた農業基本法を1999年に発展解消し，食料・農業・農村基本法（新農業基本法）を新たに制定するに至った経緯の背景に存在し，近年における日本の食料・農業・農村政策の理念や政策手段を再考・導入する際には先進事例として参考にされてきている。

　創設当初のCAPは，域内の農業生産者の所得を確保・安定し，食料自給率を上げることを目的として，域内の農業に対して補助金を支出することと，域外からの輸入農産物に関税を課すことなど国境保護をすることを目的達成の手段とした。これらの当初の目的は達成されたものの，市場介入に関する経費も含めて域内農業に対する各種補助金政策などにより，財政負担は増大した。さらに，余剰農産物は輸出補助金を支払って域外へ輸出する政策もおこなわれていたこともあり，域内農産物市場の自由化や農業保護の軽減を求める声が国際的にも高まり，CAPのあり方は大きく転換することになった。そして，農業生産者に対する支援の内容も，価格支持から，消費者価格の上

昇を伴わず，生産量を増加させない直接支払いへと手段を変えて実施されるようになった。また，CAPの対象も農産物の生産から，環境保全，食品の安全，人間や家畜の健康，再生可能な代替エネルギーであるバイオ燃料の生産，農村の発展などの諸課題へと多様化してきている。さらにEUへは，2004年，2007年，2013年に，中東欧諸国を中心とする農業分野の生産面・労働力面における比重が大きい合計13カ国が新規に加盟したこともあり，CAPを取り巻く環境はここ四半世紀ほどの間に大きく変容してきている。

本章では，欧州におけるCAPの変遷の内容を理解した上で，CAPが果たしてきた役割を考え，今後の課題を整理することを第1の目標とする。その上で，EUの東方拡大が，既存のEU加盟国である15カ国と，新規加盟国である体制移行国の，食料・農業・農村に及ぼした影響について理解することを第2の目標とする。

第1節　共通農業政策と改革

表1には，これまでのCAPの変遷を理解する上で，重要な出来事がまとめられている。CAPは，EECやEUにおける共通政策のシンボルであり続けているが，農業という地域性を抱える産業に関する政策であり，また生産単位が家族を単位とする農家であるという特殊性ゆえに，共同市場という巨大組織を維持しつつ，域内農業の対外的な競争力を保ち，農家や農村を維持していくためには，絶えず政策策定・実施上の課題に直面してきている。CAP改革は，その設置以来継続して実施されてきている。

1　共通農業政策（CAP）の導入

1950年代の欧州諸国においては，第2次世界大戦終了後まもなく，いかに食料を不足なく確保できるかという食料の安全保障問題が課題となっていた[2]。CAP導入以前には，各国は独自に国境保護や輸出補助を行い，国内市場を保護することにより，農産物の国内生産量を増やすことを目指していた。そして，フランスやオランダを除き，他の国においては，食肉，脂肪，砂糖などは不足する状況にあった。EC6カ国全体の食料自給率は85パーセント

表 1　共通農業政策（CAP）に関係する主要な出来事

	主要出来事
1957	ローマ条約の調印（政策目標の設定がなされる）
1958	ストレーザ会議（政策の枠組みが協議される）
1962	始めての共同市場組織（市場政策と貿易政策）の樹立
1964	初めての共通穀物価格の合意
1966	ルクセンブルグの妥協（重要案件には全会一致の原則を適応することの確認がなされた）
1968	マンスホルト計画（農業部門の構造改革）
1973	初めての地域拡大（デンマーク，アイルランド，英国の加盟）
1984	生乳生産割当て制度の導入
1988	CAP 予算に安定化措置適応
1992	マクシャリー改革（価格支持政策を直接支払い政策で代替）
1994	GATT ウルグアイラウンド合意（農業保護の軽減を約束）
1999	Agenda 2000 改革の合意（「第二の柱」となる農村開発政策の導入）
2003	Agenda 2000 改革の中間評価を基にしたフィシッラー改革（MTR 改革）の導入
2004	中東欧諸国 8 カ国を含む 10 カ国が新規に加盟
2007	中東欧諸国 2 カ国（ブルガリア，ルーマニア）が新規に加盟
2008	フィシッラー改革の評価（ヘルスチェック）
2013	CAP 2014-2020 の合意
2015	生乳生産割当て制度の廃止

出所：Csaba Csaki（2008）[3] P. 4 を参考に筆者作成

ほどであり，食料を安定して確保したい食料不足国のドイツ，イタリア，ベルギー，ルクセンブルグと，安定した輸出市場を確保したい食料余剰国のフランスとオランダの農業・食料分野における利害が一致したところで，農産物の共同市場が形成され，共通する農業政策が適用されることとなった[4]。その後，域内市場を保護する CAP が域内の農業生産の継続的な増加をもたらした結果として観察されることになる農産物の余剰という状況には，設立当初はなっていなかった。

　それでは，どのようなプロセスを踏み，CAP は設立されたのであろうか。CAP を設置するためには，共通の政策目標を設定して，その目的を達成するための具体的な政策の枠組みを考える必要があった。また 6 カ国において

は，既存の農業政策が存在しており，地域特性に根ざす政策内容の多様性を尊重しつつ，共通市場を前提とした共通政策の策定をする必要があった。この関連で1956年には，いわゆるスパークレポートがまとめられ，その中では共通農業政策の目的と具体的な手段が検討・提案されていた。農業分野においては，欧州を統合するためには複雑な問題があり，それらを解決するためにはさらなる調査・研究が必要であることは，その時点で十分に認識されていた[5]。

欧州経済共同体（EEC）の誕生は1958年1月1日である。その前年1957年3月25日に署名されたローマ条約において，農業を含む各分野における共通の政策目標が設定された。ローマ条約の農業条項においては，共通農業政策の目的は1）技術進歩の促進と農業生産性の向上をはかること，2）農村社会の生活水準，ことに農業労働者の個人所得の向上を目指すこと，3）市場安定，農産物供給の安定をはかること，4）消費者価格の適正化をはかることとされた。そして，CAPの導入に際しては，1）農業の社会的構造（家族農場が生産単位であること）に留意すること，2）地域格差に配慮すること，3）漸進的（急進的でない）調整に努めること，4）他部門と農業との密接な関連をはかること（他部門と比較して農業分野の所得格差が拡大しないように，また農業関連の川下産業，川上産業部門も農業部門とともに成長できるような配慮をすること）が必要であることが記載された[6]。

これらの目的の中には，その達成手段の選択によっては，相反するものが共存することは，後に観察される，国際価格より高い水準に農産物価格が維持されたために発生した域内農産物の余剰と自然環境への負荷の増大，小規模の家族農場への支援を通じた生産構造の硬直化から発生した財政負担の拡大などの問題の発生により証明されることとなる。第2の目的であった農家所得の向上を目指す価格支持政策や国境保護政策は，域内農産物の価格を上げ，第4の目的である消費者の厚生の維持に反する結果をもたらすことになる。さらに第1の目標である農業生産性の向上を中長期的に達成させるためには，家族経営を基礎とする農業を，より進んだ企業的経営を目指す経営に進化させる必要があり，農業生産の構造変化と農家の階層分化を前提とすることになる。そして，第2の目的である所得の増加ということから言えば，

第 1 の目標である農業生産性の向上は必ずしも全農家の所得を増加させる結果にならないことになる。

ローマ条約締結後，1958 年 7 月に開催されたストレーザ会議においては，共同農業市場創設に向けて，具体的な政策の枠組みが協議された。そこでは，共同農業市場の創設は，同時に農業生産や流通・加工分野の構造改革を促すものでなければならないということが，当時の EEC 農業委員会の責任者であったマンスホルトにより主張され，CAP の基本方針として同意された[7]。それまでの各国における農業政策は，生産性が低く生産構造の改善に貢献しない農家までも救うもので，必ずしも全体の農業生産性の向上につながる構造改革となっていなかったという反省に立った考え方であった。

その後，欧州委員会は CAP の原案を作り上げ，1960 年には公表されるに至った。1967 年 6 月 30 日までには，主要農産物について共通する政策的価格水準を実現するための努力がはらわれることとなったが，どの水準に共通価格を設定するかはなかなか合意に至らなかった。一方で，政策・制度の枠組みについては話し合いを進める中で決まっていった。主要農産物である小麦，粗粒穀物，砂糖，乳製品に関しては，域内目標価格，介入価格の設定という価格支持のための制度が導入され，また同時に域内価格の安定を図るために EC 域境において域内目標価格と国際価格の差を輸入可変課徴金として徴収するという国境保護制度が導入された。これらの国境保護政策により守られた価格支持政策を通じ，域内農業生産者を保護する CAP 独特の制度が確立した。そして，結果として域内農業生産は増し，生産者の厚生は安定して確保されることとなった。一方で，消費者の厚生はこれらの政策により，価格支持・国境保護をしない場合に比べて悪化したことになる。当然のこととして，域外農産物輸出国の生産者の厚生は，CAP の域内市場保護政策により損なわれる結果となった。当時の GATT においては，農業においては国内（域内）支持措置が国際的な責務に優越するという原則が確立されていた[8]。

統一価格導入以前の農産物価格は，ルクセンブルグ，西ドイツにおいて高く，イタリア，オランダ，フランスの順に低い水準となっていた。1964 年には，当初の計画通り 1967 年に穀物とそれを飼料として使って生産される畜産物に関して，共通価格を導入することが合意され，加盟各国で存在してい

た価格帯の上限に近い水準に共通価格が設定された。農産物価格の水準が他国に比べて高かった西ドイツの意向が反映される結果となった。実際に価格支持・国境保護の政策が広範に機能するのは1970年になってからであった[9]。そして，域内価格は国際価格と比較すると，数割割高な水準となっていた。

2 CAP改革と変容

　当初からCAPは，目的を達成するための政策手段を考えると，矛盾を抱えたものとなっていた。価格支持政策が国境保護政策と連携されて実施されていく中で，食料自給率は上がり，生産者である農家の相対的な所得維持には役立ったが，域内農業の生産構造の改善・転換を伴う生産性向上，さらには消費者保護という観点からは，政策・制度の限界は明らかになっていった。価格支持政策は，規模の大きな生産費の低い生産者を利する一方で，条件不利地域で小規模に生産している生産者には，あまり便益をもたらさないものであった。さらにすでに自給を達成した供給過剰な市場においては，設定した介入価格である最低保証価格において無制限な買取りが行なわれたことから，財政負担もかさみ，結果として競争力に乏しい限界的な生産者が存続し，全体の農業生産性の改善には至らない状況が観察された。そして，土地，労働以外に化学肥料も，過剰に農業部門に投入され続けることとなり，自然環境の保全にも重大な問題が発生する事態にまで至った。

　これらの問題に取り組むため，1968年にはCAPの構造改革を目指すマンスホルト計画が提案された。そこでは農用地500万ヘクタールを削減することや，500万人の農業就労人口の削減を含み大規模経営を目指す「1980年農業プログラム」が示された。この計画は大きな議論を呼び，結果として1972年にEEC委員会はより漸進的な内容の提案を行なうこととなった。それは非農業と同水準の所得確保を目指す農業の近代化に取り組み，老齢農業就労者の離農を促し，規模拡大や農地の流動化をはかること，さらに農業就労者とその師弟の教育や訓練を通して農業経営の近代化をはかるというものであった[10]。

　そして農業経営の近代化を進める上で，おのずと広がる格差の対象となる

条件不利地域における農業をどうするのかということが議論になった。さらに1973年には条件不利な丘陵地における農業がCAP下において課題となる英国のEC加盟があり，英国においてそれまで実施されてきた条件不利地域に対する農業所得補償政策をCAPに取り込む形で，対応がはかられた。農業の生産構造は国・地域ごとに違いが存在することから，財政措置については一部CAP予算などから支出することになったが，各国ごとに財政負担を伴った形で実態にあった政策対応をとることになった。これにより，CAPにおいて地域主義視点が強化され，「環境や景観」といった多面的な農業の機能が政策的にも評価され，所得補償をする直接支払い制度がCAPに導入されることとなった[11]。

条件不利地域政策は，その後いわゆる「1985年構造規則」により拡充された。そこでは，「環境保全特別地域」における農業生産への助成，農用地における植林事業への支援などがスタートした。さらにその後1987年には生産粗放化措置が，また1988年には減反措置が導入されたが，これらは自然環境保全の役割も担ったものであった[12]。

1980年代には，生産過剰と財政負担の増大が大きな問題となってきており，生産割当て制度，CAP予算の安定化措置，介入在庫量の制限が次々と導入され，1992年のマクシャリー改革へとつながった[13]。

3　マクシャリー改革以降の変化

1992年のマクシャリー改革は，それまでのCAPの枠組みを大きく転換させる内容であった。これまで生産量の決定に影響を及ぼしてきた生産者保護のための価格支持政策を，所得補償制度である直接支払い政策で代替することになった。生産者の所得を確保するという目的は維持しつつ，農産物市場における生産量の決定に対するCAPの政策効果を中立にするディカップリングを目指した。これにより域内における農産物の過剰生産が減り，財政負担の軽減が可能となった。さらに域内の農産物価格は下がり，消費者の厚生は増加した。

他に，「農業環境規則」を取り入れ，総合的な農業環境政策を導入することになった。自然環境の保全や景観の維持に貢献する有機農業や減農薬農業に

取り組む生産者は直接支払いを通じた助成の対象となった。このように環境保全政策と所得補償政策を組み合わせた制度が構築され，助成を受けるためには環境保全に取り組まないとならない条件付の助成制度となった。そして，直接支払い制度を通じた助成対象としては，この環境保全への取り組みの他に，これまでに1）青年農業者に対する助成，2）早期離農者に対する助成，3）就農訓練に対する助成，4）農場施設などに対する助成，5）農地の休耕に対する助成，6）農地への植林，防風林や林道整備に対する助成，7）条件不利地域に対する助成などが存在してきている[14]。

第2節　東方拡大とCAP

1　EUの東方拡大とCAP改革

体制転換した中東欧諸国は，市場経済への移行開始直後からマクロ安定化政策に取り組み，1990年代の半ばまでにはほとんどの国でプラスの経済成長が可能になり，持続可能な経済成長の経路にのった。結果として1990年代の終わりまでには，GDPも1989年の水準まで回復した。

1990年代前半の農業分野は，体制転換前から個人農が大多数を占めていたポーランドを除いてそれまでの農業生産の多くを担ってきた国営農場や協同農場が解体され，集団化されていた農地や建物・農機具などの生産手段が再分配・民営化された。これにより，中東欧諸国における農業生産は，家族農を中心とする比較的小規模な農場において行なわれることとなった。

中東欧諸国は，1990年代半ばから，マクロ経済指標の改善や法制度の整備などEUへの加盟準備を進めてきた。一方でEU15は，EUの東方拡大を踏まえて，1999年にはAgenda2000改革に合意した。さらに農業分野においては，Agenda2000改革の中間評価結果を踏まえて，2003年にフィシュラー改革（Mid-term Review（MRT）改革）を導入して新たなCAP改革を推進した。

Agenda2000改革は，東方拡大後の財政負担を減らすために，さらなる域内農産物価格の引き下げをはかることを目的とし，直接支払いや環境保全措置の拡充をはかるという目標達成手段を設定した。それは，マクシャリー改革をさらに進めた内容であった。それ以外にも，農村開発をCAPの「第2の柱」

として位置づけ，重視したことに特徴がある。農家という経営主体及び農業という産業とを保護するという旧来からの考え方を修正し，農村における経済活動を活性化して農村の競争力を高めること，農業の多面的機能に着目して自然環境の保全や農村遺産の保全をすること，また農業と林業の連携強化をはかることを目的として，CAP 予算から助成金が配分されることになった。そして，農村開発のためには，農村における非農業活動も支援の対象となり，それまでの政策に柔軟性を加味した内容となった。

MRT 改革においては，Agenda2000 改革の目的を達成するために，政策内容の補強が行なわれた。そこでは，WTO 農業交渉とも関連して，生産と切り離すディカップリングに基づく品目によらない簡素化した単一直接支払い政策の導入，クロスコンプライエンスと呼ぶ受給の対象となるための遵守事項の拡大・強化，さらにモジュレーションと呼ぶ「第一の柱」である農業生産・所得の確保のための予算を「第二の柱」である農村開発のための予算に移し替えることを義務付けた。さらに直接支払いについては，EU 統一基準で支払われる基礎支払いと，加盟国の裁量で支払額を調整できる追加的支払いに分け，加盟国の農業政策の違いを支払額に反映させることを可能にした[15]。

2008 年のヘルスチェックを経て，2013 年には，さらなる財政削減，農業の公共財としての役割強化，直接支払いの格差是正を目的として，2020 までの CAP を見据えたさらなる改革が合意に至った。

2　中東欧の新規加盟国に対する EU からの支援と CAP

体制転換後，EU 加盟に至るまでの EU から中東欧諸国への支援としては，ポーランド・ハンガリー経済復興計画（PHARE），加盟準備構造プログラムのための政策手段（ISPA），農業と農村開発に関する加盟準備施策向け支援（SAPARD）が存在した。ISPA は環境インフラと輸送インフラ整備に使用され，SAPARD は農業・農村の構造改善・近代化をもたらすプロジェクトに資金を提供した。これらは，加盟前の支援受入国にとっては大きな予算項目となり，対象国の農業・農村の近代化にそれなりに役立ったが，規模が比較的大きく融資や支援の対象となるプロジェクトの執行が可能となった農家を除

き，個々の農家にとっては直接的な恩恵を得ることができたわけではない。

EU統合後の中東欧諸国においては，それまでEU15との間で存在していた関税などの国境保護の手段による市場介入がなくなり，共同市場において農産物が取引されるようになったばかりでなく，CAPの適応を受けて補助金受給の対象となったことにより，農業生産活動ばかりでなく，農村の経済活動のあり方に大きな変化が生じた。

そして，農家経営上の大きな変化は，直接支払いの対象になる方向に動き出したことである。CAPにおいては2005年から，環境保全などの条件を満たした場合には，農地面積，その利用形態，家畜の飼育頭数などに基づいて直接支払いをする単一農家支払い（single farm payment）制度が徐々に導入されることになった。新規加盟国においては，いったん単一農家支払いスキーム（SAPS）という利用可能な農地面積にのみに基づく簡略化された支払い制度を導入し，農地の利用形態や家畜の飼育頭数などの情報を整えた上で，農業生産に関する追加的な情報が必要になる単一農家支払い制度に移行することになった。

そして，EUからの直接支払い額の決定に関しては，新規加盟国においては，2004年にEU15と同じ基準で算定された額の25パーセントの水準からスタートして，毎年5パーセントの割合で増加させていき，2013年に100パーセントの水準に達成するという調整期間を持った制度になった[16]。これはEU15にとっては，大きな農村人口と農地面積を抱える中東欧の新規加盟国を迎える上で，CAPに関わる財政負担をいきなり極端に増大させないための方策であった[17]。中東欧諸国がEUへの加盟交渉を進める際に，大きな障害となっていたのが農業問題であり，それに対するEU15の懸念を払拭する妥協案としてこのような調整期間が設定された。

一方で新規加盟国には，この調整期間に農業・農村の構造改善・近代化を進めることが期待されたが，農業生産は農村に居住する家族農を基盤とすることから構造変化には世代の交代が必要となり，2004年から10年のうちにこれを完了することは難しい状況にあった。特に生産量と関係なく直接支払いを行うプログラムを農家に提示しつつ，農業生産性の向上を通じて農家所得の増加をはかるための構造変化を達成することは，支払いの条件を厳格に

表 2 EU 東方拡大の前後における農業生産の成長要因の違い

	1995 (1)～2003 (2)				2004 (1)～2009 (2)			
	新規加盟 中東欧10		EU15		新規加盟 中東欧10		EU15	
	年率 (%)		年率 (%)		年率 (%)		年率 (%)	
	平均値	変動変数	平均値	変動変数	平均値	変動変数	平均値	変動変数
総合生産性 (TFP) の変化率 $(\frac{A2-A1}{A1})*100$	3.15	0.82	2.03	0.68	0.66	5.17	1.34	2.22
総合投入量 (I) の変化率 $(\frac{I2-I1}{I1})*100$	-2.01	-0.82	-1.60	-0.49	-1.43	-0.87	-1.30	-0.62
生産高 (Y) の変化率 $(\frac{Y2-Y1}{Y1})*100$	1.14	1.63	0.43	3.25	-0.77	-4.77	0.04	76.15

注：World Bank（2016）のデータを用い，Hayami and Ruttan（1985）で用いられたウェイト（W_i）を使用して，Solo（1957）タイプの成長会計分析をした。中東欧10には，ブルガリア，ルーマニアも含む。
総合投入量の変化率は以下の式で求めた。

$$\frac{I2-I1}{I1}*100 = W_L\frac{L2-L1}{L1}*100 + W_N\frac{N2-N1}{N1}*100 + W_F\frac{F2-F1}{F1}*100 + W_M\frac{M2-M1}{M1}*100 + W_S\frac{S2-S1}{S1}*100$$

I：総合投入量，L：土地，N：労働，F：肥料，M：機械，S：家畜ストック

設定しない限り難しい課題であった。

3　EU 統合後の中東欧諸国の農業

　EU の東方拡大の効果を，中東欧諸国の視点から，農業分野を対象に検証してみたい。EU への市場統合と CAP への参加は，中東欧諸国の農業の持続可能な発展のために必要となる生産性の改善につながったであろうか。始めに，ほとんどの国で農業生産の成長率がプラスに転じることになった1995年から8カ国が EU へ加盟する直前の2003年までの，農業生産の伸びを，総合投入量の増投による部分と，総合生産性（TFP）の改善による部分に分解して，成長要因の分析をした（表2を参照）。中東欧諸国10カ国では，この期間に平均年率 1.14 パーセントの生産増が観察されたが，これは総合投入量を減らしつつ達成したものであった。TFP の貢献は大きく，望ましい形で生産

構造の変化が起きていたものと思われる。農業生産量の変化率は，国によって大小があるが，その変化の要因がTFPの改善によるものであることは，多くの国において観察された。そして同時期には，EU15においてもTFPの貢献を中心とする農業生産の増加が観察されていたが，農業生産の伸び率もTFPの伸び率も中東欧諸国の方がいっそう高くなっていた。

さらに，中東欧の8カ国がEUへ加盟した2004年から，加盟5年後の2009年までの期間について，農業生産の成長要因分析をした。（表2を参照）この期間には，それぞれのグループの平均値で見る限り農業生産量は中東欧10カ国においては微減，EU15においては微増している。総合投入量は農業生産量の変化を上回る形で減少していることから，TFPの改善は見られたが，EUの東方拡大前の時期を上回るほどではいずれのグループにおいてもなかった。変動変数はグループ内の数値の相対的なばらつきを表す指標ある。中東欧の新規加盟国も，EU15も，東方拡大以後の期間において，生産高の変化率とTFPの変化率の相対的な散らばりが大きく拡大していることが確認できる。そして，生産高はEU15において違いが大きくなり，TFPについては，新規加盟国において相対的な散らばりが大きくなっていることが分かる。成長率の差の増大は両方のグループに共通して観察されることから，共通して適用されたCAPの「第二の柱」を重視する政策によって，もたらされたものだと推測できる。農村が抱える課題は，国ごとに異なり，どのようなアプローチで農村開発に取り組むかは，各国の判断に任される部分が大きい。必ずしも，農業生産性の改善につながる政策が実施されるとは限らず，それが農業生産性の変化率の国ごとの違いを大きくしたものだと思われる。

おわりに──CAPの今後

CAPは半世紀越えて存続して現在に至っており，大きな改革が必要な時期を迎えている。域内には28の加盟国が存在し，異なった自然環境，経済・社会環境のもとで農業生産が行われている。加盟国間の思惑は異なり，CAPの今後進む方向を決めるためにはこれまで以上に時間が必要であり，さらに各国のニーズにあった柔軟的な対応がCAPに求められている。

2020年までの7年間のEU財政支出の上限が，欧州議会における議論を通して，主要政策ごとに策定される中で，全体的な予算は名目値でも漸減し，CAP予算も削減の対象となった。ただし，自然環境の保全に関連して持続可能な経済成長の達成に役立つ重要な政策というCAPの位置づけは変わらず，CAPは全体の37.8パーセントの予算配分を受けることとなった（European Union, 2013）。「第二の柱」に関する予算の削減率の方が，「第一の柱」に関する予算の削減率より低くなったが，各国においては農村を取り巻く環境の違いが大きく異なることから，15パーセントを上限に両者間で流用を可能にし，柔軟的な対応を可能にした。

EU農業の競争力強化のためには，市場に存在する歪みを取り除く必要があり，過剰生産に対応するために設定された生乳の生産枠を2015年に，砂糖の生産枠を2017年に，さらにブドウの植栽枠の制度を2018年までに廃止することにした。また，直接支払いについては，全体としては予算削減が求められる中で加盟国間の土地面積当たりの支払いの平準化を図るための調整が行われることになった。新規加盟国である中東欧諸国は，EUの平均に比べ支払い単価が低かったことから，削減幅は平均より少ないものとなっている。さらに，「第一の柱」においては，グリーニングと結びついた直接支払いが導入され，景観，生物多様性，気候変動の安定化など環境公共財を提供する活動も，創出される見かけ上の市場価値と関係なく直接支払いの対象となった。これにより，直接支払いは，すべての受給者が守るべきルールのクロスコンプライエンスに基づく支払い，グリーニングなど目的によって必須となっている事項に対する支払い，そして必須ではないが農村開発に対する支払いの3層から成り立つこととなった。第一の柱と第二の柱を今まで以上に結び付け，対象を絞り平等で自然環境にやさしく，拡大したセーフティネットを持ち，農村開発を強化する直接支払いのアプローチをとるCAPの内容となると言われている。

2020年までの間に，各加盟国の抱える課題とEU全体が抱える問題を再認識し，中長期的な目標の達成が可能となる現実的なCAPのあり方を検討していく必要がある。

（ 1 ） 先進国の農業調整問題については，速水祐次郎，神門善久『農業経済論―新版』，（岩波書店）で詳細に説明がなされている。
（ 2 ） Gardner, Brian（1996）第 2 章，Fennell, Rosemary（1997）第 1 章に当時の詳しい状況が説明されている。
（ 3 ） Csaba Csaki, 'The CAP at Fifty', EuroChoices, The Agricultural Economics Society and the European Association of Agricultural Economists, Vol. 7 No. 2（2008）p. 4
（ 4 ） Gardner, Brian（1996）（同邦訳 18-19 頁）
（ 5 ） Fennell, Rosemary（1997）（同邦訳 25-26 頁）
（ 6 ） Fennell, Rosemary（1997）（同邦訳 28-30 頁）
（ 7 ） 是永東彦，津谷好人，福士正博（1994）28-29 ページ
（ 8 ） Fennell, Rosemary（1997）（同邦訳 53 頁）
（ 9 ） Fennell, Rosemary（1997）（同邦訳 51 頁）
（10） 是永東彦，津谷好人，福士正博（1994）46-47 ページ
（11） 是永東彦，津谷好人，福士正博（1994）53-54 ページ
（12） 是永東彦，津谷好人，福士正博（1994）59-64 ページに詳しい説明がなされている。
（13） Gardner, Brian（1996）（同邦訳 24 頁）
（14） 豊嘉哲（2006）17 頁を参考にした。
（15） 加盟国による追加的支払い（national envelope）は，マクシャリー改革以降に観察される再国別化（renationalization）の動きの一部であると考えられる。（豊（2006）に詳しい説明がある。）
（16） 新規加盟国の裁量で，他の CAP 予算や自国予算をやりくりことにより，必要に応じてこれらの額をある一定の限度をもって増額ができることになっている。
（17） EU 年間予算の半分近くを使う CAP が，新規加盟国にも適応されることになると，拡大された EU の財政状況が急速に逼迫することは目に見えており，CAP の改革とともに，新規加盟国の農業部門の改革が求められた。

参考文献

是永東彦，津谷好人，福士正博，『EC の農政改革に学ぶ―苦悩する先進国農政』，（農山漁村文化協会，1994）

豊嘉哲，『EU 共通農業政策と結束―ウルグアイラウンド移行の共通農業政策―』，（山口大学経済学会，2006）

速水祐次郎，神門善久『農業経済論―新版』，（岩波書店，2001）

松田裕子，『EU 農政の直接支払制度―構造と機能』，（農林統計協会，2004）

Csaba Csaki, 'The CAP at Fifty', *EuroChoices*, The Agricultural Economic Society and European Association of Agricultural Economists, Vol. 7 Issue 2（2008）, pp. 4-5

European Union（2013）, Overview of CAP Reform 2014-2020, <http://ec.europa.eu/agriculture/policy-perspectives/policy-briefs/05_en.pdf>（2016 年 4 月 3 日最終アクセ

ス）

Fennell, Rosemary, *The Common Agricultural Policy*,（Oxford University Press, 1997）荏開津典生監訳『EU共通農業政策の歴史と展望―ヨーロッパ統合の基石』,（農山漁村文化協会，1999）

Gardner, Brian, *European Agriculture*,（Routledge, 1996）村田武，溝手芳計，石月義訓，田代正一，横川洋訳『ヨーロッパの農業政策』,（筑波書房，1998）

Hayami, Yujiro and Vernon Ruttan, *Agricultural Development：An International Perspective*,（Johns Hopkins University Press, 1985）

Solo, Robert, 'Technical Change and the Aggregate Production Function', *Review of Economics and Statistics*, Vol. 39（1957）, pp. 312-322

World Bank, World Development Indicators,（World Bank, 2016）, ＜http://publications.worldbank.org/WDI/＞

第12章
EU 社会政策の多次元的展開と均等待遇保障＊
——人の多様性を活かし連帯する社会に向けて——

引 馬 知 子

はじめに——人の多様性と社会政策

　人は元来，多様性に富んでいる。年齢，障害，人種や民族，信条や宗教，性的指向，性別，言語など，これら"変えることが困難な属性"は，その人と社会の関わり方を，往々にして相当程度規定する。均等ではない扱い（差別や区別）は，時に社会的に不利な状況や排除を生み出す[1]。

　一方，多様性は社会の力でもある。どのようにすれば，すべての人が主体的に社会参加できるよう，多くの開かれた機会を社会は提供できるのだろうか。人権の一部をなす均等待遇を保障し，社会参加（経済参加を含む）の機会を実質的に増やすためには，人の多様性に応えこれを活かす社会設計（≒社会政策[2]）のあり方が重要となる。

　EU 地域では 2000 年代以降，人の多様性に着目し，社会参加への障壁を減らす新たな試みが急速に展開している。EU による社会政策とその下にある均等法施策は，この展開の一翼を担い，牽引役となっている。本章は，第 1 に，EU 社会政策が均等（差別禁止）法施策に力点をおきはじめる背景と経過に触れ，第 2 に，EU 均等法施策の要である EU 均等 2 指令や，これら指令の加盟国内法化（以下，置換：transposition という）とその履行状況を概観する。その上で第 3 に，EU と加盟国，さらには EU による国連の障害者権利条約の批准[3]により，多次元的なガバナンスの構築が進む「障害」の事由を一例にとり，EU 同法施策における加盟国間の相違と，この相違が EU 内で一定程度収斂（convergence）しつつあることを検討する。全体を通じて，EU 均等法施

＊ 本稿は「EU・欧州統合研究」（2009 年刊行）の第 12 章にその後の展開を大幅加筆したものである。

策の社会政策上の位置づけ（人権保障や現在の社会経済状況への対応）と，EU市民への影響を含めた同法施策の到達点（"具体的な権利"の形成等），及び，EU社会政策の多次元な展開（EU加盟国および国連等の協働によるEU域内の共通基盤の形成）を明らかにする。

第1節　EU社会政策と均等待遇保障

1　EUが提唱する社会政策

(1)　欧州社会モデルとその特徴

　欧州は，いかなる社会の構築を目指しているのだろうか。バルセロナ欧州理事会（2002年）は，欧州社会モデル（the European Social Model）の意味を次のように明示した[4]。

> 「欧州社会モデルは，良好な経済パフォーマンス，高水準の社会保護と教育，労使対話を基盤とする。積極的な福祉国家（an active welfare state）を目指し，社会的に排除された人々にとって，雇用や就労が最善の生活保障となるよう，就労を奨励すべきである。」

　欧州諸国や日本を含む先進諸国は，第2次世界大戦後，国による福祉国家の建設を進めた。しかし同時期，欧州諸国には他地域の国々と一線を画する，注目すべき特徴があった。欧州統合の動きである。後にEUとなるEECを設立するためのローマ条約（1957年）には，既に欧州の国々が共通して一国の限界に取り組む，①人の移動，②男女平等（均等），③欧州社会基金（European Social Fund：ESF）の創設が，EU社会政策として埋め込まれていた[5]。EU加盟国は，社会政策においても国家主権の一部をEUに委譲する歩みを始めていたのである。

　EU社会政策は，EU経済政策とともに欧州統合の両輪に位置づけられながら，その実効性が低いと評される時期があった。その理由は，公正な経済競争を歪める場合に限定して行われる，あるいは一部の法政策を除き人の移動の分野に特化している等である。しかし，1990年代半ばになるとEU地域の社会政策は，例えばライブフリッド（S. Leibfrid）とピアソン（P. Pirson）が記す

ように，次のように捉えられていった[6]。

　"欧州統合の過程で，社会政策領域の加盟国の主権と自治の双方は，侵食（erode）を受けている。国による福祉国家の諸制度は中心的な位置にあるものの，欧州の社会政策はますます複層的（multitired）な状況下で実施されつつある。"

　80年代以降のEUが扱う社会政策事項の広がりや活動の深化，同事項の決定にあたる特定多数決の導入等は，前述のバルセロナ欧州理事会における欧州社会モデルの提示へと繋がる。EU加盟各国は，多様な伝統や社会経済状況を尊重しつつ，同理事会が示すように，共通の方向性をもつ社会政策を積み上げていくのである。こうしたなかでEUによる均等待遇保障は，(2)以下で述べるように，欧州社会モデルの一つの柱として，すべての人への社会参加の機会の提供を目指して打ち出された。

(2) **EU社会政策と社会アジェンダ　―すべての人に社会参加の機会を**
　欧州委員会の「雇用・社会問題・均等総局（Employment, Social Affairs and Equal Opportunities DG）（当時）」は1990年代，欧州社会モデルの構築にあたり，EUが担う政策として，相互に関係性のある次の4点を掲げた[7]。第1に，多くのよりよい仕事の創設に基づく経済成長，第2に，高水準の社会保護，第3に，すべての人に対する機会の均等，第4に，EUがグローバルな政策アクターとして，欧州社会モデルの経験を蓄積および提供し，世界の社会的側面の改善に寄与すること，である。
　第1～4のEU社会政策の方向性は，労働を通じた社会参加を連帯の基盤とする，EU社会政策白書（1994年）においてまず打ち出された[8]。その後リスボン欧州理事会（2000年）は，EUが2010年までに知識を基盤とする世界で最高の競争力と活力をもった社会を目指すとして，「リスボン戦略（2000年～2010年）」を採択した[9]。同戦略は，①持続的な経済成長，②"完全雇用／フル就業（full employment）"，③仕事の質と生産性の向上，④社会的結束の強化を政策目標とした欧州経済社会モデルの構築を掲げた。この"完全雇用／フル就業"とは，失業者の就業のみならず，これまで労働市場において非活

動者となっている人々（統計上の失業者には含まれない人々）の労働市場への参加，あるいは社会的包摂を促すという新たな意味を持つ。就業者や失業者に対して非活動者の内訳には，障害のある人，女性等の社会的に不利な立場にある人の割合が高い。これらの事項を重視するリスボン戦略の流れは，前述のバルセロナ欧州理事会が示す欧州社会モデルの明示（2002年）に繋っていった。

さらに欧州理事会は1990年代後半から2000年代，"社会アジェンダ"を5年ごとに採択した。"社会アジェンダ"は，EUが取り組む社会政策の内容を示し，欧州社会モデルの具体的な形成の骨格を示すものである。「社会政策アジェンダ（2000年）」と「新社会政策アジェンダ（2005年）」[10]は，フル就業達成のための数値目標や，グローバル化した経済においてEUの"すべての人への職と機会"を保障すること，このための職業訓練への投資や，社会的排除との戦い（均等法施策）等の重要性を掲げた。

さらに2008年7月，欧州委員会は第3回目の社会アジェンダ「更新社会アジェンダ：21世紀のヨーロッパにおける機会・アクセス・連帯」[11]を公表した。同社会アジェンダは2010年以降のEUを視野に入れ，グローバリゼーション，高齢化，技術革新，移民，気候変動への対応が求められる欧州において，EU社会政策が今後，特に7つの分野に優先的に取り組むことを提案した。7分野とは，①欧州の将来のための児童・若者への対策，②より多くの良質な職，新たな技能に基づく人への投資，③人の移動，④長寿かつ健康的な生活，⑤貧困と社会的排除の削減，⑤差別解消，⑥グローバルな場における機会，⑦アクセス及び連帯，である。同アジェンダには，7分野に関連する具体的な提言として"EU指令案（第2節2で記す新均等指令案を含む）"や"EUコミュニケーション"，"緑書"等の公表を，19のイニシアティブとして盛り込んでいる。

同アジェンダはEU社会政策のゴールは，①機会の創出，②アクセスの提供，③連帯の明示，にあるべきとして，EUが"すべての人（社会的に排除されている人々）への機会の創出と均等"に，より一層の力を注ぎ，加盟国の取り組みを支援することを鮮明にした。加えて，EUがこれらに関わる社会政策を実施するため，①法，②欧州社会基金，③OMC（開放型政策調整方式：open method of coordination）[12]，④労使対話，⑤パートナーシップ，をその手段とし

て活用するものとした。

(3) 欧州 2020 ―中期成長戦略と社会的包摂

以上は，EU 共通の経済社会政策である現行の「欧州 2020」[13]に改善とともに受け継がれた。「欧州 2020」は，スマートな成長，持続可能な成長，インクルーシブな成長を掲げ，社会的包摂を EU の経済社会政策の中心課題の一つに据えた。具体的には 2020 年までに，①社会的排除や貧困のリスクにある人を 2000 万人削減する，②中等教育における早期退学者を 10%削減し，30 歳～34 歳代の者の少なくとも 40%が高等教育あるいは同等の教育（third level education）を修了する，③労働におけるインクルージョンを高め，EU 内の 20 歳～65 歳の就業率を 75%にする，が新たな目標となっている。

こうして EU は数十年を経て，すべての人への機会の創出とこのための均等待遇保障への取り組みに重点を置くようになった。以下ではまずはその内容を，第 2 節から第 4 節で EU 均等法とその加盟国内の履行，及び域内の共通基盤の形成を，第 5 節で欧州社会基金などによる EU 均等施策に触れつつ明らかにしていきたい。

第 2 節　EU 均等法
―「均等 2 指令」と「新指令 2 案」，「市民の発議」

1　ホリゾンタル・アプローチと「EU 均等 2 指令」

EU は，当初から取り組んできた「男女」均等法施策[14]に加え，とくに近年，「障害」，「年齢」，「人種または民族」，「宗教または信条」，「性的指向」の 5 つの事由に関わる均等（差別禁止）法施策を，積極的に進めている。

EU 加盟国政府首脳らは 2000 年，均等待遇保障を具現化する要の立法として，EU 理事会（閣僚理事会）において「雇用均等枠組指令（2000/78/EC）」[15]と，「人種・民族均等指令（2000/43/EC）」[16]の EU 均等 2 指令を採択した。両指令の採択に至る背景には，前述の社会アジェンダの他，1970 年代後半からの EU の社会的側面への施策（EU プログラムやイニシアティブ）の展開や，EU 条約における人権保障の進展がある。なかでも，アムステルダム条約（1999 年発効）は，「障害」，「年齢」，「人種または民族」，「宗教または信条」，「性的

指向」による差別と戦うための適切な措置をEUがとれる旨の条項（13条）を，新たに規定した（ニース条約で第13条にさらに第2項が追加）。EUによる均等2指令の採択は，この13条により可能となったのである。

「雇用均等枠組指令」は，均等待遇の措置として，自営業をはじめとする全ての雇用・就労分野（職業訓練や職業へのアクセス，昇進，再訓練，解雇や賃金を含む雇用条件や労働条件等）における，人種・民族を除く上記の4事由による，直接的及び間接的な差別や，ハラスメント（嫌がらせ）の禁止を謳う。ただし，EUでいう第三国民や無国籍者，軍隊等への適用除外がある。さらに同指令は，特に障害のある個々人に対して，障害の有無に拠らない均等な取り扱いの原則を保障するために"合理的配慮（reasonable accommodation）"の措置を設けた[17]。合理的配慮は，障害のある人の社会参加上の困難の多くは，機能障害（impairment）と環境の相互作用，すなわち社会や環境の不備としての「社会的障壁」があって生じるという新たな捉え方（社会モデル）に基づいている。この捉え方により，社会参加の障壁への対応を，社会の側に課す合意が形成をみたのである。

雇用均等枠組指令における合理的配慮は，障害のある人の採用，採用後，昇進，訓練における労働条件や環境に関わり，使用者が障害のある個々人の状況に即した個別具体的なニーズに対応する「必要かつ適当な変更及び調整」を行うことを義務とする。スロープの設置，音声読み上げ機器の使用，ジョブコーチの活用，試験時間の延長，勤務時間の調整等がその例としてあげられる。これは，障害のある人への均等待遇を保障する新たな手段として，また当事者が行使でき，行政及び司法救済を受けることが可能な"具体的権利"として，就業やキャリア形成等を新たに可能とする役割を担うものである[18]。ただし，合理的配慮を得ることによって職務遂行能力（適格性）があること，および使用者に不釣り合いな負担（過重な負担）にならない限りという条件が付いている。

このほか，同指令は加盟国による，上記4事由に関わる一定のポジティブ・アクション（積極的差別是正措置）の実施や，司法・行政的な救済の措置を規定する。また，EU加盟国は均等待遇の保護に有利な規定を設けたり，維持ができるとしている。

一方,「人種・民族均等指令 (2000/43/EC)」は,人種および民族的出自による差別解消を労働分野のみならず,"教育,公共交通,文化,物の購入やサービスの給付"といった人の生活全般にわたり広範に規定する。これら2指令は,差別とハラスメント,ポジティブ・アクション,法的な救済を得る権利や立証責任等において,整合性のある規定を有している。

全体としてEU均等法は,人の属性にかかわる複数の事由における均等待遇保障を一括して扱う「ホリゾンタル・アプローチ」を採用する。EUは,従来の事由ごとの施策の重要性も確認しつつ,複合的 (multiple) な事由 (例えば,女性であり障害がある,アジア人でイスラム教徒である等) への対応に着目するに至っている[19]。

2　新指令2案とEU市民の136万の署名

さらに欧州委員会は2008年7月,均等と非差別に関わる新たなEU指令案として,「宗教及び信条,障害,年齢,性的指向に拠らない人の均等取り扱い原則の実施に関する指令案」を公表した[20]。既存の「人種民族均等指令」が対象とする「人種・民族」の事由に比して,「障害」,「年齢」,「宗教または信条」,「性的指向」の4事由については,「雇用均等枠組指令」による労働分野均等待遇規定しかなく,その領域の狭さが当初から指摘されてきた。例えば,ニート,中高年者,障害のある人など,差別を被りやすい人々や社会的に排除された人々の就業とその継続には,教育,公共交通,サービス等の,生活全般にわたるさまざまな社会環境の整備が不可欠となる。新指令案はこうした指摘に応えるものとして提案された。欧州委員会は新指令案の採択によって,EUにおける非差別 (均等待遇) を保障する法的枠組は完結すると述べている[21]。

同時期である2007年には,欧州障害フォーラム (EDF)[22]の呼びかけで,「障害のための100万人署名 (1 million 4 disability)」と呼ばれるキャンペーンが,ローマ条約50周年,欧州機会均等年,EDF設立10周年を記念して着手された。この取り組みは当時リスボン条約 (2007年12月署名,その後2009年に発効) で創設予定となっていた,EU市民の複数国の100万人の署名で可能となる「市民の発議権」を視野に入れた試みである[23]。同キャンペーンの期

間中には，136 万 4,984 人の EU 市民が，「障害」の事由を対象とする包括的な EU 均等・差別禁止立法（指令）を求めて署名した[24]。

署名活動が求める EU 立法とも領域が重複する新指令案を，欧州議会は2009 年 4 月に，修正提案を付して採択した。その後，EU の意思決定・立法機関である EU 理事会における同指令採択における議論は現在（2016 年）まで継続している[25]。また，2015 年 12 月には人々の均等待遇と社会参加を促す前提条件を満たす立法として，「欧州アクセシビリティ法」が EU 指令案の形で提案されている[26]。

第 3 節　雇用均等枠組指令と EU 全加盟国での置換

1　EU 指令の置換と EU の対応

では，第 2 節 1 で触れた EU 均等政策の要である EU 均等 2 指令は，採択後その実施主体である加盟国でいかに履行されていったのだろうか。ここでは 2 指令が重なり合う雇用・就労領域を対象とする「雇用均等枠組指令」に焦点を当て，①加盟国における EU 指令の各国内法での置換，②置換における加盟国や地方（州等）毎の多様性，および，③EU 域内における収斂の現状を，順次検討していこう。

EU の「指令」は，EU の第二次法源のひとつとして，具体的な形式や方法は加盟国の権限ある機関に委ねるものの，加盟国の国内法に優位して，国内法の制定や改正を伴いその内容の遵守を加盟国に求める。雇用均等枠組指令は，同指令の内容を遵守するために EU 加盟国（当時 15 カ国）が 2003 年 12 月 2 日までに，新規加盟国は加盟時までに必要な国内措置を講じることを求めた。特定の加盟国に対する適用猶予規定は含まず，しかし「年齢」と「障害」の事由に関わる規定については，加盟国の申し出により 2006 年 12 月 2 日まで，3 年間の延長ができる旨を定めた。これは労働市場への影響を考慮した場合，「年齢」と「障害」における加盟国への同指令の置換が，他の事由に比べて特に難しいと考えられたためである。

EU 加盟国の同指令の置換は，「年齢」に関わり 6 カ国が，「障害」については 3 カ国が，期限延長を申し出，これが受理された（1 カ国と同国の 4 州から

の申請は，期限が過ぎていたため却下）。欧州委員会は置換期限を受けて，2004年7月より順次，同指令に関わる国内法の制定や改正が各加盟国で実施されたかについて精査を行った。結果，欧州委員会は，"第一段階目の違反手続き"として，必要な法的置換措置を講じていなかった加盟5カ国をあげ，当時の欧州司法裁判所に審理を求めた（うち2カ国はその後に基準を満たし取り下げ）。最終的に欧州司法裁判所は，オーストリア，ドイツ，ルクセンブルグの3カ国に，同指令の置換が不履行であるとの判決を下し，制裁金を課している（Case C-99/05, C-70/05, C-133/05, C-43/05）。オーストリアは，「障害」規定を連邦および一部州レベルで満たしておらず，ドイツは，「障害」，「性的指向」，「宗教または信条」の各規定を，ルクセンブルグは指令全体を満たしていなかった。

これらの過程を経て，すべてのEU加盟国が，EU指令を視野に入れた均等（差別禁止）法制の新たな制定や改正を行っている（"第二段階目の違反手続き"は第4節で記述）。

表1 EU均等指令の加盟国の置換における多様性[*]

指令を大方模写した差別禁止法	キプロス，ギリシャ，イタリア
指令よりも広範な事由を含む差別禁止法	オーストリア，ベルギー，フィンランド，アイルランド，ハンガリー，オランダ，スロヴァキア
複数の事由，及び，ひとつの事由を対象とした差別禁止法の組み合わせ	デンマーク，オランダ，スウェーデン
ひとつの事由の差別禁止法の複数設定	英国
特定の法及び雇用法の組み合わせ	スロベニア，ラトビア
特定の法，労働法及び刑法，行政法の組み合わせ	フランス，リトアニア，ポルトガル
指令のより広範な一般的な法への導入	スペイン
現時点では雇用法のみへの導入	エストニア，チェコ，マルタ，ポーランド
置換手続き中[**]	ドイツ，ルクセンブルグ

出典：報告書 The European Network of Legal Experts in the Non-discrimination Field：'Anti-Discrimination Law in Europe, 2006 p. 13 より筆者訳

 [*] 報告書当時EU加盟国は25カ国。報告書刊行後もEU加盟国では均等（差別禁止）法の改正が続き，上記の表の各国の位置づけには変化がある（例えば，スウェーデン，エストニア，英国の複数の事由を包括した均等（差別禁止法）の制定など）。

 [**] ドイツとルクセンブルグは，各々2006年8月と10月に関係法案を採択したが，同報告書には未反映。

2　EU 指令の置換における多様性

　EU 指令は加盟国が満たすべき最低限度の枠組を示し,「補完性の原則」や「比例性の原則」に基づき,その実施の形式や方法を加盟国政府等に委ねることにより,加盟国の独自性を認めている。

　結果として,EU 均等指令の加盟国内法への置換については,指令を大方模写した均等（差別禁止）法や,複数の事由及びひとつの事由を対象とした均等（差別禁止）法の組み合わせによる対応など,多様なアプローチが見受けられている。置換期限である 2006 年に出された欧州委員会の報告書は,置換の多様性の一端を前頁の表 1 のように記している。

第 4 節　加盟国間の履行上の相違と収斂
——多次元的な社会政策が進む「障害」の事由を焦点に

　雇用均等枠組指令の置換期限が終了した後,EU は,加盟国内法の個々の規定が同指令の各規定に即しているかどうかを精査し,不足が確認された場合には"第二の違反手続き"を進めている。欧州委員会による各国法規の詳細な把握の過程で,EU 同指令の各規定の具体的な置換と履行において,加盟国間や時に加盟国内の各州・地方間には,以下で検討する一定の相違（多様性）が見出されている。同時に,表 2-②（EU 市民の"具体的権利"の享受）が示すように,EU 域内における一定の収斂（共通点や方向性）も明確になりつつある。

　相違は,同一条件下にあるべき個々の EU 市民に,異なる扱いを与え得るという課題を有する。一方,このうち一部は,EU による共通の基盤の形成によって収斂し,取り除かれていくと考える。これについては,相違の検討（第 4 節 1）の後（第 4 節 2）に述べる。

　以下,EU 均等待遇保障の進展のなかでも,EU が国連の人権条約を歴史的に初めて批准（正式には正式確認という）し,多次元的なガバナンスが進む「障害」の事由を例に[27],相違と収斂の実際を具体的な事項の対比のもとで検討していきたい（表 2 参照）。

表 2 EU均等指令・加盟国内法・国連条約の交錯とEU市民の"具体的権利"

①

EU：EU均等指令*

EUによる国連条約策定参加、署名、批准・履行
（EU指令未規定部分も、国連条約に一定程度収斂）

EUの指令採択、加盟国内の置換・履行（最低基準はEU指令に収斂）

国連：障害者権利条約　　**EU加盟国：各国内法**

加盟国の国連条約策定参加・署名・批准・履行
（EU指令未規定部分も、国連条約に一定程度収斂）

EU市民の"具体的権利"の享受

②

"具体的権利"**に関わる規定の対比項目(例)	EU均等指令	国連障害者権利条約	EU市民の"具体的権利"の享受
1. 障害の定義・概念・範囲	指令上はなし。（しかし，EU（欧州）司法裁判所の判例あり）	概念のみあり	⇒ 一定程度あり（各国内法・国連条約のEU加盟国およびEUの批准による）
障害のある人の家族や支援者への均等取扱	あり（EU（欧州）司法裁判所の判例あり）	なし	⇒ ありの方向性（欧州司法裁判所の先決裁定以前にも，一部加盟国には既にあり）
2. 合理的配慮の義務	あり	あり	⇒ あり
3. 均等及びポジティブアクション	あり	あり	⇒ あり
4. 合理的配慮の否定と差別の関係性	なし（新EU均等指令案ではあり）	あり	⇒ ありの方向性（国連条約のEU加盟国とEUの批准，および新EU均等指令案による）
5. 雇用・就労を超えた均等・差別禁止	現在はなし（しかし，新EU指令提案中）	あり	⇒ ありの可能性（一部加盟国には既にあり。国連条約のEU加盟国とEUの批准，および新EU均等指令案による）

筆者作成
* ・表中のEU均等指令とは，雇用均等枠組指令を指す。EU均等指令としては，他に「人種・民族均等指令（2000/43/EC）」等がある。
   ・EUは，新EU均等指令案（「宗教及び信条，障害，年齢，性的指向に拠らない人の均等取り扱い原則の実施に関する指令案」）を審議中
** 実際に行使できる権利。行政・司法的救済を受けることが可能な権利。

1　EU 域内における相違

　雇用均等枠組指令の障害の事由の規定と履行に関わる，加盟国間，さらには加盟国内の各地域間の履行上の主な相違例は，以下の(1)障害の定義・概念・範囲，(2)合理的配慮，均等及びポジティブ・アクション，(3)合理的配慮の否定と差別，加えて(4)専門用語の採用，に見出すことができる。

(1)　障害の定義・概念・範囲

　雇用均等枠組指令は，指令の対象となる「障害」の定義や概念，範囲を意図して規定していない。「障害」には種々のとらえ方があり，生年月日で明白となる「年齢」のような他の事由と比べても，その定義，概念，範囲のあり方自体が多くの議論を孕み，これらは合意形成途上にある[28]。例えば，同指令にかかわる労働上の参加を広く促すための均等待遇の対象となる"職務遂行上の障害に直面する人"と，特定の社会保障の給付の対象となる"障害者"の範囲は必ずしも一致するとは言えない。一方で加盟国には，「障害」や「障害者」を，給付や割当雇用制度などの目的ごとにさまざまに定義してきた経緯がある。

　こうしたなか，同指令を置換えた加盟各国の国内法の障害の概念や定義規定には有無があり，規定が有る場合にも「機能障害の程度」，「時間的条件」などの要素において一定の相違が確認されている。

　加えて，同指令は"障害 (disability)"による差別の解消を謳い，その対象範囲を"障害のある人 (persons with disabilities)"に限定していない。したがって，障害のある当事者のみならず，障害のある人を介護や支援する家族等に対する当事者の障害を理由とする差別を，障害の範囲に含むかについても加盟国間において相違が見受けられた。

(2)　合理的配慮，均等及びポジティブ・アクション

　雇用均等枠組指令は，前述のように障害のある人に対する，合理的配慮の義務を定めている（5条）。この義務規定についても，加盟国，あるいは加盟国内の地方や州間で，法的義務の範囲や実施上の指針等において差異が確認できる。差異は，対象や提供の範囲，雇用主に過度な負担とならない制限の方法，及び公的部門の役割や公的支援に関わる規定などで見出される。例えば，ドイツは規定が重度障害者に限定していること，フランスは提供範囲が指令

より狭いこと，マルタは，対象が被用者に限定していること，イタリアは事業主や雇用関係の対象範囲の設定が不足していること等が指摘されている。

また，EU 指令の合理的配慮に関する義務は障害のある人を特に対象とするものの，加盟国内法によっては障害の事由のみならず，多様な民族や宗教をもつ人々や，一定の宗教（福音派の宗教，ユダヤ教，イスラム教）の人への合理的配慮を，雇用主に求める例がある。加えて，障害のある人を介護もしくは支援する関係者（家族等）に，合理的配慮の権利を付与する国もある[29]。

雇用均等枠組指令の均等原則の例外条項（6条）については，多くの国がこれに従っている。しかし，同条項の内容を越えて直接差別の正当化を，容認し続ける国もある。同指令の障害と年齢による差別の軍隊への適用除外（3条4項）についても，加盟国の国内法間で規定の明瞭さや，例外の範囲に関してかなりの相違が確認されている。また，ポジティブ・アクションと合理的配慮の関係性についても，これらを明確に分ける国から，当初は区別があいまいな国，両者に一定のつながりがある国が存在していた。

(3) **合理的配慮の否定と差別**

正当な合理的配慮を使用者が拒否する場合，これを障害による差別と捉えるか否かも，EU 加盟国において，異なる対応が見受けられた。この点について，雇用均等枠組指令は明確な規定を有していない。このため，合理的配慮の否定を差別と規定する国としない国があり，前者の場合も，その否定をいかなる形態の差別形態（間接差別，直接差別，特別な形態の差別）に結びつけるかにおいて相違が確認されている。

(4) **専門用語の採用**

EU 均等指令を置換える国内法の専門用語の採用のあり方についても，加盟国間で相違が見出される。たとえば，国内法の名称を"差別禁止法"とする国もあるが，"均等法"や"平等法"とする国もある。"合理的配慮"という用語も，EU 指令自体の各加盟国訳は"合理的配慮"に相当する各国言語の表現を使用しているものの，この内容を国内法で規定する場合の専門用語の採用は異なる。例えば英国は"合理的調整（reasonable adjustment）"，フランス，ドイツでは"適切な措置（mesures appropriees/angemessene vorkehrungen）"となっている。このように，同指令を置換える際の専門用語は各加盟国の歴史や文

化等を反映しつつ，必ずしも統一はされていない。

2　EU 域内における収斂

　前節では，EU 指令の加盟国や地方間での置換と履行上の相違を検討した。一方，その相違の一部は，EU の司法制度（欧州／EU 司法裁判所の判断）や違反手続き，欧州委員会等による調査・モニタリング・分析，EU の行動計画等によって，収斂がみられる（表2-①，②参照）。

　さらに，EU による国連の障害者権利条約の批准（2010 年 12 月）とこれよる同条約の履行義務は，この収斂に新たな影響を与えつつある。国連の障害者権利条約は，「障害による均等と非差別」を広く謳い，これまで本稿で検討してきた EU の雇用均等枠組指令と実質的に重複する規定を多く有している。EU の欧州委員会は，2000 年の雇用均等枠組指令の採択後，国連の障害者権利条約の策定過程に 2004 年から 2006 年にわたり正式にかつ積極的に参加し，その内容や合意に貢献した。障害者権利条約は 2006 年 12 月の国連総会で採択され，EU は 2007 年 3 月，"地域的な統合のための機関"[30]として同条約に署名した。障害者権利条約はその規定の中で，EU のような地域的な統合のための機関との関係を，次のように記している。

> 「同条約は，これに署名した国により批准されなければならず，またこれに署名した地域的な統合のための機関により正式確認が行われなければならない（43 条）。当該の地域的な統合のための機関は，その正式確認書（あるいは加入書）において，条約が規律する事項について自己の権限の範囲を宣言する（44 条）。」

　EU は署名後，各加盟国の障害者権利条約への批准の積極的な支援を行い，2010 年 12 月 23 日，EU 条約 13 条の EU による障害等による差別解消措置や 95 条の域内市場を確立し機能させるための措置の調和化等を根拠に，障害者権利条約を批准した[31]。EU による批准の唯一の条件は，労働および雇用を規定する障害者権利条約 27 条 1 項の，非差別原則の軍隊への適応除外である[32]。こうして，2011 年 1 月 22 日から，EU が宣言した自己の権限の範囲[33]において，国連の同条約は EU を拘束することとなった。

以上を踏まえて次に，相違（第4節1）で触れた具体的事象のうち，特に指令の内容の具現化に関わる(1)～(3)に焦点をあて，これらの相違がEUの社会政策の多次元的な展開により一定程度収斂しつつあることを明らかにしていこう。

(1) 障害の定義・概念・範囲

欧州司法裁判所（当時）は2008年7月31日，英国のColeman事件において，雇用均等枠組指令が障害のある人の関係者への就労上の差別（discrimination by association）にも及ぶという，同指令の「障害の範囲」に関わる先決裁定を行った（Coleman事件，Case-303/06）。この事件は，EUの「障害」による就労上の直接差別及びハラスメントの禁止が，障害のある本人のみに適用されるのか，あるいは障害のある息子を介助する被用者への，雇用主による他の被用者に比して不均等な扱いにも適用されるのかを問うた[34]。

障害のあるオリバーを出産後，母親であるシャロン・コールマンは，元の職務に戻ることも，育児中の同僚に許された育児・介護のための柔軟な働き方も拒否され，職を去ることを余儀なくされた。英国の国内裁判所（労働審判所）は欧州司法裁判所に，雇用均等指令の「障害」の解釈についての判断を求めた。これに対して欧州司法裁判所は，同案件が同指令における「障害」による差別にあたると判断した。この先決裁定は，EU全域で障害規定の均等待遇保障の対象に当事者の家族等の関係者が含まれることを明示した。あわせて，同指令の「年齢」，「人種・民族」，「宗教・信条」，「性的指向」に拠らない均等待遇保障に関わる，これら当事者の関係者（家族や支援者）に対する同様の課題を提起したのである。

この他，2006年7月11日，欧州司法裁判所はスペインのNavas事件において，雇用均等枠組指令の障害の概念にかかわり，病気そのものは障害と同義ではないこと，及び，障害の概念を提示した（Navas事件，Case-13/05）。同事件では，スペインの裁判所により，8ヶ月にわたる病気休暇取得後に解雇されたソニャ・チャーコン・ナヴァスの扱いが，雇用均等枠組指令に則した「障害」による雇用上の差別禁止にあたるかを問うた。すなわち，欧州司法裁判所に「病気」と「障害」の関係性について先決裁定を求めたのである。

これら両判決とEU法の解釈をめぐって，その後EU内ではさまざまな議

論が提起された。いずれにせよ，EU 法の優位性の原則のもとで，雇用均等枠組指令に規定がない「障害」の概念の捉え方について，欧州司法裁判所の判決は第 4 節 1 の(1)で既に検討した加盟国の多様性に対し一定の方向性を示すものとなった（表 2-②の 1．障害の定義・概念，範囲，障害のある人の家族や支援者への均等取扱，参照）。

さらに，EU 司法裁判所（以前の欧州司法裁判所）は 2013 年，障害の概念について新たな判決を出している（デンマークの Ring 事件および Skouboe Werge 事件，C-335/11, C-337/11）。これらの裁定では，雇用均等枠組指令における障害の概念は，EU が国連の障害者権利条約を批准したことを受けて，国連の同条約の第 1 条後段を踏まえて判断するものとした。すなわち，同指令上の障害は，「長期的な身体的，精神的，知的又は感覚的な機能障害であって，さまざまな障壁との相互作用により他の者との平等を基礎として社会に平等かつ効果的に参加することを妨げ得るもの」の結果として，特に生じる制限と捉えるべきとする。その上で，障害の範囲を，原因によって限定することは指令の趣旨に反するとして，疾病が障害者権利条約の当該条文に当てはまる場合には，これを EU 同指令上の障害とするべきとした。

これは上述の 2006 年時の Navas 事件の判決を一部修正し，障害と疾病には重複する範囲があるとして，障害の範囲を広く捉えるものとなっている。2013 年の Ring 事件および Skouboe Werge 事件の判決は，国連条約との関係において，Navas 事件後に続いた EU 内の障害の概念に関わる批判と議論に一定程度決着をつけたといえる。

EU の司法裁判所による，雇用均等枠組指令が定める「障害」，「年齢」などの 5 つの事由の就労上の差別に関する判例は，時を経て徐々に蓄積しつつある。こうしたなかで，加盟国における同指令の障害の概念や範囲などの解釈や置換上の相違の一部は，今後も EU の司法裁判所のケースとして提起され，一定程度取り除かれていくと考えられよう。また，国連条約の EU による批准が，EU の均等保障の形成と内容に影響を与え始めていることがわかる。

(2) **合理的配慮，均等及びポジティブ・アクション**

欧州委員会は，雇用均等枠組指令に関わり"第二段階目の違反手続き（第 4 節はじめを参照）"を進めるなかで，2006 年 12 月と 2008 年 1 月，多くの EU

加盟国に対して，合理的配慮や均等保障について指令を置換える国内法上の規定が不適切であるとの「理由を付した意見」あるいは「正式な通知」を送付した。各国の関係規定に関わり共通する問題点として，欧州委員会は，①障害のある人への合理的配慮の提供において，使用者の義務が適切に実施されていないこと，②直接差別やハラスメント，差別の指図に関連した，差別に関わる定義が指令と乖離していること，③差別の被害者を支援する規定に一貫性がないこと，④指令に比して，公務員や自営業者への保護が不足している等，対象者を限定していること等をあげた。さらに各国別には，例えば，合理的配慮規定について，規定を重度障害の者に限定した国（ドイツ）や，義務規定が欠如する国（エストニア）等が，指摘を受けている。違反手続きで具体的な指摘を受けた国々は，一定の期限内に回答を示さなければならず，対応がない場合には，欧州委員会は EU 司法裁判所に提訴するか否かを決定できる。

合理的配慮に関わり事業主や雇用関係の対象範囲の設定不足が指摘されていたイタリアについては，EU 司法裁判所の事案となった（C-312/11）。同事案の審理には，雇用均等枠組指令のみならず，国連条約の障害や合理的配慮に関わる概念が参照された。同事案は，同指令 5 条の置換違反があるとして 2013 年 7 月に結審し，イタリアは，違反する規定について国内法を 2013 年 8 月に改正している。

以上のように，EU 域内においては，雇用均等枠組指令の置換に関わる詳細な検討と EU 法上の違反手続きを通じた違反解消への取り組みによって，均等法施策の域内共通の枠組みが形成されつつある（表 2-②の 2. 合理的配慮の義務，3. 均等及びポジテイブ・アクション，参照）。また，前述の相違（第 4 章 1，(3)）で提起した合理的配慮とポジティブ・アクション（積極的差別是正措置）の関係性の有無等について，欧州委員会は指令採択後の早い段階で EU 内の"差別解消に関わる専門家グループ"に検討を委託し，広く論点を公表しつつ共通見解を模索した。この下で，EU では合理的配慮義務は個々人に対する非差別原則の一要素として位置づけられ，ポジティブ・アクション，すなわち特定の集団に対する差別是正措置とは異なるとして，両者は明確かつ意識的に分けて捉えるべきとの結論が提示された[35]。欧州委員会は，ポジティ

ブ・アクションを合理的配慮に位置付けた国内法（例えばベルギー）について，改正の必要性を促した。このように，欧州委員会をはじめとするEU諸機関が関わる調査・分析の報告書を通じた問題提起と見解の提示は，加盟国間における共通の基盤の形成において一定の役割を果たしている。

(3) 合理的配慮の否定と差別

雇用均等枠組指令が明確な規定を持たず，加盟国で相違が見られた合理的配慮の否定と差別の関係について，国連の障害者権利条約2条は，合理的配慮の否定は差別であると明確に謳っている。さかのぼって国連の同条約の策定に参与するEU側の目的には，国連の同条約が非差別と均等を適切に保障し，これら国際的な動向と雇用均等枠組指令をはじめとするEUの障害法施策に，一貫性を持たせることにあったと欧州委員会は述べる[36]。こうしたなかで，EUは，EU均等2指令採択後に行われた国連の同条約の策定過程で，EUの同指令が規定しない，合理的配慮の否定を差別とする条文等の挿入に貢献した。このことは，同指令採択（2000年）から国連条約採択（2006年）までに，合理的配慮の実効性に関するEU内及び国際的な議論が進展したことを示している。

以上から，EUの批准により，雇用均等枠組指令に規定がなく，EU域内でその扱いに統一性がなかった合理的配慮の否定と差別についても，障害の概念等と同様に，EU域内で国連条約を視野に入れた収斂が自ずとあると考えられる（表2-①および②の1. 障害の定義・概念，範囲，4. 合理的配慮の否定と差別の関係性，5. 雇用と就労を超えた均等・差別禁止，参照）。合理的配慮の否定を差別とする規定は，国連条約のEUによる署名後に欧州委員会が提案した，包括的なEU均等・差別禁止の指令案（第2節2参照）にも盛り込まれている。

本節の検討が提起するように，EU全域ではEU指令とこれを置換える国内法，国内法に対するEUの違反手続き，さらにはEUと各加盟国による国連条約の署名と批准に基づく履行が進んでいる。EU，国連，加盟国による均等法に関わる前例のない多次元的なガバナンスにより，EU市民を対象とする表2-①が示す均等待遇保障に関わる共通枠組と具体的権利が新たに生まれているといえよう。

第5節　EUによる均等施策

　上述の均等法に加え，EUは，社会的に不利な立場にある人々の主体的な社会参加を推進するため，さまざまな行動計画やプログラムを加盟国政府やNGOと協働して実施する。これらを支えるものとして，欧州構造投資基金があげられる。欧州構造投資基金は，従来の構造基金を改革し，新たに欧州社会基金や欧州地域開発基金など5つの基金から構成される。「欧州構造投資基金2014年〜2020年」は，11のテーマ別目標の下で進められている[37]。うち，テーマ別目標8〜10は，以下表3のように社会的包摂や均等政策と特に関係性が深い。

　「欧州2020」に沿って，例えば欧州社会基金においては2014年〜2020年の7年間で労働に300億ユーロが，教育に260億ユーロが，社会的包摂に213億ユーロが使用される。あわせて若者の雇用イニシアティブに特別に32億ユーロが拠出されるなど，EU市民に欧州社会基金のみで860億ユーロを超える額が投資される予定となっている。また，欧州地域開発基金においては，人が地域で暮らすことを支援するための，教育，医療，住宅などの社会インフラに179億ユーロが使用されることになっている。

　全体としてEUによる財政支援においては，貧困削減，包摂（インクルージョン），個々のニーズに応じた地域における質の高いサービス提供，EU全土の長期入所施設の廃止等が明確に打ち出され，これらの基準に適合したプランにのみにEUからの財政支援が与えられる。こうした施策は，EUの前述の法的措置と補完関係を保ちつつ，域内の人の多様性に応える均等待遇保障の共通基盤の形成に貢献している。

表3　テーマ別目標

8	持続可能で質のある雇用および，労働移動性の促進
9	社会的包摂の促進および，貧困と差別の削減
10	スキルと生涯学習のための教育，訓練，職業訓練

出典）Regulation（EU）No1303/2013より筆者が抜粋して作成

第6節　EU均等法施策における「福祉アプローチ」と「市民権アプローチ」の共存

1　EU均等法施策と人権保障

　EUの多くの国々はEU均等2指令の採択以前，「障害」，「年齢」などの5事由による就労上の均等（差別禁止）法を制定していなかった[38]。欧州社会モデルの就労を軸とする方向性（第一節参照）を受けて，EU均等指令は成立した。そして本稿が検討したように，加盟国や加盟候補国の多様な規定は，EU法やEU司法制度，行動計画等の施策を通じて，一定の基準以上を保つように拘束されていく。欧州全域の同分野において，国連との新たな関わりを含む多次元的なネットワークガバナンスの構築が進むなかで，EUは近年，自らをその一つのアクターであると位置づけている。

　当初，欧州レベルの人々の平等と社会参画を求める均等（差別禁止）立法の導入の機運の高まりに対しては，同時に，欧州が伝統的に培ってきた"福祉アプローチ"に根ざした権利を切り崩すのではないかとの問題提起も続いた。しかし1990年代の議論の末，EU均等法採択にあたって，欧州では"福祉アプローチ"と差別禁止に基づく"市民権アプローチ"は相反するものではなくお互いを補完し合うとの結論に至ったのである。その背景には，法施策の主体が必ずしも不利な立場におかれた当事者にあるとはいえない点などが指摘されてきたことがある。例えば割当雇用制度は，障害のある人の雇用全体を底上げする"量"に貢献するものの，未達成への支援や雇用の奨励金は主として使用者を対象とし，障害のある特定の個人の働く権利の行使や雇用の"質"には必ずしも直結しなかった。また，その時々の経済や政府の財政状況等が，当事者の社会保障や補償，給付水準を左右してきたこと等があげられる。

　一方で"市民権アプローチ"に根ざす均等法は，合理的配慮の提供が示すように，障害等の社会的な不利がある人とない人の平等という比較のもとで，当事者自らが主体となる就業，就労の継続，訓練等に関わる"具体的権利"を付与し得る。EU同指令の制定は，福祉アプローチと市民権アプローチの

共存(人を「保護の客体」から「権利の主体」へ)を, EU 域内の社会政策の基底に据えたのである。

2　EU 均等法施策と言語

本稿が検討した均等待遇保障に関して, EU では「言語」について, 既述の EU 均等 2 指令とは一味違う法施策を実施していることも注目に値する[39]。EU は平等の精神とマルチリンガリズム(多言語主義)に基づき, EU 規則の第 1 号で, EU 加盟国のすべての公用語を, EU の公用語とすると定める(現在 23 言語)。欧州委員会には, 通訳総局と翻訳総局が設けられ, EU 市民には自らの公用語(言語)による情報へのアクセスや, 救済への申し立てなどの権利の行使が保障されている。教育文化総局は, マルチリンガリズムを理念として, EU 言語政策のもとで, 加盟国の人々がお互いの言語を学び合う, EU 市民の母国語＋2 言語の習得に力を注いでいる。

また, 国連の障害者権利条約は, 聴覚に障害がある人々が使用する手話を「言語」であると規定する[40]。これを踏まえ EU では手話をマルチリンガリズムの重要な一部であるとして, その取り組みの促進や公的地位の付与に関する支援を行っている。

おわりに
——"多様性のなかの統合"を目指す欧州社会モデル

EU は, 開かれた社会参加の機会を確保するために, 人の多様性を視野に入れた均等待遇保障を進めている。均等法施策はとくに「障害」,「年齢」,「人種・民族」,「信条・宗教」,「性的指向」,「性別」,「言語」といった属性に焦点をあてており, これは社会的に不利な立場に陥りやすい人々への人権保障の手段ともなっている。EU 基本条約(リスボン条約)[41]は, EU 基本権憲章(2000 年)を含む包括的な人権規定を有し, "多様性のなかの統合"を掲げる。この具現化は, 本稿の EU 均等法施策(第 3 節および 4 節)が示したように, 社会政策において人の移動や経済政策のスピルオーバーを越えて展開している。

EU 域内では，均等待遇保障に関わり EU 市民が享受する新たな"具体的権利"を含んだ共通枠組と基準の形成が進む（第 2 節および第 4 節 2）。具体例としては，個々人を対象とする差別禁止規定，合理的配慮の義務ならびに，これが否定された場合の権利の回復，障害のある人の家族や支援者への均等取扱，自らの公用語による情報アクセスや申立の権利などがあげられる。さらに EU は，国連条約（障害者権利条約）の策定に積極的に参加し，これを署名し，その批准を行った。自らが多次元的なガバナンスの一アクターとなり，EU 市民の権利を一層明確にするために国際条約の活用を試みている（第 4 節 2）。この多次元的な展開のなかで，欧州社会モデルに基づく EU 均等法政策は，一定程度の国際的な潮流となり，日本を含む EU 域外の国々にも影響を与えるに至っている[42]。

これらの展開は同時に，欧州が共通して直面する少子高齢，技術革新，グローバル化における社会経済的な課題に対応する意図を有している（第 1 節）。すなわち，多様な個々人の潜在的な力の発揮は社会保障と補完関係にあり，域内の同分野の協働は活力ある社会の創造，格差社会の是正，資本主義下のソーシャルダンピングの抑制等に寄与すると期待されている。さらにこれらは，近年の域内の分断やテロなどの出来事に対して，EU がいかに連帯や結束を強めていけるかにも繋がっている。

均等待遇保障は一朝一夕には成さないものの，これに取り組まなければEU 全域の社会経済の安定的な維持は難しい。人の多様性を尊重し活かす社会の創造は，EU 市民の生活の質と，EU 自身の今後の存続や繁栄に深く関わっているといえよう。

（1） ユーロバロメータ（2008）によると，EU において過去 1 年間に差別を経験した人は 15％おり，差別やハラスメント（嫌がらせ）を 10 人に 3 人が目撃した。自国の差別解消への取り組みを，48％の人が不十分であると考え，自分が差別やハラスメントを受けた場合に，どのような権利があるかを知っていると答えた人は 33％のみであった。The Gallup Organization, Eurobarometer, Flash EB Series #232, Discrimination in European Union -perseptions and experiences of discrimination in the areas of housing, healthcare, education, and when buying products or using services, February 2008，および，Special Eurobarometer 296/Wave 69. 1, European Commission

（2） 社会政策とは，社会において発生した労働条件や生活条件に関わる諸問題（社会問題）を，解決あるいは緩和するための政策の総称である。武川正吾『福祉社会 ― 社会政策とその考え方』（有斐閣アルマ，2001）15 頁，および，経済学辞典や社会学辞典等，各種辞典類を参照。
（3） EU の批准（正確には正式確認という）については，引馬知子「EU の正式確認」長瀬修・東俊裕・川島聡編『増補改訂　障害者の権利条約と日本　概要と展望』（生活書院　2012 年）参照
（4） Presidency Conclusions, Barcelona European Council 15 and 16 March 2002, SN 100/1/02 REV1, p. 8-9. その他，2008 年 2 月 14 日の欧州議会における「欧州社会モデル」に関する会議（於ブリュッセル）の，雇用・社会問題・均等総局担当委員であるシュピドラ氏の「The European Social Model」（SPEECH/08/78）等も参照
（5） 3 分野のほか，EU の農業政策（CAP）なども，社会政策としての役割を有しているといわれる。Kleinman, Mark and Piachaud, David（1992），"European Social Policy：Models and Rationales. London" STICERD, p. 16.
（6） Stephan Leibfried and Paul Pirson（1995），'Semisovereign Welfare State：Social Policy in a Multi-tiered Europe,' in Stephan Leibfried and Paul Pirson（eds）European Social Policy：Between Fragmentation and Integration（Brookings, 1995), p. 44
（7） 現在の「雇用・社会問題・インクルージョン総局」。同総局は EU 社会政策にかかわる中心的な部局である。http://ec.europa.eu/social/main.jsp?langId＝en 参照
（8） European Commission, *The White Paper "European Social Policy-A Way Forward for the Union*（1994）
（9） European Council：'Lisbon European Council Presidency Conclusions'，（2000）等参照
（10） European Commission：*Social Policy Agenda*, COM 2000-379（2000），European Commission：*Communication from the Commission on the Social Agenda*, COM2005-33 final（2005）
（11） Commission of the European Communities, *Renewed social agenda：Opportunities, access and solidarity in 21st century Europe*, COM（2008）412 final, Brussels（2. 7. 2008）
（12） OMC とは，EU 加盟国間の共通の目的やガイドラインを設定し，ベストプラクティの交換や協力を促進する方式であり，事例ごとに活用される。ソフトロー的アプローチ，あるいは政治学的には新たなガヴァナンスの形態の典型であるといわれる。福田耕治「欧州憲法条約と EU 社会政策における「開放型調整方式（OMC）―東方拡大とソーシャル・ガバナンスの新形態」『同志社大学ワールドワイドビジネスレヴュー』6(1)（2005）等参照
（13） COM（2010）2020 final
（14） 男女均等法施策については，柴山恵美子・中曽根佐織編『EU の男女均等政策』（日本評論社，2004）等参照
（15） 正式名称は，"雇用及び職業における均等待遇のための一般的枠組み設定に関する指令（Council Directive on establishing a general framework for equal treatment in

employment and occupation）2000/78/EC"
(16) 正式名称は，"人種あるいは民族的出自に拠らない人への均等待遇の原則に関する指令/Council Directive on implementing the principle of equal treatment between persons irrespective of racial or ethnic origin, 2000/43/EC"
(17) 合理的配慮については，『障害者雇用に関わる「合理的配慮」に関する研究―EU諸国及び米国の動向』（独立行政法人高齢・障害者雇用支援機構　障害者職業総合センター　2008）等参照
(18) 栗原久「就労支援現場から見た職場での合理的配慮，差別禁止とは」『福祉労働』121（現代書館 2008）等参照
(19) しかし，欧州委員会のEU均等法の新指令案（註17参照）においては，現在のところ複合的な差別への言及がなく，これに対する批判が欧州議会やNGOなどから出されている。
(20) Commission of the European Communities, Proposal for a Council Directive on implementing the principle of equal treatment between persons irrespective of religion or belief, disability, age or sexual orientation, COM（2008）426 final, Brussels（2. 7. 2008）
(21) http://europa.eu/rapid/pressReleasesAction.do?reference＝IP/08/1071&format＝HTML&aged＝0&language＝EN&guiLanguage＝fr
(22) European Disability Forum. 1996年に設立された，障害のある人々や家族等により運営されるプラットフォーム。障害のある人々の機会の均等や人権の促進，すべての障害者団体の共通の関心事を擁護し，EU諸機関等に対して障害のある市民のために独立した，かつ，確固たる声を表明することを目的とした，欧州の非政府組織。
(23) 市民の発議権は，EUにおける民主主義の原則を高める，あるいは"民主主義の赤字"を埋めるためにリスボン条約に挿入された。
(24) これは，署名期間に対する署名数の多さなどからEUで前例がないと評された。
(25) EU理事会での審議は継続しており，2014年11月に発足したEUのユンカー新体制においては，議論を深め指令採択を目指すことが新たに確認されている。
(26) COM/2015/0615 final-2015/0278（COD），Proposal for a DIRECTIVE OF THE EUROPEAN PARLIAMENT AND OF THE COUNCIL on the approximation of the laws, regulations and administrative provisions of the Member States as regards the accessibility requirements for products and services
(27) 詳しくは，引馬知子「EUの障害者の人権保障の法的取り組みと雇用施策の現状」『EU諸国における障害者差別禁止法制の展開と障害者雇用施策の動向』（独立行政法人高齢・障害者雇用支援機構障害者職業総合センター 2007），引馬知子「「雇用均等一般枠組指令」の障害規定とEU加盟国への移行―多様性を活かし尊重する社会へ―」『世界の労働』第57巻第7号（日本ILO協会 2007）等，参照
(28) 『国際生活機能分類ICFの理解と活用 人が「生きること」「生きることの困難（障害）」をどうとらえるか』（萌文社 2005），EU Network of Experts on Disability Discrimination：Definition of Disability，（2004），European Commission, Definition of

第12章　EU社会政策の多次元的展開と均等待遇保障　*263*

Disability in Europe -a comparative analysis, a study prepared by Brunel university（2002），等参照
(29)　E. U. Network of Experts on Disability Discrimination（Waddington, L.）: Implementing and Interpreting the Reasonable Accommodation Provision of the Framework Employment Directive : Learning from Experience and Achieving Best Practice,（2004）, European Commission, Reasonable Accommodation beyond Disability in Europe ?（2013）他参照
(30)　"地域的な統合のための機関"とは，特定の地域の主権国家により構成される機関で，条約が規律する事項に関し，加盟国から権限の委譲をうけたものをいう（障害者権利条約第44条1項）
(31)　選択議定書は，加盟国の状況を考慮して未署名。
(32)　これは雇用均等枠組指令の規定によって，同分野についてEUに権限がないことによる。
(33)　権限の範囲については2010/48/EC参照
(34)　引馬知子「EU均等法と障害のある人・家族・支援者の雇用―英国コールマン事件を契機とする均等待遇保障の新展開」『労働法律旬報』1696,（旬報社 2005.5.25）参照
(35)　詳しくは，European Commission Directorate-General for Employment, Social Affairsand Equal Opportunities Unit G.2（Marc De Vos）: Beyond Formal Equality -Positive Action under Directives 2000/43/EC and 2000/78/EC,（2007）を参照
(36)　European Council, Council Decision on the signing, on behalf of the European Community, of the United Nations Convention on the Rights of Persons with Disabilities and its Optional Protocol, COM（2007）77 final を参照
(37)　Regulation（EU）No1303/2013 等参照
(38)　例えば，合理的配慮を含む均等法をすでに有していたのは3カ国（アイルランド，スウェーデン，英国）のみであった。
(39)　あわせて国連の世界人権宣言（1948年）や，社会権規約および自由権規約（1966年採択）は，"人種，皮膚の色，性，「言語」，宗教，政治的意見その他の意見，国民的もしくは社会的出身，財産，出生又はその他地位等による差別もなしに，宣言・規約の権利を尊重し及び確保する"ことを謳っている（「　」は筆者）。
(40)　国連の障害者権利条約は，"「言語」とは，音声言語及び手話その他の形態の非音声言語をいう（第2条）"と定義する。
(41)　鷲江義勝編著「リスボン条約による欧州統合の新展開―EUの新基本条約」（ミネルヴァ書房，2009）等参照
(42)　日本において2013年6月に国会で成立した「障害者差別解消法」および「改正障害者雇用促進法」，あわせて，内閣設置，障がい者制度改革推進会議「差別禁止部会」の審議（http://www8.cao.go.jp/shougai/suishin/seisaku_iinkai/#kinshibukai）等を参照

第13章
EU科学技術イノベーションとジェンダー

福 田 八寿絵

はじめに

　2016年4月日本では，女性が十分に能力を生かし，活躍できる環境の整備を目的として女性活躍支援法が施行されることとなった。EUでは，日本に先駆け，1957年より「ジェンダー平等」(gender equality)政策が展開されている。男女の公平性は，ローマ条約における同一労働同一賃金の原則を基礎とし，EUの基本的価値として位置づけられている。ジェンダーとは，生物学的性ではなく，社会文化的性を意味する。

　EUは，「欧州レベルでの男女平等」の貫徹を目指し，1999年『女性と科学-欧州研究を拡充するために女性の動員』(Women and Science；mobilizing women to enrich European research)[1]と題した報告書を作成し，科学研究部門における女性研究者を増大させる政策を打ち出した。それでは，なぜ科学技術研究分野に女性の参画が要請されるようになってきたのであろうか。

　2014年から，成長戦略としてジェンダーを位置づけた政策がEurope 2020とともに開始されているが，男女の雇用機会均等という観点からの分析がほとんどである。本章の目的は，EUにおける研究イノベーションにおけるジェンダー平等政策の現状と課題，ジェンダーの視点を取り入れることが研究イノベーションに資するのか否か，資するためにはいかなる方策が要請されるのか分析することにある。

　そこで，第1にEUにおける科学技術政策を概観する。第2にEUにおける科学技術と知識基盤社会の構築，成長戦略との関連として，ジェンダー平等の主流化がなぜ要請されるようになったのかを検討する。第3に研究イノベーションにおけるジェンダー平等政策の現状と課題を明らかにし，科学技

術研究イノベーションにおけるジェンダーの意義，課題について考察する。

第1節　EU科学技術政策の形成と発展

1　EU科学技術政策の形成

EUにおける科学技術研究政策は，およそ半世紀の歴史を有する。1957年のローマ条約では科学技術政策については言及されていなかったが，当初，科学技術政策はエネルギー政策に焦点が当てられ，特に原子力技術開発が念頭に置かれていた。

1958年欧州委員会が設立された際，共同研究センター（Joint Research Centre：JRC）が設置された。JRCの任務は，政策の設計を行ったり，実施したりする際に，欧州委員会をはじめ，他のEC諸機関に独立の立場から技術的支援と科学的なアドバイスを提供することにあった。1960年代，70年代になるとコンピューター技術，エレクトロニクスが新技術として拡大していった。1980年代に単一市場が形成された際，EUは加盟国における科学的研究の協力と活性化に対してより広い責任を担うようになった[2]。

この任務を実施するため，EUでは枠組計画（Framework Programme：FP）が開始された。これは1984年に設立された研究技術開発プログラムである。また，EUの研究プログラムとは別の枠組機構が発足した直後の1985年に，欧州委員会とEU加盟国の合意を得て，汎ヨーロッパ・プロジェクトとしてユーレカ（EUREKA）プログラム機構が設立された[3]。EUの行政府である欧州委員会の研究総局は，第1次枠組計画（PF1：1984～87年）を皮切りに，第2次枠組計画（PF2：1987～91年），第3次枠組計画（PF3：1990～94年），第4次枠組計画（PF5：1994～98年）と実施してきた。当初エネルギー分野に重点が置かれていたが，次第にライフサイエンス分野，ICT，環境分野への資金供与も増加していった。

法的枠組みとして，1987年発効の単一欧州議定書（Single European Act）では「共同体は，欧州産業の科学的，技術的基盤を強化し，欧州産業の国際競争力を高めるよう助成することを目的とする」（第130条F）ことが規定された。1992年にマーストリヒト条約では，EUの役割を研究と技術開発の促進

に拡大した（130条）。これらの条約によってEUにおける科学技術政策は次の2つの目的を明確化した。すなわち，第1は欧州における科学技術力の強化であり，第2は国際レベルでの競争力の促進であった[4]。1993年欧州委員会は「経済成長，競争力および雇用に関する白書—21世紀に向けての挑戦と前進への道[5]」では失業問題に焦点を当てられ，雇用創出における科学技術政策の重要性を強調した。この白書では，欧州における技術開発の現状を分析し，

1）EU全体として主要競争相手であるアメリカと日本に比べ，対GDP比の研究開発支出，研究者数，技術者数が少ない。

2）EU加盟国間のあらゆるレベルで研究開発政策や活動の調整が進行していない。

3）科学的研究の成果や技術面での成功が産業の活性化に十分つながっていないという問題点を指摘した。

体制移行国であった地域で国家的な資金援助が急激に削減されないようEUは，1992年度から第3次枠組計画に対して2004年を待たず，中・東欧諸国の科学的に価値のある3200を超える調査・研究に対し，資金援助を行った[6]。1998年にはこれら地域の大学や産業がEU加盟国の大学や産業と同様の条件で研究プロジェクトに参加可能となった。

EU政策を反映した公募条件が欧州委員会から発表され，その条件と合致した研究プロジェクトが公募プロジェクトから選択され，契約の過程を経た上でEU加盟国から助成金を得る。この枠組計画では，実用化や市場に近い研究プロジェクトは除外され，市場化の前段階の研究開発を対象としてきた。枠組計画はEU条約第166条第3項，第169条，第171条に従い，いわゆる共同体方式という意思決定手続に基づいて行われ，欧州委員会が提案し，欧州議会および欧州理事会によって承認される[7]。

加盟国政府はEUによる資金供与を受ける研究がどの分野に利益をもたらすのか国内の経済利益を重視するが，世界的に多国籍企業の増加によって国内経済への利益について明確化することがさらに難しくなってきている[8]。

2 EU 科学技術政策と成長戦略

　EU は 2000 年リスボンサミットで，欧州を 2010 年までに世界で最も競争力と活力に富み，経済成長と雇用創出，社会・環境の持続可能性の実現　知識基盤型社会に変革するという，いわゆる「リスボン戦略」を採択した。このゴールに向け，欧州委員会は「欧州研究領域」（European research area：ERA）機構を創設した[9]。欧州委員会は，2002 年 11 月，各加盟国政府と欧州議会に対し，「知識基盤型社会」をキーワードにする 2003 年の活動プログラムを掲示した。EU 首脳は 2010 年までに EU の GDP の 3% を研究と開発に費やすことに合意した[10]。

　2007 年から始まった第 7 次枠組計画においては「欧州研究評議会」（European Research Council：ERC）が新しく創設された[11]。これは，よりハイリスクではあるが，潜在的に高い利益を生み出す可能性のある欧州の先端科学における研究に資金援助を行う機関である。

　第 7 次枠組み計画では，①協力，②構想，③人材，④能力の 4 項目に基づく具体的なプログラムから構成された[12]。本プログラムでは，①加盟国間の共同研究の支援，②研究の創造性を刺激③人材の開発④研究インフラ，地域，中小企業の支援が行われた。

　2014 年から欧州の科学技術者の協働を支援し，考えをシェアし，欧州のグローバルな競争力を高めるために FP7 の後継プログラムとして Horizon 2020 は，開始された[13]

　Horizon 2020 では以下のような 3 つの優先事項と 7 つの「フラグシップイニシアティブ」が設けられている。

　第 1 に「スマートな成長」として 1) デジタルアジェンダ，2) イノベーションユニオン，3) 若者の支援

　第 2 は「持続可能な成長」として 4) 資源効率の高い社会，5) 国際化に対応した産業政策

　第 3 に「包括的な成長」として 6) 新しいスキルと仕事，7) 貧困対策のプラットホームである。

　Horizon 2020 は，より実用化を目指した研究支援であり，産業の活性化，競争力に重点を置いた研究支援枠組みであるといえる。

第2節　EUにおける研究イノベーションとジェンダー

1　科学技術政策とジェンダー・平等・主流化

　EUの科学技術研究イノベーションとジェンダーとのかかわりはいかなるものであろうか。

　1996年からEUにおける「ジェンダー平等の主流化」(Mainstreaming Gender Equality)に向けての積極的な活動が始まった[14]。研究分野においても女性の参加の促進が打ち出され，1997年4月欧州委員会が提案し，1998年12月に理事会と欧州議会で採択された「第5次枠組計画」(PF5：1999～2002)[16]においては，EUが社会と科学技術との関係を重要視し，科学技術分野における男女の参画機会均等化を目指す方針を固めた[15]。

　EUでは，わが国とほぼ同時期にプロディ欧州委員会が「政策評価制度」を導入したが，研究プロジェクトへの男女の共同参画プログラムの管理と評価，実施過程における「ジェンダー平等の主流化」を含む各プログラムの中間評価，およびプロジェクト終了後，ジェンダーへの配慮がどのように組み込まれ，当該研究にいかなる影響を与えたか，事後評価と今後の政策課題の提言へと繋げることが要請された。

　第5次枠組計画では，21世紀をむかえて科学技術政策が取り組むべき喫緊の課題として，①気候変動への対策，②遺伝子治療，③遺伝子操作，④バイオテクノロジーなど先端科学を社会との関係で研究するため，文理融合かつ複合領域への学際的アプローチの重要性に着目した。①欧州ネットワーク社会を構築するための情報通信システムの開発，②HIV/AIDS，SARSなどの国境を越える感染症への対応と克服，③高齢社会に対応した医療技術等の生命医科学分野での研究促進など，EU全体の先端科学技術へ積極的に挑戦することを企図していた。第1次～第4次の計画と比較して，とくに第5次枠組計画では，「EUのイノベーション活動計画」や「中小企業のイノベーション」などの目標とともに，④「女性と科学」の問題がとりあげられ，科学技術研究分野における女性研究者の役割強化を図るためのジェンダー政策の基礎が置かれたことが注目される。

欧州委員会は，1999年『女性と科学−欧州研究を拡充するために女性の動員』報告書を作成し，女性が関係する科学研究を「女性による研究」，「女性のための研究」，「女性についての研究」の3分野に分け，具体的な女性研究者支援策を提案した。「女性による研究」では，女性研究者の割合が極めて低い現状を示し，高等教育における女性の理系分野への進出を促進する必要があるとされた[14]。つぎに「女性のための研究」では，社会経済学的な視点から，ジェンダー問題が，「生活水準向上と健康の改善」とも係わる重点課題とされ，女性のニーズに沿った研究の必要性が認識された。「女性についての研究」は，女性の社会や労働市場における地位，時代の変化に応じた新たなモデルの創出などジェンダー関連研究への支援を行うことを通じて，研究開発部門の女性研究者を支援し，EUにおけるジェンダーに関する「知識の向上」に資することを目的とした。第5次枠組計画において欧州委員会は，マリー・キュリー基金からの研究助成金のうち，40％は女性研究者へ予算配分することとした[17]。

　1998年加盟国間で研究分野におけるジェンダー指標の開発と政策の評価に焦点を当てた対話を行うため加盟国の公務員とジェンダー専門家からなるいわゆるヘルシンキグループ（Helsinki group）を組織した[18]。

　さらに『女性と科学に関する欧州技術評価ネットワーク』（European Technology Assessment network on Women and Science：ETAN）が1999年組織され，この専門家グループによるETAN報告[19]が2000年に発表され，以降EU域内の理系女性研究者を支援するための政策を展開し始めた。

　2014年から開始されたHorizon 2020では，以上のような研究開発枠組計画に基づくEU科学技術政策の展開過程で，欧州における女性研究者の役割はどのように変化してきたのであろうか。

2　女性と科学—生命医科学研究開発分野への女性研究者支援政策の形成と展開

(1)　科学技術研究部門における女性研究者の教育・育成

　いくつかの加盟国において，女性は科学分野では排除されてきたという歴史が存在する。多くのEU加盟国では，20世紀初頭まで女性が大学で科学分

野の教育を受けることを法律上禁止されてきた[20]。例えばイギリスにおいて 1885 年まで女性は，男性と同様の博士課程には受けいれられなかった。女性が大学院博士課程に入学することが許された後も，歴史のあるオックスフォード大学やケンブリッジ大学においては女性には博士号を与えなかった。ケンブリッジ大学では 1881 年に，女性にも博士課程への入学を許可したが，1948 年まで博士号を取得することは認めていなかった。オックスフォード大学は 1921 年に女性を受け入れた。当時のケンブリッジ大学では女性を 10％に制限し，またオックスフォード大学においては女性を最大限で 25％に制限していた[21]。1950 年代になると，このような問題に応えるために多くの女子大学が創設され，女性のための高等教育機関が拡充していった。1972 年，男子のみの大学は，男女共学化されるに至り，現在では，ケンブリッジ大学においても全学生のうち 46％を女性が占め，イギリス全土では 50％の女子学生が大学で学んでいる[22]。20 世紀末にはこのような女性に対する差別的な措置に対し，男女の公平性を確保するための立法が徐々に行われるようになった。1957 年署名されたローマ条約では，前述のように，EEC 加盟国における「男女の平等取り扱い原則」が明確に規定されている。1970 年代と 1980 年代には，ジェンダー平等に関連する立法化が，各加盟国で進められた。

　このような背景のもとで前述のように 1990 年後半から科学技術研究分野における女性を活用すべく政策展開がなされるようになってきたが，女性の研究分野での参画は進展したのであろうか。

　ETAN（European Technology Assessment Network）報告によって科学と女性に関する統計資料が非常に重要であり，分野ごとの女性の割合や層別化がさらに重要であることが指摘された。その後 Eurostat などによる統計資料が入手可能となり，モニタリングが進んできている。図 1 に示すように EU において 2010 年には女性が大学博士課程に 46％在籍しているが，研究者としてトップレベルの研究者のポストには 20％しかいないという非常にジェンダーバランスが偏っている現状がある。地位が高くなるにつれ，その割合は低くなり，これは「漏れるパイプライン」(leaky pipeline) と評される[23]。

　家庭生活と科学者としてのキャリアを両立させることは難しいが，科学研

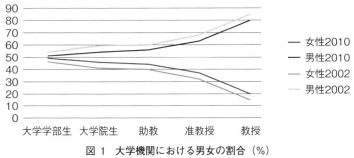

図 1　大学機関における男女の割合（%）

出典）She figure 2012, Gender in Research and Innovation p. 88.

究におけるジェンダー平等は，公平性や雇用機会均等だけの問題ではない。女性と男性が異なる研究手法による研究への寄与，あるいは異なるテーマを選択する傾向があることなどにより，男女それぞれが，異なるアプローチを採用し，研究を行うことが考えられる。

　この件に関し，女性科学者欧州プラットフォーム委員のマーレン・ジョチムセン（Maren A. Jochimsen）は，欧州研究領域や知識基盤型経済社会構築に向けた戦略にとって，このような状況は才能の浪費であるとし，女性研究者の活用の重要性を強調した[24]。そこで，欧州委員会はジェンダー平等を以下の2つの方法で達成しようと試みている。1つは Horizon 2020 で資金提供を行うこと，もう1つは加盟国と協力し，欧州研究圏を通じてである。Horizon 2020 では，プロジェクトの研究チームにジェンダーバランスを推進し，意思決定におけるジェンダーバランスを40％目標とすること，科学の質，知識，科学とイノベーションを向上させるため，研究・イノベーションにおけるジェンダー分析を行うこととしている[25]。また，研究キャリアにおけるジェンダー平等，意思決定におけるジェンダーバランス，研究イノベーションにジェンダーの視点を統合することが目標とされた。

2　研究評価におけるジェンダーバランス

　女性が科学分野の学位を取得すること，学術会議等，専門家委員会のメンバーとなることに対する制限などを含む差別の形態は，撤廃されてきている。

結婚していない女性の雇用は継続して保障されるが，結婚する女性に対しては辞職を促すなど間接的な差別扱いも是正された。女性が出産や育児などによってキャリア形成を中断し，その後復職を希望する可能性が高い現実に鑑みれば，採用や昇進などの人事決定に際しての年齢制限は，間接的な女性差別の一形態であるといえる。男女を同等の処遇で扱うということは，単に男性と女性を同じように扱えばよいということではない。現行制度と社会構造が間接的に女性を差別することに繋がる可能性がある。男性研究者は独立して研究活動を行う機会があるのに対し，女性研究者はグループワークを行うよう指示される傾向にあるため，女性研究者の研究業績の研究評価方法についても検討を行う必要がある。例えば，ノーベル賞を受賞したワトソンおよびクリックという2人の男性研究者による「DNAの2重ラセン構造」の発見には，ロザリンド・フランクリンという女性研究者の学問的貢献が非常に大きかったことが知られている。その後，この女性の貢献をどのように評価すべきであったのか，という問題が提起された[26]。すなわち，ジェンダー平等とは，男女に全く同様の処遇を行うこと，労働機会の均等というだけではなく，その置かれている社会的状況を考慮にいれ，復職システムのあり方，年齢制限など間接的な差別に繋がるシステムの見直し，研究業績の評価のあり方などについても検討する必要がある。欧州委員会の「研究のトップに，より多くの女性を参画できるようにするために」(Mapping the Mase：Getting More Women to the top in Research) と題する報告書によれば，採用，昇進の基準を明確にし，資金提供や研究成果の性別の正確な統計データが必要であり，これを分析することが要請される。また研究代表者だけでなく，それ以下の研究分担者を調査する必要性も認められよう。研究評価に関わる問題については委員会メンバーやレフリー選択の評価，研究会議のメンバーの公開競争と任期の制限を行い，ピアレビューの厳密な基準を設けること，研究会議によるピアレビューシステムの精密な調査や，機関に承認を与える委員会のジェンダー構成の調査を行うことの必要性を同報告は指摘する[27]。これは研究倫理の確保，研究の透明性を高める上で不可欠であろう。

第3節　生命医科学研究におけるジェンダー配慮の必要性

1　臨床研究とジェンダー

　生命医科学分野の臨床研究においては，研究資金提供機関や研究倫理（審査）委員会が「ジェンダー平等」に配慮する措置を講じることが要請されてきている。それでは，なぜ，特に生命医科学分野でジェンダーへの配慮が必要となったのであろうか。従来，多くの臨床試験が男性患者のみを対象として行われてきており，女性に医薬品を処方する場合には体重などを考慮にいれ，男性に準じて投薬・治療が行われていた。これはサリドマイド事件に影響された結果であったと考えられる。同事件は，妊娠初期に睡眠薬のサリドマイド（西ドイツ，グリュネンタール社商品名コンテルガン）を服用した妊婦から，1959年から1962年にかけて四肢の発育不全の胎児を出産した，いわゆるサリドマイド事件が発生した。1961年 W・レンツ博士がその催奇性を学会で発表した[28]。日本においては大日本製薬がイソミンという商品名で販売し，また胃腸薬にサリドマイドを配合し（大日本製薬，商品名プロバン M），妊婦のつわり防止に使用された。この事件は臨床研究の評価基準の不足と薬剤の正当な判断基準に基づかない使用によるものであった。サリドマイドによる被害は妊娠可能な女性に対する薬剤の研究に世界的な影響を与えた。また合成エストロゲン，ジエチルスチルベストロールが1940年代に流産を防止すると信じられ，妊婦に用いられたが，生まれてきた娘に膣がん，子宮頸がんなどを引き起こす要因となることが1970年代になって知られてきた[29]。

　1977年に FDA（米国食品医薬品局）から，「医薬品の臨床評価のための一般的留意事項」("General Considerations for the Clinical Evaluation of Drugs") という妊娠の可能性のある女性を薬の治験に加えることは好ましくない旨のガイダンスを出された[30]。このように臨床研究，臨床試験においては研究参加中に妊娠する可能性がある妊娠可能な年齢層の女性または妊婦は胎児に対する影響，妊娠への影響のリスクから，研究・試験対象から除外されることが多く

認められた。1985年には，新薬の適用に関して高齢者や子供や腎機能障害を有する患者に対する用量について考慮する必要性が米国食品医薬品局（Food and Drug Administration：FDA）によって指摘され，留意事項に付け加えられた。1990年,『サイエンス』(Science) 誌により1981年に開始された心臓冠動脈疾患の患者を対象とするアスピリンの有用性に関する研究ではたった1人の女性の被験者もこの臨床試験に参加しなかったことが報告された[31]。そこで性差に関する医学研究の必要性が認識されるに至った。米国国立衛生研究所（NIH）の中に「女性の健康に関する研究局」(Office of Research on Women's Health—ORWH) が開設され，多くの臨床研究が，対象から女性を除外して，男性をモデルとして計画されてその研究成果があたかも女性も男性とまったく同じように当てはめられているのはおかしいとして，女性における疾病の予防，診断，治療の向上と関連する基礎研究を支援する活動がはじめられた。1993年6月，米国ではNIH活性化法（NIH Revitalization Act）が採択された[32]。これは，臨床研究に女性および少数民族がそのような研究の各プロジェクトに包摂するよう義務付ける指針であり，同法令は「『臨床試験』を含む研究」を定義づけた[33]。

FDAから1977年の通達を廃止して，女性も臨床治験の段階で対象数の半数を超えることが望ましいというガイドライン（Guideline for the Study and Evaluation of Gender Differences in the Clinical Evaluation of Drugs,）が出された[34]。1994年にはFDAの中にOffice on Women's Health（OWH）が設立され，特に医薬品の女性に対する影響の研究を強化させることになった[35]。

さらに1996年に18の大学を中心に女性に特化した臨床，研究，地域啓蒙活動などを行うためのセンター[36] (National Centers of Excellence in Woman's Health）がNIH内に立ち上げられた。この中心となったのが，The Women's Health Initiativeプロジェクトであり，このプロジェクトは①癌，心疾患，骨粗しょう症を対象としてランダム化比較試験(randomized controlled clinical trial)を行い，予防法として何が効果的かを検索する。②疾患の危険因子を明らかにする。③地域，集団における健康教育を確立することを目的とした。また，1996年にはプロクター＆ギャンブル社がコロンビア大学と性差医療（Gender Specific Medicine）の研究のために，共同研究が始められた。

1998年にはFDAが薬剤治験による性差(gender/sex,)年齢あるいは加齢(age)民族種(race)に関する検討を義務づけた[37]。これらの経緯を経てアメリカで医薬品の認可を得る時には,女性のデータ,男性のデータという形で提出しないと認可されないということになった。

それでは,NIHはどのような分野を研究テーマとして設定しているのであろうか。それは,性差医療として,アルコール依存症,関節リュウマチ,摂食障害,尿失禁,自己免疫疾患などの他に,健康的な生活と慢性疾患の予防[38]などである。

このようにして1990年代以降,トランスレーショナル・リサーチ(基礎研究の成果を臨床の場に役立てる行為),新治療法,新医薬品の開発・健康増進と予防医学の発展,ヒトゲノム・遺伝子配列解明,ホルモン,タンパク,代謝等の研究やバイオ創薬の研究が進められ,治験や患者の疾病管理において,男性と女性では薬物反応性が異なり[39],重篤な危険因子が異なる場合も少なくないことが明らかになってきた。性差や妊娠・胎児への影響についての研究はきわめて重要である。すなわち,薬物の感受性に対する応答のホルモン周期など性差や年齢の影響,また妊娠,胎児への影響についての検討の必要性が認識されてきている。そこで医科学的観点からも生物学的性差をも考慮に入れ,臨床研究との関連でジェンダー均衡に配慮した研究組織の編成や研究倫理委員会の構成が要請されるようになってきた。実際,1993年以降,米国国立衛生研究所(NIH)は,臨床研究プロジェクトの場合,研究プロジェクトの編成にあたり男性と女性の適切な割合を考慮しなければ,有効かつ意味のある研究とは認められないとしている。

EUでは,ETAN報告により,女性が臨床研究の対象から除外されているために女性の医学研究のデータが不足していること,女性のための研究が必要であることが勧告された。そこで2001年に欧州委員会研究総局が中心となり,女性のためのネットワークが女医の地位向上を目的とする相互協力団体である国際女医会やアメリカを拠点とする女性科学者学会(Association for women in science (AWIS)/USA)をはじめ,欧州各国の女性科学技術者団体や女性学・ジェンダー研究機関など,約70機関からなる国際的ネットワーク化が進められ,欧州委員会編『ネットワーク・ガイド』(European Commission, Network Guide, 2001[40]）として刊行された。

2 先端生命医科学技術における生命倫理問題とジェンダー

先端生命医科学技術のなかで着床前診断，遺伝子カウンセリング，代理母など生殖補助技術に関する研究，また再生医療といった生命倫理に関連する科学技術研究の著しい進展が認められる。EU 各加盟国で生殖補助医療や ES 細胞研究に対する見解，立場は異なっている。しかしながら，2005 年の EU 市民に対する世論調査によれば，厳密な規制下であれば承認するという意見も多い[41]。つまり，社会に対するリスクとベネフィットを十分考慮し，倫理的問題について十分な検討が行われれば，このような研究が進展する可能性があるといえる。

韓国で発生した ES 細胞研究で女性研究者の卵子提供に関する問題などが生じるという事態も引き起こされていることから，研究倫理委員会の構成員のなかに女性の参加が義務付けられるようになった。さらに子育てやケアに関わる分野，とくに医療介護や高齢者介護などのケア部門は，従来から女性が担ってきたという歴史的な背景から，男女両性それぞれの観点からの考察が不可欠な生命科学，医学研究や社会福祉，社会保障制度に関する研究分野では，ジェンダーに配慮した研究評価システムの構築が要請される。

3 EU における研究倫理委員会への女性参画度

2006 年第 7 次研究開発枠組計画を踏まえ，欧州委員会は，オーストリア，ドイツ，アイルランド，オランダ，スウェーデンの「研究倫理委員会」における女性の参画度を調査した。その結果は，2007 年 2 月『医療倫理学ジャーナル』に発表された[42]。この調査によれば，オーストリア，ドイツ，アイルランド，オランダ，スウェーデンの研究倫理委員会における女性参画度について，スウェーデン以外の国では女性の参画指針が公式には定められておらず，科学技術研究開発分野での女性の参加度が極めて低い現実を統計的に明らかにした。ヒトを対象とした新薬の研究開発や医薬品の承認過程で研究倫理委員会では，女性を含めることを義務付けることは医科学的理由もあり，倫理委員会の構成員が一方の性に限定されることに伴う「リスク・便益」分

析も必要となる。研究倫理委員会については，ヒトを対象とする医薬品開発研究に協力する治験の被験者や患者を健康リスクのみならず社会的リスクから守るため，臨床研究計画を精査し，被験者の保護が男性と女性の両方の立場,両者がそれぞれ置かれている社会的状況をも考慮することが要請される。研究倫理に関する諸規定，研究ガイドライン，プロトコール等の倫理評価，リスク評価を行えるようにするため，加盟国ごとに異なる法律，倫理規定，ガイドライン等を調整し，研究評価におけるジェンダーバランスについてもEUレベルの研究倫理規定や評価手続きの共通化を目指している。

4　ジェンダー化されたイノベーション

ジェンダーメインストリーミングの議論は，人口減少が進むEU，日本で潜在的労働力の活用にのみ焦点を当てるべきではない。イノベーション，研究におけるジェンダー平等は，女性研究者のキャリア，男女の機会の均等，平等,同一待遇ということのみならず,ジェンダーの特性によるイノベーション，研究への貢献という観点でみることも要請される。社会におけるジェンダーバイアスが科学技術，イノベーションに与える影響について分析することが重要となる。Shiebingerは，科学技術とジェンダーの理論的アプローチとして1）ジェンダーに中立的なアプローチ，2）男女の相違を強調する相違アプローチ（differenceアプローチ），3）共同構成主義, 4）ジェンダー化されたイノベーション（gendered innovation）を提唱した[43]。

　第1のジェンダー中立アプローチは，リベラルフェミニズムと呼ばれるもので男性と女性を等しいものとみなし，教育と雇用に対する平等なアクセスを支援するもので科学技術をバイアスのないものととらえるアプローチである。成功を収めるには女性に男性と同様の価値，行動，生活リズムを求め，ジョンダーの相違を無視する傾向にある。

　第2の相違アプローチは，男女の相違を強調するもので男性，女性をステレオタイプにとらえがちとなる。科学技術にジェンダーバイアスの存在は理解するが，男性，女性でも階層や文化によって相違があることを見落としがちになる。

　第3の共同構成主義は，科学，技術，ジェンダーは社会的過程で構成され

るものであるとし、技術は利用者のアイデンティティを構成するのに重要な役割を果たすととらえる。プロジェクトに男女が共同構成すべきであるという規範的な概念を示すが、科学者、技術者に明確な方法を提示しない。

第4のジェンダー化されたイノベーションは、科学技術における創造性を促進するリソースとしてジェンダー分析を捉えるものである。女性の研究への参加はジェンダーセンシテイブな科学技術を推進する。新しい知見を得るためのリソースとしてジェンダーを利用することが gendered innovation である。Gendered innovation は 2009 年スタンフォード大学で開始され、2011 年欧州委員会の助成により gendered innovation の専門家グループが設立された。Horison 2020 で進行中の「社会とともに社会のための科学」と題されている gendered innovation では、文化的社会的性をイノベーションに生かす研究により、多様なニーズを満たすイノベーションの創出、価値を与えることが目指されている。例えば背の低い人（女性に多い）の運転席設計に関する研究や妊婦のシートベルトに関する研究、ニュートリゲノミクス（食事の健康への影響）の性差研究、ライフスタイルの性差による生活習慣病、代謝の性差、妊婦に対する環境化学物質の暴露の影響の解明、住居、輸送の設計のため、介護ケアのデータ収集、分析を行うにより都市計画に生かす研究などがある。

ジェンダー分析を研究に新しい視点、別の問題意識、社会のニーズをとらえ、イノベーションを加速する可能性を秘めている。

基礎研究から応用研究までジェンダー分析を行うには特別な教育訓練が必要となるが、十分な教育が行われていない現状がある。

おわりに

以上のように EU 科学技術研究イノベーション政策の発展にとって女性の参画が不可欠であることが浮かび上がった。これは、欧州社会のニーズに応じた科学技術研究の推進が要請されたことによるものである。

ヘルシンキ・グループが指摘によって、各国の統計、欧州統計局の保健・医療に関係する統計データもその有効性を高めるために、男女別に集計する作業が進められてきている。科学研究イノベーション分野におけるジェン

ダー平等を適切に評価するために，女性研究者のネットワーク化と共通プラットフォームの設置，基準や一連のツール開発がEUにおいて進行中である。

シルビア・ワルビー（Silvia Walby）は，EUのジェンダー平等政策では，男性と同様に行動が可能な女性にとっての利点は多いが，ジェンダー平等とは単に女性に男性と同様の雇用を与えることではない，と指摘している[44]。

欧州委員会は，科学技術分野におけるジェンダー政策のポイントとして，以下のような5点を骨子とする指摘を行っている。すなわち，①科学，教育および技術分野のジェンダー評価に関する系統的で，信頼できる，調整されたデータが必要であり，②ジェンダー不均衡に結びつくプロセスに関する綿密な研究が要請され，③なぜ，女性の科学研究者が減少していくのかを理解するため，より多くの研究が必要である。また，④トップの科学的研究における女性研究者の不足する原因についてさらに多くの研究が要請されるとともに，女性への社会構造的障害を撤廃する必要もある。⑤公的規制や監査により男性および女性教職員の賃金格差を公表し，透明性を確保する必要もあり，性別による賃金格差規定は是正する必要がある[45]。採用および昇進競争の明確な基準，資金提供や成功率についての性別の統計データの必要性，研究助成申請者における代表者以下，女性の調査委員会メンバーやレフリー選択の見直し，研究会議のメンバーの公開競争と任期の制限，ピアレビューの厳密な基準，研究会議によるピアレビューシステムの精密な調査機関に承認を与える委員会のジェンダー構成の適正化が要請されている。

EUの必要な施策として，①研究機関・研究プログラムは，研究と健康的な家庭生活のバランスを保証するための基準を定める責任を負い，②公的資金が提供されたプログラム（団体など）はすべて，母性と育児や休暇の問題に配慮する義務があり，③すべての研究機関および研究プログラム，奨学金，研究助成等への研究者の応募資格では，女性には，出産や育児などでキャリアブレークがあるため，年齢制限を設けることは問題とされ，④雇用・昇任等の人事決定に際して，男女の均衡に配慮する必要がある，などが挙げられる[46]。研究イノベーションを推進するためには，男女共同参画のみならず，社会的ニーズに応じたより責任ある研究を行い，社会に対する価値を与え，

アウトカムを明確にすること，ジェンダーをリソースとしてとらえ，そのための教育・訓練を行うことが要請される。これらEUの指針は，男女両性にとって必要な研究を推進する上でも，また，研究イノベーションによる経済成長を目指す上でも重要かつ有益な示唆となるであろう。

（1） European Commission（1999），Women and Science；mobilizing women to enrich European reseach, COM（99）76 final
（2） John Peterson and Margaret Sharp（1998），*Technology policy in the European Union*, Macmillan Press. p. 45.
（3） EUREKAは，市場指向型研究開発ネットワークであり，ボトムアップアプローチによって欧州産業の競争力を高めることを目的としている。EUREKAについてはhttp://www.eureka.be 参照。
（4） Ibid. p. 8.
（5） European Commission（1993），Growth, competitiveness, employment the challenges and ways forward into the 21st century. COM（93）700.
（6） European Commission（2002），RTD info Special edition, Widening the horizons of European Research, EU enlargement A new frontier for European research, October, 2002, p. 8.
（7） John Peterson and Margaret Sharp, op. cit., p. 218.
（8） Ibid. p. 216.
（9） European Commission（2000），Towards a European research area. COM（2000）6.
（10） European Council（2002），Presidency Conclusions Barcelona 15 and 16 March 2002, p. 20.
（11） European Commission（2007），European Research Council ERC Grant Shames Guide for peer reviewers 2 August 2007, p. 3.
（12） Decision No 1982/2006/EC of the European Parliament and of the Council of 18 December 2006 concerning the Seventh Framework Programme of the European Community for research, technological development and demonstration activities（2007-2013），OJL. 412. 30. 12. 2006 pp. 10-11.
（13） The EU Framework Programme European Union, 2014 for Research & Innovation HORIZON 2020 in brief for Research & Innovation
（14） COM（96）67final 男女均等待遇に関する指令が整備された。男女同一賃金指令（75/117/EEC），男女均等待遇指令（76/207/EEC），社会保障における男女均等待遇指令（79/7/EEC），職域社会保障制度における男女均等待遇指令（86/378/EEC），自営業男女均等指令（86/378/EEC）などがそれである。
（15） European Commission（2001），Synthesis Report, Gender in Research, Gender Impact Assessment of the specific programmes of the Fifth Framework Programmes, pp. 8-9.

（16） Decision No 182/1999/EC of the European Parliament and of the Council of 22 December 1998 concerning the fifth framework programme of the European Community for research, technological development and demonstration activities.
（17） European Commission（2008）, Gender equality Report Sixth Framework Programme, October 2008, p. 5.
（18） ヘルシンキグループは欧州全域における科学技術部門の女性参画の促進を目的とし，組織された。詳細については http://ec.europa.eu/research/science-society/index.cfm?fuseaction=public.topic&id=124 参照。
（19） European Commission（2000）, Science policies in the European Union：Promoting excellence through mainstreaming gender equality, European Technology Assessment Network（ETAN）on Women and Science.
（20） European Commission（2000）, Science policies in the European Union：Promoting excellence through mainstreaming gender equality, European Technology Assessment Network（ETAN）on Women and Science. p. 21.
（21） オックスフォード大学，ケンブリッジ大学における女性の入学制限については，Ibid.. p. 22. 参照。
（22） Ibid.
（23） European Commission（2008）, Mapping the Maze：Getting more Women to the top in research, p. 16.
（24） EurActiv（2007）, Interview：Europe far from securing gender balance in Sceinence jobs,
（25） European Commission（2014）The EU Framework Programme for Research and Innovation Horizon 2020, Gender Equality in Horizon 2020, Guidance on Gender Equality in Horizon 2020
http://ec.europa.eu/research/participants/data/ref/h2020/grants_manual/hi/gender/h2020-hi-guide-gender_en.pdf　accessed 2016. 5. 20
（26） ブレンダー・マドックス著　福岡伸一監訳『ダークレディと呼ばれて―ロザリンド・フランクリンの真実』化学同人，2005 年参照。
（27） European Commission（2008）, Mapping the Maze：Getting more Women to the top in research, pp. 8-15.
（28） Michael Emanuel et. al（2012）, Thalidomide and its sequelae, Lancet, Volume 380, No. 9844, p781-783.
（29） A. L. Herbst, H. Ulfelder, D. C. Poskanzer,（1971）"Adenocarcinoma of the Vagina：An Association of Maternal Stilboestrol Therapy with Tumour Appearance in Young Women," *New England Journal of Medicine*, 284, pp. 878-881.
S. Melnick, P. Cole, D. Anderson, A. Herbst,（1987）."Rates and Risks of Diethylstilboestrol Related to Clear Cell Adenocarcinoma of the Vagina and Cervix," *New England Journal of Medicine*, 316, 514-516
（30） U. S. Department of Health, Education, and Welfare, "General Considerations for the

Clinical Evaluation of Drugs, HEW (FDA) 77-3040" (Government Printing Office, Washington, September
(31) J Palca (1990), "Women left out at NIH", *Science*, Vol. 248. No. 4963, pp. 1601-1602. 治療に関する性差の問題については Constance Holden (2005), "Sex and the Suffering Brain", *Science*, Vol. 308. No. 5728, p. 1574.
(32) National Institutes of Health Revitalization Act (1993), Public Law pp. 103-43.
(33) http://grants.nih.gov/grants/funding/women_min/women_min.htm 3. 27. 2007.
(34) U. S. Department of Health and Human Services, "Guideline for the Study and Evaluation of Gender Differences in the Clinical Evaluation of Drugs," Federal Register, 58, 39406 (22 July 1993).
(35) OWH については http://www.womenshealth.gov/OWH/参照。
(36) 同センターについては, http://www.womenshealth.gov/owh/multidisciplinary/参照。
(37) U. S. Department of Health and Human Services, Food and Drug Administration, "Final Rule on Investigational New Drug Applications and New Drug Applications," Federal Register, 63, pp. 6854-62 (11 February 1998).
(38) Gender specific medicine とは「男女比が圧倒的に男性または女性に傾いている病態，あるいは発症率はほぼ同じでも男女間で臨床的に差が認められるものの未だ生理学的，生物学的解明が遅れている病態（ことに女性が多い），社会的な男性・女性の地位と健康の関連などに関する研究を進め，その結果を疾病の診断，治療法，予防措置へ反映することを目的とした医療改革である」と定義される。http://www.nahw.org/Local/Lib/H14_1_report/2-1.htm 3. 27. 2007.
(39) E. Tanaka (1999), "Gender-related differences in pharmacokinetics and their clinical significance". *J Clin Pharm Ther*. Oct；24 (5)；pp. 339-46.
(40) European Commission (2001,), *Women and Science, Network Guide* (28. August, 2001)
(41) Eurobarometer (2006), Europeans and Biotechnology in 2005：Patterns and Trends A report to the European Commission's Directorate-General for Research, pp. 29-38.
(42) C J Moerman et al (2007), "Gender equality in the work of local research ethics committees in Europe：a study of practice in five countries", *Journal of Medical Ethics* 33：pp. 107-112
(43) Schiebinger, L. 2008, Getting More Women into Science and Engineering Knowledge Issues. In L. Schiebinger, ed. Gendered Innovations in Science and Engineering, Stanford University Press, Stanford, pp. 1-21.
(44) Silvia Walby (2004), "The European Union and Gender Equality：Emergent Varieties of Gender Regime", *Social Politics*, Vol. 11, No. 1,, pp. 4-29.
(45) European Commission (2002), Science and Society Action Plan, Luxembourg,, pp. 7-8.
(46) European Parliament (2008), European Parliament resolution of 21 May 2008 on women and science, Women and science, (2007/2206(INI)).

第5部　EUの対外政策と課題

第14章　EU 共通通商政策と WTO

須　網　隆　夫

はじめに

　今日の EU は，国際社会において，WTO ラウンド交渉からウクライナ紛争にまで至る様々な場面で主体的に活動している。しかし，EU の対外的活動の中心は，なお「共通通商政策」に基づく対外通商関係にある[1]。関税同盟を基礎とする EU は，その完成により，域外第三国に対する通商政策の権限を加盟国より移譲された。それ以後 EU は，対外通商に関する権限を独占し，域外第三国との通商交渉において全加盟国の利益を代表してきた。そのため EU は，「関税と貿易に関する一般協定 (GATT)」においても，GATT 締約国であった全加盟国から，協定上の地位を事実上引き継ぎ，多国間貿易交渉において，全加盟国の利益のために，主権国家である他の GATT 締約国と対等に渡り合ってきた。そのような経緯を背景に，1995 年に発効した WTO（世界貿易機関）協定は，EU に，主権国家と並ぶ原構成員としての地位を認めている（WTO 設立協定 11 条 1 項）。

　本章は，EU の共通通商政策を，特に WTO との関係に焦点を当てて検討することを目的とする。そのため第一に，EU が共通通商政策に関して有する権限の性質を確認し，その上で第二に，同権限の範囲を主に WTO 協定との関係において明らかにし，第三に，WTO 協定を始めとする WTO 法が，EU 域内においてどのように扱われているかを考察して，国際社会における EU の位置を通商政策の文脈において明らかにしようとする。

第1節　共通通商政策に係る権限の性質

1　共通通商政策の権限

　EU が，EU 条約・EU 運営条約（両条約を基本条約と総称する）によって与えられた権限の範囲内でのみ行動できることは，EU の根本原則の1つである（「権限付与の原則」・EU 条約5条）。対外通商政策に関する基本条約の規定を概観すると，まず EU 条約3条が，EU が対外関係において，自由かつ公正な通商に貢献することを明らかにし，さらに EU 運営条約第5部第2編の206条・207条が，共通通商政策の具体的内容を規定している。それらの規定のうち，EU の対外通商権限を包括的に定めているのは207条であり，同条は，その1項において，①関税率の変更，②関税・通商協定の締結，③対外直接投資，④自由化措置の統一，⑤輸出政策，⑥ダンピング・補助金等に対して取られる保護貿易措置が，共通通商政策の範囲に含まれることを明確にしている。

2　排他的権限と非排他的権限

　ところで，基本条約によって EU に付与される権限の性質は一様ではない。リスボン条約以前より，EU 権限は，「排他的権限」と「非排他的権限」に大別されていたが，EU 運営条約は，第1部第1編「EU 権限の種類と領域」で，3種類の権限の内容を定義し，合わせて各分野の権限がどの種類の権限であるのかを明示している（2～6条）[2]。

　3種類の権限とは，「排他的権限」，「共有権限」，「支援権限」である（EU 運営条約2条）。後二者については，どちらの場合も，EU への権限付与にも係らず，加盟国は当該領域における規制権限を当然には失わず，EU と加盟国双方が同一領域について権限を保有する。EU 権限の多くが分類される「共有権限」の場合，加盟国より EU に権限が移譲されても，加盟国は，EU が権限を行使するまでは，基本条約に基づく義務を遵守する限り，自己の権限を独自に行使できる（2条2項）。しかし，EU が当該領域内の特定事項について権限を一旦行使すると，その限りで加盟国権限は消滅し，当該事項に関する

EU 権限は排他的な性質に変化する[3]。要するに，同一事項に関する EU 立法（派生法）が制定されるまでの期間，加盟国は，当該事項を原則として独自に規制できるのである。

これに対して，EU 権限が「排他的権限」である場合には，EU の設立によって EU への権限移譲が発効すると同時に，加盟国は，権限の対象領域に関する全ての権限を喪失し，EU の権限行使の有無に係わらず，その後当該領域において何も行動できなくなる[4]。そのため，EU 権限が排他的権限であれば，加盟国が当該領域で行動できるのは，EU から特別の認可を受けた場合か，加盟国が「共通利益の受託者」として行動する場合に限られる（2条1項）[5]。そして，共通通商政策の権限は，この排他的権限に分類されるのである（3条1項）。

3 排他的権限と共通通商政策

排他的権限に属する EU 権限は EU 運営条約2条1項が列挙する少数の権限に限定されているが，それは，従来の判例法を継承したものである。リスボン条約以前の欧州司法裁判所（現 EU 司法裁判所）は，「漁業資源の保護（イギリス・アイルランド・デンマーク加入条約102条）」とともに，「共通通商政策（EC 条約133条）」の権限は，排他的権限に属すると判断していたからである[6]。すなわち，OECD の「ローカル・コスト基準に関する了解」の締結について判断した欧州司法裁判所の意見1/75号は，EC が締結する国際合意の EEC 条約適合性がはじめて問われた事案であるが，同意見は，133条（現 EU 運営条約207条）の EC 権限につき，加盟国の一方的行為を認めることは，輸出信用を与える条件の相違に通じ，域外での加盟国企業間の競争を歪曲すると指摘した上で，共通通商政策の対象事項について，加盟国が EC とともに権限を行使することは受入れられないと述べて，EC 権限の排他性を承認した[7]。通商政策権限の排他性は，翌1976年の Donckerwolcke 事件先決裁定でも同様に肯定されて確立した判例となった。同裁定は，通商政策に関する全責任が EC に移譲されたので，加盟国による通商政策措置は，EC の特別の認可によってのみ許容されると判示している[8]。そして憲法条約・引き続くリスボン条約は，それまでの判例に従い，「共通通商政策」権限が「排他的権

限」であることを明示したのである（憲法条約Ⅰ-13条1・2項，EU運営条約2条）。

第2節　共通通商政策の範囲
　　　　――WTO協定の文脈において(9)

1　欧州司法裁判所の解釈

　共通通商政策の権限が排他的権限である以上，その範囲に属する事項について，加盟国には何の権限も残っていない。そのため，共通通商政策の範囲がどこまで及ぶかは，加盟国にとって重要な問題となる。しかし，前述のEC条約133条が明示する事項に含まれるものは何か，さらに明示された事項は，条文の文言から例示と解釈されるところ，それ以外の何がEC権限に含まれるかは，いずれも条文自体からは明確ではない。そのため，共通通商政策の範囲画定の作業は，EC法の解釈に責任を負う欧州司法裁判所に任されることになった。

　欧州司法裁判所は，一般的には，133条によるEC権限の範囲をかなり広く解釈してきた。例えば，前述の意見1/75号は，133条1項が規定する輸出政策が，輸出援助制度，特に争いがあった輸出信用の供与を含むことを明らかにした(10)。意見は，共通通商政策の概念は，国家の通商政策と異ならないとの立場を採っている。さらにUNCTADでの交渉対象であった，国際天然ゴム協定に関する意見1/78号も，共通通商政策を伝統的な意味での対外通商に影響する手段の使用に限定することは通商政策を無意味にすると述べて，通常の通商・関税協定とは異なる複雑な構造を持った同協定も，133条の範囲内であると認めた(11)。意見は，133条は，「共同体に，一貫した原則（uniform principles）に基づいて通商政策を構築する権限を与えており，このことは，対外通商の問題が，関税・数量制限のような制度の運営に関することだけでなく，より広い観点から決定されねばならないことを示している」と判示して，共通通商政策に対する制限的解釈を排し，その範囲を広く解釈する方向性を明示した。協定には，技術援助・研究計画・当該産業における労働条件・各国の租税政策に関する協議といった通商政策と直接の関係がない

内容が含まれていた。しかし意見は，協定がそれらの事項を対象に含むという事実は協定の性質を変更せず，協定の性質は，付随的・補助的な条項からではなく，協定の本質的な目的から評価されねばならないと述べて，それらの条項が共通通商政策の範囲外であるという主張を退けた[12]。

2　共通通商政策とWTO―意見1/94号

　しかし，WTO協定の締結に際しては，共通通商政策の限界が明らかとなっている。ウルグァイ・ラウンド多角的貿易交渉の妥結により，1994年4月，WTO設立協定等を内容とする最終合意文書が署名され，WTOの設立が決定された。1986年のプンタ・デル・エステ閣僚宣言によって開始されたラウンド交渉には，一貫性を最大限に確保する趣旨から，ECと加盟国双方を代表して，欧州委員会が唯一の交渉者として参加していた。そして最終合意文書には，ECと各加盟国双方の代表が署名した。

　ところで，署名以前から，委員会と理事会・加盟国との間で，WTO協定の締結権限について対立が生じていた。WTO協定は，従来のGATTを引き継いだ「物の貿易に関する多国間協定」に加え，「サービス貿易に関する協定(GATS)」，「知的財産権の貿易関連側面に関する協定(TRIPS)」など多くの個別協定を内容とするところ，GATSとTRIPSの締結権限が，133条単独又は133条と他の条文の組み合わせによってECに付与されているか否かが争われたのである。物の貿易に関する権限がEC条約より明らかであったのに対し，当時のEC条約は，サービス貿易及び知的財産権に関する権限を明言しておらず（現在のEU運営条約207条では明示されている），むしろ知的財産権に係る権限は，加盟国が有することが前提とされていたからである（EC条約30条）。委員会は，共通通商政策ないしECの黙示的権限により，それらの協定締結がECの排他的権限に属することを理由に，EC単独の締結を主張した。これに対して理事会・加盟国・欧州議会は，争いとなった合意が，加盟国の権限に及ぶ内容を含むことを理由に，ECと加盟国双方が締結手続に参加する混合協定方式による締結を主張して，対立したのである。

　そして欧州司法裁判所は，1994年11月の意見1/94号により，物の貿易に関しては133条の排他的権限を肯定したが，サービス貿易と知的財産権に係

る協定については委員会の主張を認めず，ECの排他的権限は，新たにWTOの対象となった，それらの協定全体には及ばないという加盟国の主張を認めた[13]。意見は第一に，GATSについて，サービス貿易を共通通商政策の範囲から一般的に除外することはできないと考える。その上で意見は，GATSの「サービス貿易の定義」に注目し，人の移動を伴わない，サービスだけが国境を越えるサービス供給と，国境を越える人の移動を伴うサービス供給を区別し，前者の状況は，それがサービス供給者・消費者の移動を伴わないことから，物の貿易と異ならず，133条の範囲内であると考える。しかし，自然人又は法人の移動を伴う後者の諸形態を，物の貿易と同視することはできない。なぜなら，自然人の移動には，EC条約3条が，共通通商政策と区別して「域内市場への人の入国と移動に関する措置」を規定しているので，明らかにその範疇が異なり，加えて，EC条約中に人の自由移動に関する章が別に存在することも，それが共通通商政策に含まれないことを示しているからである。したがって，人の移動を伴わない越境的サービス供給以外の形態のサービス供給は，共通通商政策の対象ではない[14]。第二に意見は，TRIPSについて，同協定第3部の水際措置に注目する。海賊版商品の輸入に対する水際措置としては，既に1986年に理事会規則3842/86号が133条（当時113条）を根拠に採択されており，意見は，ECが水際措置につき，133条に基づく排他的権限を有することを認めた。しかし意見は，水際措置以外の部分は，共通通商政策の範囲外であると判断する。ECが知的財産権分野で権限を有していないわけではなく，EC条約94条・95条を根拠に加盟国法の調和を実現したり，商標に関する理事会規則40/94号を採択したことが示すように，308条を根拠に，新たな権利の創出も可能である。もっとも，それら知的財産権立法の制定は，各条文の定める理事会での議決・手続にしたがって行われる。ここにおいてECが，知的財産権保護の調和（ECレベルでの調和に結び付く）のために，第三国と合意を締結する排他的権限を有するならば，EC機関は，前述の各条文による手続・議決に関する制約を回避できることになってしまう。これが，意見がTRIPSに対する排他的権限を否定した主な理由である[15]。

そして意見は，GATS・TRIPS双方について黙示的な条約締結権限又は133条以外の他の条約条文（EC条約95条・308条）からECに排他的な締結権限が

生じることも否定し，GATS・TRIPS に関しては，EC と加盟国が，共同して締結する権限を有すると結論付けている。GATS の締結権限が EC と加盟国に分有され，TRIPS の締結権限は，EC と加盟国に競合的に保有されていると判示する以上，EC 単独での締結は不可能だからである[16]。この結果，これらの合意を含む WTO 協定総体に EC・加盟国双方が署名する，混合協定方式による締結が法的にも裏付けられたことになり，署名後，加盟国と EC の双方で批准手続が進められた。

　本意見により，サービス貿易・知的財産権に関連して共通通商政策の範囲が確定されたが，共通通商政策の範囲を謙抑的に解釈したことは，マーストリヒト条約によって導入された「権限付与の原則」を重視したと評価できるかもしれない。同条約以降，「補完性の原則」・「比例性の原則」により権限行使への制約が強化されており，権限の範囲自体についてもより厳格な解釈を要求する傾向が見られるからである[17]。

3　EC 条約改正と共通通商政策

(1) 基本条約改正の背景

　GATS・TRIPS の内容が，EC の共通通商政策に全て含まれるわけではないと判断された結果，それらの協定の運営には，EC・加盟国双方が参加せざるを得ず，運営上困難が生じることは当初より予測された。そのため意見 1/94 号は，合意の対象が双方の権限事項によって構成される場合には，交渉・締結・履行の各段階で，加盟国と EC 機関の緊密な協力が重要であり，そのような協力は，WTO 協定に附属する個別協定の場合には，特に必須であると強調している。協力の必要性は，紛争解決手続の結果，クロス・リタリエーションが生じる場合，具体的には，GATS ないし TRIPS の領域における WTO 締約国の行為に対して，133 条の対象である物の貿易の分野で報復しようとする場合を考えれば明らかである[18]。そして，EC と加盟国はさらに，WTO の枠内で行われる交渉に際して，双方の行動を調整し，単一の発言力を強化していくという課題を解決しなければならなかった。このような理由により，共通通商政策に関する 133 条は，1990 年代後半以降の基本条約改正の際に，改正の対象とされていく[19]。

(2) アムステルダム条約による改正

　第一の改正は，1999 年に発効したアムステルダム条約による改正である。同条約による改正は，従来の中核的な条文である 113 条の条文番号を 133 条に変更しただけではなく，同条に新たに第 5 項を付加した。同項は，理事会の全会一致により，同条の 1 項から 4 項までの規定を，共通通商政策の対象外であるサービス及び知的財産権に関する国際交渉及び国際協定に適用できることを認めた。これにより，委員会が，サービス・知的財産権に関しても，EC を代表して交渉することが EC 条約上可能になった。

(3) ニース条約による改正

　第二の改正は，2003 年に発効したニース条約による改正である。ニース条約は，アムステルダム条約が付加した 133 条 5 項を大幅に修正するとともに，同条に新たに 6 項・7 項を追加した。この改正により 133 条は，EU 拡大によって加盟国数が増加した後も，EC が WTO 交渉に実効的に対応することを可能にするとともに，EC と WTO の整合性確保により配慮した内容になっている。まず新しい 5 項は，その対象をサービス貿易と知的財産権の貿易関連側面に関する協定 (agreement) に限定する一方で，それらに関する限り，理事会の全会一致による個別的決定なしに，133 条 1 項から 4 項が原則的に適用されることを明示した。その結果，それらの協定の交渉・締結は，理事会の特定多数決によって決定できることになった。但し，5 項 2・3 段は，特定多数決による決定の例外として，全会一致が必要な場合を規定している。例えば，締結される国際協定に，域内法規の採択に全会一致を要する事項が含まれている場合には，理事会の全会一致が必要となる。国際協定により，域内法規の制定手続が潜脱されることを防ぐ趣旨である。そして 5 項には，新たに挿入された 6 項を損なわない限りという条件がさらに付加されている。引き続く 6 項は，EC 条約が加盟国法の調和を排除している分野において，国際協定がそのような調和を導く場合には，理事会の全会一致によっても協定締結が許されないことをまず規定する。さらに 6 項は，5 項の例外として，文化，オーディオ・ビジュアル，教育，社会・健康という各サービスの貿易に関する協定は，権限が加盟国と EC に分有されているので，交渉には EC の決定に加えて，加盟国の合意が必要であり，締結も双方が当事者となる混

合協定方式で行われると規定する。そして最後の7項は，域内権限に影響しない限り，5項の対象外である知的財産権一般に関する国際交渉・協定についても，理事会の全会一致により，1項から4項を適用できると規定している。

5項が，共通通商政策の範囲内の事項と同様に，サービス貿易・知的財産権の貿易関連側面に関する協定を交渉・締結するEC機関の権限を認めたので，WTO協定に関する限り，原則として，委員会が，当然にWTOの全分野について交渉し，ECが当事者として単独で協定を締結できるようになった。しかし，一部のサービスについては依然として混合協定とならざるを得ず，またWTO協定の対象がさらに拡大すれば，新たな対象事項もやはり混合協定として締結されなければならなくなる。

(4) **憲法条約・リスボン条約による改正**

アムステルダム・ニース両条約による改正は，共通通商政策の範囲を実体的には変更していない。ニース条約後の133条5項4段が，サービス貿易・知的財産権の貿易関連側面に関する協定を，加盟国がECと別に締結できることを前提にしていることは，その証左である[20]。両条約は，意見1/94号が明らかにした共通通商政策の範囲を前提に，加盟国が権限を有する事項についても，ECが統一的に対応できるメカニズムを整備したものである。通商交渉においてEC加盟国全体が1つの交渉主体として行動することが，第三国との交渉を優位に進めるために不可欠であることは明らかだったからである。

これに対して未発効に終わった憲法条約は，共通通商政策の範囲自体を拡大していた[21]。すなわち憲法条約は，従来の133条1項の列挙事項に加えて，サービス貿易及び知的財産権の貿易関連側面に関する関税・貿易協定の締結及び外国直接投資を共通通商政策の対象事項として明示した（Ⅲ-315条1項）。これにより，現行WTO協定の対象事項は，すべて共通通商政策の範囲に含まれることとなり，その範囲はさらに外国直接投資にまで拡大する。そして2009年12月に発効したリスボン条約は，憲法条約の規定を若干の修正の上，基本的に引き継いでいる（EU運営条約207条）。

なおリスボン条約は，憲法条約と同様に，共通通商政策の権限が「排他的

権限」であることを明示しており（憲法条約 I-13 条 1 項，EU 運営条約 2 条 1 項），共通通商政策の範囲拡大に伴い，排他的権限の範囲も拡大したことになる。

第3節　WTO 法の裁判規範性[22]

1　国際条約の EU 法秩序における位置

それでは，WTO 協定には，域内において，どのような法的効果が与えられるのであろうか。EU が域外第三国と締結した国際条約は，EU 機関及び加盟国を拘束する（EU 運営条約 216 条 2 項）。しかし，その域内における法的効果は別問題であり，WTO 協定の法的効果は，これまでしばしば争われてきた。そこで，議論の前提として EU 法秩序における国際条約の位置をまず確認し，その後国際条約，特に GATT/WTO 法の法的効果に関する欧州司法裁判所のこれまでの判例の推移を概観する。

EU が当事者である国際条約には，EU 法の法源としての地位が認められている。このことは，EEC・ギリシャ間の「連合協定」の解釈が争点となった，1974 年の Haegeman v. Belgium 事件先決裁定によって明確にされた。同裁定は，理事会が締結した連合協定は，先決裁定手続を定める EEC 条約 177 条（現 EU 運営条約 267 条）1 項(b)に言う EC 機関の行為であり，協定発効時点から，「EC 法の不可欠な一部」を構成し，したがって欧州司法裁判所は，同協定の解釈について先決裁定を下す権限を有すると判示し[23]，これ以後，同裁判所は，国際条約の法源性を一貫して承認している。

法源性が承認されると，次に，EU 法秩序における国際条約の位置が問題となるが，国際条約は，EU 法の階層構造において，基本条約を根拠とする EU 立法（派生法）よりは上位に位置するが，条約締結権限が基本条約によって与えられるため，基本条約よりは下位に位置すると理解されている[24]。このように，国際条約が EU 立法より上位にあるため，EU 機関の行為に対する無効訴訟（EU 運営条約 263 条）・加盟国の行為に対して国内裁判所に提起された訴訟などにおいて，EU 機関ないし加盟国の行為が，国際条約違反であるとの主張が提出されるのである[25]。これらの一般論は，WTO 協定にも当

然に妥当する。

2 国際条約の裁判規範性

　国際条約が，EU 内の司法機関（EU 裁判所及び国内裁判所）で援用される場合には，訴訟対象・原告の種別により，用いられる訴訟形態は様々である。これまでの訴訟例において，WTO 法が援用されたのは，主に「国際条約違反の EU 機関の行為に対する司法審査」を求める場合である。加盟国ないし個人は，原告として，EU 機関の行為を EU 裁判所又は国内裁判所で争うことができる。EU 機関の行為が EU 裁判所で争われる典型例は，EU 運営条約 263 条が定める無効訴訟であるが，損害を被った個人が損害賠償を請求する可能性もある（EU 運営条約 340 条）。また，EU 立法に従った国内的実施措置に対して，個人が国内裁判所に提起した訴訟において，国内措置の根拠となった EU 立法の適法性が，国際条約違反を理由に争われる場合もある。これらの場合に，WTO 法が，加盟国ないし EU 機関の行為の適法性を審査する基準として機能することを，本章では「裁判規範性」と呼んでいる。個人が国内裁判所において国際条約を援用することは，「国際条約の直接効果」と呼ばれるが[26]，裁判規範性は，国際条約が，個人以外によって援用される場合，また EU 裁判所に提起される訴訟で援用される場合をも含む，より広義の概念である。

3　GATT 法の裁判規範性

　WTO 法の裁判規範性を検討するためには，WTO 法の前身である GATT 法の裁判規範性に関する判例の検討より始める必要がある。
　欧州司法裁判所は，WTO の設立以前に，GATT 法の裁判規範性に関する判断を積み重ねてきていたが，その結論は，いずれも裁判規範性を否定するものであった。まず，1972 年の International Fruit Company 事件先決裁定以降の諸裁定により，個人が，国内裁判所において，GATT 規定に依拠して加盟国の行為を争うことは出来ないことが判例上確立していた。International Fruit Company 事件裁定が示したように[27]，裁判所は，GATT の趣旨・構造・文言に注目して，個人の主張を排斥したのである。

その後欧州司法裁判所は，加盟国又は個人が，EC機関の行為のGATT違反を，EC裁判所の無効訴訟において主張する場合にも，同様の理由によって，GATTが裁判規範として機能することを原則的に否定した。すなわち，1994年のGermany v. Council事件判決は，International Fruit Company事件裁定の理由付けをそのまま繰返して，加盟国が無効訴訟においてGATTを援用することを否定した[28]。同事件は，ドイツが，バナナの共通市場組織の設立を定める理事会規則の無効を求めて提起した訴訟であり，ドイツは，理事会規則が，ロメ協定及びGATT上の義務と矛盾することを無効理由として主張した。しかし裁判所は，GATTの特徴に着目し，無効訴訟においても規則の適法性審査のためにGATT規定を考慮することはできず，GATT締約国の国内法制度において，GATT規定を直接適用される国際法とみなす義務は，GATTの精神・一般的枠組み・文言に適合しないと判示した[29]。本件は，加盟国が提起した訴訟であり，さらに，GATTの小委員会（パネル）で，規則をGATT違反とする判断が既に示されていた事案であることに注意が必要である。

もっとも1980年代末以降の判例は，一定の場合には，GATT法に照らした，EC機関の行為の審査を例外的に認める。このことを最初に認めたのが，1989年のFediol v. Commission事件判決であり，同判決は，争点となった理事会規則2641/84号に関して，私人がGATT法を引用して，その適法性を争うことを認めた[30]。同判決は，GATTの諸規定は，個人に，国内裁判所で援用できる権利を付与しないと判断した諸判決・裁定は，市民が，欧州司法裁判所において，問題となった行為が，同規則に言う違法な通商慣行であるか否かを判断するために，GATT規定を援用できないことを意味しないと判示した[31]。さらに1991年のNakajima v. Council事件判決も，理事会規則の反ダンピングコード適合性について判断した[32]。両判決には，GATT法に基づく審査を正当化する特別な事情があったのであり，前述のGermany v. Council事件判決は，その特殊性を指摘している。すなわち，ECがGATTが想定している特定の義務の実施を意図したか，EC法がGATTの特定の規定に明確に言及している場合には，裁判所は，EC行為の適法性をGATT法に照らして審査できるのであり[33]，両判決は，そのような事案だったのである。

4 WTO法の裁判規範性

(1) 問題の所在

　以上のようなGATT法に対する欧州司法裁判所の態度が，WTO法に対しても維持されるべきであるかについては，多くの議論が交わされた。創設されたWTOは，従来のGATTを引き継ぎながらも，パネルを中心とした紛争解決制度を整備・強化し，GATTより「司法化」された組織であると一般に評価された(34)。そのため，GATTと異なりWTOでは，従来の消極的解釈を維持できないのではないかという疑問が生じ(35)，GATTと異なり，ECがWTOの正式な構成員となったことも状況の変化として認識する余地があったからである(36)。しかし他方で，WTO協定の採択に際して，理事会が，同協定のEC裁判所・国内裁判所における援用を否定する意思を示していたことにも留意しなければならない(37)。

(2) 裁判規範性の原則的否定

　WTO法の裁判規範性に関する指導的判例は，1999年のPortuguese Republic v. Council 事件判決である。同事件は，EC機関の行為がWTO協定に違反することを理由に，加盟国が提起した無効訴訟の事案であった。判決は，WTOが，セーフガード制度と紛争解決制度の強化によってGATTとは著しく異なることを指摘して，GATTとの相違を認識しながらも，その制度が，なお当事者間の交渉を相当程度に重視していることに注目し，むしろ両者は本質的には共通すると評価する(38)。そして判決は，結論として，その性質と構造に照らして，裁判所が，WTO協定に照らして，EC機関が採択した措置の適法性を審査することはできないと判示した(39)。

　判決の理由付けでは，以下の2点が特に注目される。第一に判決は，裁判規範性を承認することの意味を，司法と行政・立法の役割分担の文脈において理解している。すなわち判決は，WTO協定と矛盾する国内法の適用を控えることを司法機関に要求することは，締約国の立法・行政機関に，WTO紛争解決了解22条が与えている交渉の可能性を損なう結果を生じ，またECの立法・行政機関から，通商相手国が享受する駆け引きの余地を奪ってしまうと判示する(40)。第二は，判決が，裁判規範性の承認を他の締約国との相互

性の観点から検討していることである。判決は，ECの重要な通商相手である WTO 締約国が，司法機関による WTO 法の適用を認めておらず，相互性が欠如しているので，EC が WTO 法の直接適用性を認めることによって，WTO 法の不統一な適用が生じると判示した[41]。いずれも WTO 協定が締約国に課す義務の意味を検討するのに有益な判示である。

なお判決は，やはり GATT 法に関する判例を引き継ぎ，例外的に WTO 協定に照らした審査が可能な場合が存在することを認めている[42]。

その後，2001 年の OGT Fruchthandelsgesellschaft v. Hauptzollamt Hamburg-St. Annen 事件先決裁定も，WTO 協定，具体的には，GATT1 条・13 条は，理事会規則の適用を争うために，個人に国内裁判所で依拠できる権利を創出するものではないと判示して，国内裁判所での援用を否定した[43]。注目すべきことに，OGT 事件裁定は，欧州司法裁判所手続規則 104 条 3 項による理由付命令の事件として処理されており，援用を否定する判断は，既存の判例法から明確に導き出されると判断されている[44]。

(3) DSB による WTO 法違反の確定と裁判規範性

このような判例の立場は，WTO の紛争解決手続に従った紛争解決機関 (DSB) の決定が下された場合にも変化しない。すなわち，2003 年に欧州司法裁判所が判決を下した Biret 事件は，WTO 協定違反の EC 立法によって損害を被ったことを理由に，個人が，理事会に損害賠償を請求した事案であり (EC 条約 288 条)，バナナ輸入制度と同様に，EC の対応が WTO において争われてきた，「ホルモン牛肉の輸入禁止措置（指令 96/22 号）」が争点であった[45]。同事件では，DSB の判断が既に下されていた。上級委員会報告が締約国の行為の WTO 法違反を認定し，それを DSB が採択した場合には，当該行為の違法性は確定する。従って，DSB 決定の存在は，WTO 法に照らした司法審査を肯定する積極的要素とも評価し得るが，第一審裁判所判決に対する上訴を受けた欧州司法裁判所は，SPS 協定（衛生植物検疫措置の適用に関する協定）違反の主張には根拠がないという第一審裁判所の判断を支持し，DSB 決定の影響を否定した[46]。

そして，DSB 決定に照らした審査が不可能であることは，事案が損害賠償

請求であるか無効訴訟であるか，被告が EC 機関であるか加盟国であるかに係わらず，欧州司法裁判所の一貫した態度である。主な事例を検討すると，2005 年の Van Parys 事件先決裁定は，理事会規則に基づく国内当局の決定の無効を求めた国内訴訟において，理事会規則の WTO 法違反が主張された事案であり，DSB 決定によって EC 規則の WTO 協定違反が確定している場合に，国内裁判所が，WTO 協定に基づいて理事会規則・委員会規則の有効性を判断できるかが問われた。同裁定は，これまでの判例，特に指導的判例である Portuguese Republic v. Council 事件判決に随所で言及しながら，DSB の判断を重視せず，国内裁判所による WTO 法に照らした審査を一般的に否定し，審査が正当化される例外的状況にも該当しないと判示して，WTO 法の裁判規範性を否定する裁判所の意思の強固さを示した[47]。同裁定は，DSB 決定を通常の判決と同じ性質を有するものとは考えていない。それは，違反を認定した DSB 決定が存在する場合にも，WTO の紛争解決手続は，なお当事者間の交渉を相当程度重視しているからである[48]。具体的には，違法措置の即時撤回が実現不可能である場合に，補償又は関税譲許・その他の義務の停止が可能であること，合理的期間内に DSB 勧告・決定を執行できない場合には，当事国間で補償交渉が開始され，合意に達しない場合は，申立国は，違反国に対する譲許または義務の停止を DSB に要求できること，さらに DSB 勧告・決定に従って取られた措置の適法性に争いがある場合には，当事者間の交渉を含む紛争解決手続が再度利用されることである[49]。裁定は，このような状況の下で，WTO 協定違反の国内法の適用排除を裁判所に求めることは，当事国の立法機関・行政機関から，暫定的とは言え，交渉による解決の可能性を奪う結果を招来すると判示する[50]。

さらに，2008 年の FIAMM 事件判決は，損害賠償請求の事案であるが，DSB 決定の意味を Van Parys 事件先決裁定と同様に理解し，DSB の違反決定後も，EC が是正措置を取らず，そのため相手国が DSB の許可を得て対抗措置を取り，その結果，WTO 法違反行為とは全く関係のない EC の輸出業者が損害を被った場合にも，被害者が，対抗措置の原因となった EC 立法を採択した EC 機関の損害賠償責任を追及する可能性を原則的に排除した[51]。2005 年の第一審裁判所判決は，EC 機関による WTO 法違反は，EC の損害賠

償責任を通常生じないことを確認した上で，これまでの判例が認める，司法審査が可能な 2 つの例外的場合への該当性を検討し，それを否定したが[52]，上訴を受けた欧州司法裁判所も，第一審裁判所判決を支持して，原告の上訴を退けた。決定的要素は，WTO の紛争解決は，締約当事者間の交渉に部分的に委ねられており，違法な措置の撤回は，WTO 法が推奨する解決ではあるが，その他の解決方法も正当と認められていることである[53]。DSB 決定は，WTO 協定の実体ルールと本質的には区別できないので，DSB 決定の有無によって結論を異にする理由はなく，EC 機関の行為の適法性審査のために，EC 裁判所で WTO 法を援用する権利を個人に付与するものではないのである[54]。

⑷ 小 括

以上のように，EC 内の司法機関において，WTO 法が EC 機関の行為の適法性を判断する裁判規範として機能しないことについて，状況の如何を問わず，欧州司法裁判所の態度は一貫しており，現在の EU 法の下では，WTO 協定の性質・構造から，WTO 法に照らして，EU 機関が採択した措置の適法性を審査することはできず，例外的に裁判所が，WTO 法への適合性を審査できるのは，EU が，WTO の枠内で引き受けた特定の義務の履行を意図する場合又は EU の措置が，WTO 協定の特定の規定に明示的に言及する場合のみであるという判例法は完全に確立している[55]。その結果，EU 司法裁判所は，WTO 協定と矛盾した事態が EU 内に生じることを肯定しているのである。

おわりに

EU は，しばしば主権国家間の国際組織であると認識され，EU 法も国際法の特殊な一類型であると評価されることが少なくない。しかし EU は，WTO においては，共通通商政策の排他的権限を根拠に，他の WTO 締約国と同様の存在として行動し，また EU 司法裁判所は，WTO 法を，EU 法とは異なる次元の法として取り扱い，その結果 WTO 法と EU 法との間には，言わば国際法と国内法に類似した関係が成立している。これらの事実は，対外通商政

策の分野に関する限り，EU が，国際組織の枠組を越えた，国家類似の統治主体として国際社会に存在していることを示している。

　WTO 法の裁判規範性に関する欧州司法裁判所の判示は，WTO にとっても意味がある。WTO が，GATT より格段に司法化された国際組織であることは事実であるが，そのような WTO の法的性格をどのように理解するか，さらに紛争解決手続の司法化をさらに進めるべきか否かについては議論の対立があり，ドーハ・ラウンドでも，紛争解決了解をめぐって議論が進められてきた[56]。そして，その種の議論は，WTO の性格を理由に，その裁判規範性の承認に否定的な EU の態度を考慮して行われるべきであろう。そこには，国際通商の主要なプレイヤーである EU の WTO に対する明確な認識が示されているからである。

（1）　EU の対外関係一般については，中村民雄「第1章　法的基盤」植田隆子編『EU スタディーズ1　対外関係』（勁草書房・2007 年）1-54 頁を参照されたい。
（2）　須網隆夫「EU の発展と法的性格の変容―「EC・EU への権限移譲」と「補完性の原則」―」大木雅夫・中村民雄編著『多層的ヨーロッパ統合と法』（聖学院大学出版会・2008 年）286-290 頁, Koen Lenaerts and Piet Van Nuffel, Constitutional Law of the European Union 95-100（Robert Bray ed., Second ed. 2005）。
（3）　Koen Lenaerts and Piet Van Nuffel, supra note 2, at 96-97；Stephen Weatherill, Law and Integration in the European Union 137-141（1995）。
（4）　Koen Lenaerts and Piet Van Nuffel, supra note 2, at 95-96；Armin Von Bogdandy and Jurgen Bast, The European Union's Vertical Order of Competences：The Current Law and Proposals for its Reform, 39CMLRev. 227, 241-242（2002）。
（5）　Case 41/76 Donckerwolcke v. Procureur de la République,［1976］ECR1921, para. 32；Case 804/79 Commission v. United Kingdom,［1981］ECR1045, para. 30；Koen Lenaerts and Piet Van Nuffel, supra note 2, at 98
（6）　Opinion 1/75,［1975］ECR1355；Joined Cases 3, 4 and 6/76 Kramer,［1976］ECR1279.
（7）　Opinion 1/75, supra note 6, at 1364.
（8）　Case 41/76, supra note 5, at 1937.
（9）　本項の記述は，須網隆夫・坂田通孝「［判例研究］共通通商政策の範囲」横浜国際経済法学 3 巻 2 号（1995 年）299-313 頁を基礎にしている。
（10）　Opinion 1/75, supra note 6, at 1362.
（11）　Opinion 1/78,［1979］ECR2871, at 2913.
（12）　Id., at 2916-2917.
（13）　Opinion 1/94,［1994］ECR Ⅰ-5267；中西優美子・須網隆夫「EC の排他的対外権限

の範囲」中村民雄・須網隆夫編著『EU 法基本判例集［第 2 版］』（日本評論社・2010 年）351-358 頁。
(14)　Opinion 1/94, supra note 13, paras. 41-47.
(15)　Id., paras. 55-60.
(16)　Id., paras. 73-105.
(17)　大藤紀子「権限付与の原則と EC 立法根拠の適法性」中村・須網，前掲注 13）122-130 頁。
(18)　Opinion 1/94, supra note 13, paras. 106-109；須網・坂田，前掲注 9）312 頁。
(19)　中西優美子「ニース条約による EC 共通通商政策規定の改正―新政策の始まり？」貿易と関税 49 巻 11 号（2001 年）83(1)-79(5)頁。
(20)　同 80(4)頁。
(21)　中村・前掲注 1）28-29 頁。
(22)　本項の記述は，須網隆夫「EU における WTO 法の裁判規範性」貿易と関税 53 巻 11 号（2005 年）73(1)-65(9)頁を基礎にしている。
(23)　Case 181/73,［1974］ECR449, at 459-460, paras. 4-6.
(24)　須網隆夫『ヨーロッパ経済法』（新世社・1997 年）19 頁；Ronald A. Brand, Direct Effect of International Economic Law in the United States and the European Union, 17 Nw. J. Int'l L. & Bus. 556, 600-601（1996-97）；Jacques H. J. Bourgeois, The European Court of Justice and the WTO：Problems and Challenges in The EU, the WTO, and the NAFTA, Towards a Common Law of International Trade?, 71, 97-98（J. Weiler ed. 2000）.
(25)　Ilona Cheyne, International Agreements and the European Community Legal System, 19ELRev. 581, 586（1994）.
(26)　須網隆夫「EC における国際条約の直接効果―「条約の自動執行性」と「EC 法の直接効果」―」早稲田法学 76 巻 3 号（2001 年）53-109 頁。
(27)　Joined Cases 21 to 24/72 International Fruit Company v. Produktschap voor Groenten en Fruit,［1972］ECR1219, at 1227, para. 21.
(28)　Case C-280/93,［1994］ECR Ⅰ-4973, at Ⅰ-5072, para. 106；中西優美子「EC 企業法判例研究 22・共同体法秩序と国際経済法秩序の対立」国際商事法務 29 巻 1 号（2001 年）92 頁。
(29)　Case C-280/93, supra note 28, at Ⅰ-5073, paras. 109-110.
(30)　Case 70/87,［1989］ECR1781.
(31)　Id. at 1831, para. 19.
(32)　Case C-69/89,［1991］ECR Ⅰ-2069.
(33)　Case C-280/93, supra note 28, at Ⅰ-5073, para. 111.
(34)　岩沢雄司『WTO の紛争処理』（三省堂・1995 年）212 頁，小寺彰『WTO 体制の法構造』（東大出版会・2000 年）20 頁。
(35)　Ronald A. Brand, supra note 24, at 604；Ilona Cheyne, International Instruments as a Source of Community Law（Chapter 17）, in The General Law of E.C. External Relations

254, 269（A. Dashwood and C. Hillion ed. 2000）.
(36) Nanette AEM Neuwahl, Individuals and the GATT：Direct Effect and Indirect Effect of the General Agreement of Tariffs and Trade in Community Law（Chapter 18）, in The European Union and World Trade Law, After the GATT Uruguay Round 313, 325（E. O'Keefe ed. 1996）.
(37) Council Decision 94/800/EC, OJ 1994, L 336/1-2；平覚「WTO 関連協定の直接適用可能性―EC 法からの示唆―」日本国際経済法学会年報第 5 号（1996 年）20 頁。
(38) Case C-149/96,［1999］ECR Ⅰ-8395；中西優美子「WTO 諸規定の裁判規範性」中村・須網，前掲注 13）359-366 頁。
(39) Case C-149/96, supra note 38, at Ⅰ-8439, para. 47.
(40) Id., at Ⅰ-8437, para. 40 and Ⅰ-8438-39, para. 46.
(41) Id., at Ⅰ-8438, paras. 43 and 45.
(42) Id., para. 49.
(43) Case C-307/99,［2001］ECR Ⅰ-3159, para. 31.
(44) Id., para. 23.
(45) Case T-174/00 Biret International v. Council,［2003］ECR Ⅱ-17；Case C-93/02 P Biret International v. Council,［2003］ECR Ⅰ-10565.
(46) Case C-93/02 P, supra note 45, para. 65.
(47) Case C-377/02 Van Parys NV v. Belgisch Interventie-en Restitutiebureau（BIRB）,［2005］ECR Ⅰ-1465.
(48) Id., para. 42.
(49) Id., paras. 42-47.
(50) Id., para. 48.
(51) Case T-69/00 FIAMM and FIAMM Technologies v. Council and Commission［2005］ECR Ⅱ-5393；Joined Cases C-120/06 P and C-121/06 P FIAMM and FIAMM Technoligies v. Council and Commission, 9 September 2008；小場瀬琢磨「WTO 加盟国の対抗措置による個人の損害の救済可能性」貿易と関税 55 巻 4 号（2007 年）75(1)-70(6)頁。
(52) Case T-69/00, supra note 51, paras. 113-115.
(53) Joined Cases C-120/06 P and C-121/06 P, supra note 51, para. 116.
(54) Id., paras. 126-129.
(55) Id., paras. 111-112；Case C-377/02, supra note 47, paras. 39-40.
(56) 川瀬剛史「ドーハ・ラウンドにおける WTO の紛争解決了解の『改善と明確化』―より一層の司法化の是非をめぐって―」日本国際経済法学会年報第 14 号（2005 年）118-150 頁。

第 15 章　EU と外交・安全保障・防衛政策
—国際アクター論の観点から—

中　村　英　俊

はじめに

　EU は共通外交・安全保障政策（CFSP：Common Foreign and Security Policy）と共通安全保障・防衛政策（CSDP：Common Security and Defence Policy）を実施している。リスボン条約（EU 条約）の文言に従えば，そのはずである。

　1950 年代以降，EU（およびその前身機構）の加盟諸国は，集団で共通の外交・安全保障・防衛政策を構想・模索してきた。域外の国際的危機に触発され，紆余曲折を重ねる中で，EU は国際場裏でしばしば共同で行動して「アクターらしさ（actorness）」を徐々に身に付けてきた[1]。しかし，死活的に重要な外交・安全保障・防衛政策については，まだ EU 加盟各国が，特にイギリスやフランスが独自に実施していると言わざるを得ない。

　それでは，世界において EU は一つの国際アクターとして，どのような手段を用いて，どの程度効果的な（実効性のある）対外行動をとることができているのか。本稿は，この問いについて，以下のように論じていきたい。第 1 節では，EU の前身機構において，どのような共通の外交・安全保障・防衛政策が構想・模索されてきたのかを振り返り，マーストリヒト条約で CFSP が「法制化」されるまでを概観する。第 2 節では，リスボン条約発効に至るまでの条約改正を中心に，CSDP をめぐる「制度化」と「法制化」の過程を概観する。第 3 節では，実際に軍事能力が集合的な手段として用いられている実態を概観する。そして第 4 節では，国際アクター論の展開を概観し，「能力と期待のギャップ」論に従って世論の動向を考察し，そして「安全保障アクター（security actor）」としての EU がどのような対外行動をとることができているのかを論じたい。

第1節　前史—ヨーロッパの外交・安全保障・防衛

　本稿では，ヨーロッパの外交・安全保障・防衛分野に関する条約での明文規定および共通政策実施の基盤に注目する。すなわち，条約改正および新条約での明文化という「法制化（legalization）」の進展だけでなく，外交・安全保障・防衛の分野において共通政策を実施するための加盟国協調の基盤が作られる「制度化（institutionalization）」の過程にも注目する。

1　1950年代から1960年代

　そもそも第2次世界大戦直後から，EUの前身機構に加盟した国々は，外交・安全保障・防衛分野での共通政策の「制度化」や「法制化」を試みてきた[2]。ロベール・シューマン仏外相が欧州石炭鉄鋼共同体（ECSC）の創設を提唱してから約1カ月半後の1950年6月に朝鮮戦争が勃発すると，アメリカによる西ドイツ再軍備の要請を受けて構想されたのは，欧州防衛共同体（EDC）設立条約による超国家的な「欧州軍」の「法制化」であり，その枠内で「ドイツ封じ込め」を「制度化」しようというものであった。EDC設立条約は1954年8月フランス議会の批准拒否により発効しなかったが，西ドイツの再軍備は，同年10月のパリ協定調印により可能になった。同協定によって，西ドイツの北大西洋条約機構（NATO）加盟が承認されるとともに，1948年3月に英仏とベネルックス3カ国が調印したブリュッセル条約（経済的，社会的及び文化的協力並びに集団的自衛のための条約）の実行を使命として，西ドイツとイタリアを加えて，すなわち，イギリスとECSC加盟6カ国を原加盟国とする西欧同盟（WEU）が組織化された[3]。

　1959年，フランス大統領になったシャルル・ドゴールは，欧州経済共同体（EEC）加盟6カ国による「政治連合（Union politique）」の「法制化」を目指した。EDCの超国家性に反対していたドゴールは，外交・安全保障分野において政府間主義的な「制度化」を目指しつつも，NATOを通した大西洋主義から（アメリカ抜きの）欧州主義へと軸足を移すことを試みた。このフランス案に対しては，EECの残る5カ国が反発をして，結局，1961年後半から始まっ

た「政治連合」構想（フーシェ・プラン）をめぐる交渉は，1962年4月以降，棚上げされる形で失敗に終わった。フランスは，1963年1月の仏独友好協力条約（エリゼ条約）の締結および1966年6月のNATO軍事統合司令機構からの脱退などで，大西洋同盟を揺さぶろうとしたが，西ドイツなどが外交・安全保障分野において欧州主義へと大きく舵を切ることはなかった。またドゴールは，1963年と1967年の2度にわたり，イギリスのEEC加盟を拒否していた[4]。

1969年，ジョルジュ・ポンピドゥーがフランス大統領になり，同年12月ハーグにおける欧州共同体（EC）首脳会談で「完成，深化，拡大」に関する合意が成立して，共同宣言第15項では「拡大の文脈の中で，政治的統一（political unification）問題で進展を遂げる最善の方法を研究」して報告することを加盟各国の外相に指示した[5]。その後，1970年6月からイギリスを含む4カ国とECの加盟交渉が始まり，同年10月のEC外相会議にルクセンブルク報告が提出・採択される。こうして，欧州政治協力（EPC）は発足するが，それは基本的にECという枠組みの外における「制度化」であり，ECに正式加盟する前からイギリスが参加して始動したものであった[6]。

2　1970年代から1990年代

EPCは，EC枠外での政府間主義的な協力として「制度化」されたが，ルクセンブルク報告では「一つのヨーロッパの声で話す」こと，そして1973年7月のコペンハーゲン報告では「独特な主体として世界で行動する」ことをそれぞれ目標とすべきであると提言された。1981年10月のロンドン報告では，EPCの目的が「共同行動」に格上げされ，トロイカ事務局体制が確認され，このEPC事務局とEC委員会との協力関係強化が提言されていた。1983年6月の欧州連合に関する厳粛宣言では，EPCとしての一貫性を高めて，ECとEPCとの協調関係を密接にすることなどが目標とされた。

1986年2月に署名された単一欧州議定書（SEA）においてEPCは「法制化」される。ただし，EPCに法的基盤が付与される前，つまり1970年代から1980年代前半までの間に，全欧安保協力会議（CSCE）の交渉過程で協調行動をとり，ユーロ・アラブ対話を立ち上げ，先進7カ国首脳会議（G7サミット）

の政治協議にECの理事会議長国首脳が参加するなど外交分野での「制度化」は着実に進展した。しかし，イギリスだけでなくドイツやオランダも大西洋主義の立場を重視したため，EPCとして防衛分野での共同行動へ向けた「制度化」は進まなかった。

　ところが，1989年11月に「ベルリンの壁」が崩壊すると，安全保障・防衛分野でも「制度化」を始める必要性が強まる。1990年3月，ベルギー政府が「政治連合」に関する政府間会議（IGC）の開催を提案，CFSPの「法制化」へ向けた議論が始まることになったが，加盟国間では，例えば以下3点をめぐり相違が顕在化した。第1に，CFSPの実施について，ドイツとベネルックス諸国が共同体的制度枠組みでの実施を提案したのに対して，イギリスとフランスは政府間主義的立場からそれを拒否した。第2に，安全保障・防衛分野でのNATOとの関係について，フランス，ベルギー，イタリアなどの欧州主義者とイギリス，オランダ，ポルトガルなどの大西洋主義者との間で対立があった。そして第3に，EUとWEUとの関係について，イギリスやオランダがWEUをEUとNATOの「架橋」としての機構と捉えたのに対して，フランス，ベルギー，イタリア，スペインはWEUが「渡し舟」として防衛上の機能をNATOからEUへ移すものと捉えた[7]。

　1991年12月のマーストリヒト欧州理事会で政治合意に至り，1992年2月に調印されたマーストリヒト条約では，CFSPが「法制化」された。IGCの最終盤では防衛問題について，「共通防衛政策」を求めたイギリス，オランダ，デンマーク，ポルトガルに対して，フランス，ドイツ，ベルギー，ルクセンブルク，ギリシャは「共同防衛（common defence）」を求めて紛糾した。結局，両者の折衷として次のような文言が残ることになった。すなわち同条約前文に，EU加盟12カ国が「共通防衛政策の最終的な構築を含むものとなり，やがては共同防衛につながるかもしれない，共通外交・安全保障政策を実施する」決意を明文規定した。なお，1991年前半の議長国ルクセンブルクの提案に基づいて，（ギリシャ神殿の様式を模して）EUという屋根の下に3つの列柱を配置する構造が採用される。こうしてマーストリヒト条約では，共同体（EC）の柱が超国家主義的要素を持つのに対して，CFSPの柱は，司法内務協力（JHA）の柱とともに政府間主義的手法で運営されることになる[8]。

第2節　CFSP/CSDP の「制度化」と条約改正（「法制化」）

マーストリヒト条約が調印されてから 1993 年 11 月の発効に至るまで紆余曲折の批准プロセスが展開するころ，安全保障・防衛分野における「制度化」が始まる。1992 年 6 月の WEU 閣僚会議において「ペータースベルク宣言」が採択され，WEU が人道・救難任務，平和維持任務，平和創造を含む危機管理における戦闘部隊の任務（ペータースベルク任務）で一定の役割を担うことが可能になる。また欧州共同軍構想をめぐる英仏のライバル関係も和らぎ，EU・WEU・NATO の関係も整理されていく[9]。1990 年代の旧ユーゴ危機は，EU 加盟諸国がそれぞれの軍事能力を結集させる方法を学習する機会を提供した。ボスニア紛争の際には，英仏両国の陸軍が相互を尊重する関係を築き，1995 年 12 月のアメリカ主導のデイトン合意が英仏関係を政治的にも緊密化させる素地を作っていた。1997 年 5 月にトニー・ブレアがイギリス首相に就任すると具体的な防衛協力関係を構築する機運が高まる。

1　アムステルダム条約とニース条約

1997 年 6 月の欧州理事会で政治合意に至ったアムステルダム条約（1997 年 10 月調印，1999 年 5 月発効）は，マーストリヒト条約を改正して，CFSP の立案能力の強化，CFSP 上級代表（High Representative for the CFSP）ポストの創設，CFSP 独自予算の策定・執行，さらにはペータースベルク任務や EU と WEU の密接な関係などを「法制化」する。ただし，防衛分野での「法制化」は限定的で，上述した英仏関係の改善は，まず 1998 年 12 月の英仏首脳によるサンマロ宣言として実を結ぶ。英仏サンマロ宣言は，「CFSP に関するアムステルダム条約の諸条項を完全かつ迅速に実施することが重要である」と述べ，そのために欧州理事会が（政府間主義に基づきながら）CFSP の枠内で共通防衛政策の漸進的な構築に関して決定する責任があると謳う（アムステルダム条約第 J. 7 条を参照）。このような目的の下，EU は自律的行動がとれる能力を持つ必要があり，その能力は信頼にたる軍事力，その軍事力の使用を決定できる手段，そう決定できる準備に支えられる必要があると謳った。

英仏サンマロ宣言をきっかけとして，欧州安全保障・防衛政策（ESDP：European Security and Defence Policy）を「制度化」する動きが活性化する。1999年3月のコソボ紛争におけるNATO空爆を一つの重要な転機として，同年6月のケルン欧州理事会ではESDPという文言が明示的に利用され，同年12月のヘルシンキ欧州理事会ではEUとしての軍事能力結集に関するヘッドライン・ゴールが設定される。2000年6月のフェイラ欧州理事会では民生（文民）的危機管理能力だけでなく軍事的危機管理能力も展開する共通欧州安全保障・防衛政策（CESDP）の構築が目標とされ，同年11月の能力誓約会議（CCC）ではEU各国が（ヘルシンキ欧州理事会のヘッドライン・ゴールで明示された）緊急展開軍へ貢献可能な兵力規模をまとめる[10]。

2000年12月の欧州理事会で政治合意に至ったニース条約（2001年2月調印，2003年2月発効）は，「共通防衛政策の漸進的な構築」を引続き目標としながら，条約本文では政治・安全保障委員会や軍事委員会などを「法制化」するにとどまった。ニース欧州理事会はESDPに関して，条約での「法制化」の代わりに「宣言」を採択して，ニース条約の発効前であっても，ESDPの作戦行動を展開すべく「制度化」を進めることにした。次節で見るように，2003年1月には，最初のESDPミッションが展開することになる。

2004年6月のブリュッセル欧州理事会で政治合意に至り，同年10月にローマで調印された欧州憲法条約（Treaty establishing a Constitution for Europe）は，CSDPという文言を使い，「EU外相（The Union Minister for Foreign Affairs）」ポストや欧州対外行動庁（EEAS：European External Action Service）の新設など「法制化」を一気に進めようと試みた。しかし，2005年5月29日と6月1日に実施されたフランスとオランダの国民投票で同条約の批准は拒否され，2年の「熟慮期間」を経て，2007年7月にはIGCが開催され，「改革条約」としての新条約が急ピッチで作成されることになる。IGC開催までの間，合計17のESDPミッションがすでに作戦を開始していた。

2　リスボン条約での「法制化」

2007年10月の欧州理事会で政治合意に至ったリスボン条約（2007年12月調印，2009年12月発効）は，欧州憲法条約と同様にCSDPやEEASを「法制

化」するとともに,「EU 外相」に代えて外務・安全保障政策 EU 上級代表 (High Representative of the Union for Foreign Affairs and Security Policy) というポストを新設した。この新ポストは名称こそ異なるものの,ニース条約までの2つのポスト,つまり,対外関係担当委員および理事会事務総長兼 CFSP 上級代表を統合するポストであるという点で本質的に変わりはなく,欧州委員会副委員長を兼務することになった。表現上のトーンダウンを除けば,この新ポストについても「法制化」が停滞・後退したわけではない。1950年代の EDC 創設条約の批准失敗後の長期停滞とは対照的に,欧州憲法条約の批准失敗は CFSP や ESDP の実質的な「制度化」のペースを止めることなく,ESDP は「法制化」の過程に再び吸収されて CSDP として発展を遂げる。

　リスボン条約(EU 条約)は,外務・安全保障政策 EU 上級代表,EU の対外行動に関する一般規定,CFSP に関する特別規定,CSDP に関する規定などを以下のように明文化している[11]。まず,条約第15条第6項は,欧州理事会常任議長について,彼が(上級代表の権限を損なうことなく)CFSP に関する事項について「EU の対外代表 (external representation) を務める」と規定しており,G7 サミットなどの「首脳会議」には欧州理事会常任議長が参加して,G7 外相会議などに上級代表が参加することになる。ただし,同条約第18条は,第2項で上級代表が CFSP を遂行して,自らの提案により同政策の発展に貢献し,理事会に授権されて同政策を実施すると規定している。同項は CSDP についても同様であることを明示する。同条第3項は上級代表が「外務理事会 (Foreign Affairs Council) の議長を務める」と規定し,第4項において上級代表が,「EU の対外行動の一貫性を確保」して,「対外関係分野につき委員会に課せられた責務および EU の対外行動の他の側面の調整に関して委員会内部において責任を負う」と規定する。

　つぎに,リスボン条約は第V編第1章「EU の対外行動に関する一般規定」として,第21条第2項に8つの具体的目標を掲げたり,第22条には欧州理事会が EU の戦略的利益や目標を確定することを明示したりしている(詳しい条文については資料を参照)。つづく同編第2章は,CFSP に関する特別規定を明文化している。同章第1節(第23条から第41条)は「共通規定」として,CFSP の手段,政策構築手続き,外務・安全保障政策 EU 上級代表の任務など

を規定する。同章第2節（第42条から第47条）はCSDPに関する規定として，CSDP実施に関してEUに民生的および軍事的能力（civilian and military capabilities）を利用可能なものとすること，特に軍事能力の漸進的改善のために欧州防衛庁（European Defence Agency）が役割を果たすこと，さらに，テロとの闘いという文脈でもペータースベルク任務を拡充することなどが明文規定された。EU運営条約（特に第5部「EUの対外行動」）とともに，リスボン条約におけるCFSPやCSDPの「法制化」は進んだ。

第3節　軍事能力―ESDP/CSDPミッションの展開

　このようなCSDPの「法制化」の進展に先立って，上述したように，ESDPの「制度化」が進んでいた。EU加盟諸国は，民生的能力だけでなく軍事能力も結集させて様々なミッションを世界に展開させる。

　表1は，2015年10月の時点で，既に完了したESDP/CSDPミッションおよび継続中のCSDPミッションの一覧である。完了した作戦行動16件のうち，軍事ミッションは5件，民生ミッションが10件，軍事・民生ミッションは1件だった（リビアにおける軍事ミッションは実施されなかったので件数に算入しない）。継続中の作戦行動18件のうち，軍事ミッションは6件，民生ミッションが12件である。総じて件数だけで言えば，民生ミッションが軍事ミッションの2倍展開していることになる。もっとも，現在展開中のCSDPミッションのうち，2015年4月末時点の派遣人数がわかっている16件合計で6011人のうち，軍事ミッション5件には3361人が，民生ミッション11件には2650人が派遣されている[12]。

　CSDPミッションが展開する地域については，アフリカ地域が多く，ESDPミッション当時から西バルカン地域も多く，最近ではジョージアやウクライナにも民生ミッションが展開している。現在展開中の軍事ミッションのうち最大規模は，海賊対策のためにソマリア沖・アデン湾に展開する「アタランタ」作戦で，1719人が派遣されている。民生ミッションでは，コソボに展開する「法の支配」ミッションが最大規模で，1495人が派遣されている。

　現在進行中の軍事ミッションのうち，次の2つはESDPミッションとして

第 15 章　EU と外交・安全保障・防衛政策　　311

表 1　ESDP/CSDP ミッションの実施

【完了した作戦行動】	作戦展開地域・国	ミッション類型	開始順序	作戦活動開始	作戦終了
<西バルカン地域>					
コンコルディア	マケドニア	軍事	2	2003/03/31	2003/12/15
EUPOL プロクシマ	マケドニア	警察	4	2003/12/15	2005/12/14
EUPAT	マケドニア	警察支援	14	2005/12/15	2006/06/14
EUPM/BiH	ボスニア・ヘルツェゴビナ	警察	1	2003/01/01	2012/06/30
<南コーカサス地域>					
EUJUST THEMIS テミス	ジョージア	法の支配	5	2004/07/16	2005/07/14
<東南アジア地域>					
AMM	インドネシア（アチェ）	監視	11	2005/09/15	2006/12/15
<中東・北アフリカ地域>					
EUFOR リビア	リビア	軍事（人道支援）	~~25~~	2011/04/01	（実施せず）
EUJUST LEX	イラク	法の支配	9	2005/07/01	2013/12/31
<アフリカ地域>					
アルテミス	コンゴ民主共和国	軍事	3	2003/06/12	2003/09/01
EUFOR DR Congo	コンゴ民主共和国	軍事（選挙支援）	16	2006/07/30	2006/11/30
EUPOL キンシャサ	コンゴ民主共和国（キンシャサ）	警察	7	2005/04/12	2007/06/30
EU AMIS ダルフール	スーダン（ダルフール）	軍民/AU 支援	10	2005/07/18	2007/12/31
EUFOR チャド/RCA	チャド/中央アフリカ	軍事（架橋）	19	2008/01/28	2009/03/15
EUFOR RCA	中央アフリカ	軍事（治安回復）	30	2014/04/01	2015/03/23
EU SSR ギニア・ビサウ	ギニア・ビサウ	治安分野改革支援	20	2008/06/16	2010/09/30
EUAVSEC 南スーダン	ジュバ空港	民生（航空安全強化）	25	2012/06/18	2014/01/17
EUPOL DR Congo	コンゴ民主共和国	警察	18	2007/07/01	2014/09/30

表 1 続き

【継続中の作戦行動】(2015 年 10 月現在)	作戦展開地域・国	ミッション類型	開始順序	作戦活動開始
<西バルカン地域>				
EULEX コソボ	コソボ	法の支配	23	2008/12/09
EUFOR アルテア	ボスニア・ヘルツェゴビナ	軍事（内政安定）	6	2004/12/02
<民主主義と経済発展のための機構 GUAM>				
EUMM ジョージア	ジョージア	監視	21	2008/10/01
EUAM ウクライナ	ウクライナ	治安部門改革・助言	32	2014/07/22
EUBAM モルドバ/ウクライナ	モルドバ/ウクライナ	国境管理	13	2005/11/30
<中東・北アフリカ地域/地中海>				
EU NAVFOR「ソフィア」	地中海中南部	軍事（密航対策）	34	2015/06/22
EUBAM リビア	リビア	国境管理	29	2013/05/22
EUPOL-COPPS コップス	パレスチナ	警察	15	2006/01/01
EUBAM ガザ・ラファ	パレスチナ	境界監視支援	12	2005/11/30
<西アジア地域>				
EUPOL アフガニスタン	アフガニスタン	警察	17	2007/06/15
<アフリカ地域>				
EUMAM RCA	中央アフリカ	軍事（軍事助言）	33	2015/03/16
EUCAP Sahel Mali	マリ	治安部隊能力構築	31	2014/04/15
EUTM マリ	マリ	軍事（国軍の訓練）	28	2013/02/18
EUCAP Sahel Niger	サヘル地域・ニジェール	テロ対処能力構築	27	2012/08/08
EUCAP Nestor	アフリカの角	地域海上安全保障能力構築（海賊対策）	26	2012/07/16
EUTM ソマリア	ソマリア	軍事（治安部隊訓練）	24	2010/04/07
EU NAVFOR「アタランタ」	ソマリア沖	軍事（海賊対策）	22	2008/12/08
EUSEC DR Congo	コンゴ民主共和国	治安分野改革支援	8	2005/06/08

（出典）http://eeas.europa.eu/csdp/missions-and-operations/index_en.htm（2016 年 1 月 7 日アクセス）

実施されたものである。第1に、ボスニア・ヘルツェゴビナの内政安定のために展開する「アルテア」作戦は、2004年12月に開始された。同作戦はそもそも、NATO主導の軍隊が撤退した後にデイトン和平合意の履行を監視する目的で開始され、NATOの資産を引き継いだ展開当初は約7000人規模だったが、現在では約800人規模になっている。第2に、「アタランタ」作戦は、ソマリア沖の海賊が国連の世界食糧計画や商船などの活動の脅威となっている状況を受けて、2008年12月に開始され、4隻から7隻の海軍能力を展開している。その作戦本部 (OHQ) はイギリスに置かれ、NATOの海軍作戦、日本の海上自衛隊も含む各国の作戦とともに展開を続けている。また、ソマリアにおける治安部隊訓練のための軍事ミッション（約160人規模）や地域海上安全保障能力構築のためアフリカの角に展開する民生ミッション（約70人規模）とも連動している[13]。

第4節　国際アクター論──「能力と期待のギャップ」

EU加盟諸国は軍事能力を結集して、CSDPミッションを展開するようになっている。しかし、その事実は、EUが一つの国際アクターとして実効性のある対外行動をとることにつながっているのだろうか。

EU（その前身機構）は国際場裏で共同で行動して、どのようなパワー（国際アクター）として影響力を行使してきたのだろうか。EU・欧州統合研究における国際アクター論は、この問いに長く取り組んできた。

1　「民生パワー」概念と「能力と期待のギャップ」論

1970年代にイギリスがECに正式加盟を果たすころ、F・ドゥシェーヌはECを「民生パワー (civilian power)」と描写して、ECの利益は「経済力に長けているが、軍事力では相対的に足りない」諸国から成る「民生的グループ」としてのインタレストであると述べた[14]。しかし1980年代初め、H・ブルは、「民生パワーとしてのヨーロッパ」とは「そもそも概念矛盾ではないか」と、痛烈な概念批判を展開した。近代国際社会で台頭した「大国 (great power)」は相当大きな独自の軍事能力を保持して「軍事パワー」になることを目標と

してきた。ブルにとって,独自の軍事力を保有できないようなアクターは「パワー」とは呼べず,ECは「パワー」たりえなかった[15]。

ブルが「民生パワー」批判を展開してから約10年後,C・ヒルは,世界におけるEC/EUの「アクターらしさ」に注目した。彼は,冷戦が終焉して,マーストリヒト条約がまだ批准プロセスにあるときに,独自の「能力と期待のギャップ (capabilities-expectations gap)」論を展開したのである。急ピッチでCFSPが「法制化」されたばかりの1991-1992年は,ヒルにとって,EUの域内外においてEUの積極的な対外行動への「期待」が高まり,外交・安全保障分野での集合的な「能力」が追いつかない状況が生まれつつある,CFSPにとって危険な時期と映った[16]。

ところがヒルは,それから5年の間に起った変化を考察して次のように述べる。第1に,EU域内の「期待」が低くなったため,「能力」が十分に向上しなくても両者のギャップは狭まった。しかし第2に,「能力と期待のギャップ」がまだ存在しているため,世界におけるEUのプレゼンスが棄損されることはないものの,EUの評判を落とす現象が観察された。例えば,旧ユーゴ紛争におけるEUの「能力」不足は,アメリカを落胆させた。このようなヒルの考察は,アムステルダム条約において防衛分野の「法制化」が限定的なものにとどまっている1990年代中頃になされたものである[17]。

第2節で見たように,この後,英仏サンマロ宣言,ESDPミッションの展開など「能力」が軍事能力も意味するようになってきた。「制度化」や「法制化」の進展は,EU域内外からの「期待」を高める。しかし,EUが加盟各国の「能力」を結集できない状況,つまりEUとしての「能力」に欠けている状況で,しばしばEUは新たな「(法)制度」を作ろうとしてきた。ヒルの「能力と期待のギャップ」論によれば,CFSPやCSDPに関して,EUの域内外で不要な「期待」を高めることは禁物である。

2 CFSPやCSDPへの「期待」

そもそも,EUの加盟各国内で人々は,外交・安全保障・防衛の分野でEUにどのような「期待」を寄せているのだろうか。「期待」の推移を探るべく,*Eurobarometer*による世論の動向を見てみよう。

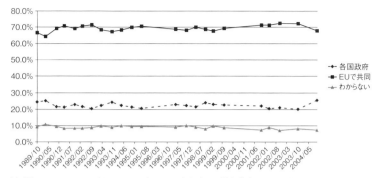

【出典】 *Eurobarometer*：以下の HP よりデータを入手して筆者作成。<http://ec.europa.eu/COMM-FrontOffice/PublicOpinion/index.cfm/Chart/index>
図1　外交分野での意思決定：各国レベルか EU レベルか
(EU 平均：1989—2004 年)

　図1は、「域外への外交政策は、各国政府が意思決定したほうが良いか、EU レベルで共同意思決定をしたほうが良いか」という問いに関して、1989年から2004年までの間、EU 平均の世論動向を示したものである。「ベルリンの壁」崩壊直後の時期やマーストリヒト条約批准が難航した時期などで少し落ち込むことはあるものの、EU レベルでの共同意思決定を支持する率は70％前後で推移している。

　防衛分野での世論動向は、外交分野とは異なる。図2は、「防衛分野では、各国政府が意思決定したほうが良いか、EU レベルで共同意思決定をしたほうが良いか」という問いに関して、1989年から2010年までの間、EU 平均の世論動向を示したものである。マーストリヒト条約で CFSP が「法制化」されて安全保障・防衛分野でも EU 協力への「期待」が若干高まった時期や旧ユーゴ危機における危機管理で EU が十分な役割を果たせず「期待」がしぼんだ時期を除き、1990年代、EU レベルでの共同意思決定を支持する率は50％前後で推移していた。しかし、2000年代に徐々に ESDP ミッションが展開を始めるころから、EU レベルでの共同意思決定の支持率は上昇して、リスボン条約調印の頃には70％近くになった。

　もっとも、このような EU 平均の「期待」とは別に、加盟国ごとの「期待」値には違いがある。図3は、イギリス、ドイツ、フランス、スウェーデンに

316　第5部　EUの対外政策と課題

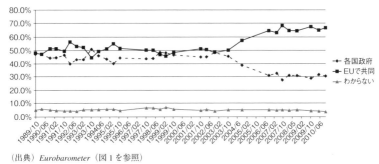

（出典）Eurobarometer（図1を参照）
図 2　防衛分野での意思決定：各国レベルか EU レベルか

（EU 平均：1989―2010 年）

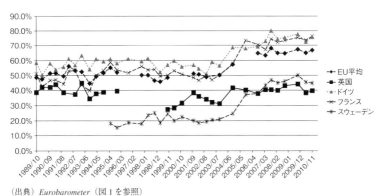

（出典）Eurobarometer（図1を参照）
図 3　防衛分野での EU 共同意思決定の支持率

（EU 平均と英独仏瑞：1989―2010 年）

おいて，防衛分野での EU レベルでの共同意思決定を支持する率の推移を示したものである。仏独は，EU 平均の支持率とほぼ同じく推移している。それに対して，スウェーデンはデータのある 1990 年代後半から 2000 年代前半の間に支持率 20％前後で低迷した後，EU 平均と同じようなペースで支持率を上げて，やがて 35-40％になる。イギリスの場合は，冷戦終焉の直後は 35-45％だった支持率が，1990 年代末には 30％以下に落ち込み，間もなく 40％近くに戻るものの，2001 年 9 月のアメリカ同時多発テロの時期から 2003 年

3月のイラク戦争の時期まで再び30%近くに落ち込み，比較的直ぐに回復して40%に戻る。なお，2010年11月時点の各国別データで，防衛分野でEUレベルでの共同意思決定を支持する率が高いのはルクセンブルク（84%），スロバキア（82%），エストニア（81%）など，一方で低いのはフィンランド（24%），イギリス（40%），スウェーデン（45%）などである（EU平均は67%）。

　安全保障・防衛分野での「期待」は，国によるバラつきや例外はあるものの，EUが加盟各国の軍事能力を含む「能力」をある程度は結集している現実に見合う形で高まってきたと言える。欧州憲法条約でCSDPを「法制化」する試みも，この分野での「期待」をEU域内外で過度に高めることなく，同条約の批准失敗後にいくつかの表現上のトーンダウンを伴って作成されたリスボン条約で明文規定された。そこでは，CFSPとともにCSDPについて，それを基本的には政府間主義的手法で実施していくという制度的特徴が貫かれた[18]。また，EU条約第42条が規定するように，CSDPはあくまでもCFSPの「不可欠の一部（an integral part）」である。EUにとって，軍事能力は，あくまでも外交・安全保障分野での能力の一部であると認識する必要がある。

3　EUの「安全保障戦略」と2011年リビア介入の事例

　学術誌JCMSにおいて，ブルが「民生パワー」概念を批判した10年後，ヒルは「能力と期待のギャップ」論を展開した。それから10年経った2002年，I・マナーズは，国際アクターとしてのEUが「民生パワー」か「軍事パワー」かという二者択一的な問いの立て方を避けるべく，新たに「規範パワー」概念を提示した[19]。たしかに，近代国際社会の歴史を振り返れば，アメリカのような超大国も，ナチス・ドイツやソ連のように覇権国を目指し失敗した大国も，それぞれ独自のイデオロギーに基づいて「規範パワー」としての対外行動を試みたとの解釈も成り立ち，EUの特殊性や新奇性を捉えるために有用な概念であるかどうかには疑問の余地がある[20]。しかし，EUは西欧国際社会で進化してきた価値や規範を手段として影響力を行使しようと試みる点で特殊な国際アクターであると言える。外交・安全保障の分野では，「規範パワー」としてのEUが実力を試される事例も多い。

　実際，EUはその「安全保障戦略」の一環として，法の支配の確立や人権の

保障を促進する外交を展開しようと試みている。アムステルダム条約の下で設置された CFSP 上級代表ポストに就いたハビエル・ソラナが起草した欧州安全保障戦略（ESS）は 2003 年 12 月の欧州理事会で採択され，そこでも EU としての人権外交の推進が謳われた[21]。EU 人権外交は，例えば具体的に，死刑制度の廃止（あるいはそれに至る過程としての死刑執行の停止）を世界中に普遍化する戦略として実施されている[22]。

もっとも，大局的に見れば，この ESS は 2003 年 3 月のイラク戦争の後に受動的に起草されたと言ってよい。イラクに対する武力行使の是非をめぐって，アメリカとともにそれを肯定するイギリスやスペインと，それに反対するフランスとドイツとが対立を余儀なくされた後で，ESS は起草・採択された。同戦略は，アメリカの国家安全保障戦略（NSS）を意識したものではあるが，伝統的な安全保障上の脅威とは別の新たな脅威として，テロリズム，大量破壊兵器の拡散，地域紛争，失敗国家，組織犯罪などを挙げた。

5 年後の 2008 年 12 月，ソラナ上級代表は ESS の実施状況をめぐる報告書を提出する。同報告書は，サイバー安全保障，エネルギー安全保障などへも言及しながら現状を考察した後，(1)より効果的で能力を持ったヨーロッパ，(2)近隣諸国へのさらに大きな関与，(3)効果的な多角主義のためのパートナーシップが必要とされていると指摘した[23]。この報告書は冒頭で，EU を取り巻く環境として，リーマンショック後の金融危機などグローバリゼーションが抱える負の側面が表面化していることを深刻な現状認識として重視していた。しばらくすると，EU 自体がギリシャ発の債務危機に見舞われることになる。「民生パワー」としての EU が何よりも基盤とすべき「経済力に長けている」状況が揺らぎ始める。

2009 年 12 月，リスボン条約の発効に伴って，初代の外務・安全保障政策 EU 上級代表にキャサリン・アシュトンが就任する。アシュトン上級代表は，EEAS のトップとして EU の対外行動をリードすることになる。2014 年 11 月にそのポストをフェデリカ・モゲリーニが引き継ぐまでの間，外交・安全保障の分野ではイランの核開発問題をめぐって一定の成果を上げ，安全保障・防衛の分野では多くの CSDP ミッションを実施した。アシュトン上級代表の就任時点で，13 件の ESDP ミッションが展開しており，彼女の任期中に

そのうち 4 件が作戦を終了した。アシュトン上級代表の任期中に新たに展開した CSDP ミッションは 9 件であった。

　CSDP は軍事ミッションとして EU 部隊を展開する場合でも，戦争遂行や明白な強制を目的とした作戦行動ではなく，国連 PKO ミッションと同様に，紛争当事者のいずれかの側に立って政敵を特定して軍事的に打倒するような目的は掲げない。たしかに，ソマリア沖の海賊打倒を目的とする「アタランタ」作戦，文民保護をマンデートの一部とする中央アフリカの治安回復ミッションなどは強制的側面を持つ。また，リスボン条約第 43 条第 1 項によって拡充されたペータースベルク任務には，「平和創造および紛争後の安定化を含む危機管理における戦闘部隊の任務」が含まれ，この規定に従えば，EU は平和強制の作戦活動に関与できるはずである。しかし，今までの CSDP の軍事ミッションに平和強制のマンデートは与えられておらず，その兆候もまだない[24]。

　アシュトン上級代表の任期中，理事会が作戦活動の開始を決定したにもかかわらず，実施されなかった CSDP ミッションがある。2011 年 4 月にアシュトン上級代表が提案して EU 理事会が決定した，リビアにおける人道支援を目的とした軍事ミッションである[25]。「アラブの春」の波は，カダフィのリビアにも及んだ。2011 年 2 月 15 日にベンガジで始まりリビア全土に広がった反政府デモに対して，カダフィ政権が暴力による弾圧を企てると，同月 26 日には，保護する責任（R2P）の履行や国際刑事裁判所（ICC）への付託などを求める国連安保理決議 1970 が棄権なしの全会一致で採択された。しかし，カダフィ政権は暴力的弾圧を止めず，3 月 17 日には，リビア上空での飛行禁止空域設定などを盛り込んだ国連安保理決議 1973 が採択される。その 2 日後には，仏英米などによるカダフィ政権に対する空爆中心の軍事行動が開始される。

　2011 年 4 月 1 日の EU 理事会は，このような国際社会による「人道的介入」の文脈で，EU 部隊のリビアへの派遣を決定した。人道支援をミッションとした EU 部隊は，国連人道支援局（OCHA）からの要請を受けて派遣されることになっていた。実際は，OCHA からの要請がなかったので，この CSDP ミッションは実施されなかった。

しかし、もう少し根源的な原因を指摘する必要がある。まず、国連安保理決議 1973 の採択に際して、常任理事国の米英仏が賛成し、残る中露は棄権していたが、非常任理事国のうちインドとブラジルとともにドイツが棄権していた。その後実施された NATO 主導の軍事作戦について、ドイツは必ずしも積極的でなかった。ドイツやポーランドの消極姿勢にもかかわらず実施された NATO 主導の軍事作戦は、本質的に仏英の共同作戦と言ってよいものだった。飛行禁止空域を設定するための空爆の半分を実施した仏英両国は、アメリカからの支援を受けるだけでなく、イタリア、スペイン、オランダ、スウェーデン、ベルギー、デンマーク、ギリシャの EU 加盟 7 カ国からも支援を受けた。他には、国連主導の武器禁輸を担保するために、ルーマニアとブルガリアが艦船 1 隻を提供した。ただしこのことは、EU 加盟 27 カ国（当時）のうち、半数以上の 16 カ国が軍事行動をとらなかったことを意味し、ベルギーとデンマークを除く 5 カ国が自国の爆撃機が空爆に参加することに条件を付けていたことも鑑みると、安全保障・防衛の分野では EU としての「連帯」に大きな制約があることを示すものと言ってよい[26]。

2003 年のイラク戦争とは違い、2011 年のリビアへの軍事介入は、フランスが大西洋主義的な立場からイギリスと協調して、しかもアメリカが前面に出てリードする形をとらずに展開した「人道的介入」であった。国連安保理決議もあった。EU がその軍事能力を使って「規範パワー」としての対外行動をするためには、完璧と言ってよいほどの条件が整っていたと言える。しかしながら、実際に決定された CSDP ミッションは、効果的で実効性のある介入につながることはなく、EU としての面目を保つための政治的宣言にとどまったと評価せざるを得ない[27]。

リスボン条約第 22 条は、「EU の戦略的利益および諸目標に関する欧州理事会の決定は、共通外交・安全保障政策および EU の対外行動の他の領域にも関連する」と規定しており、モゲリーニ新上級代表の下で、新たな EU の「安全保障戦略」が起草されることになっていた。2016 年 6 月末、「EU の外交・安全保障政策に関するグローバル戦略」が提出され、欧州理事会で採択された。その新戦略文書の序文において、モゲリーニ上級代表は次のように述べる[28]。

EUは，これまでいつもそのソフト・パワーを自ら誇りにしてきたが，我々はこの分野で最善なので，これからもそのような誇りを保ち続けるだろう。しかしながら，ヨーロッパが排他的な意味での「民生パワー」であるという考えは，進化を遂げつつある現実を正しく評価するものにはならない。例えば，EUは現在17の軍事・民生の作戦行動を展開しており，平和と安全保障のために欧州の旗の下で何千人もの男女が役務に従事している。それは，我々自身の安全保障だけでなく，我々のパートナーの安全保障のためでもある。ヨーロッパにとって，ソフト・パワーとハード・パワーの両方が手を取り合って利用される必要がある。

このような表現は，アメリカの外交・安全保障・防衛政策の指針として，ジョセフ・ナイが2003年イラク戦争を批判する文脈で多用するようになった「スマート・パワー」概念と類似したものである。すなわち，モゲリーニ上級代表は，軍事力などのハード・パワーと文化などのソフト・パワーとの間のバランスをとった外交・安全保障・防衛政策政策を賢く（スマートに）実施する大国（パワー）として，EUも対外的に振る舞うべきであると述べていると解釈してよいだろう[29]。

　モゲリーニは「排他的な意味での民生パワー」を忌避している。これは正確には，「軍事パワー」概念との二者択一で「民生パワー」概念を語ることを忌避していると理解すべきであろう。マリオ・テロは，「民生パワー」概念を精緻化することによって，EUが（まだ）「民生パワー」であると捉えられると論じる研究者の一人である。彼にとって，上述のリビア介入の事例に顕著なように，2011年は「恐るべき年」だった。EUとしての政治的リーダーシップの発揮が期待され，ある程度の軍事能力が結集して使用されることが期待され，防衛費増加も可能とするような経済成長が期待されたにもかかわらず，それらの期待と実際の能力とのギャップが顕著となってしまった年だからある。しかしながら，これが含意することは，EUの対外行動について安全保障・防衛の分野でも，EU最大の経済大国ドイツが中心となり意思決定をする機会が多くなるということである。そうだとすれば，第二次世界大戦後「民生パワー」としての自己規定を維持してきたドイツが中心となるCSDPも，

基本的には「民生パワー」としてのミッションに限定され続けると予想（期待）すべきである[30]。

おわりに——「安全保障アクター」概念の精緻化へ向けて

　2010年代，世界の安全保障環境は急激に変化（悪化）していると言われる。そのような世界で，EUという国際アクターは，どのような手段を用いて，どの程度効果的な対外行動をとることができているのか。

　「民生パワー」としてのEUは，「能力と期待のギャップ」によって，しばしば国際アクターとして厳しい評価を受けてきた。総合的な外交能力に関して十分な「制度化」のプロセスを経ずに，「法制化」だけを急ぐことはEUの域内外に過度な期待を高めることになる。不必要な「能力と期待のギャップ」の拡大は，国際アクターとしてのEUの対外行動の信憑性を低めることになる。特に，安全保障・防衛の分野では，加盟各国の軍事能力を十分に結集したCSDPミッションを展開することが叶わず，「規範パワー」としてのEUが厳しい評価にさらされる。

　EUには，今後いくつかのシナリオが考えられる。一つは，域外でも積極的に「軍事パワー」として行動を重ね，域外の安全保障問題に関与していく「国際的な安全保障アクター」を目指すというものである。ここでの「安全保障」概念は，あくまでも伝統的な国家安全保障に類似するものであり，EUも「超国家」を目指し，域外に潜在的な敵国という「他者」を確定することが求められよう。

　別のシナリオは，域内の安全保障問題をあくまでも中心的課題に据え続け，域外問題には消極的だとの批判を浴びることがあっても，過度に期待値を上げることなく「民生パワー」としての能力に見合った対外行動を重ねるというものである。このシナリオは，第二次世界大戦後，仏独の歴史的和解を中核に「ヨーロッパ統合」が展開して，カール・ドイッチュが「安全保障共同体」と呼んだ空間が幾重にも作られてきたという歴史に裏打ちされていると言える[31]。このような歴史観に立てば，今後，EUが安全保障・防衛の分野で対外行動を重ねるとしても，それは広義の「安全保障」概念に立脚したもの

である。域内において安全で安心して暮らせる空間を拡充していく試みを続け，自らが国家間戦争を繰り返した歴史こそを「他者」と規定し続けるような「安全保障アクター」こそがEUを描写する際の鍵概念となるであろう[32]。

2015年11月13日のパリ同時テロ事件を受けて，フランスは，リスボン条約第42条第7項を援用した。しかし，IS/ISIL（ダーイッシュ）というテロリスト集団によるフランス領土に対する「軍事侵略（armed aggression）」を受けて，かつての軍事的な同盟協商関係で求められるような相互軍事援助の行動をどのようにとればよいかは明白でない。結局は，シリア国内におけるダーイッシュの支配地域を空爆するフランスの作戦行動を側面支援するために，フランスが他に遂行している軍事作戦の肩代わりをするような形態での支援が，EU加盟諸国としてできる限界ということになるだろう。

1998年12月のサンマロ宣言以降，ESDP/CSDPミッションの発展に寄与してきた英仏両国だが，2010年11月，ロンドンのランカスターハウスでデービッド・キャメロン首相とニコラ・サルコジ大統領は「防衛・安全保障協力に関する条約」に調印した。この英仏条約は，数カ月後のリビア介入に際して，必ずしも有効なCSDPミッションを生み出すことにはならなかった。しかし，今後EUとしての本格的な軍事ミッションを考える際，英仏の協力関係は不可欠であると考えられていた。

ところが，2016年6月23日の国民投票によって，イギリスはEUを離脱するという政治的な意思決定をしてしまった。リスボン条約第50条に基づく離脱交渉がまだ公式に始まる前でもあり，この出来事が，「安全保障アクター」としてのEUにもたらす影響は予測が困難である。例えば，EUの軍事ミッションの中でも，大規模かつ成功裏に実施されていると評価の高いソマリア沖の「アタランタ」作戦について考察すれば，次のようなEU（イギリス離脱後のEU）の問題点が浮かび上がってくる。すなわちEUは，戦術的空輸や情報・監視・偵察（ISR）などの軍事能力については，それらをもっぱらイギリスに頼っており，OHQもロンドン（ノースウッド）に置いている[33]。

イギリス国民投票の直後の6月28日，上述した「EUの外交・安全保障政策に関するグローバル戦略」を発表したモゲリーニ上級代表は，EUの戦略遂行に関してイギリスが果たしている役割の大きさを率直に認めて，今後の

具体的な戦略遂行の方法を再考する必要があると述べている。1970年代にイギリスのEC加盟をきっかけに「民生パワー」としての対外活動を実質化してきたEUにとって,イギリス離脱は大きな内生的危機なのかもしれない。しかし,精緻化した「安全保障アクター」概念によってイギリスを含む「ヨーロッパ」を描写すれば,イギリスが法制度的にEUを離脱したとしても,「ヨーロッパ統合」の広い文脈の中で「安全保障共同体」の重要な一員として,フランスやドイツなどのEU加盟国とともに平和と安全保障の確立に寄与し続けると予測することは可能だろう。

資料：リスボン条約（EU条約）第V編より抜粋

第V編「EUの対外行動に関する一般規定および共通外交・安全保障政策に関する特別規定」
第1章「EUの対外行動に関する一般規定」
第21条【対外行動における原則と目標】
1．EUの国際舞台における行動は，EU自らの創設，発展および拡大を鼓舞してきた諸原則に導かれ，より広い世界においてそれらを前進することを目指すものである。それら諸原則とは，民主主義，法の支配，人権と基本的自由の普遍性および不可分性，人間の尊厳の尊重，平等および連帯の諸原則，国際連合憲章および国際法の諸原則の尊重である。
　EUは，前段に言及されている諸原則を共有する第三国，および，国際機構，地域機構あるいはグローバルな機構との関係を発展させ，かつ，連携（パートナーシップ）を構築することを目指す。EUは，とくに国際連合の枠組みの中で，共通の問題への多角主義的な解決を促進する。
2．EUは，以下の〔諸目標を達成する〕ために共通の政策および行動を明確にし，追及し，かつ国際関係のすべての領域における高度な協力に向けて尽力する。
(a)EUの価値，基本的利益，安全保障，独立および不可侵を保護すること。
(b)民主主義，法の支配，人権および国際法の諸原則を強固にして支持すること。
(c)国連憲章の諸目的と諸原則，ヘルシンキ最終議定書の諸原則，ならびに，対外国境に関する諸原則を含むパリ憲章の目標に従って，平和を維持し，紛争を予防し，国際安全保障を強化すること。

(d)貧困を根絶することを主たる目標として，途上国の持続可能な経済的・社会的・環境的な開発を助長すること。
(e)国際貿易に関する制限の漸進的な撤廃などを通じて，すべての国家の世界経済への統合を奨励すること。
(f)持続可能な開発を確保するために，環境の質およびグローバルな天然資源の持続可能な管理について，それらを維持し，かつ改善するための国際的措置の発展に寄与すること。
(g)天災または人災に直面する人々，国々そして地域を支援すること。
(h)より強力な多角主義的協力と良きグローバル・ガヴァナンスに基づく国際システムを推進すること。
３．EUは，本編およびEU運営条約第５部が取り扱うEU対外行動の異なる領域ならびにEUの他の政策の対外的側面の発展および実施において，第１項および第２項に定める諸原則を尊重し，同様に定める諸目的を追及すること。

EUは，その対外行動の異なる領域の間の一貫性ならびにこれら領域と他の政策との間の一貫性を確保する。理事会と委員会は，外務・安全保障政策EU上級代表によって補佐され，その一貫性を確保し，このために協力する。

第22条【EUの戦略的利益】
１．第21条に定める諸原則および諸目標に基づき，欧州理事会は，EUの戦略的利益と目標を見定める。

EUの戦略的利益および諸目標に関する欧州理事会の決定は，共通外交・安全保障政策およびEUの対外行動の他の領域にも関連する。そのような決定は，特定の国または地域とのEUの関係に関わることもあり，あるいは，課題ごとに対応することもある。そのような決定は，その期間を明確にし，EUおよび加盟諸国により利用可能な手段を明確にする。

欧州理事会は，それぞれの領域で定める取極めの下で理事会により採択された勧告に基づき，全会一致により議決を行う。欧州理事会の決定は，条約の定める手続きに従って実施される。
２．共通外交・安全保障政策の領域に関しては外務・安全保障政策EU対外代表が，対外行動のその他の領域に関しては委員会が，理事会に共同提案を提出することがある。

第２章「共通外交・安全保障政策に関する特別規定」
第１節「共通規定」
＊第23条～第41条（省略）

第2節「共通安全保障・防衛政策に関する規定」
第42条【共通安全保障・防衛政策】
1．共通安全保障・防衛政策は，共通外交・安全保障政策の不可欠の一部である。それは，EUに民生的および軍事的資産に基づく作戦能力を提供する。EUは，国連憲章の諸原則に従って平和維持，紛争予防および国際安全保障の強化のためのEU域外でのミッションのためにそれら資産を利用することができる。こうした任務の遂行は，加盟諸国が提供する能力を用いてなされる。
2．共通安全保障・防衛政策は，共通EU防衛政策の漸進的な構築を含む。これは，欧州理事会が全会一致で行動してそう決定する場合には，共同防衛につながることになる。欧州理事会は，その場合，加盟諸国に対して各国の憲法上の要請に従ってこのような決定を採択するように勧告する。

　本節に従ったEUの政策は，特定の加盟諸国の安全保障・防衛政策の特別な性格を害するものではなく，共同防衛が北大西洋条約機構（NATO）において実現されると考える特定の加盟諸国の北大西洋条約の下での義務を尊重し，かつ，その枠組みの中で確立される安全保障・防衛政策と両立するものでなければならない。
3．加盟諸国は，理事会が明確にする諸目標に寄与するように，共通安全保障・防衛政策の実施に関してEUに民生的および軍事的能力を利用可能なものとする。多国籍軍を共同で編成する加盟諸国も，共通安全保障・防衛政策に関してそれら能力を利用可能なものとすることができる。

　加盟諸国は，軍事的能力を漸進的に改善する義務を負う。開発，研究，取得および軍備における機関（欧州防衛庁）は，作戦行動の要請を見定め，こうした要請を満たす措置を促進し，防衛部門の産業および技術の基盤を強化するために必要ないかなる措置を見定めること，そして適切な場合には，当該措置を実施することに寄与し，欧州能力・軍備政策の明確化に参加し，そして軍事能力の改善の評価について理事会を補佐する。
＊同条第4項〜第6項（省略）
7．もしある加盟国がその領域において軍事侵略の犠牲となった場合，他の加盟諸国は，国連憲章第51条に従って，これに対してその権限内で可能なあらゆる手段を用いて援助および支援の義務を負う。これは，特定の加盟諸国の安全保障・政策の特別な性格を害するものではない。

　この領域における誓約および協力は，北大西洋条約機構の加盟国であるEU加盟国にとって，当該諸国の集団防衛の基礎であり，かつ，その実施の場である同機構の下での誓約と一貫するものである。

第 43 条【任務の内容】
1．EU が民生的および軍事的手段を用いることができる第 42 条第 1 項に定める任務は，共同の武装解除作戦行動，人道的および救難的な任務，軍事的助言および支援の任務，紛争予防および平和維持の任務，平和創造および紛争後の安定化を含む危機管理における戦闘部隊の任務を含む。これらすべての任務は，自らの領域内においてテロリズムと戦う第三国を支援することも含め，テロリズムとの闘いに寄与することができる。
＊同条第 2 項（省略）
＊第 44 条〜第 46 条（省略）
【出典】*Official Journal of the European Union*, 2008/C 115/01．翻訳は奥脇直也・岩沢雄司編（2015）『国際条約集』（有斐閣）などを参照。

⑴ 中村英俊（2006）「『外交・安全保障』アクターとしての EU」福田耕治編『欧州憲法条約と EU 統合の行方』早稲田大学出版部，143-168 頁。本稿の第 1 節および第 2 節の多くは，この拙稿に依拠している。
⑵ 邦語に限っても，遠藤乾編（2008）『ヨーロッパ統合史』名古屋大学出版会，細谷雄一編（2009）『イギリスとヨーロッパ：孤立と統合の二百年』勁草書房などを参照。
⑶ Sally Rohan（2014）*The Western European Union：International politics between alliance and integration*（New York：Routledge）．
⑷ 川嶋周一（2008）「大西洋同盟の動揺と EEC の定着：1958-69 年」遠藤乾編『ヨーロッパ統合史』名古屋大学出版会，第 5 章，157-194 頁を参照。
⑸ *Communiqué of the meeting of Heads of State or Government of the Member States at The Hague*, on 1 and 2 December 1969. Available at＜http://www.cvce.eu/obj/final_communique_of_the_hague_summit_2_december_1969-en-33078789-8030-49c8-b4e0-15d053834507.html＞．
⑹ Simon J. Nuttall（1992）*European Political Co-operation*（Oxford：Oxford University Press）．山田亮子（2013）「欧州政治協力（EPC）の進展とイギリス」『日本 EU 学会年報』第 33 号，163-189 頁などを参照。
⑺ William Wallace（2005）'Foreign and Security Policy：The Painful Path from Shadow to Substance', in Helen Wallace, William Wallace and Mark A. Pollack（eds.）, *Policy-Making in the European Union*（5th Edition；Oxford University Press）, Chap. 17, pp. 434-438.
⑻ 1990-91 年の政治連合に関する IGC について，Pierre Gerbet の解説を参照。＜http://www.cvce.eu/obj/the_intergovernmental_conference_igc_on_political_union-en-183c7651-32ef-470a-85ac-8103435f4c58.html＞．
⑼ Wallace（2005），op.cit., p. 439.
⑽ Ibid., pp. 444-449.

(11) リスボン条約（EU 条約および EU 運営条約）については，*Official Journal of the European Union*, 2008/C 115/01. 翻訳は奥脇直也・岩沢雄司編（2015）『国際条約集』（有斐閣）などを参照。See also Jens-Peter Bonde (ed.)（2009）*Consolidated Reader-friendly Edition of the Treaty on European Union（TEU）and the Treaty on the Functioning of the European Union（TFEU）as Amended by the Treaty of Lisbon（2007）*（2nd Ed., Foundation for EU Democracy）. Available at＜http://www.eudemocrats.org/eud/uploads/downloads/lisbon_treaty_reader_friendly.pdf＞.

(12) Thierry Tardy（2015）*CSDP in Action：What Contribution to International Security?*（EU Institute for Security Studies；*Chaillot Papers* No. 134, May）, p. 20.

(13) Ibid., p. 22. 邦語による CSDP の概説として，例えば，植田隆子ほか編（2014）『新 EU 論』信山社，第 13 章などを参照。

(14) François Duchêne（1973）'The European Community and the Uncertainties of Interdependence', in Max Kohnstamm and Wolfgang Hager（eds.）, *A Nation Writ Large? Foreign-Policy Problems before the European Community*（London：Macmillan）, chap. 1, pp. 1-21, esp., p. 19［translated into German as *Zivilmacht Europa—Supermacht oder Partner?*（Frankfurt am Main：Suhrkamp, 1973）］.

(15) Hedley Bull（1982）'Civilian Power Europe：A Contradiction in Terms?' *JCMS：Journal of Common Market Studies*, Vol. 21, No. 2, December, pp. 149-170. 中村英俊（2004）「『民生パワー』概念の再検討：EU の対イラク政策を事例として」『日本 EU 学会年報』第 24 号，207-228 頁を参照。

(16) Christopher Hill（1993）'The Capability-Expectations Gap, or Conceptualizing Europe's International Role', *JCMS：Journal of Common Market Studies*, Vol. 31, No. 3, September, pp. 305-328.

(17) Christopher Hill（1998）'Closing the Capabilities-Expectations Gap?' in John Peterson and Helene Sjursen（eds.）*A Common Foreign Policy for Europe? Competing visions of the CFSP*（London：Routledge）, pp. 18-38.

(18) ただし，制度面での政府間主義が概ね不変だとしても，実態面での政府間主義が変容を遂げている現実は重要である。この点，鶴岡路人（2011）「欧州統合における共通外交・安全保障・防衛政策：政府間主義とその変容」『日本 EU 学会年報』第 31 号，168-185 頁を参照。

(19) Ian Manners（2002）'Normative Power Europe：A Contradiction in Terms?' *JCMS：Journal of Common Market Studies*, June, Vol. 40, No. 2, pp. 235-258.「規範パワー」概念については，Thomas Diez and Ian Manners（2007）'Reflecting on Normative Power Europe', in Felix Berenskoeter and M.J. Williams（eds.）, *Power in World Politics*（London：Routledge）, Chap. 10, pp. 173-188；東野篤子（2010）「『規範的パワー』としての EU をめぐる研究動向についての一考察」森井裕一編『地域統合とグローバル秩序：ヨーロッパと日本・アジア』信山社，第 3 章，69-98 頁；東野篤子（2015）「EU は『規範パワー』か？」臼井陽一郎編『EU の規範政治：グローバルヨーロッパの理想と現実』ナカニシヤ出

版，第 2 章，45-60 頁なども参照。
(20) Tanjia A. Börzel and Thomas Risse（2009）'Venus Approaching Mars? The European Union as an Emerging Civilian World Power', *Berlin Working Paper on European Integration*, No. 11, Center of European Studies, Freie Universität Berlin.
(21) 'A Secure Europe in a Better World：European Security Strategy', Brussels, 12 December 2003. 公式文書の中で「人権外交」という文言は使われていない。
(22) 日本との関係においても EU は，このような人権外交を展開している。もっとも，その成果は必ずしも芳しくない。この点，Paul Bacon（2015）'EU-Japan Relations：Civilian power and the domestication/localization of human rights', in Paul Bacon, Hartmut Mayer and Hidetoshi Nakamura（eds.）, *The European Union and Japan：A New Chapter in Civilian Power Cooperation?*（Ashgate）, Chap. 10, pp. 185-200 を参照。また，EU との加盟交渉を始めていたトルコにおいて 2016 年 7 月に生じたクーデタおよびその政治的背景を鑑みても，EU 人権外交は深刻な岐路に立たされている。
(23) 'Report on the Implementation of the European Security Strategy：Providing Security in a Changing World', S407/08, Brussels, 11 December 2008.
(24) Tardy（2015）, op.cit., p. 23. この観点からも，CSDP ミッションは，2011 年リビアにおける NATO 主導の作戦行動や 2013 年マリにおけるフランス主導の作戦行動などとは概念的にも異なる。
(25) Council Decision 2011/210/CFSP of 1 April 2011 on a European Union military operation in support of humanitarian assistance operations in response to the crisis situation in Libya（EUFOR Libya）, *Official Journal of the European Union*, L 89/17, 5. 4. 2011.
(26) Jolyon Howorth（2014）'"Opération Harmattan" in Libya：a paradigm shift in French, European and transatlantic security arrangements?', *Journal of Transatlantic Studies*, Vol. 12, No. 4, pp. 405-417. See also Luis Simón（2013）'The Spider in Europe's Web? French Grand Strategy From Iraq to Libya', *Geopolitics*, 18：2, 403-434,
(27) Anand Menon（2011）'European Defence Policy from Lisbon to Libya', *Survival*, Vol. 53, No. 3, pp. 75-90. この CSDP ミッションに関する理事会決定は「エイプリルフールの冗談だったのか」と揶揄するジャーナリストもいた。Ana Gomes（2011）'Was Eufor Libya an April Fool's Joke?' *EUobserver*, 13 July. Available at＜ https://euobserver.com/opinion/32624 ＞.
(28) *Shared Vision, Common Action：A Stronger Europe*（A Global Strategy for the European Union's Foreign and Security Policy, June 2016, foreword by Federica Mogherini, High Representative of the Union for Foreign Affairs and Security Policy, and Vice-President of the European Commission）. 2016 年 6 月末時点で展開中の CSDP ミッションには，本稿の表 1（「継続中の作戦行動」18 件）のうち，EUSEC DR Congo が含まれていない。
(29) Joseph S. Nye（2004）*Soft Power：The means to success in world politics*（New York：Public Affairs）, p. 32 and p. 147.
(30) Mario Telò（2013）'The EU：A civilian power's diplomatic action after the Lisbon Treaty,

bridging internal complexity and international convergence', in Telò and Frederik Ponjaert (eds.), *The EU's Foreign Policy：What Kind of Power and Diplomatic Action?*（Ashgate）, Chap. 2, pp. 27-63. Telò（2015）'The EU in a Changing Global Order：Is emergent German hegemony making the EU even more of a civilian power?', in Bacon, Mayer and Nakamura（eds.）, *The European Union and Japan*, op.cit., Chap. 2, pp. 33-50.

(31) 中村英俊（2015）「『安全保障共同体』としての EU：2012 年ノーベル平和賞受賞の意義」岡澤憲芙編『比較政治学のフロンティア：21 世紀の政策課題と新しいリーダーシップ』ミネルヴァ書房，318-335 頁。

(32) Ole Wæver（2000）'The EU as a Security Actor：Reflections from a pessimistic constructivist on post-sovereign security orders', in Morten Kelstrup and Michael C. Williams（eds.）, *International Relations Theory and the Politics of European Integration：Power, security and community*（London：Routledge）, Chap. 11, pp. 250-294.

(33) Richard G. Whitman（2016）'The UK and EU Foreign and Security Policy：An optional extra', *The Political Quarterly*, Vol. 87, No. 2, April-June, pp. 254-261.

資料・年表

資料・年表　*333*

資料1　EUの機構図

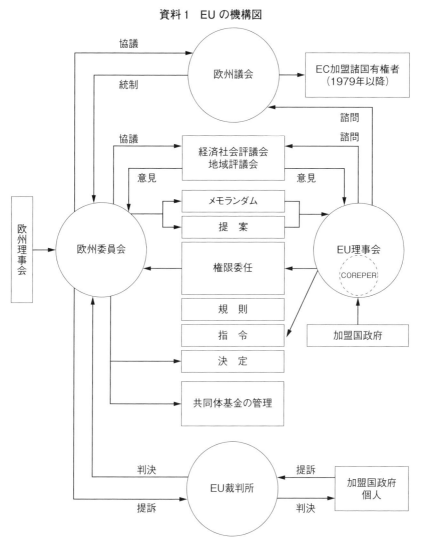

出典：Commission of the European Community, The Courrier：European Community・Africa-Caribbean-Pacific, no. 48（March-April 1978）. p. 36.（一部修正）
福田耕治（1992）『EC行政構造と政策過程』成文堂，37頁（一部修正）。

資料2　EUの政策決定過程

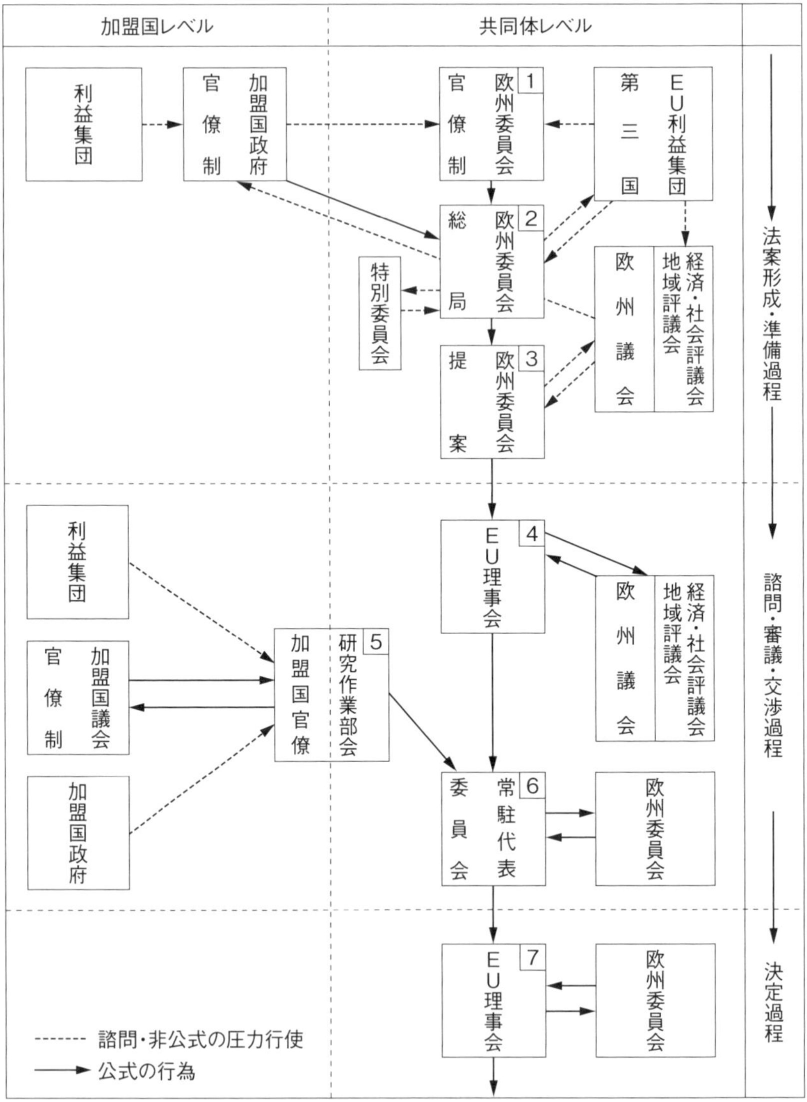

（図：EUの政策決定過程を示すフローチャート）

加盟国レベル／共同体レベルに分かれ、以下の要素が含まれる：

- 加盟国レベル：利益集団、官僚制、加盟国政府、特別委員会、加盟国議会、加盟国官僚、研究作業部会
- 共同体レベル：官僚制・欧州委員会[1]、総局・欧州委員会[2]、提案・欧州委員会[3]、EU理事会[4]、研究作業部会[5]、委員会・常駐代表[6]、EU理事会[7]、第三国、EU利益集団、経済・社会評議会、地域評議会、欧州議会、欧州委員会

右側の段階区分：
- 法案形成・準備過程
- 諮問・審議・交渉過程
- 決定過程

凡例：
- ------ 諮問・非公式の圧力行使
- ——▶ 公式の行為

規則・指令・決定

出典：Lindberg, L., Scheingold, S, *Europe's would-be Polity*, Englewood Cliffs, Prentice-Hall, 1970., p. 91. から作成した。福田耕治（1992）『EC行政構造と政策過程』成文堂、298頁〔一部修正〕。

資料3 EU 加盟国（2016 年現在 28 カ国）

ユーロ加盟国（19 カ国）
ドイツ，フランス，イタリア，スペイン，オランダ，ポルトガル，ベルギー，オーストリア
フィンランド，アイルランド，ルクセンブルク，ギリシャ，スロヴェニア，キプロス，マルタ
スロヴァキア，エストニア，ラトビア，リトアニア

年表　EU 統合の歴史

1950.	5	シューマン・プラン（シューマン宣言）
	10	欧州防衛共同体（EDC）/欧州政治共同体（EPC）条約草案発表
1951.	4	欧州石炭鉄鋼共同体（ECSC）設立条約署名（6 カ国）
1952.	7	欧州石炭鉄鋼共同体（ECSC）設立条約（パリ条約）発効（50 年の期限付き）
1955.	6	メッシナ会議
1957.	3	欧州経済共同体（EEC），欧州原子力共同体（EAEC）設立条約署名
1958.	1	欧州経済共同体（EEC），欧州原子力共同体（EAEC）設立条約発効（6 カ国）
1963.	7	EEC，アフリカ 18 カ国とヤウンデ（連合）協定署名
1965.	1	ドゴール空席戦術と「65 年危機」
1966.	1	「ルクセンブルグの妥協」により，危機の回避
1967.	7	（ECSC, EEC, EAEC：ECs）3 共同体の立法府を単一の閣僚理事会，行政府を単一の欧州委員会へと執行機関併合条約が発効
1968.	7	関税同盟完成，対外共通関税の導入
1970.	4	ECs の 3 共同体の歳入を EC 固有財源導入，欧州議会の予算監督権強化
1973.	1	デンマーク，アイルランド，イギリスの加盟により 9 カ国の EC へ拡大（ノルウェーは，国民投票により加盟条約の批准拒否）
1974.	12	EC 各国首脳が，パリ首脳会議において「欧州理事会」（EC 首脳会議）の常設化を決定。欧州議会直接選挙の実施を決定。
1975.	2	EEC と 46 カ国のアフリカ・カリブ海・太平洋諸国（ACP）とロメ協定（トーゴ）を締結（第 1 次ロメ協定）
	6	イギリス国民投票により，EEC（ECSC/EAEC）残留を決定
1979.	3	欧州通貨制度（EMS）発足
	6	欧州議会第 1 回直接普通選挙実施
1981.	1	ギリシャの加盟により 10 カ国へ拡大
1984.	6	欧州議会第 2 回直接普通選挙実施
1985.	1	ジャック・ドロール委員会発足（1985～1995）「域内市場統合計画」発表
	6	シェンゲン協定署名
1986.	1	ポルトガル，スペインの加盟により，12 加盟国へ拡大
1987.	7	単一欧州議定書発効，欧州理事会が公式機関化，欧州議会も公式名称化
1989.	6	欧州議会第 3 回直接普通選挙実施，ベルリンの壁崩壊
1990.	10	東西両ドイツの統一
1992.	2	EU（マーストリヒト）条約署名

1993.	1	単一域内市場開始
	11	EU（マーストリヒト）条約発効，EECは，ECへ名称変更
1994.	6	欧州議会第4回直接普通選挙実施
1995.	1	オーストリア，フィンランド，スウェーデンが加盟し，15加盟国へ拡大
		ノルウエーは，国民投票の結果，加盟条約の批准拒否
		ジャック・サンテール欧州委員会発足（1995～1999）
1997.	10	EU（アムステルダム）条約署名
1998.	3	キプロス，丸太お呼び中・東欧諸国への拡大交渉開始
1999.	1	EU11加盟国で銀行の計算単位としてユーロを導入
	2	サンテール委員会総辞職
	6	欧州議会第5回直接普通選挙実施
	9	ロマノ・プロディ欧州委員会（1999～2004）発足
	10	タンペレ欧州理事会 EUを「自由・安全・司法の領域」とする決定
2000.	3	リスボン欧州理事会，リスボン戦略
2001.	2	ニース条約署名
	12	ラーケン欧州理事会「EUの将来に関するラーケン宣言」EU機構改革・「欧州憲法」制定のためのコンベンション設置（ジスカールデスタン議長）
2002.	1	ユーロ圏12カ国でのユーロ紙幣・貨幣の流通開始
2003.	7	欧州憲法条約草案起草
2004.	5	キプロス，チェコ，エストニア，ハンガリー，ラトビア，リトアニア，マルタ，ポーランド，スロヴァキア，スロベニアの10カ国が加盟し，25カ国へ拡大
	6	欧州議会第6回直接普通選挙実施
	11	バローゾ欧州委員会（2004～2014）発足
2005.	5．6	欧州憲法条約の批准をフランス，オランダが否決
2007.	1	ブルガリア，ルーマニアが加盟し，27カ国へ拡大
2009.	6	欧州議会第7回直接普通選挙実施
	10	ギリシャ債務危機
2011.	1	欧州対外行動庁活動開始
2013.	7	クロアチアの加盟により，28カ国へ拡大
2014.	1	ラトビアが16番目のユーロ導入国へ
	6	欧州議会第8回直接普通選挙実施
2015.	7	シリア等からの難民流入危機へ
2016.	6	イギリス国民投票により，EU脱退を決定

（出典）パルカル・フォンテーヌ・欧州委員会編（2013）『EUを知るための12章』その他EU公式資料を参考にして作成した。

European Union Studies : European Governance after the "Brexit" Shock

Dr. Koji Fukuda, Waseda University
President of the Board of Directors,
European Union Studies Association-Japan

The "free movement of people, goods, capital and services," is often regarded as a "social experiment" that historically anticipated globalization. However, in the latter half of the 1980s, the EU changed its direction towards internal market integration under neoliberalism and a way from strengthening "Social Europe". At the present time, the EU faces diverse and grave risks, such as the Euro crisis, the immigration and refugee crises and the threat of terrorism. "Brexit (Britain + Exit)," which is a further severe blow on top of these problems, has raised the fundamental concern of whether the EU can continue to be the core of risk governance that will secure the solidarity of Europe in the future. The withdrawal of the United Kingdom from the European Union (EU) was a great shock to not only EU member states, but also to Japan and the rest of the world. It is feared that this will encourage Euroscepticism in other EU member states and cause an EU withdrawal "domino effect."

How should these crises be tackled and by whom? This book examines the realities of European integration that "Brexit" has brought to the fore and the background and implications of various fundamental structural risks in a world that has become increasingly globalized. In addition, this book proposes to Japan, and the rest of the world, future measures in response to this state of affairs.

The response to globalization and the Europeanization of neoliberalism have produced anti-immigrant, anti-refugee sentiment, and some socially and economically marginalized people sympathized with the views of far-right parties, increased their animosity toward immigrants and refugees, whom they considered as threats to their livelihood, and supported xenophobic nationalism and populism. In order to achieve sustainable economic development and build democratic and stable social order, people around the world should fill the gap between awareness and reality, disperse risk through global social solidarity and select a path toward securing shared benefits.

索　引

あ

アイデンティティ‥‥126, 133
アイルランド‥‥‥‥‥106
アイルランドの国民投票
　‥‥‥‥‥‥‥‥‥‥126
アウグスチヌス‥‥‥‥‥7
アウトプットの正統性‥‥127
青山光子‥‥‥‥‥‥‥‥24
アカウンタビリティ‥‥123
アクティブ・エイジング
　‥‥‥‥‥‥‥‥‥‥159
アシュトン上級代表‥‥318
アタランタ作戦‥‥‥‥310
アボット‥‥‥‥‥‥‥107
アマート‥‥‥‥‥‥‥‥33
アムステルダム条約
　‥‥‥31, 109, 171, 194, 291
アメリカ同時多発テロ‥316
アリストテレス‥‥‥‥‥5
安全保障アクター‥‥303, 322
安全保障共同体‥‥‥‥323
安保理決議 1373 号‥176, 184
安保理決議 1390 号‥‥‥175
安保理決議 1456 号‥‥‥178
アンリ・スパーク‥‥‥‥25
アンリ 4 世‥‥‥‥‥‥14

い

委員構成‥‥‥‥‥‥‥114
医学研究者‥‥‥‥‥‥212
域内市場‥‥‥‥‥‥‥211
域内市場統合計画‥‥‥‥29
イギリス‥‥‥‥‥‥‥‥23
意見‥‥‥‥‥‥‥‥‥117
意見 1/75 号‥‥‥‥286, 287
意見 1/78 号‥‥‥‥‥‥287

意見 1/94 号‥‥‥‥‥‥288
一読会制‥‥‥‥‥‥‥139
一貫性‥‥‥‥‥‥‥‥121
一般的経済利益サービス
　‥‥‥‥‥‥‥‥‥‥100
遺伝子操作‥‥‥‥‥‥268
遺伝子治療‥‥‥‥‥‥268
イノベーション‥‥166, 277
イノベーション・ユニオン
　‥‥‥‥‥‥‥‥‥‥167
違反手続き‥‥‥‥‥‥248
医療アクセス‥‥‥‥‥154
医療費‥‥‥‥‥‥‥‥155
医療費の抑制‥‥‥‥‥206
医療保障‥‥‥‥‥‥‥155
医療保障制度‥‥‥‥‥162

う

ウィーン体制‥‥‥‥‥‥16
ウェストファリア条約
　‥‥‥‥‥‥‥‥‥14, 23
ヴェルサイユ体制‥‥‥‥18
ウクライナ‥‥‥‥‥‥310

え

エウロペ‥‥‥‥‥‥‥‥3
エネルギー安全保障‥‥318
エラスムス‥‥‥‥‥‥‥12

お

欧州安全保障戦略（ESS）
　‥‥‥‥‥‥‥‥‥‥318
欧州委員会‥‥‥109, 113, 191
欧州オンブズマン‥‥‥199
欧州化‥‥‥‥‥‥‥‥‥42
欧州懐疑派‥‥‥‥‥‥128
欧州会計検査院‥‥‥109, 191

欧州ガバナンス‥‥‥27, 107
欧州ガバナンス白書
　‥‥‥‥‥‥‥‥116, 160
欧州ガバナンス論‥‥‥‥43
欧州がん対策プログラム
　‥‥‥‥‥‥‥‥‥‥204
欧州基本権憲章‥‥‥‥127
欧州議会‥‥‥‥109, 137, 191
欧州議会の拒否権‥‥‥‥96
欧州共同体‥‥‥‥‥‥‥31
欧州共同体問題特別委員会会
　議‥‥‥‥‥‥‥‥‥120
欧州軍‥‥‥‥‥‥‥‥304
欧州経済共同体‥‥‥27, 227
欧州経済協力機構（OEEC）
　‥‥‥‥‥‥‥‥‥‥‥25
欧州研究評議会‥‥‥‥267
欧州研究領域‥‥‥‥‥267
欧州検察局‥‥‥‥‥‥200
欧州原子力共同体‥‥‥‥27
欧州憲法条約‥‥‥‥106, 109
欧州構造投資基金‥‥‥257
欧州司法裁判所（ECJ）
　‥‥‥‥‥‥‥‥‥‥192
欧州市民イニシアティブ
　‥‥‥‥‥‥‥‥‥‥122
欧州社会基金‥‥‥‥‥257
欧州社会モデル
　‥‥‥‥‥‥165, 240, 259
欧州自由民主同盟（Alliance
　of Liberals and Democrats for
　Europe：ALDE）‥‥‥148
欧州人民党（European People's Party：EPP）‥‥‥148
欧州政体（Euro-polity）‥118
欧州政党（Europarties/European political parties）‥148

索引

欧州石炭・鉄鋼共同体……26
欧州選挙研究（EES）……150
欧州対外行動庁（EEAS：
　European External Action
　Service）……………308
欧州逮捕令状……………174
欧州逮捕令状枠組決定
　………………………174, 183
欧州地域開発基金………257
欧州中央銀行…………51, 109
欧州テロ防止条約………171
欧州統一左翼―北欧環境左翼
　（Gauche Unitaire Européen
　and Nordic Green Left：
　GUE-NGL）…………148
欧州統合………………21, 25
欧州2020新成長戦略……158
欧州評議会………………25
欧州不正防止局（OLAF）
　……………………190, 193
欧州保守改革（European
　Conservatives and Reform-
　ists：ECR）…………148
欧州民衆党………………111
欧州理事会………………109
汚職………………………192
オリエンタリズム………17
オンブズマン制度………122

か

カール大帝………………9
カール・ドイッチュ……322
外交・安全保障政策担当EU
　上級代表……………114
外交政策…………………29
開放型整合化方式（Open
　Method of Coordination：
　OMC）………………123
開放型年金整合化方式……159
外務・安全保障政策EU上級
　代表…………………309
外務理事会………………309
科学技術イノベーション
　………………………167
科学技術研究……………264
科学技術政策……………265
閣僚理事会………………111
ガバナンス………………202
加盟国の国家の同一性…100
加盟国の主権……………211
環境政策…………………29
勧告………………………117
完成，深化，拡大………305
関税・数量制限…………287
関税同盟………28, 29, 50
関税と貿易に関する一般協定
　（GATT）……………284
カント……………………15

き

機会の均等………………241
企業………………………155
企業家精神………………164
企業の社会的貢献………159
企業の社会的責任（Cooper-
　ate Social Responsibility：
　CSR）…………………166
気候変動……………154, 268
規制エージェンシー方式
　………………………116
規則…………108, 117, 173
規則2320/2002号………176
規則2580/2001号………176
規則725/2004号………176
規則871/2004号………177
規則881/2002号………175
機能主義…………………35
規範………………………108
規範パワー………………317
義務投票制………………144
キャメロン………………128
共通安全保障・防衛政策
　（CSDP）……………303
共通外交安全保障政策
　（CFSP）………31, 114, 303
共通通商政策……284, 285, 286

共通農業政策（Common
　Agricultural Policy：CAP）
　…………51, 190, 214, 224
共通の立場………………173
共通の立場2001/931号
　………………………176, 184
共通の立場2002/402号…175
共同規制方式……………116
共同決定手続（通常立法手続）
　………………90, 140, 193
共同研究センター………265
共同市場…………………29
共同体方式………………116
共有権限…………………93
協力手続…………………139
共和政……………………13
キリスト教世界……………10
均等待遇保障……………239
均等法施策………………239
金融市場改革……………165

く

クーデンホーフ・カレルギー
　…………………………18, 24
具体的な権利……………240
具体的な統治権限…88, 93, 94
軍事パワー…………313, 321

け

警告表示…………………204
経済・通貨統合……………31
経済危機…………………167
経済効果…………………212
経済財政相理事会………159
経済社会政策……………164
経済社会評議会…………109
経済政策…………………164
経済政策協調……………165
経済成長…………………155
経済同盟…………………29
警察・刑事司法協力（PJCC）
　……………31, 170, 172
刑事・警察・司法・内務協力

索　引　341

……………………………………32
決定………………………117
決定 2005/211 号…………177
研究イノベーション
　………………………264, 280
研究評価……………271, 277
研究倫理委員会……………276
権限委任……………………107
権限配分権限…………………94
言語…………………………239
健康保護……………………202
健康リスク……154, 202, 203
現物給付……………………163
憲法条約……………186, 293
言論の自由…………………209

こ

広域国民経済…………………52
合意民主主義………………122
公衆衛生……………………202
公正な裁判を受ける権利
　………………………………184
構造改革……………………164
拘束力………………………107
合理的選択制度論……………37
合理的配慮…………………244
高齢者雇用…………………155
高齢者雇用政策……155, 163
高齢社会政策………………154
高齢労働者…………………155
呼吸器疾患…………………203
国際機構……………………155
国際競争力…………………265
国際刑事裁判所（ICC）・319
国際制度……………………106
国際統合理論…………………34
国内制度……………………107
国内法の調整………………210
国民保健サービス（NHS）
　………………………………129
国民国家………………………16
国民投票……………106, 128
国民投票キャンペーン……128

国連…………………………190
国連高齢者年………………164
国連障害者権利条約………252
国連人道支援局（OCHA）
　………………………………319
国連法………………………180
コスト………………………206
コソボ紛争…………………308
国家…………………………155
国家管轄権……………………86
「国家主権行使の本質的条件」
　論……………………87, 95
国会主権の原則……………131
固定相場制……………………60
コヘイン……………………107
コペンハーゲン基準………124
固有財源制度………………190
雇用（就労）………154, 240
雇用可能性…………155, 164
雇用機会均等………………271
雇用均等枠組指令…244, 254
雇用政策……………………163
雇用創出……………………166
混合協定……………288, 290
コンストラクティビズム…41
コンベンション（欧州諮問協
　議会）………………………32

さ

サービス貿易………289, 292
再生リスボン戦略…………159
最高機関………………27, 113
裁判規範性…………………294
再分配………………………161
裁量権………………………108
サブプライム・ローン………66
差別禁止……………………239
サリドマイド………………273
サリドマイド事件…………273
参加民主主義………………122
サン・ピエール………………15
サンマロ宣言………………314
産業内貿易……………………51

サンテール…………………193
残留支持派…………………129
残留派………………………130

し

シェンゲン・アキ…………171
シェンゲン協定……………171
支援権限……………………285
シェンゲン実施協定………171
シェンゲン情報システム
　………………………………177
ジェンダー…………264, 268
ジェンダー平等……………264
ジェンダー平等の主流化
　………………………………264
ジェンダー分析……………278
ジェンダーバランス………271
資金洗浄……………………192
資金提供……………………212
資産凍結措置……175, 179, 181
自主規制……………………213
自主的脱退規定……………100
市場経済……………………133
ジスカール・デスタン………33
自然人………………………117
持続可能性…………………160
持続可能な成長……………267
シティ………………………130
司法・内務協力……171, 306
死亡リスク…………………203
市民の発議権………………245
諮問手続（特別立法手続）
　………………………………138
社会アジェンダ……………241
社会イノベーション………167
社会構築主義…………………41
社会政策……………164, 248
社会的に不利な立場にある人
　………………………………242
社会的排除……154, 165, 240
社会的リスク………………155
社会保護……………160, 240
社会保障……………………161

342　索　引

社会保障制度……………161
社会民主進歩同盟（Progressive Alliance of Socialists and Democrats：S & D）……148
ジャン・ボーダン…………84
ジャン・モネ………………26
自由・安全・正義の領域
　………………………170
自由・安全・正義………122
自由と直接民主主義の欧州
　（Europe of Freedom and Direct Democracy：EFDD）
　………………………148
12世紀ルネサンス…………10
自由貿易…………………202
自由貿易領域………………29
シューマン宣言……………26
受給資格…………………162
主権…………………………12
主権概念……………………85
主権行使の制限……………90
主権的権利の永久的制限…92
主権と統治権（主権的権限）
　の区別……………………94
主権の移譲……82, 88, 90, 92
主権の制限…………………90
主権の制限ないし移譲……91
「主権の制限ないし移譲」の
　判断基準…………………91
主権の不可分性……………85
主権の部分的移譲……83, 88
主権の分別可能性…83, 86, 87
受動喫煙…………………203
シュトレーゼマン…………24
シュリー……………………14
遵守………………………107
障害…………………239, 248
障害者権利条約…………239
少子高齢社会……………163
小選挙区制………………147
承諾手続（consent procedure）
　………………………139
常駐代表委員会…………112

消費者保護………………155
情報公開…………………182
条約批准…………………125
食の安全…………………154
諸国民と自由の欧州（Europe of Nations and Freedom：EFL）……………………148
女性科学者学会…………275
女性と科学………………269
女性と科学に関する欧州技術
　評価ネットワーク……269
所得保障…………………155
指令…………………117, 173
指令2005/65号……………176
知る権利…………………182
新機能主義…………………35
人権………………………133
人権保障…………………258
新現実主義…………………36
人口学……………………167
人口高齢化………………154
心疾患リスク……………203
新自由主義制度論…………37
人種・民族………………239
人種・民族均等指令……245
信条・宗教………………239
人道的介入………………319
人民発案制度………………99

す

スコットランド…………130
スタンレイ・ホフマン……35
ステークホルダー
　………………117, 124, 202
ストレーザ会議……226, 228
スパーク報告……………227
スピネッリ…………………30
スポンサーシップ………209
スマートな成長…………267

せ

整合化………………161, 162
性差………………………275

性差医療…………………275
政策過程…………………107
政策決定機構………………27
政策評価制度……………268
生産年齢人口……………156
税収………………………210
性的指向…………………239
制度化……………303, 304
正統性……………………123
政党投票（party voting）…148
政府間会議（IGC）………33
政府間主義…………………37
性別………………………239
生命倫理…………………276
勢力均衡……………………13
世界医師会………………212
世界銀行…………………160
世界金融危機……………154
世界市民……………………15
全会一致…………………112
選挙公式…………………144
選挙制度…………………142
選挙制度の比例性（proportionality）…………………147
選好投票（preferential voting）
　………………………144
先端生命医科学…………276
専門家集団………………213

そ

「総会」（Assembly）……110
相互承認原則……………159
創世記………………………7
双罰性の要件………175, 183
ソーシャル・ガバナンス
　………………………160
ソーシャル・ダンピング
　………………………160
属地性……………………162
ソフト・ロー……108, 116, 211
ソフトパワー……………133
損害賠償…………………181

索引 *343*

た

- 第 1 次的法源 …………… 108
- 代議制民主主義 ………… 132
- 第三の柱 ………………… 172
- 第二次世界大戦 …………… 23
- 多数決民主主義 ………… 122
- 脱退通知 ………………… 131
- 脱退手続 ………………… 131
- タバコ規制政策 ………… 202
- タバコ規制枠組み条約
  ……………………… 203, 217
- タバコ広告 ……………… 207
- タバコ栽培農家 ………… 213
- タバコ産業 ……………… 202
- タバコ消費 ……………… 207
- タバコ税 ………………… 207
- タバコの密輸 …………… 207
- ダブリン協定 …………… 171
- 単一欧州議定書（SEA）
  ………………… 31, 139, 305
- 単一市場 ………………… 29
- 単一免許制度（Single Passport System） ……… 130
- 単記移譲式 ……………… 142
- 単純多数決 ……………… 112
- ダンピング ……………… 285
- タンペレ欧州理事会 …… 172

ち

- 治安 ……………………… 154
- 地域政策 ………………… 29
- 地域統合理論 …………… 34
- 地域評議会 ……………… 109
- 知識基盤型社会 ………… 267
- 知的財産権 ………… 288, 289
- チャーチル ……………… 25
- 中・東欧諸国 …………… 124
- 超国家性 ………………… 116
- 調停委員会 ……………… 142
- 調和化 …………………… 161
- 直接的適用性 …………… 117

つ

- 通貨統合 ………………… 48
- 通貨同盟 ………………… 29
- 通常立法手続 ………… 95, 99

て

- デイヴィス ……………… 6
- ディカップリング ……… 230
- 適応可能性 ……………… 164
- デハーネ ………………… 33
- デモクラシーのジレンマ
  ……………………… 125, 126
- デモス …………………… 122
- テロ ……………………… 154
- テロ規制 ………………… 170
- テロリズムと戦う枠組決定
  ……………………… 174
- デンマーク・ショック … 126

と

- ド・ゴール ………… 25, 304
- 同意（承諾） …………… 138
- 同意手続（assent procedure）
  ……………………… 138
- 東欧革命 ………………… 30
- 東西両ドイツの統一 …… 30
- トゥスク …………… 110, 128
- 東方拡大 …………… 31, 41
- 透明化 …………………… 106
- 特定多数決制 ……… 39, 112
- トップ・ダウン ………… 116
- トロイカ事務局体制 …… 305
- ドロール ………………… 191

な

- ナウマン ………………… 18
- ナショナリズム ………… 16
- ナチズム ………………… 24

に

- ニース条約 ………… 109, 291
- 二次的選挙モデル（Second-order Election Model） ‥ 150
- 二読会制 ………………… 139

ね

- ネットワーク・ガバナンス論
  ……………………… 43
- ネットワーク牽引方式 … 116
- 狙い撃ち制裁 …………… 175
- 年金 ………………… 155, 158
- 年金受給権 ……………… 162
- 年金制度 ………………… 159
- 年齢 ……………………… 239

は

- ハーグ・プログラム …… 172
- ハース …………………… 35
- ハード・ロー ……… 108, 116
- バイオテクノロジー …… 268
- バイオメトリクス規則 2252/2004 号 ……………… 176
- 排除の閾値（threshold of exclusion） ……………… 147
- 排他的権限 ………… 89, 285
- パクス・ロマーナ ……… 6
- パットナム ……………… 37
- バローゾ委員会 ………… 113
- ハロルド・ウィルソン … 128
- パン・ヨーロッパ ……… 24
- 犯罪 ……………………… 154
- 犯罪人引渡条約 ………… 174

ひ

- ピアレビュー ……… 272, 279
- ヒエロニムス …………… 7
- 非関税障壁 ……………… 49
- 人の多様性 ……………… 239
- 非排他的権限 ……… 89, 285
- 評価手続 ………………… 108
- 比例代表制 ……………… 142
- 貧困 ……………………… 154

ふ

- ファシズム ……………… 24

ふ

ファンロンパイ ………… 110
フィシュラー改革 …… 226, 231
封じ込め政策 ……………… 26
フェーヴル ………………… 2
フェデリカ・モゲリーニ
　………………………… 318
武器禁輸 ………………… 320
福祉国家 ………………… 241
不正防止政策 …………… 190
不正防止調整部門 ……… 191
不戦共同体 ………………… 26
腐敗 ……………………… 193
プライバシー権 ………… 182
フラウィウス・ヨセフス …… 7
ブリアン ………………… 24
プリンシパル・エージェント
　理論 …………………… 36
ブレトンウッズ体制 ……… 51
プロディ ………………… 194
文芸共和国 ………………… 11
紛争解決機関 …………… 297

へ

米国国立衛生研究所（NIH）
　………………………274, 275
ペータースベルク任務 … 307
ベストプラクティス …… 123
ヘッドライン・ゴール … 308
ベネフィット …………… 276
ベラ・バラッサ ………… 28
ヘルシンキグループ …… 269
ベルリンの壁 …………… 306
ヘロドトス ………………… 4
弁護士の守秘義務 ……… 184
変動相場制 ……………… 60

ほ

防衛 ……………………… 154
法人 ……………………… 117
法制化（legalization）
　…………………106, 303, 304
法的拘束力 ……………… 117
包括的な成長 …………… 267

法の支配 …………… 133, 310
法務官 …………………… 108
ポール・ピアソン ……… 40
補完性原則 ……………… 116
保健医療 ………………… 155
保護する責任（R2P） …… 319
ポジティブ・アクション（積
　極的差別是正措置）
　………………………244, 254
補助金 …………………… 213
ボスニア紛争 …………… 307
ボダン ……………………… 12
ボトム・アップ ………… 116
ポミアン …………………… 10
ホライズン 2020（Horizon
　2020） ……………… 167, 267
ボリス・ジョンソン …… 131

ま

マーシャル・プラン ……… 25
マーストリヒト条約
　………………31, 51, 109, 191
マキァヴェッリ …………… 12
マクシャリー改革
　……………… 224, 226, 230, 231
マクロ経済学 …………… 158
マネーロンダリング指令
　………………………176, 183
マネーロンダリング新指令
　………………………… 176
マリー・キュリー基金 … 269
マルチレベル・ガバナンス論
　………………………… 43
マンスホルト …………… 228
マンスホルト計画 … 226, 229

み

水際措置 ………………… 289
ミトラニー ………………… 35
緑の党—欧州自由同盟
　（Greens and European Free
　Alliance：Greens-EFA）
　………………………… 148

民主化 …………………… 106
民主主義のジレンマ …… 133
民主主義の不足（赤字）
　（democratic deficit）
　……………… 119, 124, 127, 137
民主的ガバナンス ……… 107
民主的正統性 …………… 133
民生パワー ……………… 313
民生ミッション ………… 310

め

メイ ……………………… 131
明確性 …………………… 107

も

モラブシック …………… 107
漏れるパイプライン …… 270

や

薬物の感受性 …………… 275
ヤルタ・ポツダム体制 …… 25

ゆ

ユーゴ危機 ……………… 307
ユーレカ ………………… 265
ユーロ ……………………… 28
ユーロシステム ………… 64
ユーロ参加4条件 ………… 63
ユーロジャスト
　………………… 175, 177, 200
ユーロバロメータ ……… 126
ユーロポール ……… 177, 200
ユス・コーゲンス …180, 181

よ

ヨーロッパ ……………… 23
ヨーロッパ・ソーシャル・モ
　デル ………………… 160
ヨーロッパ統合運動 …… 24
予算委員会 ……………… 199
予算統制委員会 ………… 199
4つの自由 ……………… 48

ら

ラーケン（Laeken）宣言 …………………… 32, 33
ライフサイエンス分野 …… 265
ラウァーセン ………………… 34

り

リーマンショック ………… 318
利益集団 ……………………… 213
履行確保 ……………………… 108
理事会 ………………………… 109
離脱交渉 ……………………… 323
離脱派 ………………………… 130
リスク ………………… 154, 276
リスクガバナンス ………… 154
リスク社会 ………………… 154
リスク・便益 ……………… 276
リスボン条約 …………… 33, 82, 97, 99, 106, 186, 200, 292
リスボン条約第50条 …… 131
リスボン戦略 ……… 165, 267
立法権 ………………………… 137
リビア介入 ………………… 317
リベラル政府間主義 ……… 37
理由付命令 ………………… 299
臨床研究 …………………… 274
臨床試験 …………………… 274
臨床治験 …………………… 274
倫理規定 …………………… 277
倫理評価 …………………… 277

る

ルソー ………………………… 15

れ

レス・プブリカ ……………… 13

歴史的制度主義 ……………… 39
連帯 …………………………… 156
連帯条項 …………………… 186

ろ

労働環境 …………………… 204
労働党政権 ………………… 210
ローマ条約 ………… 226, 227
ローマ帝国 …………………… 6
ロビー活動 ………………… 211
ロベール・シューマン …… 26

わ

ワークシェア ……………… 164
枠組計画 …………… 265, 267
枠組決定 …………………… 173

A

Agenda 2000改革 …… 226, 231

B

Biret事件 …………………… 297

C

CFSP上級代表（High Representative for the CFSP）… 307
CSDPミッション ………… 310
CSR …………………………… 155

D

Donckerwolcke事件先決裁定 …………………………… 286

E

EAEC ………………………… 27
EAEC委員会 ……………… 113
ECSC ………………………… 27

ECSCの共同総会 ………… 110
EC財政利益 ……………… 191
EC法 ……………… 82, 98, 180
EC法の一般原則 …………………… 180, 183, 184
EC法の加盟国法に対する優位 …………………………… 83
EEC …………………………… 27
EEC委員会 ………………… 113
EMS（欧州通貨制度） …… 62
EMU（経済・通貨同盟） … 51
EPA（経済連携協定） …… 28
EPC事務局 ………………… 305
ESDPミッション ………… 310
ESDP/CSDPミッション · 310
ETAN ……………………… 269
EU運営条約 ………… 98, 109
EU科学技術政策 ………… 265
EU均等指令 ……………… 248
EU言語政策 ……………… 245
EU財政 …………………… 190

EU司法裁判所 ……… 109, 207
EU市民 …………………… 245
EU社会政策 ……………… 239
EU条約 ……………………… 31
EU人権外交 ……………… 318
EU脱退支持派 …………… 129
EUによる社会政策 ……… 239
EUの外交・安全保障に関するグローバル戦略 …… 320
EUの正統性 ……………… 132
EUの対外代表 …………… 309
EU法 ………………… 82, 98
EU法の総体（aquis communautaire） …………… 108
EU法の直接効果 ………… 90
EU法の優位 ……………… 100
EU理事会 ………………… 109
Eurobarometer …………… 314

F

FDA ………………………… 273

Fediol v. Commission 事件判決·················295
FIAMM 事件判決··········298
FTA（自由貿易協定）······28

G

GATS··················288-290
GATT·····················49
GATT 法················294
Germany v. Council 事件判決·················295

H

Haegeman v. Belgium 事件先決裁定···············293
HIV/AIDS···············268

I

IMF························49
International Fruit Company 事件先決裁定···········294

ISPA·····················232

K

Kadi 事件··············180

N

NAFTA（北米自由貿易協定）·····················55
Nakajima v. Council 事件判決·················295

O

OECD··············156, 161
OGT Fruchthandelsgesellschaft v. Hauptzollamt Hamburg-St. Annen 事件先決裁定····297
OMC（開放型政策整合化方式）················133, 242

P

PHARE··················232

PNR 協定··········177, 182
Portuguese Republic v. Council 事件判決·········296, 298

S

SAPARD················232

T

TRIPS··············288, 289

V

Van Parys 事件先決裁定··298

W

WEU····················304
WTO····················284
WTO 協定·········284, 288
WTO 法················294

Y

Yusuf 事件·············180

執筆者（近著）紹介

編著者

福田耕治（ふくだ こうじ）　早稲田大学政治経済学術院教授，日本 EU 学会理事長，グローバル・ガバナンス学会副理事長
- 『EU の連帯とリスクガバナンス』（編著）（成文堂，2016）
- 『国際行政学・新版』（有斐閣，2012）
- 『多元化する EU ガバナンス』（編著）（早稲田大学出版部，2011）
- 『EU・欧州公共圏の形成と国際協力』（編著）（成文堂，2010）
- Koji Fukuda（2016）, "Growth, Employment and Social Security Governance in the EU and Japan", *Policy Change under New Democratic Capitalism*（Routledge, forthcoming）
- Koji Fukuda（2015）, "Accountability and the Governance of Food Safety Policy", *The European Union and Japan*（P. Bacon, H. Mayer, H. Nakamura eds., Ashgate）, pp. 223-235.
- Koji Fukuda（2013）, "The global economic crisis and the future of labor market policy regimes：implications for economic governance in the European Union and Japan" *Economic Crises and Policy Regime*（H. Magara ed. E & E）, pp. 314-335.

執筆者

森原　隆（もりはら たかし）　早稲田大学文学学術院教授
- 『ヨーロッパ・「共生」の政治文化史』（編）（成文堂，2013）
- 『ヨーロッパ・エリート支配と政治文化』（編）（成文堂，2010）
- 「フランスのアンシャン・レジーム期における教育」浅野啓子・佐久間弘展編著『教育の社会史―ヨーロッパの中・近世』（知泉書館，2006）
- 「フランスの「レピュブリック」理念」小倉欣一編『近世ヨーロッパの東と西―共和政の理念と現実』（山川出版社，2004）
- 「絶対王政下の新聞と政治報道」服部春彦・谷川稔編『フランス史からの問い』（山川出版社，2000）

田中素香（たなか そこう）　中央大学経済研究所客員研究員，東北大学名誉教授
- 『ユーロ危機とギリシャ反乱』（岩波新書，2016）
- 『現代ヨーロッパ経済（第 4 版）』（有斐閣，2014）
- 『ユーロ　危機の中の統一通貨』（岩波新書，2010）

須網隆夫（すあみ たかお）　早稲田大学大学院法務研究科教授
- 「ヨーロッパにおける憲法多元主義―非階層的な法秩序像の誕生と発展」法律時報 83 巻 11 号（2013）
- 『国際ビジネスと法』（共編著）（日本評論社，2009）
- 『東アジア共同体憲章案』（共著）（昭和堂，2008）
- 『政府規制と経済法―規制改革時代の独禁法と事業法』（共編著）（日本評論社，2006）

日野愛郎（ひの あいろう）　早稲田大学政治経済学術院教授
- 「オランダ・ベルギー」網谷龍介他編『ヨーロッパのデモクラシー』［改訂第 2 版］（ナカニシヤ出版，2014）
- *New Challenger Parties in Western Europe：A Comparative Analysis*, Routledge, 2012.
- "Electoral fate of new parties" in Kris Deschouuer (ed.) *New Parties in Government*, (Routledge, 2008, co-authored with Jo Buelens).

山本　直（やまもと ただし）　北九州市立大学外国語学部准教授
- 『EU 人権政策』（成文堂，2011）
- 「EU『共通の価値』と加盟国の法制体制」国際政治 182 号（有斐閣，2015）
- 「贈与の共同体としての EU」グローバル・ガバナンス 1 号（志學社，2014）
- 「EU 人権統治の現代的様相」政治研究（九州大学）60 号，2013
- 「グローバル世界の中の EU 人権外交」日本 EU 学会年報 33 号（有斐閣，2013）

福田八寿絵（ふくだ やすえ）　帝京大学医療共通教育研究センター准教授
- 「EU の医療保障と連帯」『EU の連帯とリスクガバナンス』（成文堂，2016 年）
- Yasue Fukuda, 'Global Governance of Dual Use in Biomedical Research', (P. Bacon, et al., eds., *The European Union and Japan*, Ashgate, 2015), pp. 213-222.
- 『EU・国境を越える医療―医療専門職と患者の自由移動』（共著）（文眞堂，2009）
- 「EU の先端医療研究政策と生命倫理」日本 EU 学会年報第 28 号（有斐閣，2008）

弦間正彦（げんま まさひこ）　早稲田大学社会科学総合学術院教授
- 林正徳，弦間正彦 編著「ポスト『貿易自由化』時代の農業と食料―貿易ルールの枠組みと影響分析」，農林統計出版，2015 年 12 月
- Smith, R., *M. Gemma*, Chapter 8 Valuing Ecosystem Services in Macroeconomic Settings, in *Handbook on the Economics of Ecosystem Services and Biodiversity*, (Springer, May 2014), pp. 130-152
- M. Voros, *M. Gemma*, Intelligent Agrifood Chains and Networks：Current Status, Future Trends & Real-life Cases in Japan, in *Intelligent Agrifood Chains and Networks*, (Blackwell), pp. 227-247, March 2011

引馬知子（ひくま ともこ）　田園調布学園大学人間福祉学部教授
- 「「自律」および「支援を受けた意思決定」と障害者制度改革」，ソーシャルワーク研究 Vol. 41 no. 4 Winter（ソーシャルワーク研究編集委員会編，2015）
- 「「障害者差別解消法」成立までのあゆみ　―身近な場（地域）から共生社会の創造を目指す法の誕生―」，リハビリテーション・エンジニアリング Vol. 4（リハビリテーション工学協会，2014）
- 「EU の正式確認」長瀬修・東俊裕・川島聡編『増補改訂　障害者の権利条約と日本　―概要と展望』（生活書院，2012）

中村英俊（なかむら ひでとし）　早稲田大学政治経済学術院准教授
- *The European Union and Japan：A New Chapter in Civilian Power Cooperation?*（Ashgate, 2015；co-edited with Paul Bacon and Hartmut Mayer）．

- 「『安全保障共同体』としてのEU：2012年ノーベル平和賞受賞の意義」岡澤憲芙編『比較政治学のフロンティア：21世紀の政策課題と新しいリーダーシップ』ミネルヴァ書房，2015，318-335頁。
- "The Efficiency of European External Action and the Institutional Evolution of EU-Japan Political Relations", Mario Telò and Frederik Ponjaert eds., *The EU's Foreign Policy：what kind of power and diplomatic action?* (Ashgate, 2013), Chap. 11, pp. 189-208.

EU・欧州統合研究 [改訂版]
"Brexit"以後の欧州ガバナンス

2009年10月20日　初　版第1刷発行
2016年10月15日　改訂版第1刷発行

編著者　福　田　耕　治

発行者　阿　部　成　一

〒162-0041　東京都新宿区早稲田鶴巻町514番地
発行所　株式会社　成　文　堂
電話 03(3203)9201(代)　Fax 03(3203)9206
http://www.seibundoh.co.jp

製版・印刷・製本　三報社印刷　　　　　検印省略
☆乱丁・落丁本はおとりかえいたします☆
©2016　K. Fukuda　　Printed in Japan
ISBN978-4-7923-3355-3　C3031

定価(本体3100円+税)